"十三五"江苏省高等学校重点教材（编号：2019-2-049） 创优 系列

U0656112

物流与供应链管理

张　庆　陈洪转　主编

电子工业出版社
Publishing House of Electronics Industry
北京·BEIJING

内 容 简 介

进入"互联网+"和智能时代，为适应供给侧结构性改革和经济社会高质量发展需求，物流管理的研究领域从单一的物流管理扩展到整个供应链、产业链、价值链。本书系统介绍物流与供应链管理的理论体系，按照模块化思路进行编写，更加注重实际物流与供应链运作及物流系统设计等物流实务的论述；结构上从基础理论到具体物流实务，再升华到宏观介绍供应链系统，每一章均有案例；采用通俗易懂、张弛有度的写法及国际比较流行的教材编写体系，并尽可能结合工业工程等专业人才培养目标。

本书适合作为工业工程类专业主干课程的教材，也可以作为市场营销、电子商务、工商管理等专业的选修课程教材，还可以用作管理科学与工程学科和工程管理、工商管理专业硕士研究生阶段的教学或自学参考书。

未经许可，不得以任何方式复制或抄袭本书之部分或全部内容。

版权所有，侵权必究。

图书在版编目（CIP）数据

物流与供应链管理 / 张庆，陈洪转主编. —北京：电子工业出版社，2020.5

ISBN 978-7-121-35318-5

Ⅰ. ①物… Ⅱ. ①张… ②陈… Ⅲ. ①物流管理－高等学校－教材②供应链管理－高等学校－教材 Ⅳ.①F252

中国版本图书馆 CIP 数据核字（2020）第 078402 号

责任编辑：杜　军

印　　刷：河北虎彩印刷有限公司

装　　订：河北虎彩印刷有限公司

出版发行：电子工业出版社

　　　　　北京市海淀区万寿路 173 信箱　　邮编：100036

开　　本：787×1 092　1/16　印张：17.25　字数：498.5 千字

版　　次：2020 年 5 月第 1 版

印　　次：2025 年 8 月第 6 次印刷

定　　价：49.00 元

凡所购买电子工业出版社图书有缺损问题，请向购买书店调换。若书店售缺，请与本社发行部联系，联系及邮购电话：（010）88254888，88258888。

质量投诉请发邮件至 zlts@phei.com.cn，盗版侵权举报请发邮件至 dbqq@phei.com.cn。

本书咨询联系方式：dujun@phei.com.cn。

前　言

进入"互联网+"和智能时代，物流管理逐渐拓展为物流与供应链管理，成为新时代企业管理的新模式，物流管理的研究领域从单一的物流管理扩展到整个供应链、产业链、价值链，研究从供应商开始，经由制造商与各级分销商直到用户全过程的物流、信息流、资金流，以及这三流的一体化。大学的物流管理课程也开始培养学生从掌握物流的功能管理转向掌握供应商管理、供应链合作、供应链管理模式理论和方法等更大的范围，培养学生团队合作、战略联盟、长期合作精神，培养分析和解决问题的能力，大大丰富和拓展了物流管理的外延。教育部管理科学与工程、工业工程等教学指导委员会也将物流与供应链管理列为这类专业的主干课程。据不完全统计，南京航空航天大学工业工程、电子商务等专业继续攻读硕士研究生的学生中，大约三分之一的学生将其研究生期间的研究方向选为物流与供应链管理，直接就业的学生中也有许多在物流与供应链管理的岗位上发挥他们的专业才干。编写一本适合管理科学与工程、工业工程等专业学生学习国内外现代物流与供应链管理的最新研究与实践成果的教材非常必要。

本书系统地介绍物流与供应链管理的理论体系，按照模块化思路进行编写，更加注重实际物流与供应链运作及物流系统设计等物流实务的论述；结构上从基础到具体物流实务，再升华到宏观介绍供应链系统；采用通俗易懂、张弛有度的写法及国际比较流行的教材编写体系，并尽可能结合工业工程等专业人才培养目标。本书适合作为工业工程类专业主干课程的教材，也可以作为市场营销、电子商务、工商管理等专业的选修课程教材，还可以用作管理科学与工程学科和工程管理、工商管理专业硕士研究生阶段的教学或自学参考书。

本书具有模块化、实践性强、立体化的特点。本书共16章，主要由三个层次组成：第一层次是物流管理的基础，即前4章，介绍物流管理的一般知识体系；第二层次是物流管理的职能，即第5章至第11章，依照物流管理的机能分别作详细介绍；第三层次是供应链物流管理的新发展、新模式、新动能，即第12章至第16章。作为一本实践教学类教材，本书更加注重介绍实际物流与供应链运作及物流系统设计等物流实务的内容，每一章均有案例，扫描相应二维码即可阅读。为方便授课，本书还配备了完整的视频、慕课等。本书提供电子课件，请登录华信教育资源网（www.hxedu.com.cn），注册后免费下载。

本书经过南京航空航天大学工业工程专业长期从事物流与供应链管理教学科研的编写团队的10余次集体讨论和近一年的撰写、修订后定稿。张庆编写了第1、4、7、8、10、14章，张智超、楚岩枫编写了第3、5、6章，蔡启明编写了第2、12、13章，张智超、刘斌编写了第9、15章，张庆、蔡启明编写了第11章，张智超编写了第16章。全书由张庆、陈洪转任主编和统稿，张智超编写了全部案例。在编写过程中张秋曦、朱一格、马欣雨等同学收集了大量资料并参与编写了案例。

本书在编写过程中借鉴和参考了大量文献，主要的已在书后面的参考文献中列出，但是挂一漏万，在此向其作者表示深深的谢意。同时，由于编者水平有限，绠短汲深，书中定会存在一些错误或容易引起歧义之处，请同行专家和读者批评指正。

编　者

2020年3月

目　录

物流基础篇

第1章 物流与物流管理

1.1 物流概述

1.1.1 传统物流（Physical Distribution，PD）的概念

"Distribution"最早应用于物流是在美国。1921年，阿奇·肖在《市场流通中的若干问题》（*Some Problems in Market Distribution*）一书中提到，"物料经过时间或空间的转移，会产生附加价值"。在这里，"Market Distribution"指的是商流，而"时间和空间的转移"指的就是物流。

1929年，克拉克（Fred H. Clark）在《市场营销原理》一书中使用了"Physical Supply"这一名词指代"货物运输"与"物资储存"，该书将市场营销定义为"影响产品所有权转移和产品的实物流通活动"。在此，所有权的转移指的就是商流，而产品和实物的流通则指的就是物流。

首先对"物流"进行正式定义的是美国销售协会。1935年，该协会使用了Physical Distribution这个术语，有学者将其直译为"实物分配"或"货物配送"，后来多数学者将Physical Distribution翻译为"物流"，为了与后来的"现代物流（Logistics）"相区别，一般是指"传统物流"。该定义如下：物流是包含于销售之中的物质资料和服务，在从生产场所向消费场所的流动过程中所伴随的种种经济活动。

1963年，物流的概念被引入到日本，当时的物流被理解为：在连接生产和消费间的，对物资履行保管、运输、装卸、包装、加工等功能，以及作为支撑这些功能的物流信息功能，它在物资销售中起了桥梁作用。

学术界普遍认为上述历史是物流发展的早期阶段，从以上描述中我们可以看到，早期的物流概念认为物流是局限于销售活动中的一个子集，是销售活动的一部分，完全是为了完成销售活动的一种支撑作业。

1.1.2 现代物流的概念

现代物流首先出现在第二次世界大战期间，美国在对军需品的供应中使用了后勤管理（Logistics Management）这一名词，涵盖了对军需品的运输、补给以及储存等内容。但在当时的商业活动中，人们在研究物流活动时仍然只是针对与产品销售有关的运输、储存等方面，因此在20世纪50~70年代，当人们谈及物流时依然采用传统物流一词。随着物流理论在更广阔的领域中的实践积累，人们逐渐意识到物流应该有更深刻的内涵，不应该局限于销售活动中。

1986年，美国物流管理协会由National Council of Physical Distribution Management更名为The Council of Logistics Management，其根本原因是原来传统物流的概念范围太窄。改名后的美国物流协会对物流的定义为：物流是为满足消费者需求而进行的对原材料、中间库存、最终产品及其相关信息从起始地到消费地的有效流动，以及为实现这一流动而进行的计划、管理和控制过程。

关于"物流"这个概念，不同的国家、不同的机构对其有不同的定义，但其基本内容与美国

物流协会的定义差不多。我国从 20 世纪 80 年代开始有物流的概念，在我国《物流术语国家标准》中将物流定义为：产品从供应地向接收地的实体流动过程，根据实际需要，将运输、储存、装卸、搬运、包装、流通加工、配送、信息处理等基本功能实施有机结合。

对比现代物流和传统物流的概念我们可以看出，现代物流的概念更加宽广。传统物流一般指产品出厂后的包装、运输、装卸、仓储，而现代物流提出了物流系统化或总体物流、综合物流的概念，并付诸实施。具体地说，就是使物流向两头延伸并加入新的内涵，使社会物流与企业物流有机结合在一起，从供应物流开始，经过生产物流，再进入销售物流，与此同时，要经过包装、运输、仓储、装卸、流通加工、配送等环节到达消费者手中，最后还有回收物流、废弃物物流。可以这样讲，现代物流包含了产品从"生"到"死"的整个物理性的流通全过程。

1.1.3　现代物流的分类

可以按照物流活动覆盖的范围，物流系统在供应链中的作用，物流活动的承担主体以及物流的经济学意义对物流进行分类。

1. 按照物流活动覆盖的范围分类

按照物流活动覆盖的范围，物流可以分为国际物流、国民经济物流和区域物流。

1）国际物流

国际物流是经济全球化及国际分工日益深化的产物，它是现代物流领域发展很快，规模最大的分支，它和国际经济交往及贸易活动相互支撑、彼此促进，是现代物流研究的热点领域之一。

2）国民经济物流

国民经济物流是指在一国范围内（通常是指独立关税区）由国家统一计划组织或指导下的物流。它是从宏观角度观察国民经济物流的过程。国民经济物流的研究重点是产业的布局、物流基础设施系统的规划与构建等内容。

3）区域物流

一个地区、城市或更小的经济体内的物流活动都处于同一法律、规章、制度之下，受相同文化及社会因素影响，都具有基本相同的科技水平，因而具有鲜明的地域特色。

2. 按照物流在供应链中的作用分类

供应链是在生产及流通过程中，为将货物或服务提供给最终消费者而创造的价值，是连接上游与下游而形成的组织网络。为了提高效率和降低成本，供应链中的物流活动应按照专业化原则进行组织，即在整个供应链上可以有不同类型的物流。

1）供应物流

为生产企业、流通企业或消费者购入原材料、零部件或产品的物流过程称为供应物流。

2）生产物流

从工厂的原材料购进、入库起，至工厂产品库的产品发送为止，这一全过程的物流活动称为生产物流。

3）销售物流

销售物流是指企业为保证自身的经营利润，伴随销售活动将产品所有权转让给消费者的物流活动。

4）回收物流

企业在生产、供应及销售活动中总会产生各种衍生产品及废料，对它们的处理就是回收物流。

5）废弃物物流

废弃物物流是指对企业排放的无用物进行运输、装卸和处理的物流活动。

3．按照物流活动的承担主体分类

按照物流活动的承担主体，物流可以分为企业自营物流、专业子公司物流和第三方物流。

1）企业自营物流

传统企业大部分采用"以产带销"的经营模式，企业自备车队、仓库、场地、人员，自给自足地自营物流的方式成为传统企业物流的主体。

2）专业子公司物流

专业子公司物流是指从企业传统物流运作功能中剥离出来，成为一个独立运作的专业化实体，从企业的成本中心演变为利润中心。

3）第三方物流

第三方物流（Third-Party Logistics，3PL 或 TPL）是相对"第一方"发货人和"第二方"收货人而言的，它通过与第一方或第二方的合作来提供其专业化的物流服务，它不拥有产品，不参与产品买卖，而是为客户提供以合同约束、以结盟为基础的系列化、个性化、信息化的物流代理服务。通过这种方式，企业可以更好地提高物流运作效率以及降低物流成本，它已成为现代物流管理的主流模式，包括设计物流系统、报表管理、货物集运、选择承运人、货代人、海关代理、信息管理、仓储、咨询、运费支付和谈判等。

4．按照物流的经济学意义分类

按照物流的经济学意义，物流可以分为宏观物流和微观物流。

1）宏观物流

宏观物流是指社会再生产总体的物流活动，从社会再生产总体角度认识和研究的物流活动。这种物流活动的参与者是构成社会总体的大产业、大集团，宏观物流也是研究社会再生产总体物流，研究产业或集团的物流活动和物流行为。

2）微观物流

消费者、生产企业所从事的实际的、具体的物流活动属于微观物流。在整个物流活动中的一个局部、一个环节的具体物流活动也属于微观物流。在一个小地域空间发生的具体的物流活动也属于微观物流。

1.2　现代物流活动的构成

物流的基本机能包括运输、保管、包装、装卸、流通加工、配送以及物流信息管理等，这些功能的有效组合可以合理高效地实现企业物流活动的总目标。

1.2.1　运输

运输是使产品发生场所、空间移动的一种物流活动。由于其具有十分重要的意义和可见成本，多年来运输已得到管理部门的大量关注。

运输需求可以通过三种方式实现，即通常所说的私人运输、合同运输和公共运输。运输的具体方式有公路运输、铁路运输、水运、航空运输和管道运输等。实现物流活动的运输机能首先要考虑三个最为重要的因素，即成本、速度和作业的一致性。

1.2.2　保管

保管是将产品临时储藏、管理的一种物流作业，通过保管这一机能的实现可以填补生产和消费之间的时间间隔，使生产活动能够正常地展开。保管的主要设施是仓库。

存货总是占用流动资金的，因此现在各个企业都在努力降低库存，"零库存"理论就是一个很好的例证。由此可以看出，保管机能的内涵已经从"储藏产品"向"为出库做准备"这种理念转移了。

1.2.3　包装

包装是为保护产品、提高物流作业效率而运用的技术方法，采用容器、材料及辅助物等将产品封装并予以适当标志的活动总称。从机能上来讲，包装可以分为为保持产品品质而进行的工业包装和以促进销售为目的的商业包装。

在社会再生产过程中，包装处于生产过程的末尾和物流过程的开头，既是生产的终点，又是物流的始点。

在现代物流观念形成以前，包装被天经地义地看成生产的终点，因而一直是生产领域的活动。包装的设计往往主要从生产终结的要求出发，因而常常不能满足流通的要求。现代物流认为，包装与物流的关系比其与生产的关系要密切。例如，为推进装载的单元化、标准化，必须要求外部包装尺寸能够符合托盘的标准规格。包装作为物流始点的意义比其作为生产终点的意义要大。因此，包装应进入物流系统之中，这是现代物流的一个新观念。

1.2.4　装卸

装卸是为了加快产品在物流过程中的流通速度必须具备的一项机能，包括对运输、保管、包装、流通加工等物流活动进行衔接的活动，以及在保管中为进行检验、维护和保养所进行的装卸活动。

装卸作业在整个物流活动中是十分重要的一环，用拙劣的方式进行作业时，可能会造成产品的损坏，所以现在各个企业在进行装卸作业时都非常注重合适的机械装置的使用，以加强装卸作业的标准化，减少人为因素造成的不确定性而带来的损失。另外，合理地使用机械装置协助进行装卸作业可以增加装卸速度、降低装卸成本。

提高装卸效率的一个典型方法是"马斯特箱"的使用，它将各种罐装、瓶装或盒装的产品进一步结合成更大的搬运单元，再辅之以适当的机械装置，如叉车，就可以大大提高装卸的效率。另外，"马斯特箱"的使用还起到了充分保护产品的作用，方便了运输作业。"马斯特箱"组合的常见形式是托盘、薄衬纸以及各种类型的集装箱。

关于装卸作业值得注意的一点是，产品装卸的次数越少、时间越短，则产品损坏的可能性也就越小。所以，在设计物流作业时要尽可能地减少装卸次数，这样不仅能够减少整个物流作业的时间，提高物流服务的质量，而且能够降低产品在流通环节的损耗。

1.2.5　流通加工

流通加工是为便于产品的销售而在流通阶段所附属的加工活动，包括钻孔、切割、组装等轻微的生产活动，还包括分装、贴标签、产品检验等方便产品流通的辅助作业。流通加工能够提高产品附加值，对于专门的物流公司可以减少客户作业负担、形成服务的差别化，起到提升企业竞争力的作用。

1.2.6　配送

配送使物流进入最终阶段，以配货、送货形式将产品送到最终消费者手中实现资源配置的活动。

从物流来讲，配送几乎包括了所有的物流功能要素，是物流的一个缩影或在某小范围内物流全部活动的体现。一般的配送集装卸、包装、保管、运输于一身，通过这一系列活动完成将货物送达的目的。特殊的配送还要以加工活动为支撑，所以包括的方面更广。但是，配送的主体活动与一般物流不同，一般物流是运输及保管，而配送是运输及分拣配货。分拣配货是配送的独特要求，也是配送中有特点的活动，以送货为目的的运输是最后实现配送的主要手段，从这一主要手段出发，将配送简化地看成运输的一种。

配送是"配"和"送"有机结合的形式。配送与一般送货的重要区别在于：配送利用有效的分拣、配货等理货工作，使送货达到一定的规模，以利用规模优势取得较低的送货成本。如果不进行分拣、配货，有一件运一件，需要一点送一点，会大大增加动力的消耗，使送货并不优于取货。所以，追求整个配送的优势，分拣、配货等工作是必不可少的。

1.2.7　物流信息管理

物流信息管理机能包括进行与上述各项活动有关的计划和预测以及对物流动态信息及其有关的费用、生产、市场信息的收集、加工、整理和提炼等活动。对物流信息活动的管理，要求建立信息系统和信息渠道，正确地选定信息点和内容以及信息的收集、汇总、统计和使用方式，以确保信息的可靠性和及时性。

事实上，现代物流的概念正是建立在用先进的信息技术对整个物流活动进行信息管理的基础之上的，物流服务的优劣与能否进行及时便捷的信息处理有极为密切的关系，计算机以及互联网的普及为物流的发展提供了不竭的动力，使得上述的所有物流作业连接成为一个有机的系统。

1.3　现代物流管理概述

1.3.1　现代物流系统

所谓系统，是指由若干相互关联、相互制约的要素所构成的，为实现特定的目的或具有特定功能的有机整体。系统有一定的存在目的或具有特定的功能，系统由若干要素组成，这些要素不是孤立的，而是相互联立、相互制约的。同样，对于一个物流系统也具有这些特征。

1. 物流系统的目的

物流系统作为一个系统，它也必然具有特定的功能、实现特定的目的。物流系统的目的以最低的物流总成本实现企业既定的物流服务水平，创造顾客价值，并最终支持企业的职能战略及总体发展战略。

在实际的物流运作中，可以将物流系统的目的分解成两个方面的目标去实现：一是服务目标，二是总成本目标。

一般来讲，物流服务水平可以从三个方面去衡量：可得性、交付速度和交货一致性。可得性意味着拥有存货，能够始终如一地满足顾客需求。大多数顾客都希望快速交付，但这种快速交付应表现出一定的一致性，不能反复无常。

如果不考虑成本，那么任何程度的服务水平都能够实现，所以企业要为基本的服务水平给出一个恰当的定位，如向一个非关键顾客提供超值服务就是一种不合适的做法。物流系统运转的结果就要将物流成本与服务水平保持一种恰当的比例关系。

2. 物流系统的构成

物流系统的构成要素可以分为功能要素和支撑要素两大类。物流系统的功能要素指的是物流系统所具有的基本能力，这些基本能力有机地组合在一起，就能够合理、有效地实现物流系统的总目的。物流系统的功能要素有运输、保管、包装、装卸、流通加工、配送、物流信息管理等。物流系统的支撑要素是指用以支撑系统的运转、协调与其他系统的关系所必需的设施、体制、制度等。

现代物流系统绝不是单一因素或少数几个要素所能构成的，更不是在传统意义上所理解的物流设备、仓库和货车可以涵盖的；相反，它要求一系列子系统为其配合，这些子系统相互作用、相互影响，共同产生效应，在效能集成的基础上形成一个完整的物流体系。这些子系统至少应包括以下四方面。

1）物流设施网络子系统

典型的物流设施包括制造工厂、仓库、配送中心、码头以及零售商店等。一个良好的物流系统必须有一个设计良好的物流设施网络，包括确定各种设施的数量、地理位置以及各自的职责等。有些物流设施可以获得外部专业服务公司的帮助或利用公用设施，但最终不管谁承担实际的工作，都必须把所有的设施看作厂商物流系统的一部分来管理。

2）物流作业子系统

物流作业子系统的构成要素主要包括运输、保管、包装、流通加工、装卸等机能，通过这些要素之间的协调配合，利用必要的资源，高效、低成本地完成物流服务。

3）物流信息子系统

物流信息子系统的功能是通过对物流作业子系统所需要以及产生的信息的管理来实现及时的运输配送、库存管理、出货管理等机能。物流信息子系统的良好运作对于整个物流系统的正常运行具有至关重要的作用，如果信息流不够通畅，那么毫无疑问上述的物流作业子系统是无法正常运作的。随着信息技术及互联网的发展与普及，现在对于物流信息的处理基本都已计算机化，一些信息，如在库信息、销售时点信息（Point Of Sale，POS）终端数据等，都可以实现实时共享。

4）物流组织子系统

物流组织子系统的要素既包括物流体系的组织结构、物流作业流程，又包括各种管理制度、法律法规等。

一个良好的组织结构可以促进整个物流系统的运作发展，反之，一个拙劣的组织结构又会成为物流系统运作的羁绊。物流从传统物流发展到现代物流，其组织结构也在发生着相应的变化，从直线职能制到事业部制、矩阵制，每一次变革都能促进物流系统的运作效果与效率。

物流作业流程指的是装卸、加工、保管、备货、分拣、运输等具体物流活动的组织方式。没有完好的作业流程也不可能实现物流的高效率和低成本，这里需要强调的是，作业流程的安排要比单纯强调自动化、机械化重要得多，现在很多企业为了适应激烈的市场竞争纷纷进行业务流程再造（Business Process Reengineering，BPR），而物流流程再造是其中的重中之重。

目前，很多企业都在"向管理要效益"，可见管理的重要性。而对于管理来说，其优劣的重要表现是管理制度的合理性。对于一个复杂的物流系统来说，完善的管理制度是非常必要的。

从上面的论述我们可以看出，物流系统是一个包含诸多要素的极为复杂的系统，要想实现"整体大于局部之和"这个系统论的基本观点，需要以信息化为基础，构建合理的物流组织系统，精心组建物流设施网络，利用物流作业子系统最终实现高效率、低成本的物流运作。

1.3.2　现代物流管理

从前面的论述我们知道，物流从最初的传统物流发展到现代的现代物流，其包含的内容越来越多，涉及的要素也越来越多，使整个物流系统的运作也越来越复杂。如何对这样一个复杂的系统进行有效地管理已成为一个重要的课题。无论从理论上还是实际操作上，现代物流管理都表现出许多与传统的物流管理不同的特征，把握了这些特征也就从整体上把握了物流管理的主要方向。

1. 现代物流以创造顾客价值为第一目标

创造顾客价值是一个营销学的术语，其含义是在如今的买方市场情况下要充分考虑顾客的需求，企业提供的产品或服务要以顾客满意为基本出发点，为顾客提供预期或超过预期的产品或服务，并使顾客在接受产品或服务的过程中有一种良好的心理感受。

对于一个物流系统来说，要想创造顾客价值必须考虑以下四个方面。

1）有效的顾客定位

首先要选择好目标顾客，并将目标顾客进行分类。根据管理学上著名的二八原则，大约20%的顾客会为企业带来80%的收益，而这部分顾客是我们的关键顾客，企业要将主要的资源优先投入到这部分顾客身上，为这部分顾客提供高度可靠性的服务；大约80%的顾客仅能为企业提供20%的收益，对这部分顾客则提供标准的服务就可以了，假设对这部分顾客也提供完美服务，将会给企业带来很大的成本。

2）适当的标准服务水平

标准服务水平是对每一个顾客的服务都应达到的最低水平。标准服务水平体现了一个物流系统的物流能力的高低，对企业形象的影响也非常大。但对于一个物流系统来说，不能片面地追求高服务水平而忽视了物流的总成本，频繁的作业失败对于物流系统来说是致命的。

3）强大的信息支持

前面已经多次谈到信息对于物流系统的重要性，要创造顾客价值，就要能够及时有效地反映物流信息和顾客需求信息。当顾客的需求信息迅速得到反馈与满足时，顾客的满意度才能够提升，顾客价值真正得以创造。

4）良好的企业形象

根据一项调查，在当今产品或服务趋同的市场情况下，顾客对于产品或服务本身已经不是非常重视了，而更加重视在与整个公司交往过程中的心理感受。例如，当物流作业失败时，可以通过快速的"故障恢复"程序，让顾客知道问题所在并加以弥补，这样就不只是弥补了一次过错，更重要的是让顾客知道企业很重视他们，这种"上帝"的感觉也许才是顾客真正需要的。当然，良好的形象需要全体员工的长期努力才能达到，但是一旦具有了良好的形象，对于企业物流系统的长远发展有着不言而喻的益处。

2．现代物流从侧重于物流机能管理向注重过程管理过渡

传统上物流机能分别由不同的部门来实现，各部门都追求自身最优，现代物流则注重于对整个物流作业全过程的管理，追求整体最优。从组织上讲，各个物流机能实现部门之间的联系更加紧密，有一种趋势是将所有的物流职能部门进行集成，由一个高层领导统一指挥。

3．现代物流从注重企业自身最优向注重供应链最优转化

在传统物流的概念下，企业主要处理的是销售物流，而现代物流则将企业的采购、生产与销售集成为一体，当企业对自身的物流系统进行有效的一体化改造之后，其物流体系就很自然地延伸至供应商与销售商以及顾客。同时，企业也意识到单凭企业本身是不能够完成整个物流作业的，即使能够做到也是高成本的，那么就需要将供应商与销售商、顾客纳入自身的物流体系中，这就形成了供应链管理。事实上，现在的前沿理论也认为"物流管理"应该是"供应链管理"的一个子集，物流管理是整个供应链内的物流管理。

4．现代物流是一种以信息为基础的反应型物流

在供应链管理体系下，各个企业之间的联系更加紧密，对信息的共享、快速流转要求更高，因此供应链之间往往采用虚拟专用网络（VPN）、电子数据交换（Electronic Data Interchange，EDI）通过互联网连接在一起。激烈的市场竞争也要求供应链上的企业能够快速了解市场的变化而采取不同的策略来应对这种变化。例如，现代的物流管理理论认为保有库存是一种不经济的做法，会占用大量的流动资金，而且一旦市场变化，产品销售不出去，那么这些存货还需要削价处理。而在传统的基于预测的经营方式下，这种现象是很常见的，因为任何预测都是不完全准确的。如今可以在信息技术的支持下采用基于反应（Response-Based）的经营方式，迅速地获得市场信息并调整产量，那么这种调整可以影响到整条供应链上的所有单位，如零部件供应商可以根据厂家的生产状况来调整自己的产量，这样在整个供应链上的库存都能够维持在最低水平上，实现供应链上的企业共赢。

5. 现代物流在成本控制上采用基于活动的总成本法

传统物流成本仅仅把对外支付的费用，如对外支付运费、对外支付保管费，当作物流成本。现代物流成本则认为除了这些显性的费用之外，企业内部与物流中心相关的人员费用、设备折旧费等各种费用都应当属于物流成本之列。在成本的计算上现代物流也有别于传统物流的计算方法，在以成本核算中心为基础的传统会计方法中导入以活动为基础确定成本的 ABC 成本法（Activity-Based Costing），将所有与完成物流功能有关的成本纳入以活动为基础的成本分类中，将间接成本和日常费用等资源成本正确分摊，进而计算出物流服务的成本，作为成本控制的标准。

1.3.3 现代物流管理组织创新

在传统的组织结构体系下，物流机能分散于不同的部门之间，各个职能部门的经理都会从自己部门的利益出发，追求本部门利益最大化。例如，对于销售经理来说，为了能够随时为顾客提供产品，总是希望库存越多越好，甚至还希望在顾客经营场所旁边配置专门的仓库。而对于仓储经理来说，总是希望库存越少越好，这样在进行绩效考评时他可以说"通过努力，库存下降了多少"这类的话。而且物流本身还比较凌乱，各种机能就像大杂烩一样交织掺杂在一起，我们可以很明显地看到很多物流机能所在的部门分别对不同的副总或高级主管负责，这之间必然会产生利益上的或其他各种各样的矛盾与冲突。

在意识到传统组织结构对物流的制约之后，我们就可以对其进行改造。将凌乱分散的物流职能进行集中，围绕企业的核心能力，对组织实行 BPR，改造组织结构，实现职能部门的优化集成。通常可以建立交叉职能小组，参与计划和执行项目，以提高职能部门之间的合作。在这一阶段需构建新的交叉职能业务流程，逐步取代传统的职能模块，以顾客需求和高质量的预测信息驱动整个企业的物流运作。

对比两种组织结构，我们可以很清楚地看到，经过功能集成后，物流功能被独立出来，形成单独的物料配送机能，采购以及物料仓储被集成为物料管理功能，为制造机能服务，市场营销负责市场的拓展。这样，制造机能就与上游的供应商联系起来，而物资配送专门负责物流运作，市场营销主要承担与顾客的沟通，企业运作的各个机能更加清晰，而且初步实现了供应链成员之间的合作关系。

但经过改造后的组织结构也有一个明显的缺点，那就是市场预测的准确性问题。对于分销网，如果需求得不到准确的预测和控制，如果分销的基础设施与制造没有进行有效的连接，那么由于顾客的需求得不到确切的理解，就能导致计划不准确和业务的失误。

如果统一所有的物流功能和企业运作，在高层经理的领导下，以订单为核心展开各种活动，企业的生产也由依赖于预测为主转向依赖于实时信息为主，物流经理在更高的层面上把握全局，就可以实现各种机能的进一步融合。各种物流功能由部门分割、侧重于独立活动转向无间隙运作、侧重于过程，进而实现总成本最优。

在本阶段要注意两个问题：首先是信息技术的使用，企业的组织结构及物流运作流程改造之后需要大量的实时信息来支持企业运作，企业可采用 POS 终端、EDI、车载卫星接收系统、射频技术（Radio Freqency，RF）、高效的物流管理信息系统等；其次是统一认识的问题，经一体化改造之后，员工的思想意识一定要跟上，要围绕顾客的需求，弱化部门意识，以总成本最优为目标来完成各种作业。

现在有很多企业采用了另外一种形式对物流机能进行整合，那就是组建物流总部或物流分公司。物流总部代表企业与原材料、零部件供应商、批发商等供应链成员进行协调联系，集中处理企业的采购物流和销售物流、管理企业的库存等。物流总部的设立并非将现场作业全部集中到总部来处理，一般来讲，现场作业部分还是由各部门完成，但是物流总部要从企业物流的全局来进行管理。

物流总部或物流分公司所起的作用大体一致，但是由于物流分公司往往还要对外营业，这就产生了问题。企业物流分公司主要是为企业服务的，很大一块业务来源于企业本身，那么分公司的一部分利润就来自于企业本身。既然有一部分利润，也就是说企业所支付的物流成本还有下降的空间。所以，这是一个非常矛盾的问题，除非物流分公司对外承接的业务多到足够支撑物流分公司的发展。一些调查数据表明，大部分物流分公司并未让总公司的物流费用显著下降。

复习思考题

1. 什么是物流？现代物流与传统物流的主要区别是什么？
2. 国际物流、国民经济物流和区域物流各自研究的主要内容是什么？
3. 如何理解供应物流、生产物流、销售物流、回收物流和废弃物流在供应链中的应用？
4. 物流活动的基本机能有哪些？
5. 配送与运输的主要区别有哪些？
6. 现代物流系统的构成包括哪些方面？
7. 现代物流管理的主要特征是什么？
8. 如何理解现代物流以创造顾客价值为第一目标？

案例 1

第 2 章　物流管理发展

自 20 世纪 20 年代"物流"概念形成以来，物流管理的活动及其理论得到了很大的发展：一方面，在物流实践领域，越来越多的企业将物流活动从传统的商品实体的实际流动即所谓的"物的分拨"上升到企业战略管理的高度；另一方面，物流管理的不断发展进一步推动了物流理论的完善。现代物流管理学已经成为管理学的一个重要的分支，经过近百年的发展，已经形成了较为系统、科学的理论体系。在物流实践中，随着科学技术的进步和全球经济一体化进程的加快，物流业已经成为许多国家或地区新的经济增长点，物流实践也呈现出多样性、发展性、全局性、整体性等特点。

2.1　美国物流管理的发展

对物流活动和物流管理的认识起源于美国，美国对物流管理的研究和实践最先进、最系统。同时，美国也是世界上物流业最发达的国家之一。从美国物流研究与实践的发展历史来看，大致可分为四个阶段。

1. 物流观念的萌芽和产生阶段（20 世纪初至 20 世纪 40 年代）

1901 年，克鲁威尔（John F. Crowell）在美国政府的《工业委员会关于农产品流通的报告》中首次讨论了影响农产品配送的成本和影响因素，从而使人类对物流实践的认识开始走上科学化的道路。1915 年，一些学者首次提出市场营销具有产生需求和实物供应两大功能，可以称为具有现代意义的物流概念的早期萌芽。1916 年，阿奇·肖（Arch Shaw）在他的《商业问题的对策》中讨论了物流在流通战略中的作用。同年，威尔德（L. D. H. Weld）在《农场产品的市场营销》中论述了市场营销的效用（包括时间效用、场所效用、占有效用），并提出了营销渠道的概念，从而肯定了物流在创造产品的市场价值中的时间价值及场所价值中的重要作用。1927 年，布索迪（Ralph Borsodi）在《流通时代》中首次在文章中对目前仍沿用的现代物流下了定义。1929 年，克拉克（Fred H. Clark）在《市场营销原理》中将市场营销定义为商品所有权转移过程中的各种活动，这些活动就包括物流活动。综上所述，说明人们在这一时期对物流的意义有了初步的认识，并随着以农业为主体的经济向工业化经济发展的不断深化，明确了物流在商品流通及市场营销中的地位和作用。但在当时社会生产力发展条件影响下，物流仍然作为市场营销的附属功能。随着二战的爆发，美国军事后勤活动为怎样将物资配送集成于一体提供了经验，推动了战后对物流活动的研究以及实业界对物流的重视，使物流得到了长足的发展。1946 年，美国正式成立了全美运输与物流协会（American Society of Traffic and Logistics），这是美国第一个对运输和物流活动进行考查和认证的组织。这一时期是美国物流的萌芽和初级阶段。

2. 物流理论体系的形成阶段（20 世纪 50 年代至 70 年代末）

进入 20 世纪 50 年代后，世界经济环境发生了巨大变化，技术不断进步，科学的管理方式受到了越来越广泛的重视，有关市场的活动及其变化得到了更多的研究。与此同时，对物流的重视程度有了很大提高，物流特别是物流配送得到了快速的发展，其背景是现代市场营销观念的形成，彻底改变了企业经营管理的行为，使企业意识到顾客满意是实现企业利润的根本手段，而物流起到了为顾客提供满意服务的重要作用。1954 年，在美国波士顿商业委员会所召开的第 26 届流通会议上，康波斯（P. D. Composer）发表了题为《市场营销的另一半》的演讲，其意义在于他指出学术界和实业界都需要研究和重视市场营销中物流的重要作用，真正从战略高度来管理、发展物流。其观点得到了广泛的认同，为物流管理学的形成及对物流的研究起到了积极的推动作用，后人认为这次演讲是物流管理发展过程中的一个里程碑。1956 年，刘易斯、克里顿与斯蒂勒（Howard T. Lewis，James W. Culliton，Jack D. Steele）等人出版了《物流中航空货运的作用》一书，首次介绍了物流总成本分析的概念，指出物流总成本由多个环节的成本组成，它们是相互影响的。例如，空运虽然成本高，但由于它直接向顾客所在地送货，因而节省了货物存储费用及仓库费用，所以应从物流总成本的基础上评价各种运输方式的优缺点。由于物流管理的最终目的之一是从节省成本出发来提高企业利润，因此，总成本分析的概念对物流管理有着重要的指导意义。

20 世纪 60 年代，美国物流实践得到一定规模的发展，物流管理理论逐步体系化。1961 年，斯马凯伊、鲍尔索克斯和莫斯曼（Edward W. Smykay，Ronald J. Bowersox，Frank H. Mossman）合著了《物流管理》一书，这是第一本系统介绍物流管理的教科书，书中从整个系统或企业范围的角度详细论述了物流管理系统和物流总成本的概念。20 世纪 60 年代初期，密歇根州立大学及俄亥俄州立大学分别为本科生和研究生设置了物流课程，开始了正式针对物流从业者及教育人员的教学计划，成为最早将物流管理理论纳入学科体系的大学。

1962 年 4 月，管理学大师彼德·德鲁克（Peter Drucker）在《财富》杂志上发表了题为《经济领域的黑暗大陆》的文章，强调应当高度重视流通及流通过程中的物流管理。这篇文章被公认为首次明确提出了物流领域的潜力，具有划时代的意义，对实业界和理论界又产生了一次重大的推动作用。1963 年，美国物流管理协会（National Council of Physical Distribution Managment）成立，这一协会集中了物流实业界及学术界的专家，通过对话和讨论，促进了对物流过程的研究和理解及物流管理理论的发展，以及物流界与其他组织的联系与合作。这一时期最重要研究成果之一是物流总成本分析概念的形成。20 世纪 60 年代后期至 70 年代，关于物流管理的研究和讨论相当活跃，大量关于物流管理的教材、论文、杂志不断涌现，召开了大量相关的各种会议。最早把会计学与物流管理联系起来的是斯凯夫（M. Schiff），他在 1972 年出版的专著《物流管理中的会计管理和控制》中论述了会计与财务信息对物流活动极其重要的影响。1976 年，兰伯特（Douglas M. Lambert）发表了《在库会计方法论的开发：在库维持费用研究》一文，文章指出在整个物流活动所发生的费用中，在库费用是最大的部分。1978 年，A. T. Kearney 公司在美国物流管理委员会的资助下，对物流生产率开展研究，发表了题为《物流生产率的评估》的论文，其研究成果对物流领域产生了久远的影响。

总之，这一阶段是物流管理发展逐渐成形的阶段。物流管理从市场营销中脱颖而出，成为一个具有特定内涵的体系，物流管理学也形成了一门独立发展的新兴学科。物流实践也得到了有效的发展，总成本观念在企业管理中得到了广泛的应用。

3. 物流管理现代化发展阶段（20 世纪 70 年代末至 80 年代中期）

美国物流业的发展与政府在物流业的相关法规建设上不断完善是分不开的，其法规包括经济法规和安全法规两方面内容。到 20 世纪 70 年代末，由于此前的经济法规对运输业的发展起到了不良的影响，因此政府对一系列有关运输的经济法规和安全法规进行了修订，以鼓励承运人在市场上的自由竞争。

1977～1978 年，《航空规制缓和法》（*Passage of the Airline Deregulation*）的制定拉开了运输规制缓和的序幕，1980 年提出了有关铁路和汽车运输的法案，1984 年又通过了海运法案，这些法案分别去除或修改了在航空、铁路、公路及远洋运输活动中以往经济法规中的不利于市场竞争的因素，在市场准入、运价、运输路线等方面给运输企业更大的自主权。而对于货主来讲，由于有了更多选择的机会，使其从承运方面得到的物流效率及服务水平都大大提高，这些都极大地促进了运输业的发展。

20 世纪 70 年代末到 80 年代中期，信息技术的发展为企业提供了有效的辅助管理手段，使物料需求计划（MRP）、制造资源计划（MRPⅡ）、配送需求计划（DRP）、企业资源计划（ERP）和准时制（Just In Times，JIT）等先进的物流管理技术产生并得到不断的完善，在生产调度、存量控制、订单处理等一系列活动中得到应用，从而推动了物流活动一体化的进程。1984年，西尔曼（Graham Scharmann）在《哈佛商业评论》中发表了《物流的再认识》一文，指出对企业高层管理人员来说，认识到物流在公司中的重要性是很必要的，应重视物流在企业规划和战略决策中的重要作用。1985年，哈里斯和斯托克（W. D. Harris, J. R. Stock）在密西根州立大学的一个市场营销历史研讨会上发表了《市场营销与物流的重组——历史与未来的展望》一文，指出了市场营销与物流活动的重组正在发生，强调了物流在营销中的重要作用以及物流在保证顾客服务水平方面的战略作用，论述了营销与物流一体化的必要性，该文的发表推动了物流与供应链过程的一体化的研究与实践。这段时期，随着信息技术、系统分析方法、定量分析技术的发展，以及物流总成本分析概念的普及以及在企业中的应用，物流的作用在社会及企业中进一步得到确认。同时，从许多公司的管理实践中发现，在企业的制造、市场及物流的三个重要方面，能为公司提高利润的最有效手段是降低物流成本，因此，物流一体化管理是公司保持持续发展的最有效途径。

　　这一阶段最具历史意义的是 1985 年美国物流管理协会正式名称从 National Council of Physical Distribution Management 改为 National Council of Logistics Management，从而标志现代物流观念的确立。

4. 物流管理国际化、信息化及纵深发展的阶段（20世纪80年代中期至今）

　　20世纪80年代以来，随着科技进步和经济发展步伐加快，以及世界经济一体化的趋势，国际贸易量大大增加。20世纪90年代早期，美国在进出口贸易方面占领先地位。为了降低成本，不少企业纷纷把加工厂移到劳动力便宜的国家和地区。为了促进产品的销售，各公司也热衷于建设自身的全球网络，如可口可乐、百事可乐都通过遍及全球的物流网络扩大世界范围的服务。沃尔玛（Wal-Mart）和其他的主要零售商建立了他们自己的自由贸易区。国际物流量的增加，使物流业在美国占有越来越重要的地位。20世纪90年代以来，第三方物流在美国得到了迅速发展，整个美国第三方物流的收入从 1994 年的 160 亿美元增长到 1995 年的 250 亿美元。

　　近年来，随着美国服务经济的发展使物流对国民经济和企业的发展起到了更重大的作用，也使大多数物流领域围绕着组织和管理产品的有序流动来发展。服务存在于国际、国内市场中，存在于运输、仓储等物流服务之中，然而目前服务经济发展中的服务不只是货物的流动，物流服务的提供者或者被服务者也是流动的。过去物流过程的服务离不开货物存储，现在有的服务需求（如物流咨询、货物代理与供应链方案的提供等）是不能被储存的。另外，服务工厂概念的产生，企业小批量、多品种的生产方式及顾客对物流业快速反应的要求也对物流业的服务水平提出了更高的要求，这些都促使物流业向信息化、自动化及决策上的智能化（如专家系统的应用）方向发展。为了满足物流国际化，服务形式多样化和快速反应的要求，物流信息系统和 EDI，以及互联网、条形码、全球定位系统（Global Positioning System，GPS）及射频技术在物流领域中得到了越来越广的应用。1998 年，R. B. Footlik 在《运营、包装和配送》一文中指出：过去我们配送循环是由物资的流动来左右的，今天，它的推动力是信息的传递。

　　2000 年，美国约有 2 150 亿美元花费在物流信息系统中，而存储费用却是 2 050 亿美元，这种情况表现了物流战略方面的转变，它从原来的资产密集型战略（如许多的仓库及高的存量水平）向着信息密集的控制系统转变。由于信息交换特别是 EDI 的应用，实现了公司和公司之间、计算机到计算机之间的数据传输，使企业能与所有的合作伙伴进行信息传递。由于 EDI 应用的飞速发展，除了使企业本身节省大量物流费用，提高竞争能力外，在物流领域也促进了供应链及其管理的理论与实践的发展。物流国际化使企业的物流成本大大提高。据统计，国内产品销售的物流费用约占总成本的 5%～6%，而国际性产品的物流费用则占总成本的 10%～25%。服务多样性及服务水平的高要求，也对物流管理提出了更高的要求，因此，在物流理论和决策方法的研究，如物流总成本分析、供应链管理及一体化，物流服务水平的含义及评估方法，人工智能及专家系统在物流决策中的应用等方面都取得了许多成果。在《美国运输部 1997～2000 年财务年度战略规划》中，美国克林顿政府的运输部长 R. E. Slater 提出，美国应建立一个国际性的以多式联运为主要形式，以智能为特征并将环境包含在内的运输系统，该系统将是世界上最安全、最易得、最经济和最有效的系统。同时指出，数据及信息的收集和传播、知识的创新和共享对国际运输业的发展是非常重要的。该报告对推动美国运输和物流的发展起到了重要的指导作用。

2.2　日本物流管理的发展

日本在 20 世纪 50 年代才从美国引入物流观念，但发展迅速，并形成了自身独特的管理经验和方法，已成为现代物流的先进国家。日本物流发展的主要有以下四个阶段。

1．物流概念的引入和形成阶段（1953～1965 年）

日本在 1964 年开始使用"物流"这一概念。在使用这个术语以前，日本把与商品实体有关的各项业务统称为"流通技术"。1956 年，日本派出"流通技术专门考察团"，由早稻田大学教授宇野正雄等一行七人去美国考察，弄清楚了日本以往叫做"流通技术"的内容，相当于美国叫做"传统物流"的内容，从此便把流通技术叫做"传通物流"。当时，"传通物流"这个术语得到了广泛的使用。1964 年，日本池田内阁五年计划制定小组负责人平原说："比较而言，叫做'传统物流'不如叫做'物的流通'更好。"1965 年，日本在政府文件中正式采用"物的流通"这个术语，简称为"物流"。

1964 年，日本通产省为了降低产业的总体成本，决定削减生产、流通费用之外的第三种成本，即削减搬运、保管、包装等物流的成本。同时，在产业构造审议会流通部中设立"物的流通委员会"。日本还把"物的流通"视为一种包括运输、配送、装卸、仓储、包装、流通加工和信息传递等多种活动的综合行为。这一时期政府加强了对物流设施建设，如 1953～1958 年交通运输投资占公共投资总额的 19.2%，1959～1963 年交通运输投资已占公共投资总额的 29.5%，从基础设施上为物流发展打下了良好的基础，同时还比较重视有关车站、码头装卸运作的研究与实践。

2．以流通为主导的发展阶段（1965～1973 年）

20 世纪 60 年代中期至 70 年代初是日本经济高速增长的时期之一，商品流通量大大增加。随着这一时期生产技术向机械化、自动化发展以及销售体制的不断扩充，物流已成为企业发展的制约因素。因此，日本在这一时期开始进行较大规模的物流设施的建设。在日本政府《中期 5 年经济计划》中，强调了要实现物流的近代化。日本政府开始在全国范围内开展高速道路网、港口设施、流通聚集地等各种基础建设。与此同时，各厂商也开始高度重视物流，并积极投资物流体系的建设，各企业都建立了相应的专业部门，积极推进物流基础建设，这种基础建设的目的在于构筑与大量生产、销售相适应的物流设施，主要是随营业规模的扩大增设物流中心，或确保大量输送手段以充实物流硬件的举措。可以说，这一时期日本厂商的共同战略是增大物流量、扩大物流处理能力，以适应商品流通的需求。另外，如果说此前日本的物流是可以用"人工装卸"形容的低级化物流的话，那么此时日本的物流已经进入近代化的大量生产、大量销售的时代。为了解决仓库不足、出入库时间长、货车运输欠缺、大量生产的产品无法顺利流向市场等问题，开始广泛采用叉车等机械化装卸设备和采用自动化仓库，灵活运用托盘和集装箱，实现货物单元成组装卸，同时建立物流中心，积极推行物流联网系统，开发 VSP、配车系统等物流软件。

1970 年，日本同时成立了两个最大的物流学术团体——"日本物流管理协会"和"日本物的流通协会"，开展全国和国际性的物流学术活动。这一时期是日本物流建设大发展的时期，原因在于社会各个方面都对物流的落后及其对经济发展的制约性有着共同认识。这一阶段的发展直到

1973 年第一次石油危机爆发才告一段落。

3. 物流合理化阶段（1973～1983 年）

在这一阶段，日本经济发展迅速，并进入了以消费为主导的时代。虽然物流量大大增加，但由于成本的增加使企业利润并没有得到期望的提高，因此，降低经营成本成为经营战略的重要课题，降低物流的成本更成为其重要内容。物流合理化与最优化是这一阶段的主要特点，所以说，这一时期是物流合理化的时代。首先，担当物流合理化作用的物流专业部门开始出现在企业的管理中，从而真正从系统整体的观点来开展降低物流成本的活动，同时物流子公司也开始兴起。这一时期的物流合理化主要是改变以往将物流作为商品蓄水池或集散地的观念，从而在经营管理层次上发挥物流的作用。这集中反映在"物流利润源学说"，即物流到目前为止并没有提升到管理范围，从而成为流通过程的"黑暗大陆"，阻碍因素很多，因此只有去除这些阻碍因素才可能实现成本降低，为利益增加作出贡献。也就是说，在企业第一利润源销售额无法实现的情况下，物流成为企业增加利润的唯一来源。物流利润源学说揭示了现代物流的本质，使物流能在战略和管理上统筹企业生产、经营的全过程，并推动物流现代化发展。

在推进物流合理化的过程中，全国范围内的物流联网也在蓬勃发展，其宗旨在于推进订货、发货等业务的快捷化，以及削减物流人员，降低劳动力成本，特别是以大型量贩店为中心的网上订、发货系统的应用在这一时期最为活跃。1983 年，日本物流企业已发展到 5 万多家，从业人员约 105 万人，货运量达 34 亿吨，货运周转量 4 223 亿吨。较大的物流公司都在全国各地设有自己的分公司或支社，面向全国乃至国外开展物流业务，如通运公司、两派公司、大和运输等。这样，在日本形成了多渠道、多层次、多形式、工商齐办的现代化物流系统网络。在物流管理政策上，1977 年日本运输省流通对策部公布了"物流成本计算统一标准"，这一政策对于推进企业物流管理有着深远的影响，原因是当时许多企业正热衷于从事物流成本控制的研究，各个企业都制定了自己独特的成本控制体系，因而出现了成本概念不一致的状况，这样各企业所计算出的成本就缺乏相互对比的基础。另外，在一般企业中，尽管物流成本的核定是以物流合理化为前提，但由于缺乏统一明确的会计成本核算标准和方法，对物流成本的计算是不完全的，进而影响了物流合理化的发展。正是在这种状况下，日本运输省制定了"物流成本计算统一标准"。由于企业和政府的共同努力，使物流管理得到了飞跃性的发展，也使日本迅速成为物流管理的先进国。这一时期日本物流学会正式成立，同时物流的科研工作也得到了较大的发展，建立了专门的物流研究所，在日本召开全国性、地区性、国际性的物流会议、物流奖励大会等，宣传物流的重要意义，讨论和解决理论及实践中的问题。

4. 物流现代化阶段（1983 年至今）

20 世纪 80 年代以来，日本的生产经营发生了重大变革。消费需求差异化的发展，尤其是 20 世纪 90 年代日本泡沫经济的崩溃，使以前那种大量生产、大量销售的生产经营体系出现了问题，产品的个性化、多品种和小批量成为新时期的生产经营主流，使得市场的不透明增加，零库存的观念越来越强，其结果是整个流通体系的物流管理发生了变化，即从集化物流向多频度、少量化、短时化发展。在销售竞争不断加剧的情况下，物流服务作为竞争的重要手段在日本得到了高度重视，这表现在 20 世纪 80 年代后期，日本积极倡导高附加值物流、JIT 物流等方面。但是，随着物流服务竞争多样化，物流成本的高昂成为这一时期的特征，在日本有把这一时期称为"物流不景气"时代的说法，即由于经营战略的要求，使物流成本上升、出现赤字。因此，如何克服物流成本上升、提高物流效率是 20 世纪 90 年代日本物流面临的一个最大问题。

1997 年 4 月 4 日，日本政府制定了具有重要影响力的《综合物流施策大纲》，该大纲是根据日本政府制定的《经济构造的变革和创造规划》中有关"物流改革在经济构造中是最为重要的课题之一，到 2001 年为止既要达到物流成本的效率比，又要实现不亚于国际水准的物流服务，为此各相关机关要联合起来共同推进物流政策和措施的制定"的指示而制定的。该大纲是日本物流现代化发展的指针，对于日本物流管理的发展具有历史意义。大纲中提出了到 2001 年物流发展的三项基本目标：第一，在亚太地区，具有便利性且充满活力的物流服务；第二，实现对产业竞争不构成阻碍的物流成本；第三，减轻环境负荷。为实现上述目标，大纲中还制定了实施措施的三项原则：第一，通过相互合作来制定综合措施；第二，为确保适应顾客需求的有效运输体系，以及创造良好的交通环境，道路、航空、铁路等交通机构合作共同制定综合交通措施；第三，通过竞争促进物流市场活性化。大纲中提出的具体措施有：社会资本的合作与集中使用，消除物流瓶颈建设国际港口、机场及相应的疏港疏场高规格的道路，主要干线铁路、公路的建设，提高运输能力；建设大都市圈物流中心的法规和政策，进一步推动物流的效率化；物流系统要实现信息化、标准化；实施无纸贸易；对都市内物流要建立道路交通的畅通机制，提高汽车装载效率，提高物流服务质量，减轻环境负担，对地域之间的物流要进一步完善多种方式运输的竞争条件，实现多式联运，促进水路、铁路货运，建立区域性物流中心及道路；对于国际物流要进一步缩短物流的时间和成本，纠正内外价格差，提高产业地区的竞争力。值得一提的是，大纲中特别提到要建立各机构、各部门合作的政策推进体制，推进各政府机关、地方团体、物流业者和货主联合采取物流现代化措施，形成整体效应。

2.3 我国物流管理的发展

2.3.1 我国物流管理的发展历史

1. 我国物流的起源

我国学术界正式使用"物流"一词始于 1979 年（有学者认为孙中山先生主张"贸畅其流"是我国物流思想的起源）。同年 6 月，我国物资工作者代表团赴日本参加第三届国际物流会议，回国后在考察报告中第一次引用和使用"物流"这一术语。在当时商业部提出建立"物流中心"的问题时，曾有人认为"物流"一词来自日本，有崇洋之嫌，乃改为建立"储运中心"。其实，储存和运输虽是物流的主体，但物流有更广泛的外延，而且物流是日本引用的汉语，物流作为"实物流通"的简称，提法既科学合理又确切易懂，因此不久又改称为"物流中心"。1989 年 4 月，第八届国际物流会议在北京召开，"物流"一词的使用日益普遍。

2. 我国物流管理的几个发展阶段

我国物流的发展，除了和我国的经济发展水平、经济结构、技术发展状况有关外，还和我国的经济体制改革进程有直接关系。按照我国经济发展历程，新中国成立以来我国物流的发展大致可以分为三个阶段。

1）计划经济下的物流（从建国初期至 1978 年）

这一时期在我国实行的是高度集中的计划经济体制，国家的整个经济运行处于计划管理之下。企业的原材料供应、生产、销售，商业服务部门的仓储，运输企业的经营管理，都在严密的计划控制之下，由各级政府行政主管部门分条或分块直接管理。国家对各种商品特别是生产资料和主要消费品，实行指令性计划生产、分配和供应，商品流通企业的主要职责是负责各级政府部门指令性调拨计划的实施。虽然各级政府也在综合发展各种运输方式、合理布局物资储运点、保持合理库存、编制并不断修订主要物资的合理流向图、提倡综合利用各种运输方式及发展联运等方面提出了多种政策措施，但总体上是按计划生产、仓储和运输，实现计划分配与供应。特别是1963 年物资部门实行统一管理中转供销仓库以后，全国商品的物流活动基本上由各级物资储运公司和商业储运公司来承担。物资储运公司遵循"以收抵支，收支平衡"的原则，无论中转次数多少，只向用货单位按国家规定的收费标准收取一次性管理费用，物资系统内部调拨物资不收管理费。国家要求物资企业发挥蓄水池的作用，以至于社会物资库存量不断上升，物资周转缓慢。工业消费品的储存和运输按三级批发的供销体制进行，即对应一、二、三级商品批发供应站设立相应的商业储运公司，分别承担三级批发过程中的储运业务。当时的商品零售业主要是国营的百货商店、粮食、副食店、供销社和各种物资供应店，它们成了物流活动的终点，而且大都规模不大。

在这一阶段，资源分配和组织供应是按行政区划进行的，物流活动的主要目标是保证国家指令性计划分配指标的落实，物流的经济效益目标被放到了次要位置。企业完全没有自主权，管理上条块分割，生产、仓储、运输、销售各环节相互分离，物流效率低下，现代物流管理的概念还处于"蒙昧阶段"。

2）有计划的商品经济下的物流（1979～1993年）

1979年，我国开始实行对内搞活、对外开放的政策，宏观经济环境发生了根本性变化。从那时起，我国开始从计划经济向市场经济逐步过渡，即从计划经济向计划经济为主、市场经济为辅，计划经济和市场经济相结合的体制转变。市场在经济运行中的作用逐步加强，我国的经济运作从产品经济逐步向商品经济过渡，国内商品流通和国际贸易也不断扩大，国民经济步入高速发展时期。与此同时，我国的物资分配体制、商品流通体制、交通运输体制也发生了重大的变化。各级政府逐步放开了对企业生产、采购、销售的管理，企业逐步摆脱了高度指令性计划的束缚，自主决定其原材料的采购和产品的运输、销售。商贸企业根据流通体制改革和供应方式的变革，开展了商品物流配送中心的试点工作。交通运输企业突破传统的经营观念，开始实施前向一体化和后向一体化，开展了货物运输代理、取货送货、订舱配载、联运服务等许多新的业务活动。

由于经济活动已向商品导向转变，物流业开始注重经济效益。物流活动已不局限于被动的仓储和运输，而开始看重系统运作，即考虑包括包装、装卸、流通加工、运输在内的物流系统整体效益。按系统化思想，推出了仓库一次性作业、集装单元化技术、自动化立体仓库、各种运输方式综合利用和联合运输等系统应用形式，用系统思想对物流全过程进行优化，使物流总费用最低。这一阶段，物流的经济效益和社会效益有所提高。

3）社会主义市场经济体制建立中的我国现代物流发展（1994年至今）

1993年，党的十四届三中全会通过了《关于建立社会主义市场经济体制若干问题的决定》，我国加快了经济体制改革的步伐，经济建设开始进入一个新的历史发展阶段。科学技术的迅速发展和信息技术的普及应用，消费需求个性化趋势的加强，竞争机制的建立，使得我国的工商企业，特别是中外合资企业，为了提高竞争力，不断提出了新的物流需求。我国经济界开始把物流发展提到了重要议事日程。此时，国家逐渐加大力度对一些老的仓储、运输企业进行改革、改造和重组，使他们不断提供新的物流服务，与此同时，还出现了一批适应市场经济发展需要的现代物流企业。这一阶段，除公有制的物流企业外，非公有制的物流企业迅速增加，外商独资和中外合资的物流企业也有了发展。

随着我国经济向社会主义市场经济体制过渡，物流的活动逐渐摆脱了部门附属机构的地位，开始按照市场规律的要求开展物流活动，物流活动开始体现出物流的真正本质内容——服务，物流开始和更多的信息技术结合使用，物流的范围和领域也不断扩大。

2.3.2 我国物流管理的发展现状

我国物流虽然有了一定的发展，尤其是在1999年11月，国家经贸委会同世界银行召开了现代物流国际研讨会后，我国的现代物流有了迅速发展。但是由于我国物流刚刚摆脱计划经济体制的束缚，目前还没有形成一个比较完整的体系，从总体来说，我国物流的发展仍处于起步阶段，主要表现在以下八个方面。

1）部分省市开始重视现代物流的发展

近几年来，我国部分省市政府已开始认识到物流对于推动经济发展、改善投资环境、提高地区经济和工商企业在国内外市场竞争能力的重要性，开始把发展现代物流作为一项涉及经济全局的战略性问题来抓。天津、上海、深圳、山东等沿海省市为了使地区经济持续高速发展，都从战略高度出发把发展现代物流作为经济腾飞的重要措施和支撑点之一。

天津市作为华北和环渤海地区重要的经济中心，把发展物流作为调整产业结构、促进经济高速发展的重要措施，加大了建设天津物流环境的力度，提出了努力把天津市建设成为现代化港口城市和国际性物流中心城市的战略目标。为了推动现代物流的发展，天津市成立了《天津市现代物流发展纲要》课题领导小组，由主管副市长亲自挂帅担任课题领导小组组长，天津市各有关部门为课题领导小组成员。经过近一年的工作，完成了《天津市现代物流发展纲要》编制工作，确定了天津市现代物流在城市发展中的定位、近期及中长期目标以及发展的政策措施。此项研究为天津市政府的决策提供了重要的依据。

近几年来，上海市为了充分发挥经济中心、贸易中心、金融中心和航运中心的作用，对上海市物流系统的建设给予了极大重视。《上海市国民经济和社会发展第十三个五年计划纲要的报告》指出：上海已进入创新驱动发展、经济转型升级的攻坚期。上海要顺应世界多极化、经济全球化深入发展的趋势，把握人民币国际化进程加快、我国经济与世界经济继续深度融合的机遇，在全面参与国际科技经济合作与竞争中加快'四个中心'建设。

深圳市发布《深圳市现代物流业发展"十三五"规划》。根据规划，"十三五"期间，将实施"一带一路"等 8 大类、共 37 项的"千亿投资工程"。至 2020 年，实现现代物流业增加值达到 2 760亿元，快递业务收入超过 555 亿元等目标。"十三五"期间，深圳将打造以"两区三中心"（全国物流创新发展示范区、国际物流合作引领区、国际多式联运中心、全球供应链管理中心、深港国际航运中心）为目标的国际化物流枢纽城市。

近几年来，山东省政府十分重视物流的发展，由省经委牵头，各市选择一批大型工商企业进行试点，总结经验，逐步推广。具体做法是从启动工商企业的物流需求入手，把优化企业物流管理作为优化产业结构和经济高效运行的战略措施重组企业物流系统，改变传统物流运作模式，创造物流服务产业化的社会基础条件。同时，培育物流企业，提供物流服务，逐步满足工商企业对物流服务的需求。这些举措已取得了明显收益，并涌现出了一批企业物流管理先进典型，如青岛海尔、山东东大、青岛啤酒、山东鲁抗等。

北京、广州、武汉、沈阳、南京等地对本地区物流发展也都进行了研究和部署，并取得了一定的成绩。为改善投资环境，一些省市还加强了物流基础设施、物流中心和物流园区的建设，如深圳平湖物流基地、上海西北综合物流基地。北京、广州、青岛等一些城市也在规划和建设物流中心和物流园区。天津市还组织了"城市现代物流配送体系方案"的设计，不但确保了天津市畅通工程的成果，还增加了就业，收到了良好的效果。另外，一些省市政府还在税收优惠、信贷等方面对物流的发展给予了扶持。

2）一些工商企业开始重视物流管理

我国一些工商企业已开始认识到物流是企业降低物资消耗、提高劳动生产率之外，能够使企业增加效益和增强竞争能力的"第三利润源"，开始强化企业的物流管理，并取得了明显的收效。2009 年，海尔集团提出了"去制造化"战略和"零库存"战略，为此做了"即需即供"的库存改革。这种改革取消了仓库，根据订单直接发货，有效解决市场需求与企业供应之间的矛盾，保证满足消费者的需要。通过创新的"零库存"，海尔集团化解了高库存的浪费现象，库存资金占用天数从 20 天下降到 5 天，仅为中国平均值的 1/10。青岛啤酒集团为提高对市场变化的反应能力，提高市场竞争力，实行了啤酒"新鲜度管理"目标，以时间为控制标准，建立了高效率成品物流控制系统和能对市场作出快速反应的配送体系。"新鲜度管理"和物流外包的实现，提高了对订单的响应速度和服务质量，很好地满足了消费者的需求。青岛啤酒孙明波总裁在 2011 年的达沃斯论坛上透露，目前公司遍布全国的经销商已达 8 200 多家，其中战略经销商 653 家、战略供应商 23 家、优秀供应商 35 家。天津天汽集团通过引进日本丰田公司的物流管理技术，剥离了原有的自我服务功能，新的服务方案使钢材库存减少了 6 000 多吨，仓库面积减少了近二万平方米，仅这两项每年就节约资金 4 000 多万元，效果十分明显。商业企业为集中精力进行销售，扩大市场占有率，将商品的进货、储存和配送统一由自己的物流系统完成。以 111 亿元的销售额立于"中国连锁业百强"之首的上海联华超市，其智能型配送中心仓储面积达 3.55 万平方米，停车场地 1.3 万平方米，前后两个装卸区可供 25 辆大型车辆同时进出配送货物。该中心采用计算机管理和机械化操作，配送中心根据各超市网上传递的要货单，经计算机处理后，向各楼层发出指令，各楼层按指令将相应货物配送到集散地装车。中心实施 24 小时服务，同时为 30 家超市配送，做到 40 分钟送到门市部，实现了快速、高效的配送服务，日吞吐商品已达到 7.8 万箱，配送效率达到了国际先进水平。

3）一批运输、仓储及货代企业逐步向物流企业发展

随着我国社会物流需求的增加，以及对物流认识的深化，我国在计划机制下形成的一大批运输、仓储及货代企业，为适应新形势下竞争的需要，正努力改变原有单一的仓储或运输业务，积极扩展经营范围，延伸物流服务项目，逐渐向多功能的现代物流企业发展。

中远海运国际货运有限公司（以下简称中货）作为运输行业里的大型企业，在现代物流的新形势下，提出了"绿色服务"战略，即凡是由中货承接的货物，从订舱、制作单证、调箱、装运、报关、验货、装船、运输及信息追踪和资料信息的传送一路绿灯。例如，为东北地区最大的合资企业埃丽思·欧雅玛公司提供从原材料进口、仓储、流通加工、包装到成品出口的物流服务；对三门峡市出口的果汁，从厂里一直到美国超市，所有的物流活动全部由中货独立完成。目前，"绿色服务"已被看作是我国运输行业中构思大胆、创新色彩浓、科技含量高的物流服务，凭借这一优势，中货拥有了许多客户，如海尔、大连佳能、皇冠包装公司、金红叶纸业公司、先锋音响制造公司、杜邦聚酯、南通醋纤等。济南汽车运输总公司近年来抓住日本松下电器公司中国本部实施物流一体化管理改革的机遇，组建了济南开发区物流基地，聚合了仓储、装卸、运输、流通加工等多项服务功能，又进一步与十几家工业企业建立了稳定的物流服务关系，受到这些工业企业的欢迎。

中国物资储运公司（以下简称中储）作为中国最大的仓储企业，在计划经济时代曾在组织生产资料物流中起着决定性的作用。随着市场的逐渐开放，物资调拨改为自行采购后，中储的任务发生了变化。在经历了向市场经济转型的剧痛后，中储重新定位自己，努力转变经营机制，在传统与现代的融合中提出了"优质、高效、便捷、周到"的中储品牌，针对不同客户提供不同系列化的物流服务。例如，为建设工程和生产企业的供应商及物流服务商提供多品种材料采购及配送服务，为宝钢、首钢等金属材料生产企业的分销商及物流服务商提供代理、分销、加工、配送的一条龙服务，为海尔、长虹、康佳、青岛啤酒等家电企业及生活资料生产企业的物流服务商提供仓储、配送及相关的物流服务。通过向全过程物流服务领域的拓展，中储获得了巨大的经济效益。

这些企业大都在原有运输功能的基础上拓展服务范围，提供 24 小时的全天候服务、门到门的延伸服务、打包加固等增值服务。它们还利用国外的业务网络，承揽了部分原材料、零部件国外的采购业务，为厂商提供了满意的物流服务，实现了从传统代理、运输企业向多功能物流服务及第三方物流企业的转变。

4）外国物流企业开始进入中国

由于我国物流企业的经营规模、物流技术和管理水平相对落后，其服务质量还很难满足一些

企业特别是跨国公司对高质量物流服务的需求，因此近年来国际上一些著名物流企业普遍看好我国物流前景，陆续进入我国，在我国许多地方开始建立物流网络及物流联盟。他们运用国际成功的物流服务经验，为客户提供完整的综合物流服务，如马士基、铁行渣华、海陆、美国总统轮船、日通、近铁、瑞达、阿尔卑斯、松下、德国飞格等。海陆公司于 1997 年 1 月 14 日在中国建立了一个新的第三方物流公司，总部设在北京，上海、厦门、广州、武汉、青岛和深圳分设了办事处，在中国提供全方位综合物流服务，包括进出口货物的汽车运输、货物追踪、现代仓储以及流通过程中的相关增值服务。

随着中美互惠海运协定的更新，美国总统轮船公司（APL）新成立的中国公司成为第一个获得中国政府认可的可在中国提供全方位物流服务的独资企业。铁行渣华已获准在我国深圳、上海、南京、青岛、厦门和广州开设铁行渣华物流（中国）公司的分公司。一些外国物流公司通过兴办中外合资物流企业，积极在我国发展物流业务并获得了很大的收益，如为外资进入我国零售业而陆续建立起来的合资或外资的大型超级市场、购物中心和连锁店提供配送业务等。世界各地的跨国公司也陆续在中国设立自己的物流服务部门，为其在中国的加工企业、商贸企业服务。例如，日本的三菱公司在广东兴建了一体化的配送中心。该中心与京广、京九等铁路干线和新建高速公路相连，进行跨地区配送的商品存储。该配送中心的建立使三菱公司的配送效率提高了两倍。可以说，我国物流滞后的局面为国外物流企业提供了发展空间和机遇，他们已占据了我国物流市场一定的份额。另外，这些合资物流企业的服务对象，大都是在我国境内的中外合资或外商独资企业，这种结合方式形成了在我国境内两个外国企业之间的"强强联合"。

5）一些物流企业开始重视物流服务质量的管理

物流的本质是服务，物流服务质量是物流企业生命的保证，它直接关系到物流企业在激烈竞争中的成败。我国一些物流企业开始把提高服务质量作为与国际接轨、进入国际物流领域的入门证。中储于 2000 年底一次性通过了国际认证机构的现场评审，获得了 ISO9000 质量管理认证。深圳中海物流于 1998 年在全国物流企业中第一家获得德国 TUVISO9002 国际质量保证体系认证。宝供物流第一个将美国食品和药物管理局颁布的"良好的制造管理实践"质量保证思想运用到物流运作中，确立了物流质量管理的 10 个关键要素，将每项要素的具体标准及要求汇编成《质量管理手册》。公司总部还专门设立了质量管理部具体落实贯彻《质量管理手册》，使每一项业务运作从作业开始就实施质量控制和跟踪，保证了业务运作质量稳定可靠。几年来，公司的铁路运输货物缺损率控制在万分之一左右，公路运输和仓储缺损率为零，铁路运输时间达标率在 95% 以上，公路运输达标率在 98% 以上，获得了客户的一致赞许。

6）信息技术和通信技术已逐步在物流业务中运用

20 世纪 90 年代初期，我国在物流活动中开始应用了计算机网络技术。1993 年，上海华联超市开业，以计算机技术为手段实现了统一进货和商品配送。该公司建有 16 万平方米的配送中心，开发了包含仓库管理、商品分拣理货等系统在内的配送中心信息管理系统，并与各销售点联网，使连锁店经营体系更加完善。1995 年，国际互联网在商业领域的应用，使信息技术在物流领域有了突破性进展，促进了我国以网络物流为基础的物流业的迅速发展。1997 年，中货率先在国内推出计算机电子委托订舱业务，并在电子订舱的基础上，通过国际互联网向全球客户推出了具有网上订舱、中转查询和信息公告等多项业务操作功能的国际货运网上服务系统。深圳中海物流开发的"物流信息管理系统"集进出仓、运输、报关、检疫、信息反馈和结算于一体，并通过 EDI 系统与海关联机操作，初步实现报关的无纸化作业。利用互联网和 EDI，可以使工厂及其各供应商可随时查看最新交易状况以及库存结构和数量，使物流总体效益逐步趋向最优化。此外，1999 年，中货在系统内的 50 台车辆上安装了 GPS 终端，使其成为国内首家运用卫星定位技术来管理车辆的国有运输企业。

7）提供电子商务服务的物流企业有了发展

电子商务是指通过计算机和计算机网络来完成商品交易等一系列商业活动的一种商品流通方式。自 1997 年 10 月，我国第一个使用型电子商务系统——中国商品订货系统（CCOS）建成投入运行，并在北京、济南、苏州、南京、上海、深圳、昆明、成都设立了总部和地区经营中心，该系统与互联网连接，一些客户开始通过互联网进行信息发布和货物交易活动。1998 年 7 月 1 日，我国世界上最大的网上"虚拟采购"基地之一的"中国商品市场"正式启动，计划将其发展成中国最大的网上购物系统。1998 年，湖南省邮电管理局和 IBM 公司共同推出了我国第一套基于安全电子交易协议（SET）的电子商务系统。随着计算机网络的普及，电子商务将会迅速发展，必将需要完善的物流配送系统为之服务。为了适应这一要求，我国已出现了为电子商务服务的以高科技信息技术为基础的第三方物流企业，它们充分利用互联网、无线通信、条形码等现代信息技术，以代理的形式对物流系列实行统一管理，建立了全国性的、快速的、以信息技术为基础的专门服务于电子商务的物流服务系统。例如，上海正广和网上购物有限公司建成的物流配送体系将传统商业和电子商务有机结合，为客户提供不用出门的快速物流服务。中货通过开通物流网站，将"网上仓库管理信息系统"、"网上汽车调度信息系统"和"网上订舱信息系统"、"网上结算"等功能模块进行集成，为客户提供便捷的网上物流交易商务平台。

8）物流研究和技术开发工作取得了一定进展

随着我国物流的发展，从 20 世纪 90 年代以来，我国物流理论界不仅将国外先进的物流理论和经验，向我国做了大量介绍，同时借鉴国外物流理论研究成果，结合我国的实际，在物流系统建设、物流规划方法、物流企业的发展战略方面都取得了丰硕的成果，对我国物流发展起到了有益的作用。

我国物流技术研究也取得了长足进步。例如，昆明船舶设备集团有限公司与红河卷烟厂，根据 1996 年国家经贸委下达的研制自动化物流系统任务，联合研制的企业自动化物流系统，总体上已达到世界先进水平，也是目前世界烟草行业综合功能最齐全的自动化物流系统。再如列入国家863 计划，由海尔机器人有限公司整合国内外资源而建成的海尔国际物流中心，采用了世界上最先进的激光导引无人运输车系统、巷道堆垛机、机器人、穿梭车等，全部实现了现代物流的管理自动化和智能化。还有一些物流企业在研究开发物流信息技术和物流管理技术上取得了成果，如中外运的全程跟踪物流信息系统、宝供的快步物流系统、中海物流管理信息系统、中货的网上仓库管理信息系统和汽车调度信息系统、海尔的企业资源计划信息系统、上海大众的卫星定位系统、梅林正广和的 85818 配送物流系统等。

2.3.3 我国物流管理的发展趋势

在 1999 年现代物流发展国际研讨会上，时任国务院副总理的吴邦国曾指出："抓紧研究相关政策措施，大力推动此项工作，通过各方共同努力，在我国逐步建立起专业化、社会化、现代化的物流服务网络体系。"时任国家国内贸易局副局长丁俊发也曾表示，国家国内贸易局将大力推进商品物流配送业的发展，并选择一些有条件的地区和企业，进行重点指导、扶持，力争在 3～5年内建成一批生产资料和生活资料的示范性配送中心。商品配送的发展重点要逐步转向农村，要把发展农村商品配送当成开拓农村市场的重要举措。随着近几年我国经济的迅猛发展，物流业以及物流管理在我国得到了进一步发展。随着现代科技、管理和信息技术在物流系统中的广泛应用，物流行业已成为适合于市场经济发展的基础产业之一。在当今的电子商务时代，信息是物流企业的命脉，我们可以通过建立一体化的物流信息系统，做到持续、简便、无差错地移动数据，实时、自动地更新数据，提高物流全过程的可见性。为此，需要解决两个问题：一是，建立最具兼容性的数据库。数据库是信息系统的基础，不仅要与企业运行的任何系统完全兼容，还要具有可扩容性以满足业务增长需要，目前许多大中型物流企业选用 Oracle 数据库，而小型企业大都选用 SQL Server 数据库。二是，选择最好的数据交换工具。信息系统的一体化需要在买方、卖方和物流第三方的许多实体间移动数据和传递指令，传统的 EDI 是大型企业惯用的极为有力的数据交换工具，但因其复杂性而使许多企业难以接受。随着互联网的兴起，基于互联网的 EDI、可扩展标记语言（XML）等新的工具不断出现，特别是 XML，具有比 EDI 更好的灵活性，能更容易地在数据库之间移动数据，从而使一体化过程简单。为实现供应链的最优化，越来越多的企业将物流职能外包给第四方物流服务提供商，建立自己的基于互联网的虚拟供应链。第四方物流服务提供商利用基于互联网的信息平台，汇集了众多仓储、运输、第三方物流服务提供商等合作伙伴，并根据企业需要选择每一个环节的最合适的合作伙伴，通过互联网收集和传递物流信息，建立客户定制的一体化的最优化的虚拟供应链。虚拟供应链兼具响应性、灵活性和可见性特点，如企业可以通过租用仓储合作伙伴的存储空间，迅速建立起自己的物流网络，并可根据需求的变化增加或减少租用的空间、调整网点的布局；同时，可利用仓储合作伙伴预先配置的物料搬运系统和计算机管理系统，迅速建立起自己的作业与信息系统，借助仓储合作伙伴的业务经验，很好地实现拆包、分拣、包装、配送等一系列物流职能，以低成本满足客户的高要求。

复习思考题

1．试述美国物流管理发展的不同阶段的主要内容。
2．试述日本物流管理发展的不同阶段的主要内容。
3．试述我国物流管理发展的不同阶段的主要内容。
4．我国物流管理发展的主要趋势是什么？

案例 2

第3章 物流服务与物流企业战略

3.1 物流服务

3.1.1 物流服务的含义

1. 顾客服务

物流活动是各种各样的基本服务和增值服务，具有一些服务所共有的内涵。在定义"物流服务"的概念前应先弄清楚"顾客服务"的概念。在市场中，企业的各种经营活动都是围绕着顾客需求来展开的，如何更好地满足顾客的需求也就成了企业经营活动的出发点和最为重要的方面。

莱隆德（Lalonde）和金斯哲（Zinszer）认为，顾客服务是一种过程，它以费用低廉的方法给供应链中各成员企业提供增值服务。他们认为可以从三个方面去理解这个概念：

（1）顾客服务是一种活动，如运输服务、配送作业和供应商选择与管理等具体的活动。这意味着对顾客服务要有控制能力。

（2）顾客服务是一套绩效评价体系，如缺货频率、订货完成率等。这意味着顾客服务可以精确衡量。

（3）顾客服务是一种管理理念，这意味着顾客服务是对顾客的一种承诺，突出了以顾客为核心的重要性。

2. 物流服务

物流服务是顾客服务的一种类型，同样要满足顾客服务三个方面的界定，即物流服务是一些可以控制的活动，物流服务的好坏可以比较精确衡量，物流服务是一种先进的管理理念。具体而言，物流服务是指为了满足顾客需求而提供的高效率、低成本的一系列互相关联的基本物流服务和使整个供应链产生价值的各种增值服务。

3.1.2 物流服务分类

物流服务可分为基本物流服务和增值物流服务。

1. 基本物流服务

基本物流服务主要包括运输、保管、配送、装卸、包装、流通加工、物流信息处理等方面。这些服务构成了物流的基本机能，在第1章已经简要阐述，具体内容将在以后各章依次展开。

2. 增值物流服务

增值物流服务表现在为了完成完美订货而提供的各种可选方案。增值物流服务是竞争力强的企业区别于一般小企业的重要方面。有时，在基本物流服务的基础上也能够实现增值物流服务。例如，丰田汽车公司提出一个星期的交货期，在基本物流服务的基础上为顾客提供了其他公司无法做到的增值物流服务。增值物流服务的特征是在提供基本物流服务的基础上，满足更多的顾客期望，为顾客提供更多的利益和不同于其他企业的优质服务，它是企业的闪光点。增值物流服务可以分别在以下四个领域中完成。

1）以顾客为核心的增值物流服务

以顾客为核心的增值物流服务是指由第三方物流提供的、以满足买卖双方对于配送产品的要求为目的的各种可供选择的方式。例如，美国 UPS 公司开发的独特服务系统，专门为批发商配送纳贝斯克食品公司的"Planters-Life Savers"快餐食品，这种配送方式不同于传统的糖烟配送服务。这些增值活动的内容包括：处理顾客向制造商的订货，直接送货到商店或顾客家，以及按照零售商的需要及时地持续补充送货。这类专门化的增值服务可以被有效地用来支持新产品的引入，以及基于当地市场的季节性配送。

2）以促销为核心的增值物流服务

以促销为核心的增值物流服务是指为刺激销售而独特配置的购物点展销台及其他各种服务。购物点展销包含来自不同供应商的多种产品，组合成一个多结点的展销单元，以便于适合特定的零售商品。在许多情况下，以促销为核心的增值物流服务还包括对储备产品提供特别介绍、直接邮寄促销、购物点广告宣传和促销材料的物流支持等。

3）以制造为核心的增值物流服务

以制造为核心的增值物流服务是通过独特的产品分类和递送来支持制造活动的物流服务。每一个顾客进行生产的实际设施和制造装备都是独特的，在理想状态下，配送和内向物流的材料和部件应进行顾客定制化。例如，有的厂商将外科手术的成套器具按需要进行装配，以满足特定医师的独特要求。此外，有的仓储公司切割和安装各种长度和尺寸的软管以适合个别顾客所使用的不同规格的水泵。这些活动在物流系统中都是由专业人员承担的。这些专业人员能够在顾客的订单发生时，对产品进行最后定型，利用的是物流的时间延迟。

4）以时间为核心的增值物流服务

以时间为核心的增值物流服务涉及使用专业人员在递送之前对存货进行分类、组合和排序。以时间为核心的增值物流服务的一种流行形式就是 JIT。在 JIT 概念下，供应商先把产品送进工厂附近的仓库，当需求产生时，仓库就会对由多家供应商提供的产品进行重新分类、排序，然后送到配送线上。以时间为基础的服务，其主要的一个特征就是排除不必要的仓库设施和重复劳动，以便最大限度地提高服务速度。基于时间的物流战略是竞争优势的一种主要形式。

3.1.3　物流服务评价体系

基本的物流服务水平可以从三个方面来衡量。

1. 可得性

可得性是指当顾客需要存货时所拥有的库存能力。目前，存货储备计划通常是建立在需求预测的基础上的，而对特定产品的储备还要考虑其是否畅销、该产品对整个产品线的重要性、收益率以及产品本身的价值因素等。库存可以分为基本库存和安全库存。可得性的一个重要方面就是企业的安全库存策略，安全库存的存在是为了应付预测误差和需求等方面的不稳定性。

许多企业开发了各种物流安排方案，以提高其满足顾客需求的能力。一家企业可以经营两家仓库，其中一个指定为主要仓库，而另一个作为后备的供给仓库。主要仓库是企业用于输出其绝大多数产品的地点，以便利用自动化设施、效率及其所处地点的优势。一旦主要仓库发生缺货时，就可以利用后备仓库来保证顾客服务水平。

高水准的存货可得性需要进行大量的精心策划，而不仅是在销售量预测的基础上给各个仓库分配存货。在库存管理中，有 ABC 库存分类管理法，其思想就是根据各种存货的重要性不同而保持不同的库存水平。在满足顾客订单、对顾客进行管理时，我们也可以引入这种思想。因为不同的顾客对于企业的重要性是不同的，企业要对首选顾客或核心顾客实现高水准的存货可得性，同时实现库存量和仓库设施的最小化投资。

2. 作业表现

物流作业的完成表现可以通过以下四个方面来衡量。

（1）速度。完成周期的速度是指从订货到货物装运再至实际抵达的这段时间。根据物流系统的设计不同，完成周期所需的时间会有很大的不同，即使在今天高水平的通信和运输技术条件下，订货周期可以短至几个小时，也可以长达几个星期。但总的来说，随着物流效率的提高，完成周期的速度正在不断地加快。

（2）一致性。虽然服务速度至关重要，但大多数物流经理更强调一致性。一致性是指企业面对众多的完成周期而能按时递送的能力，是履行递送承诺的能力。一致性是物流作业最基本的问题。企业履行订单的速度如果缺乏一致性，并经常发生波动的话，就会使得顾客摸不着头脑，在制订计划时发生困难。

（3）灵活性。作业灵活性是指处理异常顾客服务需求的能力。企业的物流能力直接关系到处理意外事件的能力。企业需要灵活作业的典型事件有：修改基本服务安排计划；支持独特的销售和营销方案；新产品引入；产品衰退；供给中断；产品回收；特殊市场的定制或顾客的服务层次；在物流系统中履行产品的修订或定制，如定价、组合或包装等。在许多情况下，物流优势的精华存在于灵活性中。

（4）故障与修复。故障与修复能力是指厂商有能力预测服务过程中可能会发生的故障或服务中断，并有适当的应急计划来完成恢复任务。因为在物流作业中发生故障是在所难免的，所以故障的修复也很重要。

3．可靠性

物流质量与物流服务可靠性密切相关。物流服务中最基本的质量问题就是如何实现已计划的可得性及作业完成能力。除了服务标准外，质量上的一致性涉及能否并且乐意迅速提供有关物流作业和顾客订货状况的精确信息。研究表明，厂商有无提供精确信息的能力是衡量其物流服务能力最重要的一个方面。顾客通常讨厌意外事件，如果他们能够事前收到信息的话，就能够对缺货或延迟递送等意外情况作出调整。因此，有越来越多的顾客表示，有关订货内容和时间的事前信息比订货的履行更重要。

除了服务可靠性外，服务质量的一个重要组成部分是持续改善。类似于厂商内部的其他经理一样，物流经理也关心如何少发生故障并完成作业目标，而完成作业目标的一个重要方法就是从故障中吸取教训，改善作业系统，以防再次发生故障。

理想的物流服务水平要求达到 6R，即：适当的质量（Right Quality）；适当的数量（Right Quantity）；适当的时间（Right Time）；适当的地点（Right Place）；好的印象（Right Impression）；适当的价格（Right Price）。

3.2　物流服务管理

3.2.1　物流服务管理的目的

物流服务管理的目的是以适当的成本实现高质量的顾客服务。一般来讲，服务水平与成本有一种互换的关系，即服务水平提高，物流成本会随之上升，但两者的上升不是一种正比的关系。根据边际效应递减法则，当物流服务水平达到一定程度，随着成本的上升，服务水平的上升会越来越小。具体看来物流服务水平与成本的关系有以下四种类型，如表 3-1 所示。

表 3-1　物流服务水平与成本的关系

项目	1	2	3	4
成本	↑	↓	→	↓
物流服务水平	↑	→	↑	↑

（1）以牺牲成本换取服务水平的做法，这是很多企业所认为的服务与成本的关系。

（2）在物流服务水平既定的情况下，降低物流成本，改善物流系统。

（3）在物流成本既定的情况下，灵活、有效地利用物流成本，实现物流服务水平的提高。

（4）在降低物流成本的同时，实现较高的物流服务。

物流服务管理的目的就在于改变表中的第一种情况，实现第二、三两种情况，争取向第四种情况过渡。

3.2.2　物流服务管理的原则

1. 从产品导向向市场导向转变

物流服务水准的确定不能从供给方的理论出发，而应该充分考虑需求方的要求，即从产品导向向市场导向转变。

2. 制定多物流服务组合

顾客的需求不是千篇一律的，因此，制定多物流服务组合十分必要。在决定物流服务时，应根据顾客的不同类型采取相应的物流服务。物流服务的确定除了考虑顾客类型外，还与所经营的产品类型相关，即一般产品与战略产品的物流服务应当有差异，这可以根据市场营销中产品组合矩阵来确定物流服务的形式。

3. 开发对比性物流服务

企业在制定物流服务要素和服务水准的同时，应当保证服务的差别化，即与其他企业物流服务相比有鲜明的特色，这是保证高服务质量的基础，也是物流服务战略的重要特征。

4. 重视物流服务与社会系统的吻合

物流服务不完全是一种企业独自的经营行为，它必须与整个社会系统相吻合，物流服务除了要考虑调配物流、企业内物流、销售物流外，还要认真研究旨在保护环境、节省能源、资源的废弃物回收物流。

5. 建立能把握市场环境变化的物流服务管理体制

物流服务水准根据市场形势、竞争企业的状况、产品特性以及季节的变化而变化，所以，在物流部门建立能把握市场环境变化的物流服务管理体制十分必要。

6. 建设并完善物流中心

物流中心作为物流服务的基础设施，建立和完善对于保障高质量的物流服务是必不可少的。主要原因在于物流中心的功能表现为通过集中管理订货频度较高的产品使进货时期正确化，提高在库服务率，同时由于缩短产品在库期间，提高了在库周转率，产品出入库增多。除此之外，物流中心在拥有对应多品种、小单位产品储存功能的同时，还具有备货、包装等流通加工功能，从而能够实施适当的流通在库管理和有效的配送等物流服务，这些都是高质量物流服务的具体表现。

7. 构筑信息系统

要实现高质量的物流服务，还必须建立完善的信息系统，这种信息系统的机能除了接受订货、迅速、完好地向顾客配送产品外，更重要的是通过送货期回复、产品物流周转期缩短、备货保证、信息处理时间缩短、货物追踪等机能确保不劣于竞争对手的物流服务。

8. 动态评价物流服务绩效水平

物流服务的实施情况应该每隔一段时期定时进行核查，特别需要关注的是，销售部门或顾客是否存在对物流现状的抱怨，有没有配送错误，事故破损是否严重，是否向顾客做过调查，所设定的服务水准是否得以实现，以及在物流成本上应保持多大的合理性等问题。

3.2.3 物流服务战略的确定

在物流服务管理原则的指导下，物流服务战略的确定可分为以下五个步骤。

1．向顾客收集物流服务信息

物流服务既然是顾客服务的一个重要组成部分，就应当了解顾客对物流服务的要求和认识。这种信息资源的收集可以通过问卷调查、座谈会、访问以及委托作为第三方的专业调查公司来进行。调查的信息主要包括物流服务的重要性、满意度以及与竞争企业的物流服务相比是否具有优势等问题。

2．确定物流服务要素

明确物流服务究竟包括哪些要素以及相应的具体指标，即哪些物流活动构成了服务的主要内容。一般来讲，备货、接受订货的截止时间、进货期、订货单位、信息等要素的明确化是物流战略策划的第一步，只有清晰地把握这些要素，才能使以后的决策顺利进行，并加以操作和控制。

3．划分顾客类型

如前所述，因为不同的细分市场顾客服务的要求不一致，所以物流服务水准的设定必须从市场特性的分析开始入手。此外，顾客思维方式以及行动模式的差异也会呈现出多样化的顾客需求，在这种状况下，以什么样的特性为基准来区分顾客群成为制定物流服务战略、影响核心服务要素的重要问题。另外，在进行顾客需求类型化的过程中，应当充分考虑不同顾客群体对本企业的贡献度以及顾客的潜在能力，也就是说，针对本企业重要的顾客群体，应在资源配置、服务等方面予以优先考虑。

4．确定物流服务水平

对顾客需求进行类型化之后，首先需要针对不同的顾客群体，根据预先确定的物流服务要素，结合对竞争企业服务水平的分析，制定相应的物流服务水平，对重点顾客群体实现资源的优先配置。此后，进入物流服务水准设定的预算分析，特别是产品单位、进货时间、在库服务率、特别增值服务等重要服务要素的变更会对成本产生什么样的影响，这样既保证企业实现最大程度的物流服务，又能将费用成本控制在企业所能承受或确保竞争优势的范围之内。

5．动态管理物流服务组合

最初顾客群体物流服务组合确定后，并不是一成不变的，而是要经常定期进行核查、评价、变更，以保证物流服务的效率化。

3.3 物流服务的环境分析

3.3.1 我国经济的宏观环境

1．经济环境

经济环境是指企业经营过程中所面临的各种经济条件、经济特征、经济联系等客观因素。企业经营的成功与否在很大程度上取决于宏观经济运行状况。我国正处于经济高速发展阶段，市场经济体制已初步建立，GDP 近年仍以 6.5%左右的速度增长，国家的经济总量和综合实力已经有了翻天覆地的变化，国民人均收入与改革开放初期相比翻了几番，百姓的购买力大大增强。目前，国家的利率维持在一个较低的水平，国家实行扩张性的货币政策，通货膨胀率很低，国家坚持扩大内需的战略方针，加大了结构调整和改革的政策力度。当然，国家也面临着能源短缺、人口过多、人民币非国际货币、市场机制待完善等经济问题。综上所述，中国物流业处于一个总体较好的经济环境，有利于企业的发展。

2．技术环境

技术环境是指一个国家或地区的技术水平、技术政策、新产品开发能力以及技术发展动向等。技术对企业经营的影响是多方面的，技术的进步将使社会对企业的产品或需求发生变化，从而给企业提供有利的发展机会。科学技术的发展日新月异，国外的物流业已经发展多年，已经将科技的最新成果与物流业有效地结合起来。我国物流业恰好可以利用西方的先进经验、先进的技术实践加以快速发展。

3．政治环境

政治环境是指一个国家或地区的政治制度、体制、方针政策和法律法规等方面。我国是社会主义国家，正在建立社会主义市场经济体制，国家鼓励和扶持各种形式的经济组织的发展。市场竞争法则已经被迅速引入绝大多数行业，国家制定了一系列的政策法规影响或干预企业的生产经营行为和企业的各种政策，如《劳动法》、《反不正当竞争法》、《公司法》、《合同法》等规范市场行为的法律法规。但与物流业有关的法律制度还不健全，如与交通运输相关的法律只有《水路货物运输规则》（1987）、《汽车货物运输规则》（1988）、《中华人民共和国水路运输条例》（1987）、《中华人民共和国公路法》（1997）、《中华人民共和国铁路法》（1991）、《中华人民共和国海商法》（1992）、《中华人民共和国邮政法》（2009）和《中华人民共和国航空法》（2015）等。可喜的是，我国正在加快立法步伐，与国际接轨，物流业也必将走向正规。

3.3.2　物流服务的产业环境分析

1．竞争激烈且方式多样

技术的发展使得物流企业的供给能力（包括供给数量和供给结构）大大提高，也使得顾客选择的余地大大增加。另一方面，随着物流技术与手段的发展，物流竞争的程度也越来越深，在外延上物流服务更加多样化，在内涵上高技术大量使用，使效率成倍提高。所有这些都使物流竞争比以前任何时期都要激烈，更需要在战略上指导物流服务。

2．市场多变且变化迅速

（1）信息传播速度加快。当今社会，信息成为企业重要的资源，谁能及时掌握并利用好对自己有用的信息，谁就会在经营中制胜。互联网的应用和普及使得信息传播量和传播速度大大增加。

（2）技术创新与产品开发的速度加快。美国从有专利批准制度开始到第 100 万个专利申请，花了整整 85 年的时间；而从第 500 万个专利增加到第 600 万个专利，仅用了 8 年时间。20 世纪 90 年代以前，美国产品的生命周期平均为 3 年，到 1995 年已缩短为不到两年时间。技术的快速发展使物流企业的产品及设备贬值加快，如果物流企业不能跟上技术发展的步伐，就会落后甚至被淘汰。

（3）市场需求及顾客偏好的变化加快。这种变化一方面是由于技术进步引起的供给能力的增加造成的，另一方面是由于收入的增加、不同文化的相互融合等需求方面的因素造成的。

（4）以互联网为基础的信息技术、电子商务的快速发展呼唤着产品实物流通的配套发展，物流业已成为电子商务发展的重要支柱。电子商务送货的功能由物流企业承担，物流企业代表所有生产企业及供应商向顾客进行实物供应，成为最集中、最广泛的"供应者"。为适应电子商务发展的需要，我国物流业发展应标本兼治，适应市场的变化形势。

3．物流专业人才紧缺，社会物流意识亟须加强

物流管理和经营人才的缺乏是物流发展的最大制约因素。现代物流也是信息技术发展和现代物流技术创新相伴而行的。我们传统的物资管理和操作已跟不上现代物流发展的步伐和管理的要求。虽然近来我国对现代物流产业发展的研究开始升温，但总体来讲，全社会的物流观念仍然十分淡薄，没有认识到现代物流的发展，对企业乃至全社会降低流通成本和交易费用、增加利润、

提高企业的核心竞争力的积极作用。不少企业关心的仍是产品开发、市场营销策略的研究和价格策略的制定，很少关心物流方式的合理性对企业发展的影响，仍然热衷于选择自营物流方式。虽然也会向运输服务和仓储企业购买仓储服务，但这些都只是限于一次性和临时、分散的物流服务。

4. 国内竞争与国际竞争融合在一起

随着经济的全球化发展，物流企业不仅面临来自国内物流企业的竞争，还面临来自国外跨国公司的竞争。1997年以来，我国先后批准了丹麦马士基、美国总统班轮等四家外国航运企业在我国设立独资集运公司，进行物流服务试点。日本的通运、澳大利亚的TNT和英国的英之杰等公司均在上海、北京、广州、武汉等大中城市建立物流机构和货运网络。另外，加入WTO以后，由于物流业的市场准入，中国物流市场的竞争将更趋激烈。根据中美协议内容，在物流市场准入方面，中国将向美国公司提供贸易权和分销权，贸易权将在3年内逐步实施，分销权则在以往没有开放的批发、运输、维修中实施。在经过合理的过渡期后，中国将取消大部分外国股权限制，3年内逐步取消大部分产品的分销服务限制，同意加入《基本通信与金融服务协议》，不限制美国服务供应商进入目前的批发及在固定地点以外销售、零售、维修和运输等市场。此外，中国将在3~4年内逐步取消包括租赁、速递、货物运输、货仓、广告、技术检测和分析、包装、辅助分销等服务方面的限制。中国加入WTO后，进出口贸易将迅速增长，为物流业的发展提供持续扩张的市场空间，这不仅对我国物流业带来挑战，还为中国物流业的发展带来前所未有的巨大机遇。

5. 风险因素增加

经营风险是指物流企业内外部诸因素变化的不确定性，而物流风险存在于物流企业的经营管理人员对内外部变化的不确定性难以把握的情况中。不同的物流企业有不同的经营风险，同一物流企业在不同的发展时期也有不同的风险，经营风险的大小不仅与物流企业本身有关，也与物流企业所处的环境有关。当今社会，物流企业面临的风险因素大大超过以前，包括市场、政策、经济、技术、金融、管理等多方面的风险因素。这些风险因素具有复杂性、动态性、多变性、互动性、扩散性等特点，有些风险对于物流企业而言很难准确预测。因此，物流企业必须培养自己相应的管理能力，如风险管理能力、危机管理能力，才不至于在风险突然发生时束手无策。

3.3.3 物流服务参与各方的分析

企业必须以不断变化的环境背景为依托，准确把握物流服务的发展趋势，从以下四个角度对物流服务环境进行分析。

1. 供应链角度

作为提供专业物流服务的第三方物流企业是整个供应链的一部分，在通常情况下，不可能向客户提供整个供应链的物流服务。即便在供应链的某些环节的服务，第三方物流只能完成其中的部分内容。从为整个供应链服务的角度提出的第四方物流，不但使物流服务的内容变得更加丰富，也为物流服务企业制定发展战略时提供了新的思路。

2. 零售业角度

从当今零售业物流服务系统的发展来看，最具有代表性的是24小时便民连锁店，其物流服务系统的设计、管理已经成为零售业物流发展的标志。怎样通过物流中心实现效率化？如何实现商品配送的计划化和集约化？怎样实现物流成本的合理分担？这些问题的回答都是为零售业提供物流服务的方向。

3. 线上平台角度

现代的批发业开始从原来的批发市场中厂商的销售分支机构或经销商的地位向线上批发代理平台的地位转变。同以前相比，他们的备货范围更广，配送行为更加快速，整个物流系统将向柔性化方向发展，这必然产生对信息系统和物流中心的更高服务要求。

4．厂商角度

精细生产、JIT、看板、MRPⅡ等现代生产方式对生产制造企业物流的影响日益深远。从物流服务角度看，这些现代方式对原来的配送管理和库存管理方式已经形成了明显的冲击。

越来越多的厂商不是让批发商来承担本企业产品的物流，而是通过构筑自身的物流系统，向零售商配送产品，由供应商管理库存，从而使厂商迅速把握产品销售情况。

3.4　物流企业战略

3.4.1　物流企业的类型

我们以物流服务的范围和机能整合性来分析物流企业的类型。物流服务的范围主要是指营业区域的广度，输送机构的多样性及保管、流通加工等附带服务的广度等；机能整合性是指企业自身拥有多少提供物流服务所必要的机能。物流服务所必要的机能除了物理输送机能外，还包括营业、集配、配车、保管、流通加工、信息、企划等机能。

按照以上两个标准，可以将物流企业分成四种类型，如图 3-1 所示。第一种物流服务广、机能整合度高的企业，属于物流业界的先驱，是一种综合型物流企业。这类企业的业务范围往往是全国或世界规模，因而也被称为超大型物流商（Mega-Carrier），其能对应货主企业的全球化经营，从事国际物流，因而服务能力备受瞩目。第二种物流服务范围较窄、机能整合度高的企业，特征是通过系统化提高机能整合度来充分发挥竞争优势，是机能整合型物流企业，如专业型物流企业、外航船运公司等。这类企业集中于特定的物流服务，企业拥有高水准、综合的物流服务机能，因此在特定市场，其他企业难以与之竞争。第三种物流服务范围广、机能整合度低的企业，是物流市场中的利用运输业企业。这类企业虽然利用各种运输机构提供广范围的输送服务，但实际企业自身并不拥有输送手段，因此它是一种特定经营管理型的物流企业。这类企业由于不用在输送手段上进行投资，因而能够灵活应对市场环境的变化。然而，如果输送机能管理不够充分，往往缺乏物流服务的信赖性。第四种物流服务较窄、机能整合度低的企业，这类企业通常以局部市场为对象，在特定市场从事特定机能的物流活动，被称为缝隙型物流企业。

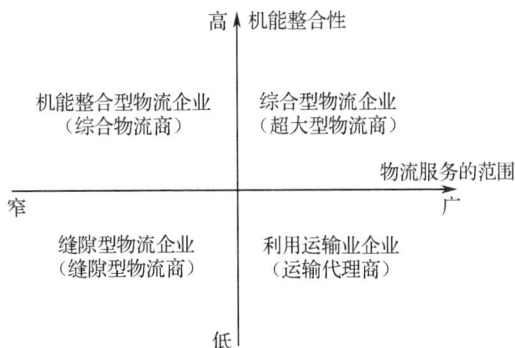

图 3-1　物流企业类型

3.4.2　不同类型物流企业的战略

1．综合型物流企业的战略——综合物流

综合物流的优点是能实现一站托运。随着货主企业活动的不断扩大，发货、入货范围逐渐延伸到全国或海外市场，在这种状况下，输送手段不仅涉及货车，而且还需使用铁路、航空、海运等运送手段。综合型物流企业对应货主复杂多样的物流需求，从事多元化的物流服务。

如果综合型物流企业能实现物流服务供给中经营资源的共有化，就能达到效益的乘数效应。例如，建成集运输、流通加工、保管机能为一体的综合物流设施或实现运输、保管等物流机能的单一化管理，从而极大降低综合物流业者的服务成本。但是，企业组织的巨大化也会存在间接成本增加、费用提高的风险。

综合型物流企业要注重最先进的信息技术的使用，以期全面地降低交易成本，提升物流服务水平。现在乃至未来，其主要竞争对手始终是国内外同级别的超大型物流商，尤其是加入世界贸易组织（WTO）之后，国外最优秀的物流服务供应商都将进驻国内，竞争将进一步加剧。我国的超大型物流商一定要在学习国外优秀物流商经验的基础上加强自身建设，具体来说可从以下四个方面着手：

（1）进行 BPR，减少冗余环节，提升工作效率。我国超大型物流业商都是从旧体制过来的，在业务流程上沿袭了很多旧的做法，造成工作效率低下。但只要进行彻底的 BPR，运用工业工程的分析方法，就能从整体上优化流程，从局部改善作业，全面提高工作效率。

（2）加强品牌管理，创造品牌优势。"品牌"这个词在管理理念层出不穷的今天，似乎已被人所遗忘。可是"品牌"在激烈的市场竞争中依然是一把很快的刀，如"法拉利"是速度的象征，"吉列"是男人的选择，物流的"品牌"又能带给人什么？是快速的服务吗？是高度的可靠性吗？是优秀的交货质量吗？

（3）传播物流理念，加强物流营销。如前所述，社会物流意识亟须加强，那么究竟谁来传播物流理念呢？在博弈论中有一个著名的模型——大猪小猪博弈，我们超大型物流业商就是"大猪"，有义务向社会传递最新的物流理念，让一些企业专注于其核心竞争力而将物流（如果不是其核心竞争力的话）外包，那么我们的市场也必将扩大，无可否认，"小猪"（中小型物流商）在此过程中也会在此过程中分一杯羹，但由于市场整体放大，我们得到的利益也比中小型物流商大。

我国物流市场竞争激烈，物流企业也要走出去，一方面传播物流理念，另一方面要加强物流营销，主动出击，与物流需求者建立长期合作关系。

（4）降低物流作业成本。据统计，从运输成本看，2017 年，我国物流总成本占国内生产总值（GDP）的 18%，比发达国家高出 1 倍。也就是说，从运输成本来看，我们还有 10%左右成本的空间可以努力。从整体来看，只要能将现有的运输成本降低 10%左右，公民经济总体水平就能出现一次新的飞跃。从物流企业本身来看，降低成本也将提高企业的盈利水平。

2．机能整合型物流企业的战略——系统化物流

机能整合型企业经营战略的特点是以对象货物为核心，导入系统化的物流，通过推进货物分拣、货物追踪系统提供高效、迅速的输送服务。同时，从集货到配送等物流活动全部由企业自身承担，实现高度的机能结合。但是，由于这种由特定货物为对象构筑的系统一般货物运输无法适应，因此物流服务的范围受到限制。

从经营战略上来看，对于市场需求的变化采取特定市场集中型的战略十分有效，所以在机能整合型物流企业中，进一步限定对象顾客层的企业为数不少，即通过再细分市场，突出物流服务的特色来追求企业的效益。与进一步细分市场的战略相反，还有一部分企业采取从集中市场的战略转向多元化战略，其目的是分散对特定市场依存的风险，在特定市场成熟以后寻求新的市场。从目前实践发展的情况来看，大多数开展多元化战略的企业都是利用既存经营资源开展同心多元化战略。

无论是细分化战略还是多元化战略，对于机能整合型企业来讲，机能的内涵和服务质量是这类企业共同的基础和核心，机能的弱化和陈旧将直接动摇企业在特定物流市场上的地位，所以不断提高机能的结合度，发展机能的深度和广度是企业发展的根本战略。

中国国际航空股份有限公司（以下简称国航）以拓展航空货运市场为目标，截至 2013 年 12 月 31 日，国航共拥有以波音、空中客车为主的各型飞机 497 架，平均机龄 6.33 年；经营客运航线已达 298 条，其中国际航线 71 条、地区航线 15 条、国内航线 212 条；通航国家（地区）31 个，通航城市 154 个，其中国外 47 个、地区 3 个、国内 104 个；通过与星空联盟成员等航空公司的合作，将服务进一步拓展到 195 个国家的 1 328 个目的地。

2003 年，在国航货运分公司的基础上成立了中国国际货运航空有限公司（以下简称国货航），由国航、中信泰富有限公司、首都机场集团公司共同投资组建。总部设在北京，以上海为货机主运营基地，是中国唯一载有国旗飞行的货运航空公司。2011 年 3 月 18 日，国航与香港国泰航空以国货航为平台完成货运合资项目。

通过不断完善产品体系，国货航形成了快运、邮件、危险品、鲜活易腐、活体动物、贵重物品、定制产品、普通货物等产品的运输，可满足顾客多样化的需求。作为拥有 50 多年货运发展历程的航空运输企业，国货航参与了中国民航多项航空货物运输标准的发起和制定，培养了一支经验丰富、专业敬业的员工队伍，可以为各类特殊货物提供专业、可靠的运输方案。 多年来，国货航自觉履行对社会的承诺，勇于承担社会责任。曾在汶川地震、巴基斯坦地震、印度洋海啸、墨西哥甲型流感、智利地震、日本地震等重大灾害援助中，多次成功完成紧急救灾包机任务。同时，秉承安全运行、高品质运行、低碳运行的理念，关爱环境，关注未来。

截至 2015 年 1 月，国货航以北京、上海为枢纽，先后开通了上海始发通往欧洲的法兰克福、阿姆斯特丹、萨拉戈萨、哈恩，美国的纽约、芝加哥、洛杉矶、达拉斯，日本的东京、大阪，以及台北、成都、重庆、天津、郑州、南京、长春、沈阳等国际、国内和地区的货机航班。同时，依托国航的全球航线网络，国货航在全球的空运航线达到 332 条，全球通航点达到 166 个。另外，国货航在欧洲、美国、日本、亚太等全球各地，还拥有数条全球地面卡车航线作为货机和客机腹舱网络的补充，使货物快速通达全球各地。

3．利用运输业企业的战略——柔性物流

与机能整合型企业相对的是利用运输业企业，这类企业以综合运用铁路、航空、船舶运输等各种手段，开展货物混载代理业务。这类企业的最大优点是企业经营具有柔性，物流企业可以根据货主企业的需求构筑最适合的物流服务。

目前，常见的是为了保证货主企业物流的效率化而设立物流子公司，这类子公司虽然有的也拥有货车、仓库等物流设施，但大多数都是租用货车业主和仓库业主的设施来提供物流服务。在后一种状况下，物流分公司作为运输代理商接受货主企业的物流要求。同时，由于自身并不拥有经营资源，因而可以彻底实行物流效率化，如货车的大幅削减或物流中心的集约化可以很快实现。

从发达国家的发展来看，货主企业集中于本业，将不属于本企业主导的物流部门分离出去，进而利用外部的物流公司从事物流活动的情况逐渐增加。针对这种情况，在欧美出现了用契约的形式明确货主企业物流效率的目标，进而全面承担货主企业物流的第三方物流业者。一项来自欧洲的调查表明，76%的企业正在使用第三方物流，而且 70%企业不止使用一家第三方物流；那些24%没有使用第三方物流的企业又有 24%的企业表示正在考虑使用。

第三方物流业者中既有自己拥有货车、仓库等资产的企业，也有自己不拥有任何物流设施采取租赁经营的企业，两种类型的企业物流服务范围都很广，前者逐渐向机能整合型企业发展，而后者成为纯粹的运输代理商。

利用运输业企业的经营战略主要是向无资产的第三方物流商发展。由于企业实质上并不拥有整合的物流机能，因而可以灵活、柔软、彻底地实现物流效率，但是也正因为无资产而可能造成物流服务不稳定。企业应该建立并加强有效的输送机能管理体系，这其中的核心是信息系统的完善以及树立良好、柔软的企业间关系。

4. 缝隙型物流企业的战略——差别化、低成本物流

在经营资源数量和质量方面都受限制的中小企业，必须发挥在特定机能或特定物流服务方面的优势，在战略上实现物流服务的差别化和低成本化。

在从事单一物流服务的情况下，实现服务的差别化比较困难。例如，只要在货车、车库等设施达到一定水准的条件下，任何企业都能够参与运输服务。因此，这种无差别物流服务的企业只有不断降低物流费用，实现低价格竞争才能够生存、发展。通常的措施除了加强企业内管理外，还可以根据运输周期或货物特性实行弹性化的价格政策，如对繁忙期以外的货物运输，或者可以用机械装卸的货物运输实行运费折扣或优惠运输等。

尽管缝隙型企业较难达到差别化，但是也存在通过为特定顾客层提供附加服务，进而成功实现差别化的事例。目前，这方面比较突出的物流服务主要有搬家综合服务、代收服务、仓储租赁服务以及摩托车急送等形式。例如，搬家综合服务除了从事专业化的搬家物流服务外，还替顾客从事清扫、整理、杀虫、垃圾处理等事务；在代收服务中，物流企业通过代收繁杂的产品、检品等业务，然后用货车进行配送，增加物流服务的附加价值；仓储租赁服务是近期兴起的新兴物流形式，它通过出租仓储、安全保管顾客存放的任何货物（大宗商品、书籍、字画、金钱等）来突出物流服务的差别化。近年来，在我国大都市出现的小型保险柜租赁业务就是这种物流服务的具体表现形式之一。

此外，在差别化物流服务中，产品多频度、少量共同配送也非常引人注目，它已成为企业物流差别化的有力武器并得到推广。

复习思考题

1. 物流服务的内涵是什么？
2. 物流服务包括哪些基本服务？如何衡量？
3. 物流的增值服务有哪些类型？各自有什么特点？
4. 物流服务管理的目的和原则是什么？

案例 3

第4章 物流成本管理

4.1 传统物流成本与现代物流成本

4.1.1 从物流成本观念看

传统物流成本仅仅把对外支付的费用，如对外支付运费、对外支付保管费，当作物流成本。现代物流成本则强调物流成本的"冰山理论"如图4-1所示。这一理论是由早稻田大学的西泽修教授提出的。他认为对外支付的运费、保管费只不过是物流成本的冰山一角，大量的费用隐藏在水面之下，企业内部与物流中心相关的人员费用、设备折旧费、固定资产税等各种费用都应当属于物流成本之列。

4.1.2 从计算物流成本的会计实践看

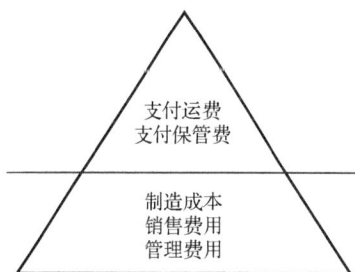

图4-1 物流"冰山理论"示意图

1. 传统物流成本会计实践

（1）物流在企业财务会计制度中没有单独的科目，一般所有的成本都列在费用一栏中，很难对企业发生的各种物流成本作出明确、全面的计算与分析。

（2）传统会计科目的设定使部分物流成本无法分离。通常的会计实践将费用归集为工资、租金、公共设施和折旧等，但是其中的物流设施折旧、仓库管理人员工资等又属于物流成本的范畴。

（3）跨组织单位发生的、与物流绩效相结合的费用无法确认和分配运作责任。例如，致力于减少库存，虽然会减少存货的运输成本，却会导致更多的延迟交货，并使总的运输成本增加。

（4）通常的会计实践将运费作为货物成本的一部分从总销售额中扣除而取得一个总的利润，在许多情况下运费并不作为一项特殊的成本而作出报告。但是，许多产品在购买时又包括了运输成本。现在大多数不断改进的采购程序要求将所有的服务费用，包括运输费用，从总购买成本中分离出去以便于评估。

（5）传统会计实践没有特别指明和分配库存成本。首先，没有确认及分配有关维持库存的全部成本，如保险及税收，因此导致了库存成本的低估或模糊。例如，如果销售经理不对库存运作成本负责，他就会具有增加库存水平的动机，以提高存货的可得性。其次，对于投入到原料、工作过程、产成品库存的资产的财务负担，并未在企业发生的其他形式的资本成本中被确认、度量和分离。事实上，如果一家厂商将内在的资金用于支持库存的要求，很有可能资本成本并未在利润表中反映出来。

（6）物流成本中的过量服务所产生的成本与标准服务所产生的成本混在一起。

（7）企业不同，物流成本计算的标准也不同，无法进行比较，也就无法衡量各企业相对的物流绩效。

2. 基于活动的现代物流成本管理

ABC成本法越来越为企业所重视，被认为是最优成本核算体系，它试图将所有的有关费用与完成增值的作业联系起来。例如，不管它们在何时、何地发生都将成本分配给一个客户或产品来反映所有的相关作业成本。以作业为基础确定成本的基本概念在于需要被分给的费用是消费一定资源的作业，而非分配给一个组织或预算单位的费用。例如，在同样一个制造设施中生产的两件产品，也许会需要不同的装配和管理程序。一个产品也许需要装配或包装作业，这需要附加设备或劳力。如果总的劳力和设备成本是基于销售额或生产单位而被分配在产品上的，那么两种产品都将为仅是其中之一的产品所产生的附加装配及包装作业而付出代价。由于强迫产品为其不需要的作业而支付费用，这样就不恰当地减少了简单产品的利润率。在制造的意义上，确认和分配成本因素意味着一项特定产品会公平地分摊给其所有的间接成本和作业成本。

在物流的运作中，关键事件是一个客户的订单，以及由此产生的反映其完成这项订单工作所需的相关作业或成本。换言之，以 ABC 成本法确定的物流成本必须要求企业能够确定一个特定客户、订货、产品或服务是否有利润。这就实现了特定收入和特定成本的互相匹配。

为了有效地确定成本，首先，要对包括在一项分析框架中的特定费用作出确认；其次，要特别指出相对成本的起始时间；最后，成本必须分配或分派给与评价相应行动相关的特定因素。为了完成这样的有效分组，必须特别指出决策的焦点。

1）成本确认

为了使提交的财务报告具有代表性，所有与完成物流功能有关的成本都应该包括在以活动为基础的成本分类中。所有与预测和订货管理、运输、库存、仓储和包装有关的总成本都必须予以分离。典型的物流成本可归类为三大项：直接成本，间接成本和日常费用。

（1）直接成本或运作成本是那些为完成物流工作而特别引起的费用。这种成本不难确认，运输、仓储、原料管理以及订货处理及库存的某些方面的直接费用能从传统的成本会计中提取出来。例如，某项整车订货的运输费用可以直接归属于一个特别的订货。同样，分离物流作业的直接管理成本也没有什么困难。

（2）间接成本是难以分割的。作为一种物流作业资源分配的结果，与间接因素有关的部分成本在固定的基础上分摊。例如，必须确认投在房地产、运输、设备和存货的资本成本（仅是物流资本结构中的一个小领域）必须被确认为是综合的总成本。物流活动的间接费用的归属方式是由管理判断决定的。例如，与一个仓库相关的设备等间接费用，应如何分配给在该仓库装运的客户的订货成本？一种方法是在每件平均成本的基础上分配间接费用。有些情况下间接因素对于与系统设计相关的问题是重要的，但其对于有效的运作决策并无多大的益处。资本是有时间价值的，因此对于投入在物流作业中的所有资金应该考虑其资本费用。如果所需要的资本是从一个企业的资产基础上提供的，利用该资本产生的最低回报率的费用应该包括在总成本中。这种间接成本的数额范围可确定在从基本利率到预期的资本回报率之间，这种对资本成本作出的判断，将会大大地影响物流系统的设计。因此，用来计算间接物流成本的程序和标准是至关重要的。

（3）成本分配中最后关注的费用是日常费用。一个企业的所有的部门都承受着相当大的费用，如各种设施中的灯光和暖气费用。因此，要对如何将这些日常费用分配到特定的作业中去作出判断。一种方法是直接将企业总的日常费用在一个统一标准的基础上分配到所有的运作单位上去。另一种传统的且日益引起争论的方法是以直接劳动费用为基础的分摊方法。还有另一个极端，有一些厂商拒绝所有的日常费用的分配，以避免扭曲对直接的和间接的以作业为基础的物流成本的衡量。对这些不同的意见很难说哪一种是最好的，但是从有效的以作业为基础的物流成本的角度看，不将非物流作业带来的日常费用分配为物流成本是合理的。

哪一种成本应该包括在内，它们又是如何被分配的，则是最基本的和最主要的问题。总之，应该遵循的总的规则是：一项特殊的成本，除非它是置于物流组织管理控制下的，否则就不应该分配给物流因素。由于成本分配的韧性，使同一行业中的企业所报告的物流费用差异很大。这种差异也许并不和物流作业的实际效率直接相关。

2）成本的时间范围

在 ABC 成本法中，一个基本的关注点是确认期间费用的时期。通常可接受的会计准则要求用权责发生制将收入和费用与完成服务的实际时期联系起来，而独特的确定时间的方法是能够同建立以作业为基础的物流成本相联系的。但是，问题在于几乎所有的物流作业成本是根据对未来交易的预测而引起的，这使得权责发生制难以实施。

为了克服时间问题，会计师可将成本分为两组：分派给一项特定产品的成本和与时间流逝有关的成本。利用这种分类，将合适的产品和期间费用与产生收入的特定期间相匹配。

从物流的角度看，许多与采购和制造支持有关的费用可以分摊并吸收到直接的产品成本中。这样，由于他们能被分摊到一个特定的产品中，库存可在完全的分配成本的基础上被估价。这种实践能较大地影响物流系统设计，而影响的大小则取决于业务的性质。在生产和销售之间有相当大的时间间隔的情况下，如在高度季节性的商业中，维持库存和完成物流运作绩效的巨大的成本可能不和产生收入有关。除非这种潜在错误搭配被清楚地理解并在分摊过程中作调整，否则它就可能会对物流成本作出严重的错误衡量。

3）成本形成

形成以作业为基础的成本的典型方法是将费用分摊到所管理的活动上去。例如，如果分析的目标是一张客户订单，那么由完整周期产生的所有成本都可归结为总的活动成本，而以作业为基础的物流成本的典型分析单位是客户订单、渠道、产品和增值服务。由此可见，成本根据挑选出来的作为观察对象的分析单位的变化而变化。

除了以作业为基础确定成本外，管理层会希望就作业的测量和控制形成财务报告。三种常用的方法是功能归组、分配归组和按固定成本及可变成本归组。

（1）功能归组成本控制。功能归组要求所有的在一定运作时间里完成，直接的和间接的物流服务产生的支出，以总账和分类账的形式形成报告。这样就可编制一个总成本报告，以便对一个或更多的作业时期进行比较。在这种方法中，须根据每个独特的环境对物流功能成本报告进行设计以方便控制，重要的是确认尽可能多的能够用于实践的成本科目。

（2）分配归组成本控制。分配归组是将总的物流费用分摊到一项绩效指标上去的方法。例如，总的物流成本可体现单位重量、每个产品、每张订单或每项物品类别的基础上或者一些其他的物体指标，以便用来对作业结果进行比较分析。尽管将总的费用分配给物体绩效指标上是重要的，但这种归组通常在物流管理之外使用。

（3）按固定成本及可变成本归组成本控制。这种方法对确认物流成本的内涵是最为有用的。形成的方法是近似地按作业费用的变化程度，将成本分配给固定的或可变的成本，不随数量直接变化的成本被归类为固定成本。受数量影响的成本被归类为可变成本。例如，一辆货运卡车的成本是固定的，如果这辆卡车的购买价格为 40 000 元，这家厂商就得支付 40 000 元，不管这辆卡车是被用于 1 次或 1 000 次的运输；然而，运作卡车的汽油是可变的，总的汽油成本决定于驾驶卡车的频数。固定成本及可变成本的使用为物流系统设计模型中费用的处理提供了一个方便的方法。

4.1.3 从计算物流成本的目的看

传统上，企业计算物流成本的目的不明确，只是单纯地想了解物流费用，没有达到利用物流成本的阶段，更没有把优秀的物流系统当作企业的核心竞争要素的理念。

从现代的物流观点来看，计算物流成本有着深刻的意义。首先，通过物流成本的计算可以与国内外的同类企业进行比较，找出差距，树立定点超越目标，不断改进物流系统，进而使之成为企业的核心竞争要素，或者通过比较将非企业强项的物流作业外包，而企业则专注于自己的核心特长。其次，通过物流成本的计算可以进一步降低各个环节的成本，使之真正成为企业的第三利润源。最后，通过物流成本的计算可以提高员工对物流重要性的认识，为企业内部作业一体化建立良好的开始，进而为供应链管理建立基础。

4.1.4　从削减物流成本方面看

传统上，企业纯粹为降低成本而削减物流成本，把物流成本看成如原材料成本一样的成本，把物流成本看成是想当然的，没有从根本上、从企业整个物流系统的角度上去优化。在此过程中会出现两种倾向，一种是能减就减；另一种是过度地压缩成本，甚至造成了服务水平的下降。

现代物流成本有两个重要的理论，一个是"乘法效应"原则，另一个是"效益互换"原则。

乘法效应可用一个例子来表述。假定销售额为 100 亿元，物流成本为 10 亿元，如物流成本下降 1 亿元，就可得到 1 亿元的收益。现在假定物流成本占销售金额的 10%，如物流成本下降 1 亿元，销售金额将增加 10 亿元，这样，物流成本的下降会产生极大的效益。这个理论类似于物理学中的杠杆原理，物理成本的下降通过一定的支点，可以使销售额获得成倍的增长。

所谓效益互换，是指改变系统中任何一个因素，都会影响其他要素的改变。具体地说，要使系统中任何一个要素增益，必将对系统中其他要素产生减损的作用。因此，设计和管理物流系统时，应把物流系统作为一个系统来研究。用系统的方法来管理物流系统时，系统追求的目标应是：以较少的物流成本，用较好的物流服务为顾客提供服务，不应该一味减少成本。由效益互换原则我们知道，成本降至一定程度，再降低成本就必须以降低服务水平为代价。

4.2　物流成本管理的基本思路

4.2.1　对物流过程进行再造，从整体上优化物流设施网络

我国很多企业的物流设施是在计划经济体制下的特定产物，不太遵守市场经济条件下利润最大化的原则，网络节点设计不合理，无法有效服务于市场。另外，企业的作业流程也有很多不合理的地方，浪费了人力，增加了物流作业完成周期，降低了物流服务水平，同时成本也高出国内外先进企业。

从另一方面讲，在动态的、竞争性的环境中，产品的分类、顾客的供应量以及制造需求等都在不停地变化。例如，原来有些厂商是直接面对批发商经营的，因此，很多物流中心是与批发商物流中心相吻合，从事大批量的产品输送，然而，随着零售业中便民店、折扣店的迅猛发展，客观上要求厂商必须适应这种新型的业态形式，展开直接面向零售店铺的物流活动，在这种情况下，就要求建立新型的符合现代流通发展要求的物流中心或自动化设施。所以，不断地修正设施网络以适应供求基本结构变化非常重要。

物流效率直接依赖和受限于物流的网络结构，因此选择具有地理优势的网络，是向提高物流服务水平，降低物流成本，建立物流竞争优势迈出的第一步。物流网络的设计需要确定承担物流工作所需的各类设施的数量和地点，还必须确定每一种设施怎样进行存货作业和储备多少存货，以及安排在哪里对顾客订货进行交付。物流设施的网络形成了一种可据此进行物流作业的结构，因此，这种网络中便融合进了信息和运输能力，还包括了与订货处理、维持存货以及材料搬运等有关的具体工作。

4.2.2　从物流总成本最小的角度出发来降低物流成本

对于一个企业来讲，控制物流成本不应该从各自独立的物流机能的角度来进行，而应该从过程的观点来考虑，从原材料采购、制造支持、商品配送甚至一直到商品的报废、回收等整个商品

生命周期物流全过程总成本最低。物流总成本最低意味着不能因为降低了某个或某些部门的成本而造成服务水平的下降，也不能使其他部门增加的成本超过了本部门降低的成本。总成本最低隐含有"远期"的意思。也就是说，暂时的成本增加会带来将来的服务水平的大幅度增加，为企业创造核心价值，降低远期的物流成本等益处。

在控制企业物流成本时，还有一个问题是值得注意的，即针对每个顾客成本削减的幅度有多大。当今零售业的价格竞争异常激烈，零售业纷纷要求货主降低商品的价格，因此，作为货主的厂商或批发商都在努力地降低物流活动成本，如将原来 1 日 1 次的商品配送，集约成 1 周 2 次的配送等。但问题是如果厂商或批发商不能明确测定出这种个别成本削减幅度有多大，进而以价格下降的形式转化成对顾客的利益，势必会影响最终顾客对厂商和批发商的信赖。

4.2.3　加强供应链管理，与供应链成员建立战略协作关系，降低交易成本

随着价格竞争的激化，新型供应链物流管理体制不断得到发展与普及。新型的物流管理体制使得顾客除了对价格提出较高的要求外，更要求企业能有效地缩短商品周转时期，真正做到迅速、准确、高效地进行商品管理。要实现上述目标，仅本企业的物流体制具有效率化是不够的，它需要企业协调与其他企业（如部件供应商等）、顾客以及运输业者之间的关系，实现整个供应链活动的效率化。

提高对顾客的物流服务是企业确保利益的最重要手段。从某种意义上来讲，提高顾客服务是降低物流成本的有效方法之一，但是超过必要量的物流服务不仅不能带来物流成本的下降，反而有碍于物流效益的实现。例如，随着多频度、少量化经营的扩大，对配送的要求越来越高，而在这种状况下，如果企业不充分考虑顾客的产业特性和运送商品的特性，一味地开展商品的配送或发货的小单位化，无疑将大大增加发货方的物流成本。所以，在正常情况下，为了既保证提高对顾客的物流服务，又防止出现过剩的物流服务，企业应当在考虑顾客产业特性和商品特性的基础上，与顾客方充分协调、探讨有关配送、降低成本等问题，建立战略上的协作关系，用制度或协议来确定长期的合作关系，可以有效地降低交易成本。例如，在信息共享的基础上，采用供应商管理库存（Vendor-Managed Inventories，VMI）的形式，由供应商来管理顾客的库存，寻找更为适当的配送策略，如 1 周进行 2～3 次的配送。由此而产生的利益可以与顾客分享，既实现了自身物流成本的下降，又加强了与顾客的联系。

4.2.4　采用先进的信息技术，构筑现代物流信息系统，降低物流成本

以前，由于计算机没有得到普及而造成的信息处理滞后，并且由于没有大型的数据库系统作为支持，没有大容量的存储介质，通信手段也不能满足供应链中的参与者对信息共享的要求，无法实现信息的实时共享，其直接后果就是造成物流作业完成周期的延长。同时，由于供应链中信息的不畅也会导致所谓的牛鞭效应，它指的是供应链上最终顾客的需求随着供应链上游前进的过程中变大的现象，需求变化程度的增加导致了供应链显著的无效率作业。例如，零售商、批发商、分销商库存量逐级放大，这意味着更高的成本和更高的流动资金占用。据调查，美国干杂货的完成周期平均能达到 104 天，而如果一条供应链很好地实现了信息的共享，那么只需要不到一个月的时间就够了。由此我们看出，一条通畅的供应链可以大大提高物流作业的效率，而通畅的供应链建立在供应链参与者之间互相分享信息的基础之上。

随着信息技术的发展，以上的各种障碍都已扫除，互联网的发展又是一日千里，可以建立一个基于互联网的物流信息系统，缩短交易环节。这样，一方面使各种物流作业或业务处理能准确、迅速地进行；另一方面，能由此建立起物流经营战略系统。具体讲，通过将企业定购的意向、数量、价格等信息在网络上进行传输，从而使生产、流通全过程的企业或部门分享由此带来的利益，

充分对应可能发生的各种需求，进而调整不同企业间的经营行为和计划。这无疑从整体上，控制了物流成本发生的可能性，也就是说，现代信息系统的构筑为彻底实现物流成本的降低，而不是向其他企业或部门转嫁成本奠定了基础。

4.2.5　推行合理化运输，降低物流成本

实施合理化运输是运输成本控制的主要手段。所谓合理化运输，就是按照商品流通规律、交通运输条件、货物合理流向、市场供需情况，走最少的里程，经最少的环节，用最少的费用，以最快的时间，把货物从生产地运到消费地，也就是用最少的劳动消耗，运输更多的货物，取得最佳的经济效益。具体来讲有以下形式：分区产销合理运输、直达运输、拼装整车运输、提高装载量、复合一贯制运输、托盘化运输等，具体将在第6章详细阐述，这里不再重复。

4.2.6　提高配送作业效率，降低物流成本

1．入货、发货时商品检验的效率化

在配送作业中，伴随着订发货业务的开展，商品检验作业也在集约化的中心内进行。特别是近几十年来，条形码的广泛普及以及便携式数据终端（PDT）性能的提高，物流作业效率得到大幅提高，即在顾客订货信息的基础上，要求进货商品上贴附条形码，商品进入中心时，用扫描仪读取条形码检验商品；或在企业发货信息的基础上，在检验发货商品时加贴条形码，这样企业的仓库保管以及发货业务都在条形码管理的基础上进行。

另一方面，随着零售企业的不断崛起，不少大型零售企业都在建立自己的配送中心，由自己的配送中心将商品直接运送到本企业的各支店或店铺。采用这种配送形态的企业，一般都在商品上加贴含有配送对象店铺名称的条形码，从而在保证商品检验作业合理化的同时，实现企业配送作业的效率化。有些零售企业事先将本企业条形码印刷系统托付给发货方（如厂商或批发商），要求他们在发货时，同时按零售企业的要求加贴本企业专用的条形码。

2．保管、装卸作业的效率化

从事现代配送中心再建的企业都极力在中心内导入自动化作业，在实现配送作业快速化的同时，极力削减作业人员、降低人力费。特别是以往需要大量人力的备货或标价等流通加工作业，如何实现自动化，是很多企业面临的重要课题。像生产单价较低、大量销售的商品产业生产商，如啤酒生产商或食品生产商等，可以在配送中心内彻底实现自动化，从而将所有备货作业完全建立在标准化的基础之上。当然，有一点是值得我们注意的，就是不同产业对自动化要求的程度也是不一样的。例如，对于周转较慢的商品，即使利用自动化仓库保管，也不易大幅度提高商品周转率。再例如，大型家具等商品，由于在店头陈列更容易销售，所以一般采取厂商直接从事零售销售，如果通过配送中心也应当按通过型商品来处理。

3．备货作业的效率化

配送中心中最难实行自动化的是备货作业，尽管业种和商品的形状不同，备货作业的自动化有难有易，但即使是容易实行备货自动化的产业或商品，也需要大量实现自动化的资金投入，因此，当中心内商品处理量不多时投资难以收回。从现代发达国家的物流实践看，啤酒企业是少数几个满足备货自动化作业的产业。虽然从整个产业来看，各企业在推动自动化时会遇到各种难题，但是，都在极力通过利用信息系统节省人力资源，构筑高效的备货自动化系统。备货自动化中最普及的是数码备货，所谓数码备货就是不使用人力，而是借助于信息系统有效地进行作业活动。具体而言，在由信息系统接受顾客订货的基础上，向分拣员发出数码指示，从而按指定的数量和种类正确、迅速地备货作业系统。

备货作业的具体方法大致有两种：一是抽取式方式；二是指定存放方式。前者是将商品从货架中取出，直接放在流水线传输过来的空箱中；而后者通过的货箱是固定的，备货员按数码信息将商品放在指定的货箱中。一般而言，前一种方式使用较为频繁，而后一种方式对于必须将商品直接配送给顾客的生鲜食品较为适用。

4．分拣作业的效率化

对于不同的经济主体，如厂商、批发商或零售商，分拣作业的形式是不同的。对于厂商而言，如果是客户工厂订货，则产品生产出来后直接运送到客户，基本上不存在分拣作业；相反，如果是预约订货，那么就需要将产品先送到仓库，等接受客户订货后，再进行备货、分拣，配送到指定用户手中。此外，对于那些拥有全国产品销售网的厂商，产品生产出来后运送到各地物流中心，各地物流中心在接受当地订货的基础上，分别进行备货、分拣作业，然后直接向客户配送产品。

5．运行车辆效率化

削减配送成本的另一途径是追求车辆运行的效率化，提高车辆运行的一个有效方法是建立有效的货车追踪系统，即在车辆上搭载 GPS，通过这种终端与物流中心进行通信。一方面，对货物在途情况进行控制；另一方面，有效地利用空车信息，合理配车。

4.2.7　削减退货成本

退货成本也是企业物流成本中一个重要的组成部分，它往往占有相当大的比例。退货成本之所以成为某些企业主要的物流成本，是因为随着退货会产生一系列的物流费、退货商品损伤或滞销而产生的费用以及处理退货商品所需的人工费等各种事务性费用。特别是出现退货的情况，一般是由商品提供者承担退货所发生的各种费用，而退货方因为不承担商品退货而产生的损失，可以很随意地退回商品，并且由于这类商品大多数量较小，配送费用有增高的趋向。不仅如此，由于这类商品规模较小，也很分散，商品入库、账单处理等业务也都非常复杂。例如，销售额 100 万元的企业，退货比率为 3%，即 30 000 元的退货，由此而产生的物流费用和企业内处理费用一般占到退货额的 10%，因此，伴随着退货将会产生 3 000 元的物流费。进一步，由于退货商品物理性、经济性的损伤，可能的销售价格只为原来的 50%，因此，由于退货而产生的机会成本为 15 000 元。综合上述费用，退货所引起的物流成本为 18 000 元，占销售额的 1.8%。以上仅假定退货率为 3%，如果为 5% 时，物流费用将达到 30 000 元，占销售额的 3%。由此可见，削减退货成本十分重要，它是物流成本控制活动中需要特别关注的问题。

要根本防止退货成本，作为企业还必须改变营业员绩效评价制度。不再以营业员每月的销售额作为奖惩的依据，而是在考察商品退货状况的同时，以营业员年度月平均销售额作为激励的标准，这样才能在防止退货出现的情况下，提高经营效率。当然，在制度上还必须明确划分产生退货的责任。例如，由于发货业务人员失误而造成的退货，应该由发货业务人员承担相应的损失；由于错误配送而造成的退货，应该由运输业者承担。

4.2.8　利用第三方物流

在控制物流成本方面，还有一种行为是值得我们注意的，那就是利用企业外部第三方物流公司执行本企业的物流管理或者全部或部分的商品分销职能。其范围可以是对传统运输或仓储服务的有限的简单购买，或者是广泛的购买，包括对整个供应链管理的复杂的合同。

第三方物流公司由于具有规模优势和技术优势，因此运作成本会比企业自己实现物流功能要低。关于第三方物流将在第 12 章详述，此处不再赘述。

4.3 不同经济主体的物流成本控制

4.3.1 零售业降低进货成本，加强库存管理

近几年来，零售业界发生了巨大的变革，传统零售业的龙头——百货店日益失去强大竞争力，而以低价位、大众化、装修简朴或郊外开店为标志的折扣店或量贩店却得到了突飞猛进的发展。这种零售业态之所以能发展如此迅速，是因为它们的商品定价要比百货店或专业店便宜，而且商品选择的范围非常广泛。大型超市也都纷纷通过会员制的形式，对衣服和日用品提供低价位的销售服务。

这种低价位的销售之所以成为可能，是因为零售企业从制造商大规模、统一进货，进货单价非常低廉。对于这类零售企业来讲，最为重要的是购入的商品能全部销售完，因此，必须建立各店铺销售人员负责、保证商品全部售完的有效机制。这种机制的具体实施是通过信息系统实行单品管理，从而做到能及时、正确把握商品在库残留量的情报。特别是对于衣服等季节性商品，尽管无论哪个店铺都无法避免商品残留在库，但是，通过掌握店铺间的商品在库信息，并有效地进行商品转移销售，即将在某些店销售残留的商品转移到别的店铺销售，或者逐步降低销售价格，以求将这种损失或成本降到最低点，进而实现最佳的订货量和最低廉的销售价格。

而对于传统的百货业来说，库存成本是物流成本中很大的一部分，减少库存成本不仅降低了成本，更重要的是加速了资金的周转速度，这对零售业来说至关重要。企业可以建立专门的库存管理信息系统，与 POS 终端数据结合，并将信息通过互联网与供应链中的供应商的 ERP 对接，供应商可采用预先发货清单（Advanced Shipping Notice，ASN）技术通知供应商需要什么商品、提供多少。而零售商可采用 VMI 技术，由供应商管理库存，加速商品周转速度，充分利用库存空间。

4.3.2 厂商物流成本控制

厂商的物流可以划分为充实原材料、零部件等供应活动的采购物流，生产产品搬运过程中的生产物流，以及将生产产出的产品向批发商传递的销售物流三种类型。厂商物流成本控制也主要从这三方面展开。

1. 降低采购物流成本

采购环节的成本是最容易"跑、冒、滴、漏"，在许多厂商中，尤其是装配型厂商，其采购成本占厂商总成本的 60% 以上，采购成本大多可以通过管理控制上的边际改进将其水分挤出去。如果全国的国有大中型工业企业一年降低 23% 的采购成本，即可增加效益 500 亿元，比 1998 年国有工业企业和国有控股工业企业全年的利润总和还多。因此，通过削减包括原材料和零部件调达成本等广义费用进而大幅削减物流成本是提高生产商物流绩效的主要方法之一。当然，我们应当看到，降低原材料、零部件的调达成本，并不是指生产商仅通过对进货价格的控制来寻求费用的削减。因为，作为用户的厂商如果只是在价格上单纯要求降低进货成本，而非采取确实有效的方法，就极易产生购入原材料或零部件质量下降的问题，大大影响生产商制造产品的质量，对企业的经营管理产生较恶劣的影响。所以，削减生产商原材料及零部件调达成本，关键是寻求行之有效的方法，以便在降低物流成本的同时，保证原材料和零部件的质量。主要有如下六种方式削减采购成本：

（1）尽量采用标准化零部件，这样一方面降低了零部件的生产成本，另一方面，可以做到通过大量购入来降低进货价格，同时使零部件的价格基本实现统一化。

（2）在开发新产品的过程中，设计、物资、生产、经营、会计部门应共同合作，根据市场

的需求开发低成本的新产品，并且企业各职能部门应时时掌握近期的产品信息，据此不断开发新产品。

（3）在产品生产大量外购原材料或零部件的情况下，应经常对外购成本的内容进行分析，即对材料费是否偏高、加工数是否过多、间接费比率是否不合理等加以分析，从而建立起合理的价格购入体制。

（4）在进行原材料和零部件的采购过程中，如果分别从不同的经营者那里进货，物流成本会很高，因此，现在很多生产商都在积极推进共同进货体制。有些大型生产商改变原来那种先在发货方集配货物，然后用本企业的货车每日运送的传统进货方式，而是委托运输业者统一进行配送。

（5）规范采购作业流程，加强采购作业控制。

（6）加强采购过程的资产管理，即要从现代物流管理的角度控制生产过程中资产调达所产生的费用。据国外学者测算，在材料费占制造原价 60% 的产品中，资产成本削减 5%，制造原价能降低 3%，整体制造成本降低 3%，销售利益就能增加 3%，可见其效果是十分明显的。

2．生产物流合理化

生产过程的物流成本控制主要是用工业工程（IE）的方法来实现，如优化车间布局，重新设计流水线，使原材料、半成品的流动路线更加合理；进行动作分析，提高定额水平，增加劳动效率。

有效的质量管理对于降低物流成本同样十分重要。次品、不合格品的减少，可以减少返工、翻修、退货，大大降低物流成本。

加强供应链管理，使企业上游的供应商实施 JIT 配送，将原材料、零部件直接送到生产线，同时作好分销计划，实现零库存策略。

3．提高销售物流效率

提高销售物流效率的形式是多种多样的，分为大量化、计划化、商物分离化、差别化等类型。

（1）大量化。这是通过增加运输量使物流合理化的一种做法，一般通过延长备货时间得以实现，如家用电器厂商把"当日配送"改成"次日配送"，食品厂商由"每日配送"改为"周日指定配送"。这样做能够掌握配送货物量，大幅度提高配送的装载效率。现在，以延长备货时间来增加货运量的做法，已被所有的行业广泛采用。

（2）计划化。通过巧妙地控制客户的订货，使发货大量化且稳定（尽量控制发货的波动），这是实行计划运输和计划配送的前提，为此必须对客户的订货按照某种规律制订发货计划，并对其实施管理。例如，按路线配送、按时间表配送、混装发货、利用归途车等各种措施，运用于运输活动之中。

（3）商物分离化。商物分离的具体做法之一是订单活动与配送活动相互分离。这样，就把自备卡车运输与委托运输乃至共同运输联系在一起了。而且，利用委托运输可以压缩固定费用开支，由于共同运输提高了运输效率，从而大幅度节省了运输费用。

（4）差别化。根据产品周转的快慢和销售对象规模的大小，把保管场所和配送方式区别开来，这就是利用差别化方法实现物流合理化的策略，即实行周转较快的产品群分散保管，周转较慢的产品群尽量集中保管的原则，以做到压缩流通，进行分阶段的库存，有效利用保管面积，库存管理简单化等。

4.3.3　运输业者提高产品配送的效率

生产商在工厂内生产出产品以后，在产品到达最终用户之前，需要经过许多的流通环节，削减在流动过程中所发生的费用是十分必要的。如今，企业在激烈的竞争中，纷纷采取各种对策使产品的流通费用达到最小化。以下具体介绍其中两种重要的运输业控制物流成本的办法。

1. 各运输业者加强合作，展开共同配送

在所有配送费用中，尽管有发生在物流中心内的装卸、产品配送调度等各种费用，但所占比率最高的是运费，通常运费占所有配送费用的50%以上。因此，货主企业在削减配送费用的过程中，都严格控制对运输业者支付的运费。运输业的运输过频以及高速公路费用上涨等又促使运输成本上升，在这种状况下，运输业者只有千方百计地降低自己的运营成本才有利可图。各运输业者相互协调，开展货物的共同配送，不失为一种特别有效的方法。一般来讲，货物运输量较少，通过运输业者之间的共同配送可以提高货物装载率，进而削减由于运输过频或装载率较低产生的费用。另外，加强同异地运输业者之间的合作更有意义，它可以增加双方回程车辆的装载率。

2. 加强物流营销，与货主企业建立供应链战略合作关系

通常货主企业与运输业者的关系只是一种单纯的运输委托或代理关系，运输业者没能与货主企业建立长期的供应链协作关系，无法提出基于货主企业特点的高效物流解决方案。近几年来随着物流观念的深入，不少企业逐渐从自营物流转向寻求第三方物流，利用第三方物流的规模效应和专业化优势降低企业物流成本、减少管理费用、提高物流服务水平。因此，对于作为第三方物流的运输业者应加强物流营销，与货主企业建立供应链战略合作关系，从单纯的运输业务转化为向货主企业提供高效的物流解决方案和如何削减运费、降低物流成本等各种咨询服务，全面接受从原材料或零部件的调达物流到产品的在库管理、销售物流等业务。这要求运输业者必须具备按货主企业要求从事流通加工等业务的全面的物流管理能力，为此需要在流通中心或信息系统建设方面进行大量投资。这种运输业者往往与货主企业的信息系统相连接，形成一种信息网络，借助这个网络在货主企业生产计划或经营计划的基础上，合理地从事产品的配送服务。

4.3.4 货主企业改变物流运作方式

货主企业通常采取招标的方式，通过引入多家运输企业进行竞标以实现最低的运送成本，这种方式一般被认为是最具效率的削减运输费用的方法。客观地讲，采用竞标方式削减运输成本尽管能取得一定的效果，但不是根本解决物流成本的方法。因为运输业者必须考虑自身经济利益，而物流活动的发展必将要求运输业者进行有关信息系统的投资，货主企业如果一味地要求低廉的运输费用，势必使运送服务质量下降，最终影响货主企业的利益。因此，货主企业不仅需要运输企业降低运输费用，而且需要通过不断改善现有的物流体制以实现物流成本的下降。原来企业对物流活动的认识是：物流是一种免费的服务，物流的功能仅是按照货主企业的要求快速地将产品运送到指定的地点。现在，这种认识受到了广泛的批评，即这种物流观念忽视了物流服务的高度化发展以及物流成本的削减，现代物流要求企业实现物流服务与物流成本的均衡发展。

从当今大多数货主企业的物流实践来看，削减物流成本的方式有两种：一种是削减物流功能，将企业物流功能交给第三方物流运作；另一种是进一步加强物流功能，建立完善的物流子公司。

1. 采用第三方物流

在上面介绍运输业者的物流成本削减活动时，谈到运输业者通过与货主企业建立供应链合作关系而获得竞争力。同样，从货主企业的角度来看，采用第三方物流可以节省投资，减少管理环节，降低物流成本等。采用第三方物流最常见的是将物流业务的一部分，特别是物流中心的投资转移到外部，亦即利用外部专业物流经营者的中心来开展本企业的物流，与此同时，也有的企业将所有的物流活动全面转交给专业物流经营者进行。当然，在从事物流委托业务时，应当注意原材料、零部件的调达物流活动与向顾客进行产品配送服务的物流活动是有一定差异的。相对而言，前者外部委托的比率较高，这是因为如果将顾客配送服务全面委托给专业物流经营者，一方面专业物流经营者容易掌握企业经营决窍，另一方面，企业既不易掌握顾客物流服务的水准，也不易

及时将有关信息反馈到生产、经营部门，因此要加强供应链管理，以协议的形式将双方的权利与义务法律化。如今，国外发达国家大多数量贩店都建有自己的物流中心，中心内的作业基本上委托给专业物流企业进行，而产品的配送等计划的制定仍需企业参与。

2．建立物流分公司

这种方法的特点是物流业务仍然处于货主企业的总体控制之下，与此同时，通过分公司的独立经营，来实现物流成本的下降。物流分公司主要以削减母公司的物流成本为第一目标，在此基础上，分公司的业务逐渐向接受委托和战略经营发展。因此，很多货主企业逐步从外部委托物流向物流分公司经营转移，这样做的原因除了能增加分公司的经营容量外，最主要是能借此提高物流分公司的物流经营能力和诀窍，进而维持母公司的物流服务质量，保证公司整体经营战略的统一性。

4.4　物流成本的核算方法

由于物流成本的计算在我国尚未有标准，在此借鉴日本《物流成本核算标准》中的物流成本核算方法。共有三种方法，分别是按支付形态核算物流成本、按功能核算物流成本、按适用对象核算物流成本。

4.4.1　按支付形态核算物流成本

把物流成本分别按运费、保管费、包装材料费、企业内部配送费、人员费、物流管理费、物流利息等支付形态记账。从中可以了解物流成本总额，也可以了解什么经费项目花费最多。这对认识物流成本合理化的重要性，以及考虑在物流成本管理上应以什么为重点，十分有益。

这种方法是从月度盈亏计算"销售及管理费"等各个经费项目中，取出一定数值乘以一定的计算基准，算出物流成本，如表 4-1 所示。物流成本计算基准，分别按"人数平均"、"台数平均"、"面积平均"、"时间平均"等计算出来。再将总额或物流成本及计算基准与上一年度作比较，弄清增减的原因并研究制定整改方案。

表 4-1　某公司按支付形态核算的物流成本计算表　　　　　　　单位：千元

	测定科目	A 销售及管理费	B 物流成本		C 计算基准（%）
1	车辆租赁费	100 080	100 080	100.0%	全额
2	包装材料费	30 184	30 184	100.0%	全额
3	工资津贴	631 335	178 668	28.3%	人员比率
4	水电光热费	12 647	6 664	52.7%	面积比率
5	保险费	10 247	5 400	52.7%	面积比率
6	修缮费	19 596	10 327	52.7%	面积比率
7	减价偿还费	28 114	14 816	52.7%	面积比率
8	缴纳税金	39 804	20 977	52.7%	面积比率
9	通信费	19 276	8 115	42.1%	物流费用比率
10	消耗品费	21 316	8 974	42.1%	物流费用比率
11	CP 软件租借费	9 795	4 124	42.1%	物流费用比率
12	支付利息	23 861	10 045	42.1%	物流费用比率
13	杂费	33 106	13 937	42.1%	物流费用比率

	测定科目	A 销售及管理费	B 物流成本	C 计算基准（%）	
14	广告宣传费	30 807	–	0	不含
15	公关接待费	26 825	–	0	不含
16	差旅交通费	24 120	–	0	不含
	合计	1 061 113	412 311	38.9%	占销售管理费比率

计算基准的计算公式如下：

① 人员比率 = 物流工作人员数/全公司人数 = 36 人/127 人 = 0.283；

② 面积比率 = 物流设施面积/全公司面积 = 3 093 平方米/5 869 平方米 = 0.527；

③ 物流费用比率 = 1～8 测定科目的物流成本/1～8 测定科目的销售及管理费 = 367 116 元/872 007 元 = 0.421。

4.4.2　按功能核算物流成本

分别按包装、配送、保管、搬运、信息流通、物流管理等功能核算物流费用。从这种方法可以看出哪种功能更耗费成本，比按支付形态核算物流成本的方法能更进一步找出实现物流合理化的症结。而且可以计算出标准物流成本（单位个数、重量、容器的成本），进行作业成本管理，设定合理化目标。

按功能核算物流成本，可以从功能的角度掌握；将按支付形态核算出来的物流成本按不同的功能分配基准进行分配，如表 4-2 所示。由于行业和企业情况的不同其分配基准也不同，因此，根据本企业的实际情况找出分配基准是很重要的。再将各个功能物流成本的构成比例或金额与上一年度进行比较，弄清增减原因，研究制定整改方案。

表 4-2　某公司按功能核算的物流成本计算表　　　　　　　　单位：千元

	款项科目	物流成本	功能					
			包 装	配 送	保 管	搬 运	信息流通	物流管理
1	车辆租赁费	100 080		100 080				
2	包装材料费	30 184	30 184					
3	工资津贴	178 668			39 704	124 075		14 889
4	水电光热费	6 664			3 332	3 332		
5	保险费	5 400			2 700	2 700		
6	修缮费	10 327			5 163.5	5 163.5		
7	减价偿还费	14 816			7 408	7 408		
8	缴纳税金	20 977						20 977
9	通信费	8 115					8 115	
10	消耗品费	8 974			2 991	2 991		2 992
11	CP 软件租借费	4 124					4 124	
12	支付利息	10 045			10 045			
13	杂费	13 937			4 645	4 645		4 647
合计	金额	412 311	30 184	100 080	75 988.5	150 314.5	12 239	43 505
	构成比例	100%	7.3%	24.3%	18.4%	36.5%	2.9%	10.6%

注：① 把工资津贴的 22.2%归入保管，69.5%归入搬运，8.3%归入物流管理；

　　② 将水电光热费、保险费、修缮费、减价偿还费的 1/2 分别归入保管和搬运；

　　③ 消耗品费、杂费的 1/3 分别归入保管、搬运和物流管理。

4.4.3　按适用对象核算物流成本

按适用对象核算物流成本，可以分析出物流成本都用在哪一种对象上，如可以分别把商品、地区、顾客或营业单位作为适用对象来进行计算。

按分店或营业所核算物流成本，就是要算出各营业单位物流成本与销售金额或毛收入的对比，用来了解各营业单位物流成本中存在的问题，以加强管理，如表 4-3 所示。

表 4-3　某公司按各营业单位核算的物流成本计算表　　　　单位：千元

	形态科目	物流费	按各营业单位核算的物流成本					计算基准
			总公司	第1营业所	第2营业所	第3营业所	第4营业所	
1	车辆租赁费	100 080	45 036	20 016	15 012	10 008	10 008	台数比率
2	包装材料费	30 184	15 062	5 403	3 652	3 230	2 837	店别构成比率
3	工资津贴	178 668	94 297	29 778	19 852	19 852	14 889	人员比率
	小计	308 932	154 395	55 197	38 516	33 090	27 734	
4	水电光热费	6 664	3 312	1 209	646	722	775	面积比率
5	保险费	5 400	2 683	979	524	585	629	面积比率
6	修缮费	10 327	5 132	1 873	1 002	1 118	1 202	面积比率
7	折旧费	14 816	7 362	2 687	1 437	1 605	1 725	面积比率
8	缴纳税金	20 977	10 424	3 805	2 035	2 272	2 441	面积比率
9	通信费	8 115	4 049	1 453	982	868	763	店别构成比率
10	消耗品费	8 974	4 478	1 606	1 086	960	844	店别构成比率
11	CP 软件租借费	4 124	2 058	738	499	441	388	店别构成比率
12	支付利息	10 045	5 012	1 798	1 215	1 075	945	店别构成比率
13	杂费	13 937	6 955	2 495	1 686	1 491	1 310	店别构成比率
	小计	103 379	51 465	18 643	11 112	11 137	11 022	
	合计	41 231	205 860	73 840	49 628	44 227	38 756	
	店别构成比例	100.0%	49.9%	17.9%	12.1%	10.7%	9.4%	

注：① 台数比率资料——总公司 9 台，第 1 营业所 4 台，第 2 营业所 3 台，第 3、第 4 营业所各 2 台，计 20 台。

② 人员比率资料——总公司 19 人，第 1 营业所 6 人，第 2、第 3 营业所各 4 人，第 4 营业所 3 人，计 36 人。

③ 面积比率资料——总公司 1 537 平方米，第 1 营业所 561 平方米，第 2 营业所 300 平方米，第 3 营业所 335 平方米，第 4 营业所 360 平方米，计 3 093 平方米。

按顾客核算物流成本的方法，又可分为按标准单价核算和按实际单价核算两种方式。按顾客计算物流成本，可用来作为选定顾客、确定物流服务水平等制订顾客战略的参考。

按商品核算物流成本是指通过把按功能计算出来的物流费，用以各自不同的基准分配给各类商品的办法，计算出来的物流成本。这种方法可以用来分析各类商品的盈亏，在实际运用时，要考虑进货和出货差额的毛收入与商品周转率之积的交叉比率。

复习思考题

1. 如何理解物流成本的"冰山理论"？

2．基于活动的现代物流成本管理的基本思路是什么？

3．零售业控制物流成本的主要思路是什么？

4．厂商控制物流成本的主要途径是什么？

5．运输业者控制物流成本的主要办法是什么？

6．理解物流成本的具体方法。

案例 4

物流功能篇

第 5 章　采购与库存管理

在现代企业的经营管理中，采购已显得越来越重要。一般情况下，企业产品的成本中外购部分占有较大比例。因此，外购件与原材料的采购成功与否，在一定程度上会影响企业的竞争力。现代化大生产的形式多种多样，从生产和消费的连续性来看，每种产品都有不同的特点，有些产品的生产均衡，而消费不均衡；还有一些产品的生产不均衡，而消费均衡。要使生产和消费均衡协调起来，就需要库存起调节作用。在满足顾客服务要求的前提下通过对企业的库存水平进行控制，提早把握库存状况，节约库存费用，尽可能降低库存水平，以最小的库存量促进销售活动，从而可以提高物流系统的效率，强化企业的竞争力。

5.1　采购与库存管理概述

5.1.1　采购管理概述

1. 采购概述

1）采购的基本概念

采购即指购买东西，扩展开来就是企业根据需求提出采购计划，审核计划，选好供应商，经过商务谈判确定价格、交货及相关条件，最终签订合同并按要求收货、付款的过程。在一个大型的企业里，采购就其功能来讲不仅是采购人员或采购部门的事，而是企业整体供应链的重要组成部分，是集体或团队的工作。同时，采购也是物流的重要组成部分。

2）不同行业的不同采购方式

不同企业对采购有着不同的理解，因此对采购的操作也根据各自所处的企业环境采取不同的方式。企业的生产环境一般分为按库存量生产、按订单生产、按订单设计生产，不同的环境采购方式也各不相同。

（1）按库存量生产。通常，按库存量生产的是标准化的产品，一般采取流水作业，产品按一定的库存计划生产出来后存放在仓库里。购买产品的顾客一般要求随时交货，价格合理，质量可靠。专业化、规模化是该行业的特点。因此，原材料具有成批采购、标准化程度高的特点，采购功能比较简单。采购重点是比较各家的产品价格、质量及交货时间和方式。对采购员的商务谈判能力要求较高，技术能力不作过高要求。

（2）按订单生产。厂商根据顾客的订单对原材料或零部件、半成品立即进行加工、组装、包装。生产组织要求灵活迅速，生产设备要求按机群或工艺布局安排。针对原材料、零部件等不同的物料采取不同的采购和供应商管理方式，采购要求比较高。

（3）按订单设计生产。厂商首先接到订单，然后根据订单对产品进行设计、制造。这种操作比较适合单件、小批量或工程项目。企业一般是接到订单以后再去采购原材料或零部件。对采购人员的技术要求比较高。

表 5-1 概括了企业不同生产环境对采购的不同要求。

表 5-1　企业不同生产环境对采购的不同要求

生产环境	按库存生产	按订单生产	按订单设计生产
生产方式	流水线生产	机群或工艺特点生产	现场作业
生产特点	产品导向	工艺导向	设计导向
产品要求	数量大、标准化程度高	品种多、质量好	小批量、满足设计要求
采购方式	成批、标准化采购	分类采购、不同的供应商	技术性采购

3）采购的形式和内容

根据采购输出的结果可以分为有形采购和无形采购。

（1）有形采购。一般而言，采购输出的结果是有形的物品，或是参与某个系统运行的组成部分。例如，一支钢笔、一台电脑、一块电路板等，像这样的物品采购通常称之为"有形采购"。有形采购的物品可以分为原料、辅料、机具及设备、事务用品等。

（2）无形采购。另一类采购输出的结果是无形的，如一项服务、一个软件、一项技术、保险及工程发包等，像这样的采购结果通常称之为"无形采购"。无形采购主要是咨询服务采购和技术采购，或是采购设备时附带的服务。

采购还可以根据采购数量的多少分为大批量采购和小批量采购。企业会根据采购物料的数量和物料分布的区域采取不同的采购形式。

4）采购的任务

在全球企业的产品成本构成中，采购的原材料及零部件成本占企业总成本的比重会随行业的不同而不同。我国的本土企业，各种物质的采购成本要占企业销售成本的70%。采购成本是企业成本控制中的主体和核心部分。从供应的角度来说，采购又是整体供应链管理中"上游控制"的主导力量。具体来说，采购的任务有以下六点。

（1）提高质量。通过不断改进采购过程以及加强对供应商的管理，提高采购原材料的质量。

（2）控制成本。在采购过程中必须控制和减少包括以直接采购成本和间接采购成本为主的采购相关成本。直接采购成本的减少是指对原材料、零部件等的采购价格的控制和降低。直接采购成本的控制和降低可以通过提高采购工作效率、定期谈判、优化供应商、实施本地化与供应商共同开展改进项目等途径来达到。间接采购成本则可以通过包括缩短供应周期、增加送货频次、减少原材料库存、实施来料免检、循环使用原材料包装、合理利用相关的政府政策、避免汇率风险、供应商参与产品开发和过程开发等方法来降低。

（3）建立供应配套体系。企业的采购任务还包括建立可靠、最优的供应配套体系。一方面要减少供应商的数量，使采购活动尽量集中，降低采购成本；另一方面又要避免依赖独家供应商，防止供应商借助垄断提高价格。

（4）与供应商建立合作关系。企业的采购还有一个重要任务，就是利用供应商的专业优势，让其积极参与产品开发或过程开发，从而将供应商纳入企业自身的整体经营中。

（5）树立企业形象。企业还需通过采购工作建立和维护本企业的良好形象。因为采购是企业的对外工作，同销售工作一样，采购在很大程度上对外代表着企业的形象。因此，采购部门必须以公正良好的态度发展企业与供应商的关系，树立企业的优秀形象。

（6）信息管理。企业采购还有管理、控制与采购相关的文件和信息的任务。从采购管理的角度来讲，企业还有制定并实施采购的方针、策略、目标，以及改进计划并进行采购及供应商绩效衡量，建立供应商审核及认可、考核及评估体系，开展采购体系的自我评估，同其他单位的采购水平进行比较，借以不断提高整体采购水平，建立培养稳定有创造性的专业采购队伍，与其他单位共享采购资源、开展"杠杆采购"等职责。

2．采购制度

企业采购制度一般分为三种：集中制采购制度、分散制采购制度和混合制采购制度。

1）集中制采购制度

企业将采购工作集中于一个部门办理。一般情况下，企业总部各部门、分企业及各工厂均无采购职责。

（1）集中制采购制度的优点：价格优惠、管理统一、节约成本，可以统筹规划供需，避免各自为政，产生过多的库存，且各部门的过剩物资，也可以相互转用。

（2）集中制采购制度的缺点：采购流程过长，延误实效；零星、地域性及紧急采购状况难以适应；非共同性物料集中采购，并没有数量折扣利益；采购与使用单位分离，采购绩效比较差。

（3）集中制采购制度的适用条件：企业产销规模不大，采购量比较小，全企业由一个采购单位来办理，即可以充分满足各部门对物品和劳务的需求；企业各部门及工厂集中在一个地方，采购工作并无因地制宜的必要；采购部门与需求单位虽然不在同一个地方，但是因为距离并不遥远，通信工具相当便捷，采购工作集中由一个单位办理，尚不至于影响需求实效；企业虽然有多个生产机构，但是产品品种大同小异，集中采购可以达到"以量限价"的效果。

2）分散制采购制度

企业将采购工作分散给各需求部门自行办理。此种采购制度通常适用于企业规模比较小、工厂分散较广的区域。除了地理因素造成采用分散制外，若散布各地的工厂，在生产设备、贮藏设施、社区的经济责任等方面具有独特的差异性时，也以采用分散制为宜。

3）混合制采购制度

混合制采购制度兼取集中、分散制的优点而成。凡是属于共同性物料、采购金额比较大、进口品等，均集中由企业总部的采购部办理；而采购金额小、属因地制宜、临时性的采购，则授权分企业或各工厂执行。

5.1.2　库存管理概述

1．库存的定义

库存指的是仓库中处于暂时停滞状态的物资存量。这里要明确以下两点：

（1）物资所停滞的位置，不是在生产线上，不是在车间里，也不是在非仓库中的任何位置，如汽车站、火车站等类型的流通结点上，而是在仓库中。

（2）物资的停滞状态可能由任何原因引起，而不一定是某种特殊的停滞。这些原因大体有：能动的各种形态的储备、被动的各种形态的超储、完工产品的积压等。

2．库存的作用

在企业内持有库存主要有以下五个方面的作用：

（1）使企业获得规模经济。一个组织要想实现采购、运输和制造等物流过程方面的规模经济，拥有一个适当的库存是必要的。大批量的订货能够使企业在众多方面获得优势：降低原材料的采购价格和运输费用，降低单位产品的制造成本，减少因缺货而形成的订单损失和信誉下降等。

（2）保持生产活动的连续性和稳定性。在生产经营活动中，制定生产经营计划，提出物料申请单，供应商发运货物，运输、检验、进行生产，把物资运到消费者等环节都需要一定的时间。如果备有存货，就能满足在购买期间的物料供应。同时，某些产品的生产和需求具有很强的季节性，使供应和需求不同步，如果没有一定的库存，企业就无法保证生产经营活动的连续进行。例如，电风扇的购买时间主要集中在夏季，但是生产却分散在一年中；棉花、粮食的收获期集中在一年的某个时期，但消费却分散在一年中。企业内部的原材料、零部件的生产和消费也存在这种现象。有了库存，就可以降低生产活动的波动性，保持生产的连续性和稳定性。

（3）应对不确定性的、随机的需求变动。由于市场需求情况的瞬息万变以及订货周期的不确定性，常使库存不足，从而导致缺货损失，这时库存就显得十分重要。存储生产所需要的原材料不仅能够保持正常生产的连续性，而且常常会在未来原材料价格的上涨或原材料短缺时，通过价格投机获取利润。例如，当黄金在涨价征兆时，有些珠宝制造商就会提前购买和存储黄金，从而在一定时期的竞争中处于优势。

（4）降低制造成本，提高作业效率。通过在生产作业之间存储在制品，使原本顺序相关的工序相互独立，从而达到提高作业效率的目的。此外，通过设置完工产品库存，企业可以按大于当时的市场需求的经济批量进行制造和配送，不同时间制造的产品可以按一个门类进行出售。这种所谓"分离"的功能带来制造成本的降低和作业效率的提高。

（5）实现区域专业化生产。考虑产品生产对原材料、能源、水资源以及劳动力资源的需求，为节约制造成本，有些产品需要在靠近原材料或能源的地方生产，有些需要在劳动力丰富的地方生产等。这样，作为一个组装产品，它的不同部件可能会分散在不同地区生产，然后通过内部的存货转移，将各种零部件集中到最终的装配环节。

3．库存增加的原因

（1）营业部门对于订货的预测出现误差。对于未来的经济变动预测不准确造成的订货变更、延期或中止等。

（2）设计部门的计划不周全。由于技术不成熟、不完善造成的对物料所需数量的把握上出现误差。

（3）库存管理方法拙劣。由于管理人员的管理水平低下造成库存增加。

（4）制造工程延迟。由于制造管理者的计划出现偏差等原因造成搬运等待、加工等待等现象的发生，使生产制造工程延迟，半成品增加。

（5）采购部门的业务技术不成熟造成订货期间过长。

从以上列举的原因可以看出，库存增加不仅是由库存管理部门带来的，与其他部门也有密切关系，有很大部分是由其他部门的工作差错带来的。因此，降低库存需要各个部门的协调配合。

4．库存管理的重要性

（1）库存管理是物流管理的核心内容。库存管理之所以重要，首先在于库存领域存在着降低成本的广阔空间，对于国内的大多数企业尤其如此。对于我国的企业来说，物流管理的首要任务是通过物流活动的合理化降低物流成本，如通过改善物资采购方式和库存控制方法，降低采购费用和保管费用，减少资金占用；通过合理组织仓库内作业活动提高装卸效率，减少保管、装卸费用支出等。因此，采用科学的方法管理和控制库存是企业降低物流成本的需要。

（2）库存管理是回避风险的需要。随着科学技术的发展，新产品不断出现，产品的更新换代速度加快。在电子产品领域，每三个月平均更新换代一次。如果库存过多，就会因新产品的出现使其价值缩水，严重的情况可能会一钱不值。从另一个角度看，顾客的需求在朝着个性化、多样化方向发展，对产品的挑剔程度在增大，从而导致产品的花色品种越来越多，这给库存管理带来一定难度，也使库存的风险加大。一旦顾客的需求发生变化，过多的库存就会成为陷入经营困境的直接原因。因此，在多品种小批量的产品流通时代，更需要运用现代库存管理技术科学地管理库存。

（3）库存管理是提高顾客满意度的需要。从单个企业的角度看，在激烈的市场竞争中，企业不仅要有提供优质产品的能力，而且还要有提供优质物流服务的能力，这就要求企业保持适当的库存量。再好的产品如果不能供应到顾客手中，同样会降低企业对顾客的服务水平。如果把视野从单个企业扩大到由供应商、制造商、批发商和零售商组成的供应链范围来考虑库存问题的话，就会发现有问题的库存数量将会大大增加。组成供应链的各企业之间的关系大部分是相互买卖交易关系，企业并不习惯在它们之间交流信息，也不习惯相互协调进行库存管理，更不用说在整个供应链上分享交流信息和共同协调进行库存管理。因而，它们的存储往往超过实际需要库存量，以防万一出现供应商延期交货或不能交货的情况,这种超过实际需要量的库存常被称为缓冲库存。据有关资料统计，这种缓冲库存差不多占整个零售业库存的 1/3。因此，从供应链整体来看，这种交易习惯导致的不必要库存给企业增加了成本，而这些成本最终将反映在销售给顾客的产品价格上，从而减少顾客的满意度。所以，在供应链范围进行库存管理不仅可以降低库存水平，从而减少资金占用和库存维持成本，还可以提高顾客的满意度。因此，必须通过有效的库存控制，在满足物流服务需求的情况下，保持合理的库存量。

5．库存管理的目的

库存管理的目的是在满足顾客服务要求的前提下，通过对企业的库存水平进行控制，提早把握库存状况，节约库存费用，尽可能降低库存水平，以最小的库存量促进销售活动，从而提高物流系统的效率，强化企业的竞争力。

5.2　采购计划与采购作业管理

5.2.1　采购计划

1．编定采购数量计划的目的

一般而言，制造业的经营自购入原料、物料后，经过加工制造或经过组合装配成为产品，再通过销售过程获取利润，其中如何获取足够数量的原料、物料是采购数量计划的重点所在。因此，采购数量计划是一项为维持正常的产销活动，在某一特定时期内，应在何时购入何种材料的估计作业。

2．决定采购数量的基础资料

1）生产计划

经过销售预测和人为判断即可以确定销售计划或目标。这种销售计划是表明各种产品在不同时间的预期销售数量，而生产计划则依据销售数量，加上预期的期末库存减去期初库存来拟订。

2）用料清单

生产计划只列出产品的数量，并无法直接知道某一产品需用哪些物料，以及数量多少。因此，必须借助用料清单。用料清单是由研究发展部或产品设计部制成，据此清单，可以精确计算制造某一种产品的用料需求数量，用料清单所列的标准用量与实际用量相互比较，可以作为用料管制的依据。

3）库存状态

若产品有库存，则生产数量不一定要等于销售数量。同理，若材料有库存数量，则材料采购数量也不一定等于根据用料清单所计算的材料需用量。因此，必须建立物料的库存状态记录，以表明某一物料目前的库存状况；再依据用料需求数量，并考虑购料的作业时间和安全存量标准，算出正确的采购数量；然后开具请购单，进行采购活动。

3．采购数量的计算与订购方法

综上所述，生产计划、用料清单以及库存状态是决定采购数量的主要依据。因此，本期应采购数量为本期生产需用材料数加上本期末预期库存量,再减去前期已购入未入库数量及期初库存。采购数量只表示某一物料在某时期应予订购的总量，至于某一物料在某时期应如何订购，应考虑以下两种订购方法：

（1）定期订购法。所谓定期订购法，是指进口的物料以及少数价值很高的国内采购物料，可以选择每季、每月或每周订购一次。这种方法在使用上必须对物料未来的需求数量做出正确的估计，以避免库存过多，造成资金积压。

（2）定量订购法。对于价格低廉、临时性需求及非直接生产用途的物料，比较适合采用定量订购法，也就是按照订购点来决定采购点。

4．采购计划的六大影响因素

影响采购计划的准确性的因素主要有以下六项。

1）年度销售计划

除非市场出现供不应求的状况，否则企业年度的经营计划多以销售计划为起点，而销售计划的拟订，又受到销售预测的影响。销售预测的决定因素，包括外界的不可控制因素，如国内外经济发展情况（GDP、失业率、物价、利率等）、人口增长、政治体制、文化及社会环境、技术发展、竞争者状况等，以及内部的可控制因素，如财务状况、技术水准、厂房设备、原料供应情况，人力资源及企业声誉等。

2）年度生产计划

一般而言，生产计划的根源是销售计划，若销售计划过于乐观，将使产量变成库存，造成企业的财务负债；反之，过度保守的销售计划，将使产量不能满足顾客的需求，丧失了创造利润的机会。因此，生产计划常常因为销售人员对市场的需求量估算失当，造成生产计划朝令夕改，也使得采购计划与预算常常调整修正，物料供需长久处于失衡状况。

3）用料清单

企业中特别是在高科技行业中，产品变更层出不穷，致使用料清单难以作出及时的反应与修订，以致根据产量所计算出来的物料需求数量与实际的使用量或规格不尽相符，造成采购数量过多或不足，物料规格过时或不易购得。因此，采购计划的准确性，必须依赖维持最新、最准确的用料清单。

4）存量状态

由于采购数量必须扣除库存数量，因此存量状态记载是否正确将是影响采购计划准确性的因素之一。这包括实际物料与账目是否一致，以及物料存量是否全为优良品。若账目上数量与仓库架台上的数量不符，或存量中并非皆为规格正确的物料，这将使仓储的数量低于实际可用数量，所以采购计划中的采购数量将会偏低。

5）物料标准成本的设定

在编制采购预算时，因对将来拟采购物料的价格预测不易，所以多以标准成本替代。若此标准成本的设定，缺乏过去的采购资料作为依据，也没有工程人员严密精确地计算其原料、人工及制造费用等组合或生产的总成本，则其正确性不无疑问。因此，标准成本与实际购入价格的差额是采购预算正确性的评估指标。

6）生产效率

生产效率的高低将使预计的物料需求量与实际耗用量产生误差。产品的生产效率降低，会导致原材料的单位耗用量提高，而使采购计划中的数量不能满足生产所需。过低的产出率，也会导致经常进行修改作业，从而使得零组件的损耗超出正常需用量。所以，当生产效率有降低趋势时，采购计划必须将额外的耗用量计算进去，原材料的短缺现象才不会发生。

由于影响采购计划的因素很多，所以采购计划拟订之后，必须与产销部门保持经常的联系，并针对现实情况作出必要的调整与修订，才能实现维持正常产销活动的目标，并协助财务部门妥善规划资金来源。

5.2.2　采购预算

1．预算的定义与作用

所谓预算，就是一种用数量来表示的计划，是将企业未来一定期间经营决策的目标通过有关数据系统地反映出来，是经营决策的具体化、数量化。预算的时间范围要与企业的计划期保持一致，不宜过长或过短。预算的作用主要体现在：保障战略计划和作业计划的执行，确保组织向同一个方向迈进；协调组织经营；在部门之间合理安排有限资源，保证资源分配的效率性；对成本进行控制。

2．采购预算编制的步骤

采购预算编制包含以下六个步骤。

1）审查企业以及部门的战略目标

预算的最终目的是为了保证企业目标的实现，企业在编制部门预算前首先要审视本部门和企业的目标，以确保它们之间的相互协调。

2）制定明确的工作计划

管理者必须了解本部门的业务活动，明确它的特性和范围，制定出详细的工作计划表，从而确定部门实施这些活动所带来的产出。

3）确定所需的资源

有了详细的工作计划表，管理者可以对支出作出切合实际的估计，从而确定为了实现目标所需要的人力、物力和财力资源。

4）提出准确的预算数字

管理者提出的数字应当保证其最大可能性。可以通过以往的经验作出准确判断，也可以借助数学工具和统计资料通过科学分析提出准确方案。

5）汇总

汇总各部门、各分单元的预算。最初的预算总是来自每个分单元，而后层层提交、汇总，最后形成总预算。

6）提交预算

预算是关于预计收入和可能支出的动态模型，反映的是未来的事情。由于外在的环境总是处于不断变化之中，因此必须根据实际情况的变化不断进行修订，以确保预算最大程度地贴近现实，反映实际的支出。

由于预算总是与实际有所差异，因此有必要选定一个偏差范围。范围的确定可以根据行业平均水平，也可以根据企业的经验数据，它的主观性很强，同管理者的偏好有很大关系。例如，悲观的管理者同乐观的管理者所能容许的差异范围就相差很大。设定了偏差范围以后，管理者应当比较实际支出和预算的差距，以便控制业务的进展。如果支出与估计值的差异达到或超过了容许的范围，就有必要对具体的预算作出建议或必要的修订。采购部门有责任密切监控其他部门的预算，以确保它们不超过整个组织的购买产品和服务的预算限制。

5.2.3　物料需求预测

物料需求预测是指估计未来特定时间内，整个产品或特定产品所需要的各种物料的需求数量与需求结构。进行这项工作的目的在于通过充分考虑未来各种影响因素，结合本企业的实际状况，采取一定的分析方法提出切实可行的物料采购目标，在此基础上制定需求计划，进而指导原材料或货物采购、库存控制、必要设施配备等企业物流工作的开展。物料需求预测对企业工作的影响如表 5-2 所示。

表 5-2　物料需求预测对企业工作的影响

企业工作相关环节	预测过高	预测过低
产品	产品过剩	没有足够的产品满足客户需要
库存	库存过大	低库存
客户关系	经营计划实现程度低	供货不及时，客户不满意
广告促销及公关	费用过高	没有充足的费用支持销售
分销	分销费用过高	分销不充分
价格	不得不降价	价格上涨，忙于分配短缺的产品
采购	企业库存增大，资金占用严重	购进不充分，影响生产进度或需求所需，失去市场机会

预测可使用的标准化方法很多，这些方法分为三类：定性法、历史映射法和因果法。每一类方法对长期和短期预测的相对准确性不同，定量分析的复杂程度不同，产生预测方法的逻辑基础不同。

（1）定性法。定性法是那些利用判断、直觉、调查或比较分析对未来作出定性估计的方法。影响预测的相关信息通常是非量化的、模糊的、主观的。历史数据或者没有，或者与当前的预测相关程度很低。这些方法主要包括客户意见推测法、经营人员意见推测法、专家意见推测法等。它们的不科学性使得它们很难标准化，准确性有待证实。但是，当我们试图预测新产品成功与否、政府政策变动或新技术的影响时，定性法可能是唯一的方法。中期到长期的预测更多选用此方法。

（2）历史映射法。如果拥有相当数量的历史数据，时间序列的趋势和季节性变化稳定、明确，那么将这些数据映射到未来将是有效的短期预测方法。该方法的基本前提就是未来的时间模式将会重复过去，至少大部分重复过去的模式。时间序列定量的特点使得数学和统计模型成为主要的预测工具。如果预测时间的跨度小于六个月，通常准确性很好。这些模型之所以好用仅是因为短期内时间序列的内在稳定性。

预测时间序列模型是可以有反应的。随着新数据的获得，这些模型可以跟踪变化，因此他们可以随趋势和季节性模式的变化而调整。但是，如果变化急剧，那么模型只有在变化发生之后才会呈现出来。因此，人们认为这些模型的映射滞后于时间序列的根本性变化，很难在转折点出现之前发出信号。如果预测是短期的，那么这一局限性并不严重，除非变化特别剧烈。

（3）因果法。因果预测模型的基本前提就是预测变量的水平取决于其他相关变量的水平。例如，如果已知客户服务对销售有积极影响，那么根据已知的客户服务水平就可以推算出销售水平。我们可以说服务和销售是"因果"关系。只要能够准确地描述因果关系，因果模型在预测时间序列主要变化以及进行中长期预测时就会非常准确。因果模型有很多不同形式，每种模型都从历史数据模式中建立预测变量和被预测变量的联系，从而有效地进行预测。

5.2.4　采购作业管理

1. 采购作业流程的基本步骤

采购作业流程会因采购的来源——国内采购、国外采购，采购的方式——议价、比价、招标，以及采购的对象——物料、工程发包等不同而在作业细节上有若干差异。但对于基本的流程则每个企业都是大同小异。美国采购学者威斯汀所主张的采购的基本作业有以下十个步骤。

1）确认需求

在采购之前应先确定买哪些物料，买多少，何时买，由谁决定等。

2）需求说明

确认需求之后，对需求的细节，如品质、包装、售后服务、运输及检验方式等，均加以明确说明，以便使来源选择及价格谈判等作业能顺利进行。

3）选择可能的供应来源

根据需求说明，在原有供应商中选择绩效良好的厂商，通知其报价；或以登报公告等方式公开招标。在选择供应商时，企业考虑的主要因素有以下六个方面。

（1）价格。每个企业都想获得物美价廉的产品。相对于其他因素，虽然价格并不是最重要的，比较各个供应商提供的价格连同各种折扣是选择供应商不可或缺的重要指标。

（2）质量。产品质量也是选择供应商的十分重要的影响因素。产品质量的选择应根据企业实际情况而定，并不是质量最好的就是最适用的，应力求用最低的价格买到最适合本企业质量要求的产品。

（3）服务。服务也是选择供应商的很重要的影响因素，如更换残次品、指导设备使用、修理设备等。在采购某些项目时，类似这样的一些服务，可能会在选择过程中起到关键作用。

（4）位置。供应商所处的位置对送货时间、运输成本、紧急订货与加急服务的回应时间等都有影响。在当地购买有助于发展地区经济，易于形成社区信誉，以及良好的售后服务。

（5）供应商库存政策。如果供应商的库存政策要求自己随时持有备件库存，那么拥有安全库存则将有助于设备突发故障的解决。

（6）柔性。愿意且能够回应需求改变、接受设计改变等要求的供应商，应予重点考虑。

4）适宜价格的决定

决定可能的供应商后，进行价格谈判。

5）订单安排

价格谈妥后，应办理订货签约手续。订单和合约，均属于具有法律效力的书面文件，对买卖双方的要求、权利及义务，必须予以说明。

6）订单追踪与稽核

签约订货之后，应依据合约规定，督促厂商按规定交运，为求其如期、如质、如量交货，并予以严格检验入库。

7）核对发票

厂商交货验收合格后，随即开具发票。要求付清货款时，应先经采购部门核对发票的内容是否正确后，财务部门才能办理付款。

8）不符与退货处理

厂商所交货品与合约规定不符而验收不合格者，应依据合约规定退货，并立即办理重购，予以结案。

9）结案

验收合格付款，或验收不合格退货，均须办理结案手续，清查各项书面资料有无缺失，绩效好坏等，并签报高级管理层或权责部门核阅批示。

10）记录与档案维护

经结案批示后的采购案件，应列入档案登记编号分类，予以保管，以备参阅或事后发生问题查考。档案应具有保管期限的规定。

2．采购作业流程的注意事项

企业规模越大，采购金额越高，管理者对程序的设计越为重视。一般采购作业流程的设计应注意以下七点：

（1）注意先后顺序及时效控制。应当注意作业流程的流畅性与一致性，并考虑作业流程所需时限。例如，避免同一部门主管对同一采购案件做多次的签核；避免同一采购案件，在不同部门有不同的作业方式；避免一个采购案件会签部门过多，影响作业时效。

（2）注意关键点的设置。为了便于控制，使各项正在处理中的采购作业在各阶段均能被追踪管制。例如，国外采购，从询价、报价、申请输入许可证、开信用证、装船、报关、提货等，均有管制要领或办理时限。

（3）注意划分权责或任务。各项作业手续及查核责任应有明确权责规定及查核办法。例如，请购、采购、验收、付款等权责应予以区分，并指定主办单位。

（4）避免作业过程发生摩擦、重复与混乱。注意变化性或弹性范围以及偶发事件的因应法则。例如，在遇到"紧急采购"及"外部授权"时，应有权宜的办法或流程来特别处理。

（5）价值与程序相适应。程序繁简或被重视的程度应与所处理业务或采购项目的重要性或价值的大小相适应。凡涉及数量比较大、价值比较高或者容易发生舞弊的作业，应有比较严密的监督；反之，则可略微予以放宽，以求提高工作效率。

（6）处理程序应适合现实环境，注意程序的及时改进。早期设计的处理程序或流程，经过若干时间以后，应加以审视，不断改进，以适应组织变更或作业上的实际需要。

（7）配合作业方式的改善。例如，手工的作业方式改变为计算机作业方式，因此流程与表单需要作相当程度的调整或重新设计。

5.3　采购控制

5.3.1　采购绩效衡量的作用和主要范围

1. 采购绩效衡量的作用

对采购过程进行绩效考核，主要具有以下三方面作用：

（1）采购绩效考核是有效控制采购过程，使采购工作依计划、有目标地进行的基础。

（2）采购绩效考核使工作透明化，有利于采购与其他部门、层次之间的联系与沟通。

（3）采购绩效考核能展示采购工作的成绩，能量化采购工作，便于采购管理。

2. 采购绩效衡量的主要范围

采购绩效的衡量可以根据采购工作范围的划分、采购能力与采购结果等概括成采购效率指标及采购效果指标两大类。采购效率指标是指与采购能力相关的衡量采购人员、行政机构、方针目标、程序规章等的指标。采购效果指标是指与采购结果，如采购成本、原材料质量、交货等相关的指标。

5.3.2　采购绩效的五个指标

采购绩效指标的选择要同企业的总体采购水平相适应。对于采购体系尚不健全的单位，刚开始可以选择批次质量合格率、准时交货等来控制和考核供应商的供应表现，而平均降价幅度则可以用于考核采购部门的采购成本业绩。随着供应商管理程序的逐步健全、采购管理制度的日益完善、采购人员的专业化水平以及供应商管理水平的不断提高，采购绩效指标也就可以相应的系统化、整体化并且不断深化。

1. 价格与成本指标

采购的价格与成本指标包括参考性指标和控制性指标。

1）参考性指标

参考性指标主要有企业年采购总额、各采购人员年采购额、年人均采购额、各供应商年采购总额、供应商年平均采购额。它们一般是作为计算采购相关指标的基础，同时也是展示采购规模、了解采购人员及供应商负荷的参考数据，是进行采购过程控制的依据和出发点，主要提供给公司管理层参考。

2）控制性指标

控制性指标是指展示采购改进过程及其成果的指标，如付款情况（包括付款方式、平均付款周期、目标付款期等），采购价格（包括各种各类原材料的年度基价、所有原材料的年平均采购基价、各原材料的目标价格、所有原材料的年平均目标价格、各原材料的降价幅度及平均降价幅度、降价总金额、各供应商的降价目标、本地化目标、与伙伴工厂联合采购额及比例、联合采购的降价幅度等），本地化比率等。

2．质量指标

质量指标主要是指供应商的质量水平以及供应商所提供的产品或服务的质量表现，它包括来料质量水平、供应商质量体系等方面内容。

（1）来料质量水平，包括批次质量合格率、来料抽检缺陷率、来料在线报废率、来料免检率、来料返工率、退货率、对供应投诉率及处理时间等。

（2）供应商质量体系，包括通过 ISO9000 认证的供应商比例、实行来料质量免检的物料比例、来料免检的供应商比例、来料免检的价值比例、实施统计过程控制（SPC）的供应商比例、SPC 控制的物料数比例、开展专项质量改进（围绕本公司的产品或服务）的供应商数目及比例、参与本公司质量改进小组的供应商人数及供应商比例等。

3．企划指标

企划指标是指供应商在实现接收订单过程、交货过程中的表现及其运作水平，包括交货周期、交货可靠性以及采购运作的表现，如原材料库存等。具体内容包括：

（1）订单与交货，包括各个供应商以及所有供应商平均的准时交货率、首次交样周期、正常供货的交货周期、交货频率、交货数量的准确率、订单变化接受率、订单确认时间、交货运输时间、平均报关时间、平均收货时间、平均退货时间、退货后补货时间等。

（2）企划系统，即供应商采用 MRP 或 ERP 等企划系统的程度、实行 JIT 的供应商数目与比例、原材料库存量（或库存周期）、使用周转包装材料的程度与供应商数量、订单数量、平均订货量、最小订购数量等。

4．其他采购效果指标

其他采购效果指标是指其他与供应商表现相关的指标，如供应商总体水平、综合考核以及参与产品或业务开发、支持与服务等方面的指标。具体内容包括：

（1）技术与支持，即采用计算机系统处理行政事务以及采用电子邮件处理业务的供应商数量、采用电子商务的供应商数量、参与本公司产品开发的供应商数量及参与程度、与本公司合作进行工艺开发的供应商数量及程度、具有工装模具制作能力的供应商数量、能用英文进行直接沟通的供应商数量等。

（2）综合，即供应商总数、采购的物料种数及项目数、供应商平均供应的物料项目数、通过认证的供应商数目、独家供应的供应商数目及比例、合作伙伴型供应商及优先型供应商的数目及比例等。

5．采购效率指标

采购效率指标是指与采购能力（如人员、系统等）相关的指标。

（1）人员。涉及采购部总人数以及战略采购、前期采购、后期采购人员的比例，采购人员的年龄、工作经验与教育水平结构，采购人员语言结构，采购人员培训目标及实施情况，采购部人员流失率等。

（2）管理。考虑采购人员的时间使用结构（处理文件、访问供应商等）及比例，采购人员的纪律执行情况（考勤等），采购人员的工资级别及费用情况，采购行政管理制度的完整性，如合同管理、权限规定、行为规范，供应商管理程序的完整性，如供应商审核、供应商考评，采购系统的评审及评估目标水平等。

5.3.3　宏观采购指标的内容

宏观采购指标又称采购经理指数是用于观察制造业或企业整体活动的一个指数，它也反映整个国民经济中制造业的升降走向。采购经理指数具体来源于产出指数、新订单批数、采购数量指数、库存水平指数及就业情况等。当采购经理指数低于某平均值时则说明其经济趋势走低，当采购经理指数高于某平均值时则说明经济总体状态趋于增长。在欧美等国，采购经理指数已经成为衡量本国经济好坏的一个重要指标，政府部门、咨询机构或行业协会每月都会对该指标及相应的具体指标进行统计公布。美国国家采购管理协会自 1931 年起即开始计算采购经理指数，并于每月第一周在《华尔街杂志》头版公布。英、美等国家每月公布一次的采购经理指数包括制造业产出指数、新订单指数、采购量指数、价格指数、供应商交货时间指数（以快慢衡量）、采购库存指数、员工就业率指数等。相应的，对于一个具体的企业，也可以将本公司当月的相应采购指标同上一个月相比较，看相应的指标升高还是降低，再将指标的升降值与公布的相应采购经理指数进行比较，就可以看出本公司的采购指数的状态及其在整个制造业中所处的水平。

5.3.4　采购绩效评估的标准

有了绩效评估指标之后，必须考虑将何种标准设置为与目前实际绩效相比较的基础。一般常见的标准有以下四种：

1. 历史绩效

选择公司历史绩效作为评估目前绩效的基础是相当正确、有效的做法。但只有在公司采购部门的组织、职责或人员等均没有重大变动的情况下，才适合使用此项标准。

2. 预算或标准绩效

如果历史绩效难以取得或采购业务变化比较大，可以使用预算或标准绩效作为衡量的基础。标准绩效的设定，要符合下列三个原则：

（1）固定标准，即预算或标准绩效一旦建立，就不能再有所变动。

（2）挑战标准，即标准的实现具有一定的难度，采购部门和人员必须经过努力才能完成。

（3）可实现标准，即在现有内外环境和条件下经过努力，确实应该可以达到的水平，通常依据当前的绩效加以衡量设定。

3. 行业平均绩效

如果其他同行业公司在采购组织、职责以及人员等方面与本企业相似，则可以与其绩效进行比较，以辨别彼此在采购工作成就上的优劣。数据资料既可以使用个别公司的相关采购结果，也可以应用整个行业绩效的平均水准。

4. 目标绩效

预算或标准绩效表示在现状下"应该"达成的工作绩效，而目标绩效则是在现状下，必须经过一番努力才能达到，否则无法完成的较高境界。目标绩效代表企业管理层对工作人员追求最佳绩效的"期望值"。

5.3.5 采购绩效评估人员与方式

1. 评估人员

（1）采购部门主管。采购主管对所管辖的采购人员最为熟悉，而且所有工作任务的指派，以及工作绩效的优劣，都在其直接监督之下。因此，由采购主管负责评估，可以关注到采购人员的个别举动和一贯表现，充分体现公平客观的原则。但是，安排部门主管负责评估可能会包含较多个人情感因素，有时会因为"人情"而使评估结果出现偏颇。

（2）财会部门。当采购金额占公司总支出的比例较高时，采购成本的节约对公司利润的贡献就会很大。尤其在经济不景气时，采购成本的节约对资金周转的影响十分明显。财会部门不但掌握公司产销成本数据，对资金的获得与付出也进行全盘管制，因此财会部门也可以对采购部门的工作绩效进行评估。

（3）工程部门或生产主管部门。当采购项目的品质与数量对企业的最终产品质量与生产影响重大时，也可以由工程或生产主管人员评估采购部门绩效。

（4）供应商。有些企业会通过正式或非正式渠道，向供应商探询其对本企业采购部门或人员的意见，以间接了解采购作业绩效和采购人员素质。

（5）外界专家或管理顾问。为避免公司各部门之间的本位主义或门户之见，可以特别聘请外部采购专家或管理顾问，针对企业全盘的采购制度、组织、人员及工作绩效，作客观的分析与建议。

2. 评估方式

对采购人员进行工作绩效评估的方式，可以分为定期评估和不定期评估。

（1）定期评估通常配合公司年度人事考核制度进行，有时难免落入俗套。一般而言，以"人"的表现，如工作态度、学习能力、协调精神、忠诚程度等作为考核内容，对采购人员的激励以及工作绩效的提升，并无太大作用。如果能以目标管理的方式，即从各种绩效指标当中，选择当年度重要性比较高的项目（一般为 37 个）定为考核目标，年终按目标实际达成程度加以考核，则必能提升采购部门或个人的绩效。使用这种方法可以摒除"人"的抽象因素，以具体"事"作为考核重点，因此比较客观公正。由于使用这种方法时，人们会特意追求考核目标的提高而忽略其他方面，因此，对目标选择的要求比较高，且要求目标全面。

（2）不定期评估是以特定项目方式进行。例如，公司要求某项特定产品的采购成本降低 5%，当设定的期限一到，即评估实际成果是否高于或低于 5%，并以此对采购人员给予适当的奖惩。此种不定期评估方式，特别适用于新产品开发计划、资本支出预算、成本降低专项方案等。

5.3.6 采购控制系统的分析

完善的采购控制系统要能够为采购人员提供快速而准确的信息，以便采购人员能向供应商适时、适量地开立采购单，使采购物品能在出货前准时入库，并且杜绝库存不足或积压过多等情况的发生。采购控制系统包括四个子系统：采购预警系统、VIM、采购单据打印系统、采购稽催系统。

当库存控制系统建立采购时间文件之后，仓管人员应检索供应商报价数据、以往交货记录、交货质量等信息作为采购参考。系统所提供的报表主要有物品供应商报价分析报表、供应商交货报表等。

根据上述报表，仓管人员可以按采购需求向供应商下达采购单。此时，仓管人员需要输入物品数据、供应商名称、采购数量、物品等级等数据，并由系统自动获取日期来建立采购数据库。系统可以打印出采购单，以供配送中心对外采购时使用，当配送中心与供应商通过订货系统采购物品时，系统还需具备计算机网络数据接收、转换与传送功能。

采购单发出后，仓管人员可以用采购稽催系统打印预定入库报表及已购未入库物品报表，作为物品入库稽催或物品入库日期核准等作业。系统不需再输入特殊数据，只需选择欲打印报表的名称，然后由系统根据当日日期与采购数据库进行比较，打印未入库数据。采购系统最好具备材料结构数据，以便在组合物品采购时可以据此计算各物品需求量。采购单可以由单笔或多笔物品组成，且允许有不同进货日期。

采购物品抵达后，要及时进行入库作业。入库作业处理系统包括预定入库数据处理和实际入库作业。预定入库数据处理为入库月台调度及机器设备资源调配提供参考，其数据信息主要来自：采购单上的预定入库日期、入库物品、入库数量；供应商预先通告的到货日期、物品及入库数量。实际入库作业则发生在厂商交货之时，输入数据包括采购单号、厂商名称、物品名称、物品数量等。采购主管通过输入采购单号可以查询物品名称、内容及数量是否符合采购内容，并用以确定入库月台，然后由仓管人员指定卸货地点及摆放方式。仓管人员检验后将修正后的入库数据输入，包括修正采购单并转入库存入库数据库。退货入库的物品也必须检验，只有可用品方可入库。

物品入库后有两种处理方式：立即出库和上架入库再出库。在立即出库的情况下，系统需具备待出库数据查询并连接派车计划及出货配送系统。当入库数据输入后即访问订单数据库，取出该物品待出货数据，将此数据转入出货配送数据库，并修正库存可调用量。如果采用上架入库再出库的方式，入库系统需具备货位指定功能或货位管理功能。货位指定功能是指当入库数据输入时即启动货位指定系统，由货位数据库、物品明细数据库来计算入库物品所需货位大小，根据物品特性及货位储存现状来指定最佳货位。货位的判断可以根据最短搬运距离、最佳储运分类等原则来选用。货位管理功能则主要完成物品货位登记、物品跟踪并提供现行使用货位报表、空货位报表等作为货位分配的参考。也可以不使用货位指定功能，而是由人工先行将物品入库，然后将储存位置登入货位数据库，以便物品出库及物品跟踪。货位跟踪可以根据物品编码或入库指示单、物品货位报表、可用货位报表、各时间段入库一览表、入库统计数据等信息进行。货位指定功能还需具备人工操作的功能，以方便仓管人员调整货位，并能根据多个特性查询入库数据。

采购物品入库后，采购数据即由采购数据库转入应付账款数据库。会计管理人员要求供应商开立发票时即可以调用此系统，按供应商应付款作数据登记录入，并更改应付账款文件内容。高层主管人员可以由此系统制作应付账款一览表、应付账款已付款统计报表等。物品入库后系统可以启用随即过账的功能，使采购物品随入库变化过入总账。

5.4　库存控制

库存通常是为了达到一定的目的而采取的手段。为了达到不同的目的，存货的类型也不同，因而要求采用不同的方法对库存进行管理。进行库存控制的方法很多，但无论哪一种方法，都要以何时订货和订货多少这两个问题为中心进行分析。

5.4.1　库存维持成本

库存维持成本，是与拥有库存有关的成本，它是物流作业成本中的一个主要成分。库存维持成本等于平均库存价值乘以维持成本百分比。例如，假定维持成本百分比为20%，年度平均库存价值维持为100万美元的企业，其库存维持成本为20万美元。虽然库存维持成本的计算方法显而易见，但要确定适当的维持成本百分比并不简单。

确定库存维持成本需要从管理上作出判断、估算平均库存水平、评估与库存有关的各种费用，以及在一定程度上需要直接进行测量。传统上包括在库存维持成本账目中的项目有：资本成本、保险、陈旧、储存和税金，确定库存维持成本要涉及各种类型的产品或原材料，需要进行大量的分析。虽然资本成本可以适用于平均库存占有，但是与保险有关的费用、陈旧、储存和税金等主要取决于各种产品的具体属性。一旦对计算库存维持成本的适当数字达成一致意见时，该数字将被看作进行物流系统分析时的常数。

确定企业的维持成本百分比还存在着某些判断上的因素。有些企业使用较低的维持成本百分比（如12%）提出的理由是，它们内部的基金成本才是适当的资本成本。然而，也有些企业则使用较高的百分比（如 40%），它们的理由是，投资在库存中的资本应该与投资在其他用途中的资本一样进行评估。

5.4.2 库存检查

库存控制是实施一项库存政策的机械程序。库存控制的责任是要测量特定地点现有库存的单位数和跟踪基本库存数量的增减。这种测量和跟踪可以手工完成，也可以通过计算机技术完成。其主要的区别是速度、精确性和成本。

为了实施期望的库存管理政策，必须对控制程序进行设计。这些程序用于明确经常性检查库存水平的要求，并与有关库存参数进行对照，确定何时订货以及订多少货。

1. 永续检查

永续检查用于检查日常的库存状态，以确定补给需要量。所有库存单位都必须对库存的精确性负责，通常需要借助计算机来实施永续检查。

2. 定期检查

定期检查是按有规律的时间间隔，如每周或每月，对产品项目的库存状态进行检查。对于定期检查来说，必须将基本的再订货点调整到两次检查之间的间隔时间内。

5.4.3 确定订货时点

在需求情况和完成周期确定的条件下决定再订货点。所谓确定的条件是指未来的需求和完成周期是已知的。再订货点的基本公式为：

$$R = D \cdot T$$

式中：R——用单位数表示的再订货点；

D——平均日需求量；

T——平均完成周期。

为了说明该计算方法，假定需求量为 10 个单位数/天，且完成周期为 20 天。则在该例子中有

$$R = D \cdot T = 10 \text{ 个单位数/天} \times 20 \text{ 天} = 200 \text{ 个单位数}$$

上述所讨论的再订货点公式的应用，意味着再补给装运将恰好在最后一个单位被装运去顾客处时完成。只要需求量和完成周期是确定的，这种方法还是可以令人满意的。当需求量或完成周期存在不确定性因素时，就必须使用库存缓冲来补偿不确定性因素。这种库存缓冲，通常被称作安全储备，是在完成周期超出期望时间或需求量超过平均日需求量时，用于处理顾客的需求。当在不确定性的条件下必须使用这种缓冲库存时，再订货点公式为：

$$R = D \cdot T + SS$$

式中：R——用单位数表示的再订货点；

D——平均日需求量；

T——平均完成周期；

SS——用单位数表示的安全储备或缓冲储备。

5.4.4　确定订货量

订货批量概念是根据订货成本来平衡库存维持成本。了解这种关系的关键是要记住，平均库存等于订货批量的一半。因此，订货批量越大，平均库存就越大，相应地，每年的维持成本也越大。然而，订货批量越大，每一计划期需要的订货次数就越少，相应地，订货总成本也就越低。把订货批量公式化可以确定精确的数量，据此，对于给定的销售量，订货和维持库存的年度总成本是最低的。使订货成本和维持成本总计最低的点代表了总成本。上述讨论介绍了基本的批量概念，并确定了最基本的目标。

简而言之，这些目标是要识别能够使库存维持和订货的总成本降低到最低限度的订货批量或订货时期。具体方法请读者参考运筹学等相关文献。

5.4.5　不确定因素的调整

尽管在确定性条件下考察各种库存关系是有很大帮助的，但要制定库存政策，还必须现实地考虑各种不确定因素。库存管理的主要功能之一就是要防止缺货。

有两种类型的不确定因素会直接影响到库存政策：一是需求不确定因素，它关系到库存完成周期内销售比率的波动；二是完成周期不确定因素，它与库存补给周期的种种变化有关。

1. 需求不确定因素的调整

销售量预测是要对库存完成周期内的单位需求量进行预计。即使经过了良好的预测，补给周期内的实际需求往往会超过或达不到预期的需求。为了防止因实际需求量超过预测值时所发生的缺货现象，就需要在基本库存中增加安全储备。在需求不确定的条件下，平均库存被定义为订货批量加安全储备的一半。

2. 完成周期的不确定因素

完成周期的不确定因素意味着库存政策无法承担始终如一的递送服务。计划者应该预料到，其完成周期的长度将会在平均值附近有较高的频率分布，并且会变形，超过其计划的持续时间。

从计划制订的角度来看，围绕着库存完成周期的最低可能天数、平均期望天数或最大可能天数，有可能确立安全储备政策。

但是，无论是使用最低限制或是使用最大限制，各种安全储备都会有很大的区别。必须记住，安全储备之所以要存在，是为了防止补给期间的需求不确定因素。因此，注重于围绕最低完成数值确立起来的库存政策将提供不太充分的保护，而那些围绕最大数值建立起来的库存政策则将导致过剩的安全储备。

如果完成周期的不确定因素所带来的影响无法在统计上用数值加以表示，那么，绝大多数常见的做法是根据已计划的补给天数，或平均经历的补给天数，来制订安全储备政策。然而，在完成周期中如果存在着相当大的变化，那么，正式的评估就必不可少了。在制订处理派生需求的制造计划时，不确定因素的主要形式就是完成周期。

复习思考题

1. 对于不同的生产方式，其采购方式有何不同？
2. 什么是采购？采购在物流系统中的作用是什么？
3. 有哪些采购制度？各自优缺点和适用范围是什么？
4. 什么是库存？库存在物流系统中的作用是什么？
5. 影响采购计划制订的因素有哪些？
6. 编制采购预算要遵循哪些主要的步骤？

7．物流需求预测的主要方法有哪些？如何应用于采购计划的制订和采购预算的编制？

8．采购作业的基本流程是什么样的？设计采购作业流程的注意事项有哪些？

9．采购绩效衡量的主要作用是什么？从哪些方面来衡量采购绩效？

10．库存控制的内涵是什么？可以从哪些方面实施库存控制？

案例 5

第6章 运输管理

6.1 运输管理概述

在社会生产过程中，生产和消费不可避免地存在着空间和时间上的不一致，物流运输就是克服了这种空间上的不一致。产品的运输把空间上相隔离的生产者和需求者联系起来，供应商通过运输以合理的价格、在合理的时间里向客户提供质量保证的产品。

6.1.1 物流运输的作用

1. 运输是物流系统的关键环节

按传统物流的概念，物流就是解决物的空间效用和时间效用，而运输承担了改变空间状态的主要任务，实现"物"的空间位移。运输再配以搬运、配送等活动，就能顺利完成改变空间状态的全部任务。没有运输，物流系统就无法正常地开展。物流中很大一部分责任是由运输承担的，运输是物流的主要部分，因此，过去常常有人把物流狭义地理解为运输。

2. 运输是社会物质生产的必要条件

运输是国民经济的基础。虽然运输不创造新的物质产品，不增加社会产品数量，也不赋予产品以新的使用价值，而只变动其所在的空间位置，但运输能使生产继续下去，使社会再生产不断推进，是社会物质生产的必要条件之一。在生产过程中，运输是生产的直接组成部分，它连接着生产的各个环节，没有运输，生产内部的各环节就无法连接。在社会生产过程中，运输这一活动连接着生产与再生产、生产与消费的环节，连接国民经济各部门、各企业，连接着城乡，连接着不同国家和地区。

3. 运输是整个物流系统中的具有增值效应的重要部分

运输可以创造"空间效用"。空间效用的含义是指由于空间场所不同，同种产品的使用价值的实现程度不同，其效益的实现也不同。由于改变场所而使其发挥最大的使用价值，最大限度地提高了产品的价值，这就称之为"空间效用"，有时也称为"场所效用"。通过运输，将"物"运到场所效用最高的地方，就能发挥"物"的潜力，实现资源的优化配置。从这个意义来讲，通过运输提高了"物"的使用价值。同时，运输也是"第三个利润源"的主要源泉。运输是运动中的活动，在运动过程中要消耗大量的动力，而运输又承担大跨度空间转移的任务，所以活动的时间长、距离长、消耗也大。消耗的绝对数量大，其节约的潜力也就大。因此，通过体制改革和运输合理化可大大减少消耗，从而获得比较大的节约。

6.1.2 物流运输管理的原则与目标

运输管理，就是按照运输的规律和规则，对整个运输过程所涉及的各种活动，对人力、运力、财力和运输设备，进行合理组织、平衡调整和监督实施，达到提高效率、降低成本的目的。

1. 物流运输管理的原则

运输是实现产品空间位移的手段，也是物流活动的主要环节。无论在物流企业，还是企业物流中，对运输组织管理都应贯彻"及时、准确、经济、安全"的基本原则。"及时"，就是按照产、供、销等环节的实际需要，将产品及时送达指定地点，尽量缩短产品在途时间；"准确"，就是在运输活动中，避免各种内外部因素的影响和差错事故的发生，准确无误地将产品送交指定的收货人；"经济"，就是通过合理的选择运输方式和运输路线，有效地利用各种运输工具和设备，减少消耗，提高运输经济效益，合理地降低运输费用；"安全"，就是在运输过程中，能够防止霉烂、残损及危险事故的发生，保证产品完整无损。

2．运输管理的目标

物流运输管理包括运输市场的宏观管理和物流运输业务的微观管理两个层面。

1）运输市场的宏观管理目标

运输市场（宏观层面）管理是政府主管部门对运输行业的管理，包括市场准入的管理，市场的各项规章的制定、执行与监控等，以达到建立和完善一个公开、公平、公正的运输市场竞争环境的目标。

2）物流运输业务的微观管理目标

物流运输业务（微观层面）管理是企业对产品运输过程的业务管理，包括产品的发送、接运、中转等业务和安全运输的管理，以达到提高效率、降低成本的目标。

6.1.3　运输规章

运输活动对国内贸易和国际贸易都产生了重大的影响，因此，发达国家的政府一般对如何控制和促进运输活动特别关注，制定了许多运输规章。在我国，由于种种原因，目前运输活动尚未形成完善的体系。但是，政府有关运输的法规制度在近几年对运输服务的可得性及其经营活动的影响已大大增强。

1．经济规章

在不同的时期，因为不同的原因，政府的经济规章会加诸于各种交通方式之上，并且产生不同的结果。经济规章对于诸如运输方式选择、承运人选择、承运人索要的费率、服务水平、路线计划等业务活动都有影响。为了提供可靠的运输服务和助长经济发展，许多国家的政府都积极地利用经济规章，以确保运输服务的可得性和稳定性。可得性是指承运人所提供的适当服务对于任何需要服务的企业都能很容易获得；而稳定性则意味着承运人的利润将会得到充分保障以利其长期经营下去。因此，经济规章通常都是通过控制市场准入规章、运输费率和服务规范来实施的。

（1）准入规章。准入规章是控制承运人进入市场，向市场提供服务。为确保运输服务的稳定性，规章对竞争过度的市场可限制承运人的入市数量，而对新兴市场则鼓励承运人的加入。因此，市场准入规章通常规定每个承运人所能服务的地区，其中包括运输服务的起始地和目的地。与准入规章相对应的是退出限制，政府有时为了保证市场的有序性，会制定一些退出限制条件和规则。

（2）运输费率。具体要考虑的因素包括费率制定、费率变化、费率补贴及实际费率。费率制定是指确定费率的商业惯例；费率变化是指要求提高或降低运输费率的商业惯例；费率补贴是指允许某一分市场的承运人通过在不同分市场收取更高的费率获得补助或补贴的商业惯例；实际费率是指承运人因其装运活动向托运人或收货人实际收取的费用。为了防止垄断和价格歧视，政府规章一般要求承运人公布价格。

（3）服务规范。服务规范主要是指承运人提供运输所应遵守的一些要求，如一些行业基本服务条款、保险措施及货物缺失的惩罚措施等。

2．安全和社会规章

安全和社会规章一般包括关于运输和搬运危险品、运输员工的最大限度工作时间和工作环境、交通安全、环境污染等方面的限制。

3．放松管制

放松管制一般是因为政策制定者认为规章管制的成本超过了收益，或是因为最初制定规章的环境发生了变化。运输规章往往随着市场的变化要作出相应的调整。

放松管制后，交通运输业的自由度主要体现在：企业的定价自由度更大；企业具有进入长期合同的能力；运输市场进出的门槛更低，自由度更大；企业间重组兼并的限制减少。

放松管制后，托运人受益于可以自由地改变他们的市场策略和操作策略，而承运人则受益于可以改进他们的物流战略，这在放松管制之前是很难做到的。或许放松管制带来的最大挑战存在于运输模式的关系上，托运人和承运人的关系上，以及承运管理者和劳工的关系上。

6.2　基本运输方式

不同运输方式适合于不同的运输情况，合理地选择运输方式不仅能提高运输效率，降低运输成本，而且还会对整个物流系统的合理化产生有效的影响。因此，了解各种运输方式及其特点，掌握运输方式选择的原则，对优化物流系统和合理组织物流活动是十分重要的。

6.2.1　铁路运输

1. 铁路运输的特点

1825 年，英国在斯托克顿至达灵顿修建了世界第一条铁路并投入公共运输，标志着铁路时代的开始。由于铁路能够快速、大容量地运输货物，从而极大地改变了陆地货物运输的面貌，为货运业的发展提供了新的、强有力的交通运输方式。

铁路运输是使用铁路列车运送客货的一种运输方式，主要承担长距离、大数量的货运，在没有水运条件的地区，几乎所有大宗货物都依靠铁路来进行运送，铁路运输是在干线运输中起主力运输作用的运输形式。

铁路运输的主要优点有：几乎不受天气的影响；安全；中长距离运货的运费低廉；运输批量大；可以高速运输；节能。

虽然铁路运输具有这些优点，但它也存在自身的不足之处。主要表现为：短距离货运运费昂贵；货车途中作业需要一定的时间；运费没有伸缩性；不能实现"门到门"运输；车站固定，不能随处停车；货物滞留时间长；不适宜紧急运输。

2. 铁路运输在我国交通运输中的地位和作用

铁路是一种适宜担负远距离、大宗货物运输的重要运输方式。我国幅员辽阔、人口众多、资源丰富，铁路运输在目前甚至在可以预见的未来，都是交通运输系统中的骨干和中坚。

1）铁路运输符合中国国情，是连接各产业、各地区经济活动的大动脉

铁路运输是我国交通运输的主要方式之一。我国疆域广阔、资源分布不均、经济往来频繁，铁路运输具有中长距离的陆上运输优势，能完成大宗货物的长途运输任务。此外，铁路运输具有运距长、运量大、连续性强、速度较快、费用低等综合特点，它作为大跨度经济联系和长距离大运量运输的主要方式，发挥着其他运输方式难以替代的作用。改革开放 40 年以来，铁路营业里程由 5.2 万千米增长到 13.1 万千米以上，增长 151.9%，形成了世界上最现代化的铁路网和最发达的高铁网。铁路对我国经济社会发展保障能力显著增强，国家铁路旅客发送量由 8.07 亿人增长到 33.17 亿人，增长 311.0%；货物发送量由 10.75 亿吨增长到 31.9 亿吨，增长 196.7%。

2）从国民经济可持续发展角度看，铁路运输占有明显优势

遵循"科学发展观"是我国的基本战略方针，为贯彻这一方针，在选择交通运输方式时，应综合考虑能源消耗、占用土地、污染环境和安全运输等因素，从这一角度出发，结合铁路的技术经济特性，可以看出，铁路运输是比较理想的运输方式。

3）铁路是带动和促进其他运输方式直至整个交通运输网的关键

根据历史资料分析，铁路运输平均每年向公路运输提供的客货集散运输量占铁路总运量的50%左右；主要沿海港口和内河港口的物资集散，也有一半以上依靠铁路，有些港口（如连云港）

由铁路集散的部分甚至要占 90%以上。在中国的具体国情下，各种运输方式的相互关系主要是串联运输，突出表现为相互依存、相互促进、优势互补、协调发展。在这个运输网中，铁路是骨干和主体，是促进其他运输方式得以继续发展的关键。铁路发达而且布局合理，"大动脉"通畅了，公路和水运的货物流也会相应地增加。如果铁路滞后，那么运输系统将无力承受公路、水运向干线集中的运量，也没有能力向其他运输方式提供大量的客货运量，铁路滞后必将成为限制公路、水运发展的阻力，整个运输也就失去协调发展的动力。

综上所述，铁路运输在交通运输网建设中居于十分重要的地位，它是运输网的骨干和主体，是建设中国综合交通运输网的关键。

3. 铁路货运业务

根据托运人托运货物的数量、体积、形状等条件，结合铁路的车辆和设备等情况，铁路货运业务的种类分为三种：整车运输、零担运输和集装箱运输。另外，还有铁路快运、专列行包快运等形式，但目前开展的范围不大。

1）整车运输

整车运输是指托运人向铁路托运一批货物的重量、体积或形状需要以一辆以上的货车运输的货物，应按整车运输的方式向铁路（承运人）办理托运手续。

整车运输有两种形式：一是整车直达，按货车载重标准吨数和运输里程向托运单位收费；二是整车分卸，是指始发站和托运人相同，但到达站不同的货物拼凑成整车，依次在不同的到达站分别卸货。运输部门按货车载重标准吨数和到达站最远里程数向托运人收费。

2）零担运输

零担运输是指托运人向铁路托运一批货物的重量、体积或形状不需要以一辆以上货车运输的货物，可按零担运输的方式向铁路（承运人）办理托运手续，通俗来讲，即托运货物可与其他托运货物共放一节车厢。一般是不够整车运输条件的货物按零担托运，但是一般按零担托运的货物，一件体积最小不得小于 0.02 立方米（一件重量在 10 千克以上的除外），每批不得超过 300 件。将整车运输和零担运输两种方式结合起来有合装整车运输方式。合装整车运输亦称零担凑整车或零担凑整车中转分送，是指托运单位将多品种的零担货物合并装入一个车皮，以整车的方式，从始发站直接运送到目的地或一个适当车站，然后再中转分运。它的特点是：可以把托运的零星货物凑成整车，享受整车运费。虽然运费要按货物中最高运价率支付，但由于铁路整车与零担运输的运价率差距太大，实行合装整车运输仍然可节约运费。合装整车运输涉及运输中转机构的组织、企业内外的协作、铁路规定、装车技巧、手续衔接等。

3）集装箱运输

集装箱运输是指铁路利用集装箱运输货物的方式，是一种既方便又灵活的运输措施，它是铁路货物运输的三大种类之一，本章对集装箱运输将有专门介绍，在此就不再重复。

4）铁路快运

铁路快运是一种方便、快捷、优质、安全的运输方式，快运货物的运输合同是中国铁路小件货物快运运单，托运人有权要求中铁快运经营人将快运货物按期、完好地运至目的地，当快运货物灭失、损坏、污染和逾期到达超过 20 天时，可要求赔偿。快运的货物必须符合规定的标准。中铁快运是目前我国铁路快运的主要运营商。

铁路货物运输的种类是根据托运人托运货物的数量、性质、状态等特点加以选择的。在签订货物运输合同时，托运人与承运人要按《铁路货物运输规程》的规定和所运货物的特点确定运输种类。

站在铁路运输管理者的角度，铁路货运的业务流程为：货物列车编组计划和车站作业计划→车站作业过程。这两个过程不断循环，同步进行；而站在被管理者的角度，其货运业务流程要与之配合，按章行事。

6.2.2　公路运输

1. 公路运输的特点

在综合运输体系中，公路运输最显著的优点是灵活性，从技术经济特性方面来看，其灵活性在所有运输方式中最强。公路运输的灵活性主要表现在以下五个方面：①空间上的灵活性，可以实现"门到门运输"；②时间上的灵活性，公路货运通常可实现即时运输，即根据货运的需求随时启运；③批量上的灵活性，公路运输的启运批量最小；④运行条件的灵活性，公路运输的服务范围不仅在等级公路上，还可延伸到等级外的公路，甚至许多乡村便道的辐射范围，普通货物的装卸对场地、设备没有专门的要求，客运站点设置灵活，有的只设置一个停靠点即可；⑤服务上的灵活性，具体表现为能根据发货人或旅客的具体要求提供有针对性的服务，最大限度地满足不同性质的货物运送要求与不同层次旅客的需求。

公路运输的缺点在于：①不适宜大批量运输，公路运输的经济半径一般在 300 千米以内；②长距离运费相对昂贵；③容易污染环境，发生事故；④消耗能量多，车辆运行中震动较大。

公路运输的灵活性，决定了其运输生产点多、面广的特点，此外，公路运输在零担运输方面具备强大优势。由于其运输灵活，可以实现"门到门运输"，公路运输已建立起发达的零担运输网络。2017 年，我国零担货运运输的运输能力已达到 40 亿吨，公路零担运输的经济运距及运送能力也大大提高。随着高速公路的兴建，以高速公路为依托的零担快运专线也不断开通。特别是货运交易市场的发展使许多零担货物可以由社会车辆通过回程配载的形式承运至各地，既经济又及时，这为公路零担运输吸引了大量货源。

2. 货运汽车

公路运输的主体是汽车运输，进行公路运输的汽车分为客运汽车和货运汽车。货运汽车包括一般载货汽车和载重汽车；就车头类型而言，有平头式和长头式；就车厢结构而言，有厢式、平板和箱型；就整体结构而言，有单车（整体式）、拖挂车和汽车列车（铰接式）。

3. 公路货运业务流程

按照货运过程的不同阶段，公路货运工作可分为发送工作、途中工作和到达工作。发送工作是货物在始发站的各项货运作业，主要包括受理托运、组织装车和核算货票等内容；途中工作是货物在运送途中发生的各项货运作业，主要包括途中货物交接、货物整理或换装等内容；到达工作是货物在到达站发生的各项货运作业，主要包括货运票据的交接、货物卸车、保管和交付等内容。

受理托运必须做好货物包装、确定重量和办理票据等作业。发货人办理货物托运时，应向始发站办理托运手续，并填写货物托运单作为书面申请。货物托运单是发货人托运货物的原始依据，也是车站承运货物的原始凭证，车站接到发货人提出的货物托运单后，应进行认真审查，确认无误后办理登记。车站受理托运后，发货人应按规定向车站交纳运费，并领取承运凭证——货票，然后开始组织装车。在始发站货票是向发货人核收运费的收费依据，在到达站它是与收货人办理货物交付的凭证之一。始发站在货物托运单和货票上加盖承运日期之时起即算承运。

货物在运输途中发生（如交接、整理或换装等）作业，驾驶员之间、驾驶员与站务人员之间，应认真办理交接检查手续。为了方便发货人，整车货物还允许中途拼装或分卸作业，考虑到车辆周转的及时性，对整车进行拼装或分卸，要严密组织。

车辆装运货物抵达到达站后，收货人或车站货运员应组织卸车。卸车时，对卸下货物的品名、件数、包装和货物状态等应做必要检查。整车货物一般直接卸在收货人仓库或货场内，并由收货人自理。收货人确认所卸货物无误并在货票上签收后，货物交付即完毕。货物在到达站向收货人办完交付手续后，才算完成了该批货物的全部运输过程，如图 6-1 所示。

6.2.3　水路运输

1. 水路运输的特点

水路运输既是一种古老的运输方式，又是一种现代
化的运输方式，在出现铁路以前，水路运输同以人力、畜
力为动力的陆上运输工具相比，无论运输能力、运输成本
等方面，都处于优越的地位。海上运输的独特地位，几乎
不可能被其他运输方式所取代。

1）水路运输的形式

水路运输有以下四种形式：

（1）沿海运输是使用船舶通过大陆附近沿海航道运
送客货的一种方式，一般使用中、小型船舶。

（2）近海运输是使用船舶通过大陆邻近国家海上航
道运送客货的一种运输形式，视航程可使用中型或小型
船舶。

```
┌──────────────┐
│    发货人     │
└──────────────┘
        │
交纳运费并领取货票
        ↓
┌──────────────┐
│    始发站     │
└──────────────┘
        │
        ↓
┌──────────────┐
│   组织装车    │
└──────────────┘
        │
        ↓
┌──────────────────┐
│ 货物交接、整理或换装 │
└──────────────────┘
        │
      运输
        ↓
┌──────────────┐
│    到达站     │
└──────────────┘
   货票 │  ↑ 卸货、交货
        ↓
┌──────────────┐
│    收货人     │
└──────────────┘
```

图 6-1　公路货运业务流程图

（3）远洋运输是使用船舶跨大洋的长途运输形式，主要依靠运量大的大型船舶。

（4）内河运输是使用船舶在陆地内的江河湖泊等水道进行运输的一种方式，主要使用中、小
型船舶。

2）水路运输的特点

（1）运量大：水运速度一般比航空、铁路等要慢，但它的运量却远大于飞机和火车。现代的
民航飞机，一般运量仅为 20 吨左右（或载客 100 多人），最大的也只能装载 100 多吨（或载客 550
人）；一列火车的运量是 2 000 多吨，超长、重、大列车可以达到万吨。但是船舶的运量要大得多。
随着国际航运中船舶朝大型化发展，海洋运输中"万吨船"在当今是最基本、最普通的运量，即
使在内河运输中，只要航道条件允许，通常使用的驳船运量也要达到 1 000 吨以上，而由它们组
成的船队的运量都超过万吨。此外，水运可以运输超重超大型设备，这是铁路和公路所不能及的。

（2）占地少：水路运输一般利用海洋和天然河流，不占用或很少占用耕地。而公路平均每公
里要占地 20 000～27 000 平方米。

（3）基建投资少：基本建设投资少，用工省，见效快。

（4）节省能源：据资料介绍，长江航运每千吨千米运输油耗为 2.81～4.28 千克，而铁路运输
为 5.61 千克，内河大型顶推式船队的单位能耗仅为铁路的 40%、公路的 12%。

（5）运费低：据资料介绍，在一定条件下，水路运输费用只相当于铁路运输的 20%～30%，
公路运输的 7%～20%。

但是，水路运输也有一些缺点，表现为：速度慢，受自然条件影响大，如航道、气候、潮汐
等条件的影响和限制。

2. 货运船舶的类型及特点

船舶是水路运输的重要组成部分，是水路运输的必要运输工具。货运船舶简称货船，是运送
货物的船舶的统称，一般不载旅客，若附载旅客，不超过 12 人，这里主要介绍海运船舶。

1）杂货船

杂货船又分为普通型杂货船与多用途杂货船。杂货船运送的单件货物，最小的为几十千克，最
大的可达几百吨，它的航线遍布内河和大海，到达的港口也大小不等，排水量从几吨到 1～2 万吨，
海上杂货船载重量（船舶装载的载荷重量）在 2 000～15 000 吨左右。货舱通常分为两层或三层，
便于装货分票、避免挤压；货舱按船的大小及装货方便，有 1～6 个不等。由于普通型杂货船装卸

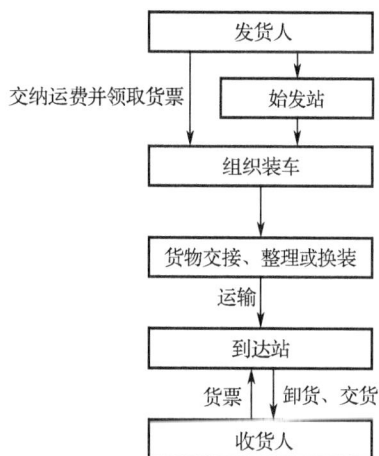

效率低，逐渐出现一些多用途船，它既可装杂货，又可装散货、集装箱，甚至具有滚装船的功能，以提高揽货能力与装卸效率，提高营运经济性。

2）散货船

散货船是专门运输谷物、矿砂、煤炭及散装水泥等大宗散装货物的船舶。由于它具有运量大、运价低等特点，目前在各类船舶的总吨位中占据第二位。散货船的特点是单层甲板、尾机型、船体肥胖、航速较低，因常用专用码头装卸，船上一般不设装卸货设备。通常载重量为3万吨左右，少数能达到几十万吨。散货船一般为单向运输，为使船舶有较好的空载性能，压载水量较大，常在货舱两侧设有斜底边舱。现在已出现了一些新型散货船以克服其单向运输的缺点。

3）集装箱船

集装箱船是载运规格统一的标准货箱货船。集装箱船具有装卸效率高、经济效益好等优点，因而得到迅速发展。集装箱运输的发展是交通运输现代化的重要标志之一。集装箱船的特点是船型尖瘦，舱口尺寸大，便于装卸。舱内有导轨与水平木材组成的格栅结构，便于垂直装卸集装箱。船舷是双层壳，用以补偿大舱口对抗扭强度的不利影响。舷边双层，壳舱分为上下两层，供压载用。通常船上无装卸设备，由码头装卸，以提高装卸效率。由于甲板上装集装箱，船舶重心高，受风面积大，常需压载，以确保稳定性。为提高经济效益，船速较高。

4）液货船

运送散装液体的船统称为液货船，如油船、液体化学品船和液化气船等。由于液体散货的理化性质差别很大，因此运送不同液体货物的船舶，其构造与特性均有很大差别。

油船一般只有一层甲板。由于防污染的要求，国际海事组织已明确规定从1996年6月6日以后交付使用的载重量为5 000吨以上的油船，要求具备双壳与双层底的结构。

液体化学品船是专门运输有毒、易挥发及属于危险品的化学液体的船舶。除双层底外，货舱区均为双壳结构，货舱有透气系统和温度控制系统，根据需要还设有惰性气体保护系统。按所运载货物的危害性，分为Ⅰ、Ⅱ、Ⅲ级，Ⅰ级船危害最大，其货舱容积要小于1 250立方米。

液化气船分为液化石油气船、液化天然气船和液化化学气船。一般采用低温加压或冷冻方式运输液化气体，装载入专门容器中。加压方式适用于小型船舶，冷冻方式适用于载重量在4 000吨以上的船舶。此外，还有一种低温低压式液化气船，又称半冷冻式液化气船，它采用在一定压力下使气体冷却液化的运输方式。

5）滚装船

滚装船类似于汽车与火车渡船，它将载货的车辆连货带车一起装船，到港后再一起开出船外。这种船适用于装卸繁忙的短程航线，也有向远洋运输发展的趋势。

6）载驳船

载驳船也叫子母船，表现为一艘大型机动船运载一批驳船（子船）。母船到锚地时，驳船队从母船卸到水中，由拖船或推船将其带走，母船再装载另一批驳船后即可开航。

7）冷藏船

冷藏船是运送冷冻货物的船，其吨位较小，航速较高。船上设置冷藏舱，对制冷、隔热有特殊要求。

8）驳船

驳船常指靠拖船或推船带动且为单甲板的平底船。上层建筑简单，一般无装货、卸货设备。有的驳船自己有动力装置，称为自航驳船。驳船主要用于沿海、内河或港内驳运货物，往往用于转驳一些由于吃水等原因不便进港靠泊的大型货船的货物，或组成驳船队运输货物。驳船具有结构简单，造价低廉，管理维护费用低，可航行于浅狭水道，编组灵活等特点。因此，它在内河运输中占有重要地位。

3．水路运输业务流程

水路运输的工具是船舶，因此，水路运输的业务流程，主要和船舶运输业务流程相关。下面从船舶运输业务入手，从中可以看出水路运输的业务流程如下：

选择船舶运输方式→签订运输协议或合同→船东或船务公司装货→船舶出港航行→途中装卸货物→进港后装卸货物。

根据装载资源的数量大小，水路运输可分为整船运输和散船运输。整船运输指货运船舶满载；散船运输指非满载情况，或指货运船舶所运送的货物从承运至送达收货人手中，整个过程需要经过分拣、拼装的环节才能完成的运输组织方式。

发货人选择水路作为货物的运输方式时，应先选择合适的船舶运输方式，再进行货物托运。

6.2.4　航空运输

1．航空运输的特点及发展趋势

航空运输是使用飞机或其他航空器进行运输的运输方式。航空运输的单位成本很高，因此，主要适合运载两类货物，一类是价值高、运费承担能力很强的货物，如贵重设备的零部件、高档产品等；另一类是紧急需要的物资，如救灾抢险物资等。

1）航空运输的特点

航空运输之所以能在短短半个多世纪内得到快速的发展，是与其自身的特点分不开的。航空运输具有以下四个特点：

（1）速度快：这是航空运输的最大特点和优势。现代喷气式客机，航行速度为 800～900 千米/小时，比汽车、火车快 5～10 倍，比轮船快 20～30 倍。距离越长，航空运输所能节约的时间越多，速度快的特点也越显著。

（2）机动性大：飞机在空中飞行，受航线条件限制的程度比汽车、火车、船舶小得多，它可以将地面上任何距离的两个地方连接起来，可以定期或不定期飞行。尤其在灾区的救援和供应、边远地区的急救等紧急任务方面，航空运输已成为必不可少的手段。

（3）舒适、安全：主要体现在客运方面，喷气式客机的飞行高度一般在 10 千米左右，飞行不受低空气流的影响，平稳舒适。

（4）基本建设周期短、投资少：要发展航空运输，从设备条件上讲，只要添置飞机和修建机场。这与修建铁路和公路相比，建设周期短、占地少、投资省、收效快。据有关人员计算，在相距 1 000 千米的两个城市间建立交通线且载客能力相同的情况下，修筑铁路的投资是开辟航线的 1.6 倍，铁路修筑周期为 5～7 年，而开辟航线只需 2 年。

航空运输的主要缺点是飞机机舱容积和载重量都比较小，运载成本和运价比地面运输高。气象条件对飞行的限制影响了飞行的正常和准点性。此外，航空运输速度快的优点在短途运输中难以充分发挥。因此，航空运输较适宜于时间性强的鲜活易腐和高价值货物的中长途运输。

2）航空运输的发展趋势

（1）推出新一代航空运输载运工具。20 世纪的航空设计和制造技术决定了目前绝大部分民用飞机只能是亚音速飞机，最大载客量不超过 500 人。21 世纪，在解决噪音、高升阻比、高温材料、一体化飞行推力控制系统等技术的基础上，将推出一批新机型，超音速客机的飞行速度将达 2～3 倍音速，超音速客机的最大载客量将达 800～1 000 人。

（2）实施新一代通信、导航、监视和空中交通管理（CNS/ATM）系统。现行的空中交通管理系统有三大缺陷：覆盖范围不足，对大洋和沙漠地区无法有效控制；运行标准不一致，跨国（地区）飞行安全难以保障；自动化程度不够，管制人员的负担过重。

（3）信息技术在航空运输中得到更普遍的应用。从 20 世纪 50 年代起，计算机就开始应用于美国航空公司的航班订票系统，现在计算机信息处理已渗透到商务、机务、航务、财务等各个领域。21 世纪，航空公司的生产组织和运行管理将进入系统化的动态控制时期，信息技术将广泛应用于航空运输的市场预测、机队规划、航班计划、价格决定、收益管理、订座系统、机务与航材管理、飞机运行管理、财务数据分析、运行统计评估等各方面。机场生产自动化和管理信息化将成为现实，以信息化为核心的机场运作体系将涉及运行信息、机场管理、旅客服务信息、进离港系统、货运系统、保安系统以及航空公司和空管部门的信息接口等各业务领域。

航空运输是一种科技含量高而密集的运输方式。高水平航空科技成果和大型、高速运输飞机的发展，先进通信、导航设备和技术的应用，新一代空中交通管理系统的实施，机场及其设施的现代化、自动化以及运输管理系统的信息化等都是航空运输发展新水平的表现，也是 21 世纪航空运输进一步发展的方向和目标。

2. 航空货运业务

航空货运业务由航空货运市场来运作和规范，航空货运市场应按照市场销售计划，积极开拓市场，组织货源，收集货物，为运输生产做好充分的准备。

1）航空货运市场

组织航空货运市场主要有三种方式，即直接销售、代理销售和联运。

（1）直接销售是航空运输企业通过自己的营业处或收货站，直接进行航空货运业务的销售。与航空旅客运输一样，从事直接销售的业务点一般分布在运量较大的城市，航空公司可以直接组织市场。直接销售的优越性是能够直接控制市场，减少中间环节，提高销售利润。

（2）代理销售是航空运输企业进行直接销售可以减少代理费用。但是，直接销售的业务量不足时，会增加销售成本。因此，航空公司相当一部分货运吨位通过代理人销售。销售代理人根据与航空公司之间的协议，代表航空公司销售空余吨位，并按照协议收取代理费用。航空公司可以采取灵活的代理政策，鼓励销售代理人积极开拓市场，扩大销售业务。销售代理人可以同时代理多家航空公司的货运销售业务。

（3）联运是由于一个航空公司能够提供服务的航线有限，对于本身不能运达的部分航线，航空公司之间可以采用联运服务。这种服务是有偿的，上一个承运人即为下一个承运人的销售代理人，他们之间通过协议分配销售收入。

从上面三种方式可以总结出，发货人进行航空运输时，可以选择航空公司，由其进行承运工作，也可以通过销售代理人委托航空公司进行承运，或者选择联运方式进行运输。

2）航空货运的业务内容

航空公司进行货运业务时，一般需要经过以下流程：

计划安排→货物收集→货物进港生产组织与管理→货物运送→货物到港生产组织与管理→交货工作。

航空公司必须根据航空货运市场调查和预测，估算航空货物在各机场之间的流量和流向，确定本公司的市场目标和市场份额。在此基础上，制订货物运输生产计划，主要包括运力计划、运输量计划、周转量计划、收入计划和运输综合计划等。

航空货物运输市场销售部门接收的交运货物，一般在机场组织进港和出港生产。相当一部分航空公司委托机场进行进出港的组织和管理，大型航空公司一般在基地机场自行组织货物进出港生产。

航空公司发运货物时，必须进行吨位控制与配载工作。其任务是在考虑货物的体积和重量的基础上，通过舱位预订与分配来提高货舱的载运率，避免吨位浪费、超售或装运过载。

6.2.5 管道运输

1. 管道运输的概念

管道运输是货物在管道内借助高压气泵的压力往目的地输送货物的运输方式，其原理相当于自来水管道将水输送到各家各户。管道运输的工具本身就是管道，是固定不动的，只是货物本身在管道内移动，它是运输通道和运输工具合二为一的一种专门运输方式。

现代管道运输起源于美国。1861 年，美国宾夕法尼亚州最初使用木制油槽，从油矿把原油输送至聚油塔，因木制油槽阻力大、易渗透，随后改以铁制管道代替，试用效果显著：一方面节省装桶、装卸、搬运等操作环节；另一方面运输量大，输送快，费用省，消耗少。各油矿群起仿效。但那时所建管道都比较短，多数仅限于从油矿到聚油塔或炼油厂。直至 20 世纪初，由于石油矿源的大量发现和开采以及工业、运输业等广泛使用石油能源为动力，石油的需要量和运输量大大增加，以致海上油轮和陆上油罐车已不能适应这种迅速发展的需要，再加上西方工业发达国家之间为争夺石油而展开的能源战愈演愈烈，促进了管道运输的进一步迅速发展。

为了增加运量、加速周转，现代管道管径和气压泵功率都有很大增加，管道里程愈来愈长，长达数千公里，行程通过几个国家的管道已不少见。现代管道不仅可以输送原油、各种石油成品、化学品、天然气等液体和气体产品，还可以输送矿砂、煤浆等。目前，管道运输已成为一种独立的重要运输方式。

2. 管道运输的特点

管道运输与其他运输方式相比具有其与众不同的特性，具体表现为：运输管道与运输工具合一；高度专业化，适于运输气体和液体货物；单方向运输。

正是由于上述特点，使管道运输具有其他运输方式不具有的优点：不受地面气候影响并可连续作业；运输的货物不需包装，节省包装费用；货物在管道内移动，货损货差率低；费用省，成本低，运量大；单向运输方式，无回空运输问题；经营管理比较简单；建设速度快。

管道运输具有的缺点：运输货物过于专门，仅限于液体和气体货物；永远是单向运输，机动灵活性小；一次性固定投资大。

3. 管道运输的现状及发展趋势

进入 20 世纪 70 年代以后，采用管道水力输送固体物料的国家愈来愈多。据不完全统计，目前全世界已有 20 多个国家使用这种运输方式，利用管道输送固体物料的品种达 25 种之多，年输送量、输送管径以及输送距离都有很大发展。例如，美国的黑密萨管道输送系统，输送距离为 440千米，输送管径为 457 毫米，年输送量 580 万吨，自 1970 年投产运行，其运输使用效率高达 99.6%。巴西的里约热内卢东北部，从塔皮拉磷灰石矿至乌比拉巴的磷肥厂，输送距离为 12 千米，输送管径为 245 毫米，年输送 200 万吨磷矿石，自 1979 年投入运行。目前，国外规划拟建的管道工程，其输送管径近 1 000 毫米，输送距离超过 2 000 千米，预计年输送量可达 2 500～5 000 万吨。因此，管道水力输送的发展方向为远距离、大管径、高浓度。世界著名的输气管道当属横贯加拿大全境的管道，输送距离为 8 500 千米，输送管径为 500～1 000 毫米，中间设 46 座压气站，年输气量达 300 亿立方米；整个系统的管道和压气站，由多伦多市主控制室用计算机进行遥控，并在屏幕显示有关数据；日常维护使用双螺旋桨飞机在低空 50 米巡逻飞行，并定期派出人员在地面检查。

在专门输送煤浆的管道中，目前世界上输煤量最大的是美国里梅萨煤浆管道，它的起点是美国亚利桑那州的卡因塔露天煤矿，终点是内华达州的莫哈夫电厂，输送距离为 439 千米，输送管径为 457 毫米和 305 毫米两种，这条管道于 1970 年建成，年输煤量为 450 万吨。

我国在 20 世纪 50 年代后期，开始利用管道水力输送土方以修筑堤坝。20 世纪 60 年代后将这一技术应用于火力发电厂的除灰系统，采矿工程中的水力开采、水砂充填，选矿厂的精矿及尾矿的输送，化学工业中物料的水力及气力输送等。1995年，经国家批准在我国山西省盂县至山东省青岛市修建一条盂（县）-潍（坊）-青（岛）输煤管道，输送距离为720千米，输送管径为454毫米，输送重量浓度达50%，年输送能力为700万吨。我国刚建成使用的"西气东输"管道是世界上规模比较大、运输能力强的管道系统之一。

管道运输由于具有运量大、运输成本低、易于管理等特点而备受青睐，呈快速发展的趋势，随着科学技术的发展，各国愈来愈重视管道运输的研究和应用。21世纪随着运行管理的自动化，管道运输将会发挥愈来愈大的作用。

6.3 新型运输模式

6.3.1 多式联运

随着运输技术的发展，传统的海、陆、空、公路和江河等互不连贯的单一运输方式，在某些情况下不能适应形势发展的要求。于是，多式联运应运而生，多式联运即根据实际运输要求，将不同的运输方式组合成综合性的一体化运输，通过一次托运、一次计费、一张单证、一次保险，由各运输区段的承运人共同完成货物的全程运输，即将全程运输作为一个完整的单一运输过程来安排。多式联运广泛应用于国际货物运输中，亦称为国际多式联运。

国际多式联运一般以集装箱为媒介，把海洋运输、铁路运输、公路运输、航空运输和内河运输等传统的单一运输方式有机地结合起来，采用一体化方式综合利用，以完成国际间的运输任务。20世纪60年代末，多式联运开始于美国，经试验取得显著经济效益，受到贸易界的欢迎。其后，世界各国很快仿效。实践表明，这是符合运输经济发展规律的，是实行"门到门"运输的有效方式。

1. 开展多式联运的基本条件

根据多式联运公约的规定和现行的多式联运业务特点，开展多式联运应具备以下六个基本条件：

（1）货物在全程运输过程中，无论使用多少运输方式，作为负责全程运输的多式联运经营人（多式联运企业，Multimedia Transport Operator，MTO）必须与发货人订立多式联运合同。该合同明确规定MTO（承运人）与发货人（托运人）之间的权利、义务、责任、豁免的合同关系和多式联运的性质。MTO根据合同规定，负责完成或组织完成货物的全程运输并一次收取全程运费，因此，多式联运合同是确定多式联运性质及其区别于一般传统联运的依据。

（2）MTO必须对全程运输负责。因为MTO不仅是订立多式联运合同的当事人，也是多式联运单证的签发人。在业务中，MTO作为总承运人对发货人负有履行合同的义务，并承担自接管货物起到交付货物止的全程运输责任，以及对货物在全程运输中因灭失、损坏或延迟交付所造成的损失负责赔偿责任。

一般情况下，MTO为了履行多式联运合同规定的运输责任，可以将部分或全部运输委托相关区段的承运人（称为实际承运人）办理，发货人与实际承运人不发生任何关系，而实际承运人与MTO之间是承托关系。

（3）如果是国际多式联运，MTO接管的货物必须是国际间运输的货物，即货物运输必须是跨越国境的一种国际间运输方式。

（4）多式联运使用两种或两种以上的不同运输方式，而且必须是不同运输方式下的连续运输。

（5）多式联运的费率为全程单一运费费率。MTO在对发货人负责全程运输的基础上，制订货物从发运地至目的地的全程单一费率，并一次性向发货人收取运费。这种全程单一费率通常包括运输成本（全程各段运费的总和）、经营管理费用（通信、制单及劳务手续费等）以及合理利润。

（6）货物全程运输时，MTO 应签发一份全程多式联运单证，全程多式联运单证是证明多式联运合同以及证明 MTO 已经接管货物并负责按照合同条款交付货物所签发的一种证据。它是一种物权证书和有价证券，根据国际商会《联合运输单据同一规则》的规定，如信用证无特殊规定，银行可接收 MTO 签发的全程多式联运单证。

2．多式联运的特点

从多式联运的开展条件可以看出，多式联运与其他单一运输相比，有其与众不同的特点。

（1）根据多式联运的合同进行操作，运输全程中至少使用两种运输方式，而且是不同方式的连续运输。

（2）多式联运的货物主要是集装箱货物，具有集装箱运输的特点。

（3）多式联运是一证到底，实行单一费率的运输，发货人只要订立一份合同，一次性付费，一次保险，通过一张单证即可完成全程运输。

（4）多式联运是不同运输方式的综合组织，其全程运输均由 MTO 完成或组织完成，无论涉及几种运输方式，分为几个运输区段，MTO 都要对全程负责。

（5）货物全程运输是通过 MTO 与各种运输方式、各区段的实际承运人订立分运（或分包）合同来完成的，各区段实际承运人对自己承担区段的货物负责。

（6）在发运地接管货物，在最终目的地交付货物及全程运输中各区段的衔接工作，由 MTO 的分支机构（或代表）或委托的代理人完成，这些代理人及承担各项业务的第三者对自己承担的业务负责。

（7）MTO 可以在全世界运输网中选择适当的运输路线、运输方式和各区段的实际承运人，以降低运输成本，提高运达速度，实现合理运输。

开展多式联运，有利于发挥综合运输的优势，有利于提高经济效益和社会效益；有利于挖掘运输潜力，加速货位周转，提高运输效率；有利于形成以城市为中心，港站为枢纽的综合运输网络；有利于无港站的县、市办理客货运输业务；有利于交通运输管理体制的改革。

3．多式联运的运行机制

多式联运的全过程就其工作性质的不同，可分为实际运输过程和全程运输组织业务过程两部分。实际运输过程是由参加多式联运的各种运输方式的实际承运人完成的；全程运输组织业务过程是多式联运全程运输的组织者——多式联运企业或机构完成的，主要包括全程运输所涉及的所有商务性事务和衔接服务性工作的组织实施。就其组织体制来说，可以分为协作式多式联运和衔接式多式联运两大类。

1）协作式多式联运的运输组织体制

协作式多式联运的组织者是在各级政府主管部门协调下，由参加多式联运的各种方式运输企业和中转港站共同组成联运办公室（或其他名称）。货物全程运输由该机构安排，这种联运组织下的货物运输过程，如图 6-2 所示。

在这种组织体制下，全程运输组织是建立在统一计划、统一技术作业标准、统一运行图和统一考核标准基础上的，而且在接收货物运输、中转换装、货物交付等业务中使用的技术装备、衔接条件等也需要在统一协调下同步建设或协调解决，并配套运行以保证全程运输的协同性。第一程运输企业接收货物后经双方签字，联运合同即告成立。

对这种多式联运的组织体制，在有的资料中称为"货主直接托运制"，这是国内过去和当前多式联运（特别是大宗、稳定重要物资运输）中主要采用的组织体制。

2）衔接式多式联运的运输组织体制

衔接式多式联运的全程运输组织业务是由 MTO 完成的，这种联运组织下的货物运输过程，如图 6-3 所示。

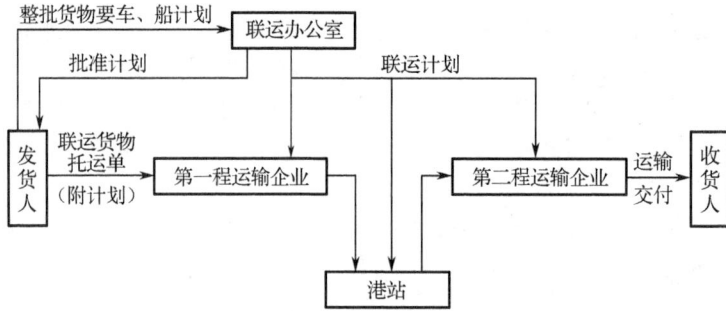

图 6-2　协作式多式联运的货物运输过程

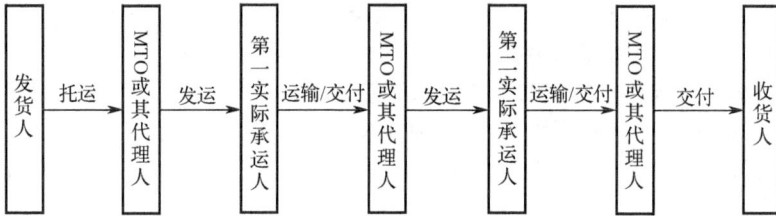

图 6-3　衔接式多式联运的货物运输过程

在这种多式联运组织体制下，承担各区段货物运输的运输企业的业务与传统分段运输形式下完全相同，各区段的运输衔接工作由 MTO 负责，这与协作式体制下各区段运输企业还要承担运输衔接工作是有很大区别的。

对这种多式联运的组织体制，在有的资料中称为"运输承运发送制"。目前，在国际货物多式联运中主要采用这种组织体制，在国内多式联运中采用这种体制的也越来越多，随着我国经济体制的改革，这种组织体制将成为国内多式联运的主要组织体制。

3）我国的联运服务公司办理货物多式联运的业务程序

联运服务公司相当于上面提到的 MTO，它办理货物联运业务的主要作业有：

（1）货主（发货人）提出发货委托书或亲自登门办理货物托运手续；

（2）联运服务公司根据货主（发货人）委托书，在规定的时间、地点派车取货或由货主（发货人）亲自送货，货物在联运服务公司仓库集结；

（3）联运服务公司办理货物票据手续及核收运杂费；

（4）根据货主发货人规定的发货日期（或对到货日期的要求）向运输企业托运，组织货物始发装运，运输工具的选择和运输线路的安排由联运服务公司负责；

（5）在不同运输工具的衔接点办理货物中转业务；

（6）办理货物到达票据手续和到达杂费结算；

（7）联运服务公司根据货主（收货人）指定的时间、地点派车或由货主（收货人）亲自取货。

由此可见，办理货物联运业务的作业程序主要由三个业务环节组成，即货物在发运地的承运业务；货物在不同运输工具运输过程衔接点的中转业务；货物在收货地的交付业务。

6.3.2　集装箱运输

1. 集装箱运输概述

集装箱又称"货箱"、"货柜"。按字面含义，它是一种"容器"，但并非所有的容器都可以称为集装箱，集装箱必须具有一定强度，是专供周转使用并便于机械操作的大型货物容器。使用集装箱转运货物，可直接在货主的仓库装货，运到收货人的仓库卸货，运输途中更换车、船时，无须将货物从箱内取出换装。

集装箱运输是指利用集装箱运输货物的方式，是一种既方便又灵活的运输措施，现在已被众多货主所采用。它可以在最大限度上减少运输过程中的货损，如可以抵御风雨、外力等一些不可避免的因素对货物造成的损害。一直以来集装箱运输业务以其保障性高、运输费用低廉而深受广大货主的钟爱。

2. 集装箱的规格标准

在初期，集装箱的结构和规格、尺码、大小都不相同，这直接影响到集装箱在国际上的流通，为此，国际标准化组织根据国际集装箱的各种技术参数和规格，研究制订了通用集装箱从 A 到 C 型共 3 个系列 13 种标准规格。第一系列主要是大型集装箱，包括 7 种型号。各国在制订有关集装箱运输的安全、结关、检验等规格方面，都以该组织规定的标准为参考。

集装箱计算单位（简称 TEU）又称 20 英尺换算单位，是计算集装箱箱数的换算单位。目前，各国人部分集装箱运输，都采用 20 英尺和 40 英尺的两种集装箱。为统一集装箱箱数计算，一般都把 20 英尺集装箱作为一个计算单位，40 英尺集装箱作为两个计算单位，以便统一计算集装箱的营运量。

我国目前使用的集装箱可分为两类：一类是国际标准箱，主要有 40 英尺、20 英尺和 10 英尺三种箱型；另一类是铁路集装箱，主要有 10 吨、5 吨两种箱型。

3. 集装箱运输的特点

集装箱运输是一种现代化运输方式，它与传统的货物运输方式相比有许多不同之处，主要表现为以下六个特点：

（1）由于集装箱具有抵抗风雨、避光、抗震等作用，因此用集装箱运输货物能够最大限度地减少货损。

（2）集装箱的整箱搬运极大地方便了运输、装船和卸港。在全程运输中，以集装箱为媒介，使用机械装卸、搬运，可以在无须接触或移动箱内所有货物的前提下，从一种运输工具直接方便地换装到另一种运输工具。

（3）集装箱的铅封号码唯一，足以保证货物所有人的货物不会发生丢失、被窃的现象。

（4）集装箱中的保温、冷藏箱能够对许多鲜活产品进行长时间的保鲜，这是其他运输方式无法实现的。

（5）集装箱运输可以由一个承运人负责全程运输，因而简化了货运手续，方便了货主，提高了工作效率。

（6）货物从货主的工厂或仓库装箱后，经由陆、海、空不同的运输方式及其业务流程可以一直运到收货人的工厂或仓库，实现"门到门"运输。

4. 集装箱的种类

在集装箱化发展过程中，所装货物的性质和运输的条件不同，集装箱的种类也不同，目前应用最广泛的分类方法是按使用目的分类，根据国际标准化组织的建议可分为以下九种：

（1）杂货集装箱。这是一种不需要调节温度的货物所使用的集装箱，适于装载各种干杂货物，并保持密封。它是最常用的集装箱，在集装箱中所占的比重最大。

（2）通风集装箱。这种集装箱适于装载怕热、怕潮的货物，如新鲜水果、蔬菜等。

（3）保温集装箱。这种集装箱适于怕冻、怕寒的货物在寒冷地区运输。

（4）冷藏集装箱。这是一种附有冷冻机，并在内部涂有泡沫苯乙烯等热传导率较低的材料，用于装载冷冻货物和特种化工品等的集装箱。在整个运输过程中，启动冷冻机可以保持指定的温度。

（5）散货集装箱。这是用以装载大豆、大米、面粉及水泥等各种粉粒状货物的集装箱。使用这种集装箱，可以节省可观的包装费用，并提高装卸效率。某些国家对一些需要进行植物检疫的货物，规定了非常严格的检疫制度，如对于进口粮食，有的就要求埋在港外锚地进行熏蒸消毒。因此，就要求在散货集装箱上设置可投入熏蒸药物的开口以及熏蒸气体排出口，并且要求这种集装箱在熏蒸时保持完全气密。

（6）开顶集装箱。这种集装箱适于装载玻璃板、钢制品、机械等重货，可以使用起重机从顶部装卸。为了使货物在运输中不发生移动，一般在箱内底板两侧各埋入几个锁环，用以穿过绳索捆绑箱内货物。

（7）框架集装箱。这种集装箱适于装载不适于装在干货集装箱或开顶集装箱的长大件、超重件等货物。它没有箱顶和箱壁，箱端壁也可卸下，而只保留箱底和四角柱。

（8）罐式集装箱。这种集装箱外形为长方形，内部是密封罐形，上下有进出口管，适于装卸酒类、油类、化学品等液体货物。

（9）特种集装箱。这种集装箱包括各种专用集装箱，如衣架集装箱、折叠集装箱、子母集装箱等。

5. 集装箱运输系统的结构和货物流转过程

现代集装箱运输系统是一个世界范围的规模庞大的专业化运输系统，应该以规模求效益，这就要求集装箱运输系统具有合理的结构和货物流转过程。

1）集装箱货物流转的合理组织

货主（无论是实际托运人，还是他们的代理人或按运输承包制办理托运的各类运输经营人）的托运行为是相互独立的，要实现大规模运输，就必须把这些独立货主的小批量货物，预先在几个集装箱货物集散点上集中起来，形成大批量后使用大型、高效、低成本的运输方式，统一组织继续运输。集装箱运输系统中的集疏运子系统的多级结构，为这种大规模运输提供了保证。货物从各货主的工厂和仓库至干线枢纽港投入干线运输的集运过程（反向则是疏运过程）可以采取以下六种方式：

（1）各枢纽港一般都是在内陆地区设立内陆港(或内陆货站，有时是与铁路办理站合作建立)。这些内陆港与枢纽港之间拥有定期集装箱专用列车，在这些内陆港周围地区的集装箱货物由各货主分别通过汽车拖运至内陆港完成第一次集中过程，然后通过直达专列集中运至枢纽港堆场。

（2）一些大型线路办理站在集中多个货主的小批量货物后，也可通过定期与不定期直达专列运往枢纽港堆场。

（3）有若干个集装箱办理站在由内陆通往枢纽港的铁路线上，可使用一般快运列车或普通货运列车采用沿线逐站集中的方式运往枢纽港堆场。

（4）各支线港分别集中货物后，通过支线以较大批量运往枢纽港堆场。

（5）枢纽港附近的货主分别直接用汽车将集装箱运往枢纽港堆场。

（6）货物由以上各种方式集中运到枢纽港堆场再集中后，以更大的批量投入干线运输。

从以上方式可以看出，集装箱货物的集疏过程是把过去由货主独立组织的小批量货物运输，变成了通过集散点集中后由一个运输企业统一组织的大批量运输，这种大批量货物由于可以采用大型运输方式组织运输，运量大、成本低，因而可以从大规模中取得效益。

国际集装箱运输中货物流转过程，如图6-4所示。

2）集装箱货物的交接

集装箱货物在货主与承运人交接时有两种不同形态：整箱货交接（FCL）和拼箱货交接（LCL）。

整箱货交接形态下，双方交接的都是装满货物的集装箱（一般称为重箱或实箱）。整箱货交接一般意味着货主自行装箱，并负责填写装箱单，由海关加封。可以理解为这些货物只有一个货主,一个收货人。

拼箱货交接形态下,双方都以货物本来的形态办理交接,在托运地承运人收到货物后按事先安排的拼箱计划将几个货主的货物(当然货物流向应一致)拼装入一个集装箱内。因此,拼箱货(或拼箱交接)可以理解为箱内货物有几个货主和几个收货人。

在集装箱运输系统中,货主(托运人)与承运人交接货物的地点可分为三类:货主(托运人)的工厂和仓库(一般称为"门",door),集装箱堆场(CY)和集装箱货运站(CFS)。

货主(托运人)的工厂和仓库交接,是指承运人在货主(托运人)的工厂或仓库接收货物和在收货人的工厂或仓库交付货物。在该处交接的货物一般都是整箱货。

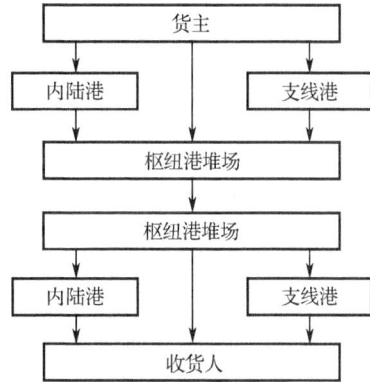

图 6-4 国际集装箱运输中货物流转过程

集装箱堆场可以是内陆地区的堆场(包括内陆港堆场、铁路办理站堆场、公路中转站堆场、各类集货代理人堆场等)或港口(支线港、枢纽港)的码头堆场。集装箱堆场交接的货物一般是整箱货。

集装箱货运站可以是位于内陆地区的货运站(内陆港货运站、铁路办理站货运站、公路中转站货运站或其他人经营的集装箱货运站),也可是港口码头的货运站或其附近由其他人经营的货运站。在集装箱货运站交接的货物一般是拼箱货。

因此,集装箱货物的交接方式可以分为以下九种:门到门交接方式(D to D)、门至集装箱堆场交接方式(D to CY)、门至集装箱货运站交接方式(D to CFS)、集装箱堆场至门交接方式(CY to D)、集装箱堆场至集装箱堆场交接方式(CY to CY)、集装箱堆场至集装箱货运站交接方式(CY to CFS)、集装箱货运站至门交接方式(CFS to D)、集装箱货运站至集装箱堆场交接方式(CFS to CY)、集装箱货运站至集装箱货运站(CFS to CFS)。

在以上九种交接方式中,除 CY to CY 交接方式的两个堆场全为码头堆场或运输全程可由一种运输方式(特别是汽车运输)完成外,其余各种交接方式都是集装箱多式联运合同下的运输,其承运人一般是 MTO。

6.3.3 托盘化运输

1. 托盘化运输概述

所谓托盘化运输,是指货物按一定要求成组装在一个标准托盘上组合成为一个运输单位,使用铲车或托盘升降机进行装卸、搬运和堆放的一种运输方式。它是成组运输的一种最新形式。

托盘是按一定规格制成的单层或双层平板载货工具。在平板上集装一定数量的单件货物,并按要求捆扎加固,组成一个运输单位,以便在运输过程中使用机械进行装卸、搬运和堆放。同时,托盘又是一种随货同行的载货工具。目前,国际上的托盘有两种来源:一是由承运人提供,在装货地将货物集装在托盘上,然后货物与托盘一起装上运输工具,在卸货地收货人提货时,如果连同托盘提走,则要在规定时间内将托盘送回。这种托盘结构比较坚固耐用,可重复使用。二是由货主自备简易托盘,这种托盘随同货物一起交给收货人,不予退回。这种托盘成本较低,仅供一次性使用,其成本费一般计算在货价之内。

2. 托盘种类

托盘以木制为主,也有用塑料、玻璃纤维或金属材料制成的托盘。按其结构不同,常见的托盘种类有以下三种:

（1）平板托盘。由双层板或单层板另加底脚支撑构成，无上层装置。

（2）箱形托盘。以平板托盘为底，上面有箱形装置，四壁围有网眼板或普通板，顶部有盖或无盖。

（3）柱形托盘。以平板托盘为底，四角有支柱，横边有可以移动的边轨，托盘装货时便于按照需要调整长度或高度。

3. 托盘运输的特点

1）托盘运输的优点

托盘运输以一个托盘为一个运输单位，运输单位增大，便于机械操作，因而可以成倍地提高运输效率。这种运输方式具有以下三个优点：

（1）提高运输效率。由于托盘运输是以托盘为运输单位，搬运和出入仓库都使用机械操作，有利于提高运输效率，缩短货运时间，降低运输成本，同时还可减小劳动强度。

（2）便于理货，减少货损货差。以托盘为运输单位，货物件数变小，体积重量变大，而且每个托盘所装数量相等，既便于点数、理货交接，又可以减少货损货差事故。

（3）投资较小，收效较快。与集装箱制造相比较，托盘的投资相对较小，时间也较短，因而收效也较快。

目前，世界上许多国家，特别是尚未具备条件开展集装箱运输的国家都在大力推广托盘运输，甚至有些国家的港口管理当局只允许货物托盘化和成组化的船舶靠卸或优先给予泊位。有些承运人为鼓励货主采用托盘运输，除对托盘本身免收运费外，还给货主一定的托盘津贴，甚至有些承运人对运往某些国家的货物，若没有托盘则加收托盘费，而许多进口商也愿意采取托盘运输并负担托盘费。由于托盘运输的上述优点，采取托盘运输不仅对港方和船方有利，而且对买卖双方也十分有利。

2）托盘运输的缺点

（1）货物范围有限。最适合托盘运输的货物是箱装产品、硬纸盒装的消费品等较小的包装产品，对于体积和重量较大、形状不一的家具、机械以及散装冷冻等货物很难采用托盘运输方式。

（2）费用增加，载量减少。采用托盘运输要相应增加托盘费用。同时，由于增加了托盘重量和体积，相应地减少了运输工具的载重。

（3）不是最理想的运输方式。虽然托盘运输向成组运输前进了一步，但其效果还不足以从根本上改变传统的运输方式，不能完全适应国际多式联运方式。例如，它不能像集装箱那样，可以密封地越过国境和快速转换各种运输方式。因此，这种运输方式有待于向更高级的运输方式——集装箱运输方向发展。

4. 托盘运输的注意事项

使用托盘运输方式进行货物的运送时，要注意以下五点：

（1）并非所有货物都可采用托盘运输。利用托盘运输的货物范围有限制性，如散装、裸装，超重超长或冷藏货物不适宜作为托盘货物运输；两种性能不同的危险品采用托盘运输时，绝对不能装载于同一托盘上。包装件杂货物则最适合托盘运输。

（2）必须符合托盘积载的规定。同一批货物装载于每个托盘上的数量和重量必须相等；不同收货人的货物及不同类型的货物不能装载于同一托盘上；托盘平面应全部装载货物，码齐放平，四边均须平行，四角成 90 度，顶部保持水平；除货物原包装上的唛头标志外，还须在托盘铲车叉臂托入的两侧加印托盘货物的毛重量、目的港、托盘件数和编号标志，每一托盘的载货重量不得超过规定的最大毛重量。

（3）每一托盘的货载，必须捆扎牢固，具有足够的强度和稳定性，既能承受一般海上风险，经受装卸操作的移动，又能承受一定的压力。

（4）按国际航运习惯，对托盘本身免收运费，即对托盘化货物运费按装货后的托盘毛重和体积减去托盘重量和托盘高度计收。我国中货也规定，对托盘免收运费。因此，货主（托运人）应分别申报货物和托盘的重量及体积，以避免支付托盘本身的运费。

（5）货物以托盘运输时，必须在所有运输单证上注明"托盘运输"字样。在提单上除列明一般必要项目外，还须列明托盘数量和托盘上装载货物的件数，同时应标明一旦货物发生灭失或损坏，应按何种标准计算赔偿费用。

6.3.4 公路快速货运系统

在我国，公路快速运输是随着高速公路建成投入使用后才逐步发展起来的，现在已成为公路运输行业的发展热点，但有关公路运输的理论及实践，目前仍处于探索进程中，本节介绍其中有代表性的几种观点。

1．快速货运系统的概念

公路快速货运系统是以高时效的货物为服务对象，以高等级公路为基础，依托多层次、网络化的货运站场体系集散货源，使用技术先进、结构合理的车辆载运货物，利用高效的通信信息技术作为管理手段，通过科学有效的运输组织，实现货物安全、准确、快速流动的公路货运系统。

快速货运，也是公路运输的"品种"之一，因此，它首先符合货物运输的品质要求，即安全、方便、经济、及时、周到。在这一前提下能够体现公路快速货运特征的品质参数是"快速"。有的专家提出"快速"的标准是：在网络覆盖范围内，保证货物从发货人到收货人运距在 500 千米以内的运送时间不超过 24 小时，运距每增加 600 千米，运送时间增加 24 小时。这一量化品质参数，可供参考。

2．快速货运系统的构成要素

快速货运系统涉及七个基本要素，即快运货物、道路设施、站场设施、货物装卸分拣设备及组织、运输装备、通信信息和运输组织。

快运货物是指系统的服务对象，主要为小批量、多品种、附加值高、高时效等时间价值高、对时间敏感的货物，如部分零担货物、时令商品、鲜活易腐品、高价值贵重商品以及客户要求快运的小件商品等。

道路设施作为公路快速货物运输的基础条件，应具备较大的通行能力和较高的服务水平，具有足够的覆盖程度和通达深度的较为完善的公路网络。

构成公路快速货运系统实体内容包括站场设施、货物装卸分拣设备及组织、运输装备、通信信息和运输组织五个子系统。

站场设施子系统作为网络系统的节点，以货运枢纽站场为中心，结合不同层次的货运站场与货物集散地，构成多层次、网络化的站场结构系统。快速货运通常要对不同流向、不同货种的货物进行分拣、中转、拼装，需要有专门的装卸及分拣设备和专门的作业及管理组织，由此构成了快速货运系统中，必不可少的子系统。运输装备子系统为快速货物运输的载体通过技术先进、结构合理的车辆，满足区域内取送货服务和区域间干线公路快速运输的要求。通信信息子系统作为快运系统的神经中枢，以公用通信网和专用通信网为基础，以各类常规电信和 EDI 等专用数据交换为手段，以专业化的计算机应用系统为核心，形成高效、及时、准确的通信信息网络，满足货物组织和管理的需要。运输组织子系统作为运输服务和运输生产的主体，主要以货运站场为依托，以现代化的通信信息为手段，通过提供货物集散、中转和中介代理、运输组织、辅助服务等全方位的服务，高效、优质地实现公路快速运输的全过程。

3．系统基本运行模式

从系统的服务形式看，可以分为零担货物快速运输（以下简称零担快运）和整车货物快速运输（以下简称整车快运），由于零担快运与整车快运的货源组织与生产特点各不相同，系统运行模式也各有其特点。

1）零担快运

所谓零担快运，就是指所运送的货物从承运至送达收货人手中整个过程需要经过分拣、拼装的环节才能完成的运输组织方式。零担快运产生于两种情况：其一，被运送的货物批量太小，直达运输不经济；其二，由于道路通行条件（包括交通管制）等原因，为了达到快捷、经济运送的目的，而选用零担快运的组织方式。

2）整车快运

所谓整车快运，就是指从接货承运直到送达收货人整个运送过程，货物不需经过分拣拼装的运输组织方式。同零担快运系统的运行模式相比，整车快运系统在基本生产流程中简化了货运站场的装卸、分拣作业过程，货物由发货人起运可以直接快运到收货人手中。

6.4　物流运输合理化

在物流过程中，所谓合理运输，就是按照货物流通规律、交通运输条件、货物合理流向、市场供需情况，走最少的里程、经最少的环节、用最少的运力、花最少的费用、以最快的时间，把货物从生产地运到消费地。也就是用最少的劳动消耗、运输最多的货物、取得最佳的经济效益。物流经理必须在物流运输的实际工作中，根据自身的具体情况，制定出符合企业经营状况的运输线路，从而达成物流运输合理化的目标。

6.4.1　决定物流运输合理化的主要因素

要实现物流工作中的运输合理化，起决定作用的五大因素，如图6-5所示。

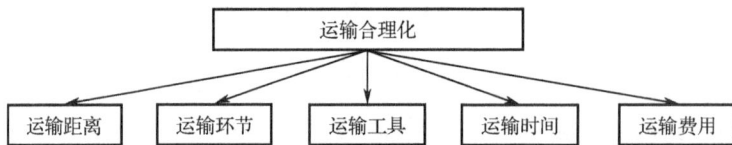

图6-5　运输合理化的决定因素

1. 运输距离

这是决定运输合理与否的一个最基本的因素，企业应尽可能就近运输，避免舍近求远。

2. 运输环节

物流部门尽量减少装卸、搬运、转运等中间环节，尽可能组织直达、直拨运输，使货物不进入中转仓库，而由产地直达销售地或客户。

3. 运输工具

要根据不同货物的特点，分别利用铁路、水路或公路等运输方式。选择最佳的运输路线，并积极改进车船的装载方法、提高技术装载量、使用最少的运力来运输更多的货物、提高运输生产效率。一般而言，国内货物运输主要由公路运输来完成；内河（湖）水路运输主要承担大宗散装货物的运输任务；精密产品主要是航空运输；国际贸易中更多使用多式联运。这就是一个合理选择运输工具的典型运作方式。

4. 运输时间

尽量减少客户等待时间是物流工作及时满足客户需要、赢得客户满意的一个重要因素。所以物流经理要想方设法加快货物运输，尽量压缩待运期，使大批货物不要长期徘徊、停留在运输过程中。

5．运输费用

运输费用占物流成本的比重很大，是衡量运输经济效益的一项重要指标，也是组织合理运输的主要目的之一。运输费用的高低，不仅关系到物流部门的经济核算，而且也影响货物销售成本，为此应积极节约运输成本。

6.4.2　企业物流中合理运输的主要方式

合理运输的主要方式有以下五种：分区产销平衡合理运输、直达运输、"四就"直拨运输、合装整车运输、提高技术装载量运输。

1．分区产销平衡合理运输

这种方式是指在物流活动中，对某种货物使其有一定的生产区固定于一定的消费区。在产销平衡的基础上，按"近产近销"的原则，使货物走最少的里程，组织运输活动。

1）分区产销平衡合理运输方式的优点

这种方式加强了产、供、运、销的计划性，消除过远、迂回等不合理运输，降低了物流费用，节约运输成本及运输耗费。

2）适用范围及情况

在实际工作中，这种方式适用于品种单一、规格简单、消费分散或生产分散、消费集中且调运量大的货物，如煤炭、钢材、水泥、粮食、矿建材料等。

2．直达运输

这种方式是指越过商业物资仓库环节或铁路交通等中转环节，把货物从产地或起运地直接运到销地或客户，减少中间环节的一种运输方式。

1）直达运输的优缺点

这种方式的好处是减少了中间环节，节省了运输时间与费用，灵活度较大。但相对而言对企业业务部门分工协作程度的要求较高，企业内部计划、财务、业务、仓库等各个机构应加强联系，建立相应的联系制度来满足其需求。

2）适用范围及情况

这种方式通常适用于某些体积大、笨重的生产资料运输，如矿石等。对于出口货物也多采用直达运输方式。一些消费品可依货物规格等具体情况的不同，越过不同的中间环节到达批发商或零售商的手中。

3．"四就"直拨运输

这种方式是指物流企业在组织货物调运的过程中，对当地生产或外地到达的货物不运进批发站仓库或物流中心，而采取直拨的办法，把货物直接分拨给基层批发、零售等中间环节。这种方式可以减少一道中间环节，在时间与成本方面收到双重的经济效益。

在实际的物流工作客户，物流经理可以根据不同的情况，采取就厂直拨、就车站直拨、就仓库直拨、就车船过载直拨——"四就"直拨的具体运作方式，如表 6-1 所示。

表 6-1　物流运输"四就"直拨的具体运作方式

运输形式	含　　义	具　体　方　式
就厂直拨	物流企业接收货物后，不经过中间仓库和不必要的转运环节，直接送到零售商或客户	制造型企业之间的直拨 制造型企业到零售商或客户的直拨
就车站直拨	物流企业对外地运送到本地车站或其他物流据点的货物，经验收合格后直接分拨给各收货方	直接运送到本地收货方 直接运往外埠收货方

运输形式	含　义	具 体 方 式
就仓库直拨	越过逐级的层层转运，省略不必要的中间环节，直接从仓库分拨给零售商或客户	需要储存保管的货物就仓库直拨 常年生产而季节销售的货物就仓库直拨 季节生产而常年销售货物就仓库直拨
就车船过载直拨	外地运入的货物，验收后通过其他运输工具换装直接运到零售商或客户	就火车换装汽车 就船舶换装火车或汽车 就大船过驳小船

4．合装整车运输

这种方式是指在组织铁路货运当中，同一发货人的不同品种发往同一到站、同一收货人的零担托运货物，由物流部门进行组配，放在一个车内，以整车运输的方式托运到目的地；或把同一方向、不同到站的零担货物，集中组配在一个车皮内，运到一个适当的车站再中转分运。采用合装整车运输的方式，可以减少一部分运输费用，节约劳动力。

这种方式主要适用于商业、供销部门的杂货运输。根据不同的实际情况，可采取四种做法：零担货物拼整车直达运输；零担货物拼整车接力直达或中转分运；整车分卸（二、三站分卸）；整装零担。

5．提高技术装载量运输

这种方式充分利用车船载重吨位和装载容积，对不同的货物进行搭配运输或组装运输，使同一运输工具能装载尽可能多的货物。

这种方式一方面最大限度地利用了车船的载重吨位，另一方面充分使用车船的装载容积，提高了运输工具的使用效率。

这种方式的主要做法有以下三种：将重货物和轻货物组装在一起；对一些体大笨重、容易致损的货物解体运输，分别包装，使之易于装卸和搬运；根据不同货物的包装形状，采取各种有效的堆码方法。

6.4.3 物流中运输不合理的表现及产生原因

物流中的运输不合理是指不注重经济效果，造成运力浪费、运费增加、货物流通速度降低、货物损耗增加的运输现象。物流运输不合理的表现主要有以下五种类型。

1．对流运输

对流运输是指同一种货物或可以相互代用的货物在同一条运输路线或平行运输路线上作相对方向的不合理运输方式。它主要有以下两类形式：

（1）明显的对流运输。即在同一运输路线上的对流，这种运输方式如图 6-6 所示。

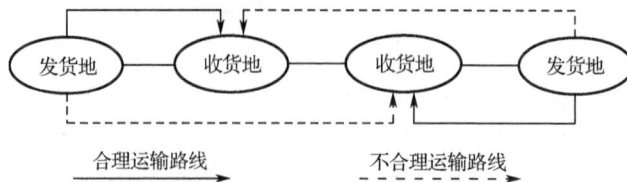

图 6-6　明显的对流运输示意图

（2）隐含的对流运输。即违反近产近销原则，在平行路线上朝着相对方向的运输，这种运输方式如图 6-7 所示。

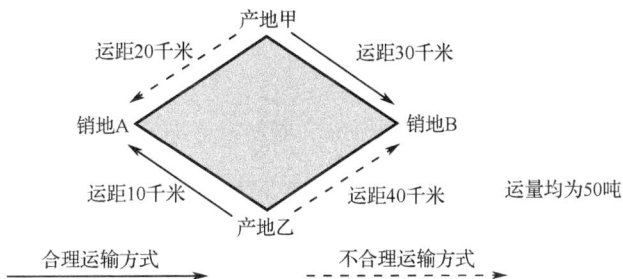

图 6-7　隐含的对流运输示意图

图中不合理运输是甲发 50 吨货物至 A，乙发 50 吨货物至 B，总运输量是 3 000 吨千米，正确运输应是甲发 50 吨至 B，乙发 50 吨至 A，总运输量是 2 000 吨千米，隐含运输浪费 1 000 吨千米。对流运输是最突出的不合理运输，会造成运输能力的巨大浪费。

2．迂回运输

迂回运输是指货物经多余的路线绕道运行的不合理运输方式。由于增加了运输路线，造成了运力的浪费，这种运输方式如图 6-8 所示。图中捷径路线是 A 到 C，迂回路线是 A 至 B 再至 C，B 是中途多余的装卸点。

3．倒流运输

倒流运输是指货物从销售地向原产地或其他产地向原产地倒流的不合理运输方式。倒流运输导致运力浪费、增加运费开支等，这种运输方式如图 6-9 所示。

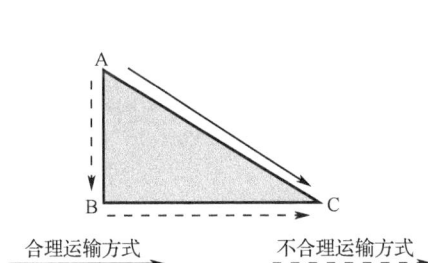

图 6-8　迂回运输示意图

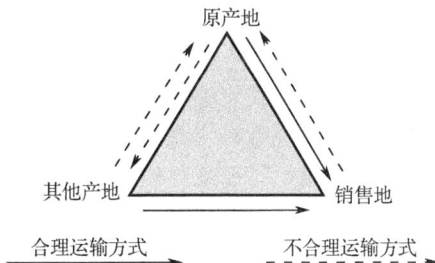

图 6-9　倒流运输示意图

4．重复运输

重复运输是指一种货物本可直达目的地，但因物流仓库设置不当或计划不周使其在中途卸下，导致增加运输环节、浪费运输设备和装卸搬运能力、延长了运输时间的不合理运输方式，这种运输方式如图 6-10 所示。

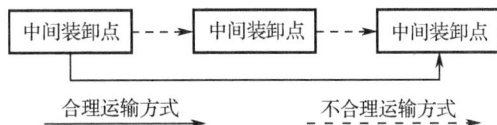

图 6-10　重复运输示意图

5．过远运输

过远运输是指相同质量、价格的货物舍近求远的不合理运输方式。即销地应由距离较近的产地购进所需相同质量和价格的货物，但却超出货物合理辐射的范围，从远距离的地区运来，或产地不采取就近供应，却调到较远的消费地的运输现象。过远运输延长了货物运程和在途时间，导致了运力的浪费和资金的积压，增加了运输费用，这种运输方式如图 6-11 所示。

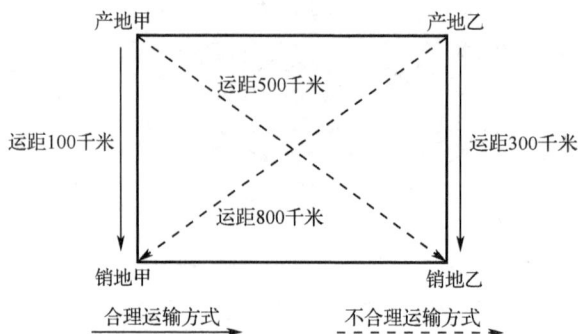

图 6-11　过远运输示意图

分析造成物流工作中不合理运输的主要原因,可以发现:首先是在主观上对合理运输的重视不够,不了解所需货物的货源分布,不研究各种运输工具和运输方式的特点及费用情况;其次是受自然条件和地理因素的影响;最后是我国目前交通运输条件的紧张所造成的制约因素。

复习思考题

1. 物流运输的作用是什么?影响物流运输的规章有哪些?
2. 物流运输管理的主要原则和目的是什么?
3. 物流运输活动有哪几种基本方式?
4. 铁路运输的优缺点是什么?铁路运输在我国运输系统中的地位和作用如何?
5. 铁路货物运输的主要业务包括哪些?
6. 公路运输的优缺点是什么?一般性的公路货运业务流程是什么?
7. 水路运输的形式有哪几种?其特点是什么?
8. 货运船舶的类型有哪些?其特点是什么?
9. 水路运输组织有哪几种类型?
10. 航空运输的特点及其发展趋势是什么?
11. 管道运输的特点是什么?我国管道运输的发展趋势如何?
12. 多式联运、集装箱运输、托盘化运输、公路快速运输等各种新型运输模式的基本特点是什么?适用于什么样的运输条件?
13. 决定运输合理化的主要因素有哪些?
14. 解决企业运输问题的合理化措施有哪些?

案例 6

第7章　仓储管理

7.1　仓储的作用

在物流过程中没有仓储就不能解决生产集中性与消费分散性的矛盾，也不能解决生产季节性与消费常年性的矛盾。因此，仓储在物流过程中占有重要地位。

7.1.1　仓储的基本经济功能

仓储是通过改变物的时间状态，克服产需之间的时间差异获得更好的效用。具体地说，仓储的基本经济功能有：整合装运、分类和交叉站台、加工/延期、堆存与保管。

1. 整合装运

整合装运使仓储获得经济利益，通过这种安排，整合仓库接收来自一系列制造工厂指定送往某地的材料，然后把它们整合成单一的一票装运，其好处是，有可能实现最低的运输费率，并减少在客户的收货站台处发生拥塞。仓储人员可以把从制造商到仓库的内向转移和从仓库到客户的外向转移都整合成更大的装运。

为了提供有效的整合装运，每一个制造工厂必须把仓库作为货运储备地点或用作产品分类和组装设施。整合仓库可以由单独一家厂商使用，也可以由几家厂商联合起来共同使用。通过这种整合方案的利用，每一个单独的制造商或托运人都能够享受到物流总成本低于其各自分别直接装运的成本。

2. 分类和交叉站台

除了不对产品进行储存外，分类和交叉站台的仓库作业与整合仓库作业相类似。分类作业接收来自制造商的客户组合订货，并把它们装运到个别的客户处。分类仓库或分类站台把组合订货分类或分割成个别的订货，并安排当地的运输部门负责递送。由于长距离运输转移的是大批量装运，所以运输成本相对比较低，进行跟踪也不太困难。

零售连锁店广泛采用交叉站台作业来补充快速转移的商店存货。在这种情况下，交叉站台先从多个制造商处运来整车的货物；收到产品后，如果有标签的，就按客户进行分类，如果没有标签的，则按地点进行分配；然后，产品就像"交叉"一词的意思那样穿过"站台"装上指定去适当客户处的拖车；一旦该拖车装满了来自多个制造商的组合产品后，它就被放行运往零售连锁店去。于是，交叉站台的经济利益中包括从制造商到仓库的拖车满载运输及从仓库到客户的满载运输。由于产品不需要储存，降低了在交叉站台设施处的搬运成本。此外，由于所有的车辆都进行了充分装载，更有效地利用了站台设施，使站台装载利用率达到最大程度。

3. 加工/延期

仓库还可以通过承担加工或参与少量的制造活动，来延期或延迟生产。具有包装能力或加标签能力的仓库可以把产品的最后一道生产工序一直推迟到知道该产品的需求时为止。例如，蔬菜就可以在制造商处加工，制成罐头"上光"。"上光"是指还没有贴上标签的罐头产品，但它可以利用"上光"贴上私人标签。因此，"上光"意味着该产品还没被指定用于具体的客户，或包装配置还在制造商的工厂里。一旦接到具体的客户订单，仓库就能够给产品加上标签，完成最后一道加工，并最后敲定包装。

加工/延期提供了两个基本经济利益：第一，风险最小化，因为最后的包装要等到敲定具体的订购标签和收到包装材料时才完成；第二，通过对基本产品（如上光罐头）使用各种标签和包装配置，可以降低存货水平。于是，降低风险与降低存货水平相结合，往往能够降低物流系统的总成本，即使在仓库包装成本要比在制造商的工厂处包装更贵。

4．堆存与保管

仓储服务的直接经济利益从属于堆存。例如，草坪、家具和玩具是全年生产的，但主要是在非常短的一段市场营销期内销售的。与此相反，农产品是在特定的时间内收获的，但消费则是在全年进行的，这两种情况都需要仓库的堆存来支持市场营销活动。堆存提供了存货缓冲，使生产活动在受到材料来源和客户需求的限制条件下提高效率。

保管为一种静止的状态，也可以说是时速为零的运输，保管产生时间效益。一般情况下，生产与消费之间有时间差，保管的主要功能就是在供应和需求之间进行时间调整。此外，生产或收获的产品，产出多少就销售多少，不进行保管，价格必然暴跌，为了防止这种情况的发生也需要把产品保管在仓库里。可见保管在提高时间功效的同时还有调整价格的功能。因此，我们说保管具有以调整供需为目的的调整时间和调整价格的双重功能。

7.1.2 仓储管理的特点

1．不创造使用价值，增加价值

与产品生产活动不同的是，不因进行货物保管、装卸作业的劳动支出而增加新的产品，只能增加产品的成本和价值。如果因此增加的成本高于货物能实现的价值，就会给企业的经济效益带来不利的影响。因此，如何加快货物周转、提高仓库利用率、减少作业环节、降低货物保管损耗是降低仓储成本的主要途径，也是仓储管理的主要任务。

2．具有不均衡和不连续性

产品生产是成批、连续进行的，而仓储活动是以满足客户需求为宗旨，仓储活动服从于生产和销售的需要。仓储活动具有不均衡和不连续性，主要反映在进出库的时间、货物批量、品种规格等方面的不确定性。仓储活动的不均衡和不连续性会使仓储设施利用率和劳动生产率下降，从而增加仓储成本，尤其是随着生产业务的发展，仓储规模的扩大总是很有限的。因此，如何搞好仓储规划、建立仓储信息管理系统、提高仓储管理对企业生产经营变化规律的适应性，是新形势对仓储管理提出的新挑战。

3．具有服务性质

仓储活动是生产和消费的桥梁，对于其他行业来说，它又具有后勤服务的性质。无论是生产企业还是流通企业，仓库在某种程度上体现了企业的形象。仓储的服务质量反应在仓储人员热情主动，货物收发准确、及时，搞好质量维护，主动沟通信息和库房内整洁等方面。

7.2 仓储决策

在企业的仓储管理中，产权、数量、大小、选址和存货量等是最基本也是最重要的决策。

7.2.1 仓储的产权决策

企业仓储考虑的第一项决策就是产权，即采用自营仓储、公共仓储还是合同仓储。选择哪一个，或者是将其结合起来使用是一项重要的仓储决策。公司在决定其仓库产权时必须从全局出发，也可以根据某些具体业务进行选择。

1．自营仓储

1）可变成本

图7-1给出了公共仓储和自营仓储在成本方面的比较。可以看到，在公共仓储中的成本全部是

可变成本。当公司的储存量增加时，它必须租用更多的仓储空间。租用的仓储空间按面积或体积计费。这样，公司的仓储成本就与公司的货物储存量成正比。在这种情况下，成本函数是线性的。

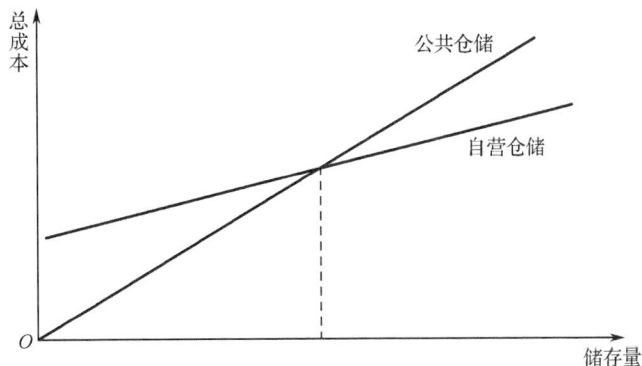

图 7-1　自营仓储和公共仓储的比较图

2）固定成本

自营仓储有固定成本因素，按结构可将其分为资产税及折旧。因为使用公共仓储设备的开销减少了，自营仓储运营成本的可变部分相对于公共仓储的可变成本而言增长速度要慢一些。随后，两个成本函数曲线将相交于某点，在这一点上，采用两种仓储方式的总成本相等。一般说来，当储存量较小时最好选择公共仓储。随着储存量的增加，公司采用自营仓储则更有效，因为此时可以将固定成本分摊到较大的储存量中去。

以上只是对许多公司，尤其是那些有多种生产线、使用 5～100 个仓库的大公司目前所面临的情况的一个简单描述。然而，这样的一个简单描述在更复杂的情况下也可以反映现实问题，原因有两个：第一，通常情况下，公司每次只增添一个仓库，而由于市场及成本环境各异，每次选择都在自营仓储及公共仓储二者之中；第二，即使公司一次增添多个仓库，而各仓库所处环境都不一样，这就需要公司从所有权问题出发，仔细分析各个仓库的优劣。

从这点来说，对导致采用自营或是公共仓储的公司及其产品的某些特性作些调查研究将是比较合适的。表 7-1 总结了影响所有权决策的公司特性。

表 7-1　影响所有权决策的公司特性

公司特性	自营仓储	公共仓储
存储量	高	低
需求变动性	稳定	波动
市场密度	高	低
特殊的控制	需要	不需要
客户对服务的要求	高	低
安全要求	高	低
所需要的多种用途	需要	不需要

3）储存量

因为固定成本的缘故，采用自营仓储时要使仓库运营更为经济，就要有相对较高的储存量。因为自营仓储的固定成本与仓库的使用不相关，所以公司就必须有足够的储存量用来分摊固定成本，从而使采用自营仓储的平均成本低于采用公共仓储的平均成本。以上的分析包含了两个假设：

一个假设是自营仓储的单位可变成本低于公共仓储的单位可变成本，否则采用自营仓储不可能更便宜；另一个假设是一年大多数时间里仓库的使用率是稳定不变的，否则公司将很难决定仓储空间的大小，也很难有效地利用仓储空间。

4）稳定的需求

像采用自营运输一样，采用自营仓储时，稳定的需求是一个关键因素。许多产品是季节性销售的，然而，许多大公司和一些小公司有多种产品生产线，这就有助于稳定使自营仓储较为经济的运营储存量。例如，当夏季咖啡销量下降时，公司就生产更多的冰茶给销售冰茶的客户。

5）控制

公司采用自营仓储获利更多的另一原因在于控制，它包括如安全、冷藏等方面的控制以及客户和工厂方面的服务控制。一些原材料和成品很容易遭盗窃或因为损伤而降低其价值。虽然一些公共仓储公司是有信誉的大公司，它们对存储的货物也尽心看管，但是货物丢失的可能性还是比自营仓储要大一些。即使公共仓储公司对丢失的货物做出赔偿，对客户和效率受到的损失还是很大的。在一些地区，公共仓储公司会由于货物具有一定危险性或其他原因而不接收某些货物。如果生产这些产品的公司认为很有必要将产品储存在这一地区，那么，采用自营仓储将是他们唯一的选择。强调为客户服务将导致过多公司采用自营仓储，它也是日益成为采用自营仓储的重要理由。当公司使用了更加成熟的基于计算机的信息系统，可以协调存货控制与订单处理时，采用自营仓储更为合理。采用自营仓储的另一有利因素是在客户服务方面具有竞争力。

6）多用途

采用自营仓储的最后一条理由是将仓库的使用与公司其他方面的需求结合起来。例如，销售代理和客户服务代理们将办公室设在同一建筑内的总花费，要比办公室设在两个不同的建筑内的总花费少。公司必须将这一点与采用自营仓储的其他花费方面的考虑结合起来。

采用或打算采用自营仓储的公司，认识到上面所说的这些原因有利于采用自营仓储。有多种产品生产线的公司，拥有巨大、稳定与稠密的市场需要并对其需要加以控制，但是，是否采用公共仓储也会合算？答案是肯定的。事实上，如果我们仔细想一想使自营仓储系统核算的那些特征，我们便可以发现，对一些公司而言，采用公共仓储可以很经济。打算采用公共仓储的公司应该了解这些公共仓储所提供的各项服务，以及规章制度和定价方法等方面。

2. 公共仓储

在国外，公共仓储已经发展和繁荣起来，并成为一个非常有活力的、不断变化的行业。公共仓储的最大客户是连锁零售店，因为这些连锁店的货物流量非常大，并且它们还将仓储同其他一些如采购和配送等功能联系起来。

没有大宗货物要存储或对仓储空间需求的季节性非常强的公司，不可能始终一贯地有效使用自营仓储。对于将小量货物运输很长距离送到分散于各处的客户或工厂去的公司，以及刚进入一个新市场，其销售水平和稳定性还不确定的公司而言，它们会发现采用公共仓储更加经济。在这些情况下，公司通常需要采用公共仓储，直到它在这一市场站住脚。如果公司在这个市场中的经营是成功的，并且根据经验需要大量与稳定的货物供应，这时公司就可以采用自营仓储了。采用公共仓储的原因有以下两个。

1）有限的资金投入

采用公共仓储首要的和重要的理由源于资金，公司在采用公共仓储时不需或只需少量的资金投入。公司只有在进行仔细考虑后才可以进行资金投入。即使利率下降了，它们依旧保持较大的波动性，这将对投资回报带来不容忽略的影响。公司在成立时，在经济上都有一个长期的打算，因此若公司继续使用或卖出仓库，将招来资金回报的风险。

2）灵活性

公共仓储的第二个优势在于其灵活性。公司可以对仓储空间租用 30 天，这样就使公司可以对运输服务质量的需求及变化做出快速反应。就新的、未曾打入过的市场而言，公共仓储使公司可以发展壮大，也可以迅速退出而不留一点费用。

3．合同仓储

1）合同仓储的定义

公共仓储发展的一个趋势是使用合同仓储或第三方仓储。合同仓储是一种定制的公共仓储形式，在这种形式中，公共仓储公司为客户公司提供通常由客户自己运作的物流服务。合同仓储公司专门提供高效、经济、准确的配送服务。

物流经理必须将合同仓储与一般的公共仓储区分开。期望得到超出平均服务质量的公司应当采用合同仓储。提供合同仓储服务的仓库是以较高标准设计的，专门用于处理诸如药品、电子产品以及高价值产品等货物。另一方面，期望得到一般服务水平的公司应该采用公共仓储。从本质上说，合同仓储体现了制造商与仓储公司的关系。因为有了这些固定的合作伙伴，合同仓储公司的客户相对于传统的公共仓储公司而言要少一些。合同仓储公司将空间、劳务、设备组合到一起以满足客户特殊货物的需要。

然而，只有一部分客户可以得到仓储公司在市场上提供的定制服务。这些服务包括：储存、将整装货物分装、将分装货物整装、按订单对货物分类搭配、在途配货、存货控制、安排运输、物流信息系统以及客户所要求的任何附加的物流服务。合同仓储公司通过提供客户要求的整套的物流服务来支持客户公司的物流渠道，而不仅限于提供存储服务。

2）合同仓储的优势

（1）对产品的季节性的补偿。合同配送比自营配送更能有效地应付受季节性影响的产业的淡旺季。例如，某配送商与一家销售旺季在冬季而夏季几乎无销售量的公司签立了合同。为了抵消这种不均衡，该配送商还会与销售高潮在夏季而冬季几乎无销售量的公司签约。这样做使合同配送商在全年中都能有效地利用其设备及库容能力，这比自营仓储只处理单一季节产品要好多了。

（2）扩大地理覆盖面。合同配送可以通过设在各地的仓库设施来扩大一个公司的市场覆盖面。公司可以不必到处投入大量资金建造自营仓储设施就能使用各地的仓库。在理想的情况下，合同仓储公司战略性地安排各地的仓库及服务，使客户在不同地点的仓库都能得到同一标准的仓储管理及物流服务。

自营仓储衰退的部分原因就在于合同仓储的发展。许多公司将其自有仓库减少到少数几个中央仓库，并与合同仓储公司签约，以满足其在外地扩展市场的需要。有了这样一个自营仓储与合同仓储网络，公司可以在直接控制自营仓储的同时，使用合同仓储以降低劳动力成本、扩大市场覆盖面。

（3）在测试新市场时增进灵活性。合同仓储的灵活性有助于提高其客户服务水平。公司增加已有产品或引入新产品都可以采用短期合同仓储来测试市场对这些产品的需求。当公司进入一个新市场时，建造一个新的自营仓储可能需要数年时间。但是，如果采用合同仓储立刻就能利用已有仓库来为该市场的客户服务。

（4）取得管理专家意见及专一的资源。分包是将公司的物流职能交到一些配送管理专家手上的极好机会，这些专家可以提供革新的配送方案和降低成本的产品搬运流程。在一些合同中，合同配送商会仔细调节仓储空间、工人、物料搬运设备以满足客户产品的专门需求。这样，合同仓储就像是同一家公司的几个自营仓储一样。

（5）提高投资回报。利用合同配送商进行配送作业可以提高公司的投资回报率（ROI），使公司可以只在支持公司主要业务的资产上投资。自营仓储中物资配送资产的投资回报率是公司各项资产的投资回报率中最少的，它占用了一些公司资金，有时还得不到充分利用。

此外，这些资产是代表了公司在其他地方投资的机会成本。将配送服务分包出去，就在资产平衡表中去掉了这部分资产，增加了公司的投资回报。尽管这些资产出现在配送商的资产平衡表上，它们也是用于满足公司物流的需要。

（6）降低运输成本。因为合同仓储公司要处理大量来自不同客户的产品，这样就可以通过将货物整合成整车运输，大量节省运费。

除了优点外，合同仓储还有一些缺点。最主要的一条就是公司丧失了其物流控制权，丧失了对操作的直接控制是公司在采用合同仓储时的最大顾虑。采用合同仓储后，公司对人员、策略及操作过程的控制将有所降低。在相同状况下，那些生产价值较高的产品（如药品）的公司，必须注意尽量减少合同仓储公司雇员的偷窃行为。所以，租用外部的仓储公司来处理产品，比采用自营仓储要承担更大的风险。

采用合同仓储的其他一些缺点包括：合同仓储成本可能超过自营仓储成本且不十分合理；管理层及员工的接受问题；缺少足够的量；与公司需求不符；对合同仓储及其价值的理解不够充分。

3）合同仓储与自营仓储的比较

公司在比较采用内部自营仓储与外部合同仓储时必须回答的一个问题是：合同仓储是否可以花同样多或更少的钱而比自营仓储提供更高水平的服务？如果回答是肯定的，公司应该选择合同仓储；否则，公司必须对较好的服务与较高的成本进行权衡比较后再作出决定。公司衡量一家公共仓储公司的服务水平可用一些量化指标，如每小时货车发出数量、达到标准率以及准时送货的百分率。

因为合同配送商把精力集中到提高仓储的效率上，他们能使合同仓储的运作比自营仓储的运作更为经济，所以对上面问题的回答往往是肯定的。此外，合同仓储与自营仓储相比，员工的工资和福利水平相对要低一些。考虑到这些因素，公司采用合同仓储的费用比采用自营仓储的费用要低。

自营仓储的运作是以成本为中心，而合同仓储公司的仓储运作则以盈利为中心。这是因为自营仓储的花费结构中并没有带入增值部分，而合同配送商想要继续运作下去，必须使其运作可以赢利。利益的驱动使合同配送商尽可能地高效运作。客户付给配送商的费用中包含了配送运作的成本和利润，但是公司产品的销售只付出了自营仓储的运作成本。

7.2.2 集中仓储或分散仓储

企业仓储的另一项重要的仓储决策就是在进行仓储时采用集中储存还是分散储存，这一决策实质上是决定公司该有多少家仓库进行运作。在某些情况下，由于公司规模的原因，这一决策相对简单一些，如市场为单一地域的中小型公司通常只需一家仓库。一般只有那些以全国或全球为市场的大公司才需对这一问题仔细考虑。

同采用自营仓储还是公共仓储一样，在分析各地采用仓库的必要性时也必须从全局出发。公司特定的供需状况使某一选择较其余选择更加有利。例如，一个在全国制造或销售某种竞争激烈的、可替代的产品的公司，可能需要采用分散仓储的方式在市场上提供快捷的服务。

公司必须将仓库数量的决策与选择运输方式的决策紧密结合起来。例如，航空运输能够快速地使市场由一两个有战略性位置的仓库扩展到全国。虽然空运的费用相对高一些，但公司可以用减少库存、降低存货成本的办法来弥补。

7.2.3 仓库数量的决策

1. 仓库的数量

决定公司物流系统应该使用多少个仓库时，结合各方面因素计算综合成本进行决策的方法是比较好的。

1）增加仓库数量

图 7-2 描述了物流系统中仓库数量与物流成本的关系。随着仓库数量的增加，运输成本及丧失销售的成本减少，但是存货成本及仓储成本增加。

以重量为单位将货物整合后，运输费率较低，从而使运输成本下降。从外部看，仓库数量的增加使仓库距离客户和市场更近了，由此降低了运输距离及运输费用。仓储成本的增加是因为总存储空间伴随着仓库数量的增加而增加。

此外，因为增加了仓库数量，公司的存货也会增加，其存货成本也随着增加，大量的存货需要更大的存储空间。因为有着两家以上仓库的公司难以预测需求量，所以必须保有更多的存货，以保持各仓库中流动较慢货物的较高存货水平。更进一步，随着公司仓库的增多，即使是在同样的销售量下，生产线的增多也需要更多的仓储空间。

如图 7-2 所示，随着仓库数量的增加，总成本通常会下降。然而，当存货成本和仓储成本的增长抵消了运输成本和丧失销售的成本的降低时，总成本开始增长。当然，总成本曲线与仓库数量的变化范围因公司不同而不同。

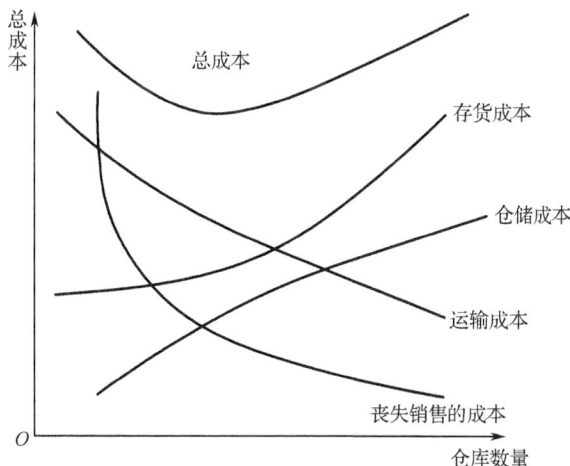

图 7-2 仓库数量与物流成本的关系

2）减少仓库数量

公司通常通过增加仓库数量来加强对客户的服务，降低运输成本，存储更多的产品。建造和运作仓库的费用是巨大的，当公司减少仓库数量时，就能降低这些非生产性设施带来的成本。

2. 影响仓库数量的因素

公司在决定其仓库数量时必须考虑到其总成本的大小。

1）对客户的服务

为客户提供服务的需要是影响仓库数量的因素之一。在当地市场上为客户提供快捷服务的需要通常与产品的可替代程度密切相关。如果竞争对手在市场上提供了更快捷的服务，那么，客户服务水平较低的公司原先的销售量就会降低；如果客户不能在需要时买到公司的产品，公司就会浪费它在销售上做出的努力。

2）小批量客户

公司采用分散仓储的另一个原因是小批量客户的存在。将集中存储在中心仓库的零担货物送到客户手中比起将整车货物运到分散于各地的仓库，再以零担货物形式送到当地客户手中的费用要高得多。

最后的一个采用分散仓储的原因是客户要求在缺货前能立刻得到补充。另外，如果需求量总是变化不定，分散仓储将有利于公司阻止缺货的发生。

7.3 仓储作业管理

7.3.1 仓储作业内容与流程

1．仓储作业内容

仓储作业内容可以分为物资流动过程和信息流通过程。物资流动过程是从库外流向库内，并经过合理停留再流向库外的过程。就其作业内容和作业顺序看，主要包括接运、验收、入库、保管、保养、出库、发运（配送）等环节。

信息流动过程是指保管物资的信息流动，它是借助于一系列信息文件来实现的。这些文件包括各种物资单据、凭证、台账、报表、资料等。它们在仓储作业各阶段的传递过程中逐渐形成了信息流。信息流一方面是伴随着物流而产生，另一方面它又保证和调节着物流的数量、方向、速度和目标，使之按一定的目标和规则运动。因此，仓储作业过程是以物流为主，物流与信息流并行的过程，随着现代信息通信技术的进步，信息功能在仓储系统中的作用越来越重要，正在改变着传统仓储作业和作业管理模式。

2．仓储作业流程

仓储基本作业流程可以分为三个阶段，即货物入库、货物保管和货物出库。

1）货物入库

货物入库主要包括：入库前准备、接收、验收、办理入库手续、分类搬运、凭证签发、货位选择等。货物入库的形式常有：工厂、购销业务单位送货或供货单位自提入库、外地到货、过户、移仓等。

2）货物保管

货物保管的主要作业包括商品盘点和检查。

商品盘点是指对在库储存的全部物品分别进行清点数量的业务活动。商品盘点的目的是确定现存量，确认企业损益，核实商品管理成效。

由于库存商品品种繁多，收发频繁，同时又有各种因素的影响，极易造成商品数量和质量的变化。因此，定期和不定期检查是商品保管过程中不可缺少的一项工作。通过定期和不定期的检查，一来可以起到监督作用，二来可以提前发现问题，预防隐患发生。

3）货物出库

货物出库是仓库根据业务部门或存货单位开的出库凭证（提货单、调拨单、出库通知单），按其所列货物编号、名称、规格型号、数量等项目，组织货物出库的一系列工作。货物出库的方式常有客户自提、代办托运、送货上门、过户、转仓和取样等。

7.3.2 仓储业务合理组织

仓储业务合理组织是指按照商品仓储的客观要求和管理上的需要，把与商品仓储有直接关系的部门、环节、人和物尽可能合理地组织搭配起来，从而达到仓储作业系统最优化的目标：快进快出、多储存、保管好、费用省。仓储业务合理组织主要包括仓储业务过程的时间组织和空间组织两个方面。

1. 仓储业务过程的时间组织

仓储业务过程的时间组织是指整个仓储业务过程中各阶段在时间上的合理安排，从而保证生产连续性，消除或减少停工时间，提高工效。

商品仓储中的时间，主要取决于供货合同的规定。但仓储业务各环节组织是否合理，各项作业的结合方式直接影响作业时间。有的仓库实现一次性作业，即卸车、验收，库内搬运和堆码一次完成，以减少作业时间。当然，作业在时间上的结合方式与机械化程度、设备能力、工人技术水平有关。为此，仓储业务过程的时间组织应综合考虑。

1）实现仓储作业的连续性

从商品到库后的卸车、验收、库内搬运和堆码，到出库时的备料、复核、装车等，都是一环扣一环，互相紧密衔接的、连续的。保持其过程的连续性，可以缩短商品在各个环节的停留时间，避免商品在停放时可能引起的损失，有利于提高仓储质量，有利于提高劳动生产率和加快商品的周转率，有利于提高仓储管理水平。

2）实现仓储作业的协调性

仓储业务过程的各阶段、各项作业之间的生产能力，应保持适当的比例关系，并根据商品仓储业务要求，配备各作业环节的工人人数、机器设备的数量，相互协调、相互适应，防止上下工序或生产环节间发生脱节中断或比例失调现象。保持生产过程的协调性，可以充分利用人力和设备，避免和减少商品在各作业阶段和工序上的停顿和待料，从而保证生产过程的连续。

生产过程的协调性，在很大程度上取决于仓库总平面布置的正确性，特别是各生产作业环节之间，各种设备生产能力的比例。欲提高商品仓储业务过程的连续性和协调性，应根据仓储业务规模的大小、专业化程度以及机械化程度等，采取不同的组织形式。

2. 仓储业务过程的空间组织

所谓仓储业务过程的空间组织，就是如何划分作业过程以及确定其在一定平面上的布局。基本要求是保证储存商品在空间上的搬运距离最短、作业环节最少。在划分各项作业过程时，应根据商品仓储的特点，使储存商品在生产过程中径直前进，避免往返运转。为此，一方面，要合理地划分作业班组，作业班组的设置主要应根据仓库的吞吐规模、储存商品类别和作业流程的特点等因素而建立，一般按照专业化形式设置班组；另一方面，要保证仓储设施的合理布局，保证仓储各项作业在空间上不发生相互干扰或碰撞现象。

7.3.3 仓储作业的管理模式

仓储作业的管理模式基本上分为以下三种。

1. 以时间区分

这种方式以工作时间来区分进、出货作业。例如，早上 8：00～12：30 为进货期，12：30～18：00 为出货期。这种方式主要用于小规模仓库作业，同一班人马早上处理进货，下午处理出货订单（如有进货时安排一两个人员来处理）。

2. 以作业方式区分

库内分进、出货两班人马专职分别处理进、出货作业。这种作业的仓库动线规划要十分谨慎，拣货区和储存区绝对要完全分开。

3. 以作业功能区分

专业化的仓储或物流中心大多采用这种方式管理。它的特点是各种工作都有专职人员，如进货、进验、上架、补货、拣货、出验、装车以及其他工作性质的专职管理与执行人员。

7.4　仓库管理

仓库管理是现代物流管理的重要组成部分。仓库不单纯是货物存储的场所，也为流通加工和配送中的包装、分拣、整理、简单组配等作业提供场所，已成为物流过程中的核心环节。仓库管理主要包括质量管理、安全管理、仓库设施及设备管理和劳动管理等，本节主要介绍仓库质量管理和仓库安全管理。

7.4.1　仓库质量管理

1．仓库质量管理的概念

仓库质量管理就是全面质量管理（Total Quality Control，TQC）的理论和方法在仓库技术经济作业活动中的具体运用。全面质量管理是 20 世纪 60 年代发展起来的新的质量管理方法。这是企业内所有部门和全体人员都参加，通过质量保证体系，充分发挥专业技术和管理职能的作用，运用科学的手段，以优良的工作质量、最经济的方法向客户提供满意产品的系统管理活动。

质量管理形成并发展为一门科学，是随着现代化大工业的发展，随着科学技术的进步以及管理理论和实践的发展而逐渐形成和发展的。它大致经历了三个阶段，即质量检验阶段、统计质量管理阶段和全面质量管理阶段。

2．仓库质量的内容

仓库非生产部门，它的"产品"是向客户及时地提供数量完整、质量完好的物质供应，因此，其"产品"的内涵和外延具有与一般工业产品不同的特点，具体包括以下五个方面内容。

1）验收质量

验收是确保物资数量准确、质量完好的第一关。一方面可以通过对物资产品质量、包装质量和运输情况等的综合检查，对有关部门的质量管理起一定的监督和推动作用；另一方面可为物资保管和最终出库投入使用提供依据。

提高验收质量应该做到物资验收的准确和及时。准确，就是对入库物资的数量、规格型号、配套情况以及外观质量等的验收应准确无误，如实反映物资当时的情况，不能掺入主观偏见。及时，就是必须在规定期限内完成验收工作，以便及时入库，及时保证供应、使用。

2）物资保管质量

物资保管工作应贯彻"预防为主，防治结合"方针，做到妥善保管、合理存放、精心保养、账物相符。物资保管的责任是要保持好物资的原有使用价值，使物资的质和量两方面都不受损失。因此，必须加强科学管理，研究和掌握影响物资变化的各种因素，采取科学的保管方法。

仓库应切实做好"三化"工作，即布局规划化、存放系列化、保养经常化。做到账目清楚，资料齐全，账物相符，盈亏有原因，损坏有报告，记账有原始凭证，调整有依据。

3）装卸、搬运质量

物资的装卸、搬运对储存物资的数量和质量将产生直接影响。装卸、搬运质量主要表现在确保作业对象完好无损，规格、品种不混淆，堆码整齐牢固，文明装卸、轻拿轻放，保持物资原包装和物资的完整无损。

4）设备管理质量

大、中型仓库离不开各类机械设备，因此，选好、管好、用好、修好各种设备对提高仓储质量水平起着重要作用。设备的选择应考虑技术上先进和经济上合理这两个方面。合理使用，应建立健全必要的规章制度，严格遵守操作规程。设备的养护，应达到齐备、清洁、润滑、安全的要求。另外，还应做好设备的维修和更新工作。

5）物资出库质量

物资出库质量要把好核对出库凭证和复核关。出库凭证和手续必须符合要求，必须仔细核对、检查无误后方可备料。为防止差错，备货后应认真进行复核，检查所发物资的名称、规格、数量、质量是否与出库凭证相符，把工作中可能出现的差错消灭在出库之前。

可见，仓库质量是描述仓库管理水平的一个综合性概念，是由一系列作业环节质量构成的质量体系。

3．仓库质量管理的特点

1）全面质量管理与传统质量管理的区别

所谓传统质量管理，是指质量检验和统计质量管理所提供的理论和方法。全面质量管理与之相比，具有以下四个特点：

（1）传统管理只依靠少数专职检验人员，而全面质量管理是全员参加的，整个单位有一个从上到下的质量保证体系和质量管理网。

（2）传统管理是事后把关，全面质量管理则着重抓工作质量，以预防为主，防检结合。

（3）传统管理限于某一过程，全面质量管理则把质量管理贯穿于全过程。

（4）传统管理主要是凭经验，全面质量管理则用数据说话，数理统计方法是全面质量管理的主要手段。

全面质量管理是全面的管理，即内容是全面的，管理是全过程的，管理是全员的，此乃全面质量管理的"三全"特点。

2）仓库质量管理的特点

（1）从全面质量来看。一般工业企业的全面质量包括了产品质量、产量、成本、工程质量、工作质量等内容。作为仓库，其全面质量管理的对象则是指保管的物资数量完整、质量完好，包括入库验收速度、出库发运速度等在内的作业效率，包括供应任务完成情况、供应成本等在内的服务质量，还包括劳动生产率、固定资产占用以及影响上述各项质量的工程质量、工作质量等。

（2）从全过程的管理来看。一般工业企业的全过程管理是指从市场调查开始直到售后提供优质服务，质量问题贯穿始终的管理。作为仓库，其全过程管理是指从调查了解客户需求包括采购订货、物资接运验收入库、在库物资的保管与养护，到将物资及时备齐出库，直至物资安全送达客户的管理。全过程管理就是对仓库整个作业过程、各个作业环节管理。

（3）从全员的管理来看。此点与一般工业企业无异，都要求从上到下人人参与质量管理活动，有一个质量保证体系和质量管理网。不过，由于仓库作业活动的非连续、非均衡性和分散性，因此，动员全体人员关心、参与质量管理具有特别重要意义。

4．仓库质量管理的意义

全面质量管理作为一种质量控制的手段与方法，为我们从整体上认识、把握和提高仓库管理水平提供了新的视野和途径。

1）全面质量管理是全方位的管理，是提高仓库管理水平的有效工具

全面质量管理打破了"质量"仅指产品质量的传统定义，提出了"质量"除产品质量以外，还包括成本质量、服务质量等的广义"质量"概念。这就表明，在仓库各项作业活动与各环节中，不仅要高度重视各作业环节的组织与技术，还要考虑质量因素对质量的影响，不断改善提高工作质量。

2）全面质量是全员性的管理，是提高仓库管理水平的有力保证

全面质量管理以强化质量意识为出发点和基础，以提高每一个部门，每一个人的工作性质量为目标。若仓库所有部门、所有人员的工作质量都得到提高，仓库管理水平也就自然提高了。仓库所有部门、所有人员，都直接或间接同仓库质量发生关系，以某几个部门或一部分人的努力来

提高仓库质量，是不能成功的。

3）全面质量管理是全过程的管理，是提高效益的必要途径

全面质量管理倡导将管理的触角深入到各个作业环节，并不厚此薄彼，并能通过其所提供的方法，发现影响仓库质量的薄弱环节，以便采取改进措施，这对降低供应成本，提高效益具有重要意义。

5. 仓库质量管理的基础工作

为使质量保证体系真正发挥作用，还必须具备一定的基础条件、基本手段和基本制度。这就是仓库质量管理基础工作所要解决的，其内容主要有以下五个方面。

1）标准化工作

标准化是现代大工业的产物，是随着生产技术现代化、管理现代化的发展而发展起来的。标准是衡量产品质量和各项工作质量的尺度。管理标准是规定各职能部门、各岗位、各个人的工作目标以及达到这些目标的方法与措施。通过这个标准可以使各部门及其成员的工作条理化、规格化、责任化，使每个人都明确地知道自己的职责和权限，知道干什么，怎么干，达到什么目标。

就物流仓库而言，标准是全面质量管理的依据，各项标准的贯彻又都必须通过全面质量管理来实现。所以，要开展全面质量管理，必须首先抓好标准化工作。

2）计量工作

全面质量管理要用数据说话，要加强计量工作。仓库计量工作包括两个方面的内容：

（1）要保存好各类原始凭证和作业记录，如卸车记录、验收记录、设备状况记录、出库复核记录和事故记录等；

（2）必须保证记录的准确、可靠，不准的数据不仅无益，反而有害。此外，还可根据特定的目标，对某些质量问题较大的环节进行个别监测记录，为改进质量提供不易从其他记录中获得的数据。

3）质量情报工作

质量情报指的是反映仓库各环节工作质量和仓库经济技术作业过程的信息、基本数据、原始记录和使用单位意见等的各种情报资料。质量情报是仓库进行质量管理的耳目。

4）质量责任制

质量责任制是组织共同劳动、保证生产正常进行的基本条件。仓库质量责任制就是要对每个部门、每个职工明确规定其在质量管理中的具体任务、责任与权限。为了发挥责任制的作用，还应当制定相应的奖惩制度。

5）质量教育工作

质量教育工作主要抓好"质量第一"的思想教育，本职工作的技术培训和基本功训练，全面质量管理知识和方法的普及教育三个方面。

职工队伍的文化、技术水平普遍不高，已成为仓库现代化发展的制约因素之一，推行全面质量管理，其难度会更大一些。这就要求进行人力投资，在做好"质量第一"思想教育的同时，加强职工技术业务的培训和全面质量管理基本知识的普及教育，这是提高质量的智力基础。

6. 仓库质量管理的基本方法 —— PDCA 循环法

质量保证体系运转的基本方法是"计划、实施、检查、处理"四个环节的不断循环，简称 PDCA 循环法，也称为戴明循环法。

1）PDCA 循环法的四个阶段

第一阶段，计划阶段（P），就是通过对仓库质量问题现状的了解和掌握，制定经济技术指标和质量管理目标，以及达到这些目标的具体措施和方法。

第二阶段，实施阶段（D），就是将制定的计划和措施，具体组织实施。

　　第三阶段，检查阶段（C），就是检查计划的执行情况，并将执行结果与事先制定的目标进行对比，发现问题。

　　第四阶段，处理阶段（A），就是对检查得到的计划执行结果及问题进行处理、总结。

　　2）PDCA 循环法的步骤

　　上述四个阶段的内容可进一步具体化为以下七个步骤：

　　（1）分析现状，查找质量问题；

　　（2）分析产生质量问题的原因或影响因素；

　　（3）针对影响质量的主要因素及目标制定计划，并根据具体条件落实到执行者；

　　（4）执行计划，这是"实施"阶段的内容；

　　（5）检查计划执行情况，分析实施效果，这是"检查"阶段的内容；

　　（6）以标准化的方法进行总结，肯定成功的经验，并加以标准化或制度化，作为今后工作的指南，失败的教训应加以处理、总结，并记录在案作为借鉴，以防止再度发生；

　　（7）把没有解决的遗留问题转入下一轮循环。

7.4.2　仓库安全管理

　　仓储安全最基本的要求，就是要保证人和物（包括劳动资料和劳动对象）在生产中的安全，这是仓储工作必须要遵循的基本原则。

　　在仓储工作中存在着一些不安全因素。例如，在装卸、搬运笨重物资时有被碰撞的危险；在操作电器设备时有触电的危险；在搬运和保管危险物资时有中毒、爆炸的危险等。对储存着大量物资的仓库来说，安全更有其特殊的意义，必须认真研究和分析产生各种不安全因素的原因，采取有效措施，保证仓储工作安全正常。

　　安全工作贯穿于物资保管作业的各个环节。从物资验收、堆码、保管、保养、运输、装卸到物资的出库，都离不开安全工作。归纳起来，可分为：保卫工作、警卫工作、消防工作、安全操作技术、安全运输、有毒有害和危险品的安全技术。以下主要简单介绍仓库的保卫、警卫工作和消防工作。

1．仓库的保卫、警卫工作

　　1）仓库的保卫工作

　　保卫工作是仓库安全工作的一个重要组成部分。安全保卫工作的总任务是提高警惕，采取一切措施防止各种事故的发生，保卫物资储存的安全。

　　保卫工作的主要任务是教育、发动群众搞好防火、防盗、防破坏、防灾害性事故等"四防"工作，维持内部的治安，同破坏现象作斗争，确保仓库安全。

　　2）仓库的警卫工作

　　警卫工作重点是负责仓库日常的警戒、防卫。其主要职责有以下六个方面：

　　（1）以高度的责任感熟记警卫任务，熟悉警卫区域、重点职责和通信联络方法；

　　（2）熟悉本仓库附近的社会环境、地域情况和本仓库人员的证件、出入库手续，核对出库物资和出门证等；

　　（3）严禁携带火种、易燃、易爆物品和危险品入库，发现火警时立即紧急报告，严守岗位，加强戒备，维持秩序；

　　（4）严禁无关人员进入库区，发现可疑迹象时应严加监视，及时报告，坚持日夜轮流守卫；

　　（5）遇有坏人行窃破坏时，应坚决打击或捕获，守卫人员不得擅自离开岗位；

　　（6）在仓库发生人为或自然灾害事故时，要负责仓库的防护和警戒。

　　此外，还应做好以下工作：根据仓库地形和库房、货场的分布情况，划定岗位和巡逻范围，实行分段负责，保卫整个仓库区域的安全；加强警卫人员的政治和业务学习，可适当请当地公安部门有关人员讲授专业知识；保卫警卫人员应与当地公安部门建立经常的联系，取得公安部门的协助，及时交流经验和互通情况，依靠群众组成联防。

2．物流仓库的消防工作

认真贯彻执行"以防为主、以消为辅、消防结合"的方针，采取积极有效措施，加强防范，消除火灾隐患，杜绝火灾的发生，保证储存物资的安全。

防火的基本原则是提高警惕，防止破坏，严格遵守各项安全操作规程和安全保卫制度，消除火灾隐患。具体措施有：

（1）加强对全体职工的安全防火教育。

（2）在规定禁止明火工地和库区内，严禁明火和吸烟。库区要有"禁止吸烟"的明显字样，严禁携带火种进入库内。

（3）若要在库内或库外进行明火作业，必须经保卫部门批准并保证在安全条件下作业。作业完毕，应彻底消灭明火残迹，防止死灰复燃。

（4）做好库内电线、电气设备的维修、检查，防止短路或超负荷运转。

（5）仓库应安装避雷器装置，库内必须有防火通道。

（6）库房周围不准堆放柴草及易燃、易爆物品。仓库应定期检查，并铲除库房四周杂草。

（7）对物资一定要根据性质不同分开存放，并要按灭火方法不同分开存放。对危险品仓库还要注意库房的通风，保持设备容器的完整性、可靠性、密封性，防止渗漏，及时消除遗留在地面的危险品。

（8）每个职工都应熟记火警电话，以便发生火情时及时通知消防部门。

复习思考题

1．仓储的基本经济功能是什么？仓储管理的特点是什么？

2．仓储决策包括哪些内容？仓储的产权决策和仓库数量决策的主要内容是什么？

3．仓储作业内容包括哪些环节？

4．仓储的基本作业流程可以分为哪几个阶段？各个阶段的具体作业包括哪些内容？

5．仓储作业管理的基本模式有哪几种？

6．仓库管理的主要类型有哪些？简述仓库质量管理和安全管理的主要内容。

案例 7

第8章 装卸搬运管理

8.1 装卸搬运概述

8.1.1 装卸搬运的概念

在同一物流据点或生产区域的范围之内（如车站范围、工厂范围、仓库内部等）以改变"物"的存放、支撑状态的活动称为装卸，以改变"物"的空间位置的活动称为搬运，两者全称装卸搬运。有时候或在特定场合，单称"装卸"或单称"搬运"也包含了"装卸搬运"的完整含义。

在习惯使用中，流通领域（如铁路运输）常将装卸搬运这一整体物流活动称作"货物装卸"，在生产领域中常将这一整体物流活动称作"物料搬运"。实际上，无论称为"装卸"、"搬运"，还是合称为"装卸搬运"，其活动内容都是一样的，只是适用领域不同而已。在实际操作中，装卸与搬运是密不可分的，两者是伴随在一起发生的。因此，在物流科学中并不过分强调两者差别而是作为一种物流活动来研究分析。

装卸搬运的"运"与运输的"运"，区别之处在于，搬运是在同一物流据点或生产区域的小范围之内发生的，而运输则是从一个物流据点到另一个物流据点的较大范围内发生的，两者是量变到质变的关系，中间并无一个绝对的界限。

8.1.2 装卸搬运的地位

装卸搬运活动的基本动作包括装车（船）、卸车（船）、堆垛、入库、出库以及连接上述各项动作的短程输送，是随运输和保管等活动而产生的必要活动。

在物流过程中，装卸搬运活动是不断出现和反复进行的，它出现的频率高于其他各项物流活动，每次装卸搬运活动都要花费很长时间，所以往往成为决定物流速度的关键。装卸搬运活动所消耗的人力也很多，所以装卸搬运费用在物流成本中所占的比重也较高。以我国为例，铁路运输的始发和到达的装卸搬运费用大致占物流成本的20%左右，水路运输占40%左右。因此，为了降低物流费用，装卸搬运是个重要环节。

此外，进行装卸操作时往往需要接触货物，因此，这是在物流过程中造成货物破损、散失、损耗、混合等损失的主要环节。例如，袋装水泥纸袋破损和水泥散失主要发生在装卸过程中，玻璃、机械、器皿、煤炭等产品在装卸时最容易造成损失。

由此可见，装卸搬运活动是影响物流效率，决定物流技术经济效果的重要环节。为了说明上述看法，列举几组数据如下：

据统计，我国铁路货运以500千米为分界点，运距超过500千米，运输在途时间多于起止的装卸搬运时间；运距低于500千米，装卸搬运时间则超过实际运输时间。

美国与日本之间的远洋船运，一个往返需25天，其中运输时间13天，装卸搬运时间12天。

我国对生产物流的统计，机械工厂每生产1吨成品，需进行252吨次的装卸搬运，其成本为生产成本的15.5%。

8.1.3　装卸搬运的特点

1．装卸搬运是附属性、伴生性的活动

装卸搬运是每一项物流活动开始及结束时必然发生的活动，是其他操作不可缺少的组成部分。例如，一般的"公路运输"，就实际包含了相随的装卸搬运，仓库中泛指的保管活动也含有装卸搬运活动。

2．装卸搬运是支持、保障性活动

装卸搬运的附属性不能理解成被动的，实际上，装卸搬运对其他物流活动有一定决定性。装卸搬运会影响其他物流活动的质量和速度。例如，装车不当，会引起运输过程中的损失；卸放不当，会引起货物转换成下一步运动的困难。许多物流活动在有效的装卸搬运支持下，才能实现高水平。

3．装卸搬运是衔接性的活动

在任何其他物流活动互相过渡时，都是以装卸搬运来衔接，因而，装卸搬运往往成为整个物流"瓶颈"，是物流各功能之间能否形成有机联系和紧密衔接的关键，而这又是一个系统的关键。建立一个有效的物流系统，关键看这一衔接是否有效。比较先进的系统物流方式——联合运输方式就是着力解决这种衔接而实现的。

8.1.4　装卸搬运的分类

1．按照装卸搬运施行的物流设施、设备对象分类

以此可分为仓库装卸、铁路装卸、港口装卸、汽车装卸、飞机装卸等。

（1）仓库装卸配合出库、入库、维护保养等活动进行，并且以堆垛、上架、取货等操作为主。

（2）铁路装卸是对火车车皮的装进及卸出，特点是一次作业就实现一车皮的装进或卸出，很少有像仓库装卸时出现的整装零卸或零装整卸的情况。

（3）港口装卸包括码头前沿的装船，也包括后方的支持性装卸搬运，有的港口装卸还采用小船在码头与大船之间"过驳"的办法，因而其装卸的流程较为复杂，往往经过几次的装卸及搬运作业才能最后实现船与陆地之间货物过渡的目的。

（4）汽车装卸一般一次卸批量不大，由于汽车的灵活性，可以少或根本减去搬运活动，而直接、单纯利用装卸作业达到车与物流设施之间货物过渡的目的。

（5）飞机装卸通常在停机坪进行，用专用车辆将包装好的货物运送到飞机上，假如装载的是行李，候机楼中一般都有行李分拣系统自动进行识别分类，效率较高。

2．按照装卸搬运的机械及机械作业方式分类

以此可分为使用吊车的"吊上吊下"方式、使用叉车的"叉上叉下"方式、使用半挂车或叉车的"滚上滚下"方式、"移上移下"方式及散装散卸方式等。

（1）"吊上吊下"方式。采用各种起重机械从货物上部起吊，依靠起吊装置的垂直移动实现装卸，并在吊车运行的范围内或回转的范围内实现搬运或依靠搬运车辆实现小搬运。由于吊起及放下属于垂直运动，这种装卸方式属垂直装卸。

（2）"叉上叉下"方式。采用叉车从货物底部托起货物，并依靠叉车的运动进行货物位移，搬运完全靠叉车本身，货物可不经中途落地直接放置到目的处。这种方式垂直运动不大，而主要是水平运动，属于水平装卸方式。

（3）"滚上滚下"方式。主要指港口装卸的一种水平装卸方式。利用叉车或半挂车、汽车承载货物，连同车辆一起开上船，到达目的地后再从船上开下，称"滚上滚下"方式。利用叉车的"滚上滚下"方式，在船上卸货后，叉车必须离船；利用半挂车、平车或汽车，则拖车将半挂车、平车拖拉至船上后，拖车开下离船，而载货车辆连同货物一起运到目的地，然后原车开下或拖车上船将半挂车、平车拖下。"滚上滚下"方式需要有专门的船舶，对码头也有不同要求，这种专门的船舶称"滚装船"。

（4）"移上移下"方式。是在两车之间（如火车及汽车）进行靠接，然后利用各种方式，不使货物垂直运动，而靠水平移动从一个车辆上推移到另一车辆上，称"移上移下"方式。"移上移下"方式需要使两种车辆水平靠接，因此，对站台或车辆货台需进行改变，并配合移动工具实现这种装卸。

（5）散装散卸方式。对散装物进行装卸，一般从装点直到卸点，中间不再落地，这是集装卸与搬运于一体的装卸方式。

3．按照被装物的主要运动形式分类

按照被装物的主要运动形式可分为垂直装卸、水平装卸两种形式。

4．按照装卸搬运对象分类

按照装卸搬运对象可分为散装货物装卸、单件货物装卸、集装货物装卸等。

5．按照装卸搬运的作业特点分类

按照装卸搬运的作业特点可分为连续装卸与间歇装卸两类。

（1）连续装卸主要是同种大批量散装或小件杂货通过连续输送机械，连续不断地进行作业，中间无停顿，货间无间隔。在装卸量较大、装卸对象固定、货物对象不易形成大包装的情况下适合采取这一方式。

（2）间歇装卸有较强的机动性，装卸地点可在较大范围内变动，主要适用于货流不固定的各种货物，尤其适用于包装货物、大件货物、散粒货物。

8.2　物流装卸搬运系统

8.2.1　物流装卸搬运系统的定义

装卸搬运一般指装卸搬运作业，即利用机械或人力来执行一项移动物料的动作。而物流装卸搬运系统则更深入地探讨物料移动与设施布局之间的关系，将物料的移动流程和设施的布局设计相互配合，以更好地支持设施的生产或服务系统作业。

1．物流装卸搬运系统是移动、储存、保护及控制物料的艺术与科学的结合

物料的定义相当广泛，从散装到单位装载的固体、液体及气体等任何形式物体均包含在内，甚至也将文书视为物料的一种。移动物料可以创造时间效用及空间效用（即在正确时间、正确地点提供物料所创造出来的价值）。所有的物料移动要注意到体积、形状、重量，以及物料的条件，并且需要对移动的路径和频率加以分析，以维护作业流程的顺畅。物料储存不仅可以起到各项作业间的缓冲功能，更有助于人员与设备的有效运用，以及提供有效的物料组成。物料储存需考虑的因素有下列诸项：大小、尺寸、重量、可否堆叠放置、所需的产量，以及楼板负荷量、地板条件、立体空间和净高度等建筑上的限制。关于物料的保护措施应该包括有防盗、防损的打包和装运等一贯化作业的设计。同时，在信息系统方面应有避免误运、误置、误用和加工顺序错误等防制功能。物料的控制需同时兼顾物料的实体作业和信息状态的控制。实体作业应包含物料的位置、流向、顺序和空间等控制。信息状态控制则是有关物料的数量、来源、去处、所有者，以及流程等信息，以便及时确认。

物流装卸搬运好比一种艺术工作，因为物流装卸搬运问题的解决和物流装卸搬运系统的设计，不是单纯地利用科学方法或数学模式就能完全实现的，而是非常依赖于设计者所累积的实务经验和主观判断。同时，物流装卸搬运可以被视为一种科学，因为可以利用工程设计过程的定义问题、收集与分析资料、建立解决问题的方案、评估方案、筛选及实施选定方案等步骤为解决物流装卸搬运问题和设计物流装卸搬运系统的整体程序的一部分。另外，数学模式及电脑辅助的分析技巧，都有助于物流装卸搬运系统的分析与设计。

2．物流装卸搬运系统的内涵

物流装卸搬运系统的意义是指在适当的成本下，采用正确的方法、顺序、方向、时机在正确的位置提供正确数量、正确条件的正确物料。

1）正确成本

物流装卸搬运系统必须符合企业需求，并提供竞争上的优势，如产品的功能和质量、服务的速率和质量、搬运时间以及搬运成本。亦即物流装卸搬运系统要能创造收益，而不能只增加成本；物流装卸搬运系统不但要有效果，而且要有效率。然而，盲目地追求物流装卸搬运成本最小化可能是个错误的目标，正确的目标应是使企业所提供的产品或服务的附加价值达到最高，因此，增加对装卸搬运技术的投资可能有其必要性。换言之，物流装卸搬运的底线应该是正确的成本，而不一定是最低成本。

2）正确方法

为了把事情做好，需要采用正确的方法，并辨识方法之所以正确的原因。

3）正确顺序

通过作业顺序的调整以改善系统生产效率通常是物流装卸搬运控制机能在设计时所考虑的重点。例如，简单化原则指出生产力的提升可以由删除不必要的操作步骤和改善必要存在的步骤来达成。此外，适当的步骤合并及改变作业的次序也可以改善生产力。

4）正确方向

正确方向这一项最容易被物流装卸搬运系统的设计者所忽略。在制造过程中，调正物料的方向是常见的工作，并在人工作业中占有相当大的比重。

5）正确时机

在需要产品的时候才送达目的地。在以时间为竞争基础的环境中，物流装卸搬运系统在正确时机装卸搬运、保护和控制物料等功能的重要性已大为提高。隔日送达几乎成为物流中心配送产品的交货标准。

6）正确位置

无论物料的储放位置是固定储位或是变动储位，它们都应该被放置于正确的位置上，并在未来作业中，可被移动到正好所需的位置。

7）正确数量

为了使配送中心的物料的正确数量，并与生产、配送相一致，需要决定拣货作业区以及储存保管区的正确库存数量，即让进出货的单位、数量前后一致，避免产生拆装、合并的情形。

8）正确条件

正确的条件下，最重要的是优良的质量，没有瑕疵或损伤。由于物流装卸搬运系统为物料损伤的主要来源，因此，在设计及操作搬运系统时，应具有全面质量的意识。例如，根据客户所需要的条件从事生产，把加工延迟到必要时再进行，可避免产生不必要的错误。

9）正确物料

根据订单所进行的拣货作业，最常见的两种错误分别为数量不符与物料不对。拣取正确的物料并非易事，因此，几乎所有的仓库都有物料编号系统，并使用人工或电子标签维护品种的信息及标明物料的储放位置。

8.2.2　物流装卸搬运系统的目的

在一般制造企业中，物流装卸搬运作业约占用 1/4 的总人力、1/2 的总空间、3/4 的总生产工时，以及 1/6～5/6 的产品总制造成本。当员工搬运一件产品，过程中可能没有增加产品的价值，但增加了产品的总制造成本，因此，物流装卸搬运的改善为降低成本的首要任务。同时，物流装卸搬运对质量的提升也有重要的关系，因为物流装卸搬运所造成的毁损约占总搬运量的 3%～5%。由许多企业车间地面及墙壁上处处可见的刮痕和碎屑，就足以证明因物流装卸搬运不慎所引发质量问题的严重程度。

基于上述观点，通常得到的结论是解决竞争力问题的答案，在于尽可能减少甚至是消除物流装卸搬运作业，由此可显著节省人工和设备成本，并缩短产品工时，降低产品在生产过程中被毁损的可能性。亦即通过改善物料的控制以降低存货量、减少盗窃、提高安全性，使物流装卸搬运成为降低总制造成本的方法。此外，通过装卸搬运的改良，减少存货及毁损数量，亦使物流装卸搬运成为改善制造质量的工具。最后，物流装卸搬运也是执行所有生产策略的手段。然而，管理者也应认识到物流装卸搬运在制造及分销上所扮演角色的重要性和必要性，只"减少装卸搬运"绝非全部的答案，只有应用更有效的装卸搬运方式，才是提升企业竞争能力的关键。

1. 研究和规划物流装卸搬运系统的原因

（1）物流装卸搬运成本占了生产成本的大部分；

（2）物流装卸搬运会影响所有作业流程和设施规划的效率。

2. 物流装卸搬运系统设计的主要目的

（1）通过有效率的装卸搬运方式以降低物流装卸搬运成本，亦即降低总制造成本；

（2）增加物流的效率，确保适时适地使用物料；

（3）改善工场安全和工作状况；

（4）改善设施使用效率；

（5）改善制造程序；

（6）增加生产能力。

8.2.3　物流装卸搬运系统的原则

设计和运作一个物流装卸搬运系统是一件复杂的工作，成功的物流装卸搬运系统的规划、设计和实施并没有特定法则可供遵循。因此，美国物料搬运工业协会和美国供应链管理专业协会所赞助的主管物流装卸搬运教育的学术委员会，于 20 世纪 60 年代开始编列 20 条物流装卸搬运原则，并持续修改其内容。这些原则综合了设计者在设计和运作装卸搬运系统时的经验，以便在初期设计阶段协助设计者用来降低系统成本和提升系统效率。这 20 条原则可以归纳成以下两个方面。

1. 系统整合方面

（1）目标原则。在进行物流装卸搬运系统的初步规划之前，应对系统的现状、需求和本质进行透彻的分析研究，以明确现有的解决方法是什么，在经济上、实际运行上有什么限制，同时确立系统的需求内容和规划目标。

（2）计划原则。制定一个整体计划，应包括基本需求内容、方案的选择范围，以及对所有物流装卸搬运和储存活动的系统分析思考。

（3）系统原则。规划内容应整合所有物流装卸搬运活动，包括从供应商、验收、储存、生产、检验、包装、运输至客户等不同端点的物流装卸搬运活动。

（4）流程原则。将装卸搬运和储存作业中的实体物料流程与信息流程相互整合。

2．搬运作业与设备方面

（1）单元负载原则。依据产品的大小和搬运设备负载以决定产品的搬运单位。

（2）空间利用原则。将建筑物的平面空间和立体空间做最佳化的利用。

（3）标准化原则。尽可能使搬运方法及搬运设备标准化。

（4）人因化原则。依照人体的能力限制，设计物流装卸搬运设备和作业程序，以使人员能够有效利用这套系统。

（5）机械化原则。尽可能使用机械设备执行搬运作业，避免使用人力搬运。

（6）弹性化原则。采用能够适应各种不同需求状况，进行不同工作内容的方法及设备。

（7）简单化原则。删除、减少及合并非必要的移动和设备，以简化搬运工作。

（8）计算机化原则。依据环境的需要，对物流装卸搬运及储存系统采用计算机网络作业，以改善物料信息控制。

（9）能源原则。物流装卸搬运系统及物流装卸搬运程序中的能源消耗要具有经济性考虑。

（10）生态原则。使用物流装卸搬运设备及物流装卸搬运程序时，应避免对周围环境造成破坏。

（11）重力原则。在人员安全、产品耗损无虑的情况下，尽量利用重力搬运物料。

（12）安全原则。遵循现有的安全规定及参照实际经验，采用安全的物流装卸搬运方法和设备。

（13）布局原则。为所有可能存在的解决方案，准备操作程序及设备布局，再根据效率及效果选出其中最佳的方案。

（14）成本原则。在经济有效的基础上，比较每个设备和方法的经济条件，衡量每搬运单位所耗用的成本大小。

（15）维护原则。规划所有搬运设备的定期维修。

（16）更新原则。规划定期更新搬运方法和设备，以更有效率的方式改善作业。

8.3 物流装卸搬运系统的设计

8.3.1 物流装卸搬运系统的设计要素

在设计物流装卸搬运系统时，要考虑三个设计要素，即搬运对象、移动方式、搬运方法。

1．搬运对象

1）物料的定义

物料是指一般企业经营活动中，所投入的人力、财力、技术方法及管理才能之外的有形财物中，固定资产（如机器设备）以外的统称。一般物料大致可分为以下七种：①原料或材料；②间接材料或办公用品；③在制品；④零配件；⑤成品；⑥残余物料；⑦其他物料等。

2）物料的分类

一般物料就形态上来分类，可分为固体、液体、气体。就包装上来分类，可分为单件、包装件及散装等。然而就装卸搬运的观点，特别着重其"可搬运性"，亦即依据其影响装卸搬运方法、运输方式的特征来加以区别，不仅能简化装卸搬运作业的分析，并有助于装卸搬运问题的解决，其分类方法可以实体特征和其他特征两者来说明：

（1）实体特征。大小（如长度、宽度、高度等）、重量（如单件重或单位体积的重量等）、形状（扁平状、曲面状、紧密形、松散形或不规则状等）、损坏风险（如易碎的、易爆炸的、易污染的、有毒的或易腐蚀的风险等）、状况（如不安定、黏稠的、热的、湿的、脏的、配对等特征）。

（2）其他特征。数量（如每批批量、总数量、相对数量等）、时效（如规则性、紧急性、季节性等）、特殊控制（如政府规定、厂内标准、经营政策等）。

3）物料的产品数量分析（P-Q 分析）

按照物料的数量和种类特征，可以用 P-Q 分析的方法列出全部物料分类的汇总表，作为制定物流装卸搬运方法和单元负载的依据，亦即针对不同群组的物料，可能需用不同的装卸搬运设备和方法。

2．移动方式

（1）工作区域间移动。从一个工作场所到另一个工作场所的工作流程，将是决定流程类型的重要因素，因此，有相互关系的工作场所必须紧密相靠。假若零件必须离开生产线到另一区域去加工再回到生产线，则动态复杂度将上升；假若因为提供两台相同的机器不太经济，而必须第二次折回至原机器进行加工，则动态交错和物料等候的现象势必增多。

（2）验收与装运等活动地点。这些地点通常为物料流程的开始与结束地点，设计者必须配合外界道路运输体系加以考虑，以便决定验收与装运地点是否必须分开，或者加以连接成验收与装运区域。在该两地点，内部物料流程与外部物料流程应相接通，而以动态系统呈现出来，整体系统流程将呈现为一封闭回路。

（3）水平方向流程。装配线或主生产流程于厂区应如何布局等问题将决定水平方向流程，主要考虑因素为设施实体结构以及进货和出货部门的位置。例如，在窄小狭长建筑物中进货部门在一端而出货部门在另一端，直线流程将会较适当；而 U 形布局允许进货和出货部门都在建筑物的同侧；圆形布局允许同一组工作人员来执行进货和出货作业，其弯曲的流程允许装配线有较多工作站；其他流程类型则可依特殊需要而进行设计。

（4）垂直方向流程。在多楼层建筑的设施中，物料必须以垂直方式流过每一楼层。此时，垂直输送带扮演了重要角色，其中一种形态是以垂直往复输送带，在其导引下用载运车上下运送，或通过提供适当的床面（平面）来载运特别形态的负载（而非人）。例如，滚筒输送带床面可以平板负载，链条输送带床面可载运推车，而 V 形床面以载运圆形负载较适当，臂式托盘或货架输送带也可用于楼板间连续载运相对较小的负载。在老旧的多楼层建筑中，垂直方向流程可协助有效转换利用空间。许多公司通过重整老旧建筑并在其中发展制造工厂，其内有很多墙承受负载无法轻易修改，可应用一些拥有升降设备或旋转台输送带系统的配置。

（5）交叉运送（Cross-Traffic）。设施内交叉运送对工作流程所造成的潜在阻碍必须加以检讨，亦即折回、交叉流程等现象必须尽量避免。

3．搬运方法

物料的特性及移动要件可合并称之为"物料流程"，物料流程问题注重搬运、储存及控制物料的方式。在考虑可能搬运方案时，应该同时兼顾短期及长期的效果并且保持存疑态度，并利用物流装卸搬运方程式加以表达，如下所示：

$$\sum [何故（何物+何处+何时）]$$

本式括号中的内容，表示对于每一项个别移动，首先考虑"为何需要这个移动"，故乘以"何故"表示先决考虑的要素，以简化物流装卸搬运工作。而每项移动应依下列问题进行评估：

① 此项移动可以删除吗？

② 此项移动可以合并吗？

③ 此项移动可以简化吗？

④ 此项移动会因顺序改变而更方便吗？

8.3.2　物流装卸搬运系统的设计步骤

本节介绍由三位学者所提出的物流装卸搬运系统设计步骤。

1. 陈文哲的物流装卸搬运系统设计步骤

陈文哲（1982 年）所提出的设计步骤，即将上述物流装卸搬运方程式中的三要素（搬运对象、移动方式、搬运方法）作系统分析，其步骤说明有如下五步。

（1）主要输入资料。包含 P、Q、R、S、T 共五项，分别代表物料的品种（Product）、数量（Quantity）、路径（Routing）、支持服务（Support）、流程（Timing）的资料输入。

（2）物料品种的分类。按照物料的物理特征、数量、搬运频率、控制特征和 P-Q 分析等方法加以分类。

（3）工厂布局。物料的移动必须针对现有或计划中的工厂布局方案加以分析，故应选定布局方案，其中包含：①移动的分析。应针对布局案中每一物料的每一流程的数量、路径、类型加以分析。②移动的可视化。应针对上述物料移动的流动强度、距离以具体化的图形表示，如操作流程图、流程程序图、多项产品程序图或从制图中加注或图示流动强度及距离等。

（4）物流装卸搬运方法的知识与了解。加强对搬运设备的了解和资料收集以作为分析搬运方法的基础，其中包含：①初步的搬运计划。在物料分类、分析物料的移动和了解搬运方法的知识后，即应对物流装卸搬运计划作一基本的决策，寻找若干可行的搬运计划。②修正与调整。配合实体限制与设备需要，针对布局方案或设备设计进行修正与调整，作为方案选择的基础。③设备、人工成本的计算。针对各方案计算出所需的设备投资与操作成本，作为选择的依据。

（5）各计划的评估与方案遴选。就各个搬运计划的可行性大小、经济合理性及将来扩充性等因素评估搬运计划及选定较佳设计方案。

2. Apple 的物流装卸搬运系统设计步骤

有效的物流装卸搬运作业并非只是巧遇，必须经过审慎的整体作业分析与评估，其目的在于采取适当的方法与设备，以执行有良好计划的物料流程形式。由 James M. Apple 所提出的物流装卸搬运系统设计步骤列述如下二十个步骤。

（1）了解系统的概念，并复习系统设计标准。在设计物流装卸搬运系统时，应将如下标准牢记于心，其主旨和前述 20 项物流装卸搬运原则应该是一致的。例如：①增加生产力、降低成本；②最小的产品损害、改进质量；③改进安全、改进工作条件；④最佳空间需求、提高储存容积；⑤系统的可扩充性、弹性、适应性、可靠性、标准化；⑥搬运功能与其他功能联结在一起；⑦应用单元负载、搬运的装载量愈大愈好；⑧减低对直接劳工的依赖性；⑨明智地使用机械化；⑩符合系统目标。

（2）建立物流装卸搬运系统的目标，以便确定搬运系统与整体设施计划目标兼容。

（3）获取所需资料，分析物料特征，如单位数量、单位重量、形态、类型、一致性等。

（4）发展初步流程类型，检核流程形态标准。

（5）确定活动间的相互关系。

（6）决定空间需求并进行区域分配。

（7）建立物料流程类型。

（8）应用操作程序图、流程程序图等图形，以界定移动需求，如其范围、来源、目的地、路径、次数、速率等。

（9）建立期望特征或现有建筑物特征，如装货高度、卸货高度、支柱空间以及净高度等。

（10）研究以何种导向决定基本流程系统，如设备导向、物料（装载）导向、方法导向、生产导向、功能导向等。

（11）决定机械化的可行性。在进行特定设备应用于特定情况的决策前，应考虑如何决定机械化的特定程度。流程里每一项作业的机械化或自动化程度不一定要相同，只有经由完整的分析，装卸搬运工作才能达到最佳水准。在物流装卸搬运系统已经全面计算机化之后，则可进行每项移动的工程经济分析。

（12）将物料特征、系统的移动需求与设备能力关联在一起，以便配合物料的特征与移动的需求。

（13）初步选择基本装卸搬运系统与设备形态。除了上述物流装卸搬运问题的考虑因素与机械化水准之外，设备形态选择过程成功与否仍然需视设计者对搬运设备的知识而定。

（14）缩小选择范围。设备分析师可能经由所需设备能力而重新检视每项移动，并经由设备替代方案的考虑而重新检讨工厂布局的合理性。只要搬运问题愈复杂，或系统问题愈多，则设备分析师必须进行下列循环：即将系统概念化的可能性、结构化的寻找替代系统、模拟潜在系统、选择可行系统。

（15）评估替代方案。评估的方法包括成本因素比较与非成本因素的比较，其评估考虑因素众多，但大多可由前述 20 项物流装卸搬运设计原则中界定，举例如下：①搬运功能与其他功能联结在 起；②物料移动很安全；③搬运方法义实用义简单；④尽可能使用重力；⑤搬运装载义实用义大型化；⑥需要最小的空间；⑦很明智地使用机械化；⑧考虑弹性与可适性；⑨使用最少的操作时间；⑩充分利用设备容量。

（16）基于上述分析，针对移动需求、物料特征、设备能量、成本与经济因素、无形因素、系统目标、经验等考虑来选择一个较佳方案，完成决策。

（17）核对选择的兼容性。前述诸多标准中有一项标准牵涉到设备的整体性。在选择过程中，应注意未来设备形态与目前使用中设备之间的兼容性。应注意搬运系统往往是许多相互关联的搬运问题的合成解，解答每一部分都须审慎地与其他部分整合在一起，而整体解答的关键是搬运设备的选择合适与否。

（18）准备绩效规范。已经选择的设备大多适合问题的解决之后，下一步骤便是详细规划绩效规范，以便确定竞争标价。仔细研究所选择的设备形态之后，有必要使分析师熟悉规范的明细与内容的变化。倘若设备规范需要重新设计工作，则应进行重新设计。在复杂的系统中，可能需要数个供应商并肩工作，倘若供应商没有足够的自主性而不能自行设计部分的系统，将延迟分析师的设计进展。

（19）获取设备。一旦规范业已建立，即可开始进行获取设备的过程。倘若设计师并不具有供应来源的知识，应咨询贸易杂志社与工商名录，选择了可能的供应商之后，就要求发出正式报价单、规范与图面。收到报价单要登录，进行评估，并应清楚显示出报价单是否涵盖规范的所有项目。

（20）实际执行。实际执行过程需要冗长而审慎的规划，以便确保所有的细节都已列入考虑。列示如下：①为计划的正确性与合理性准备辩护性的报告；②准备预算的筹措与开支；③获得最后的核准；④技术设备供应商的跟踪；⑤设备的交货问题；⑥安装日程安排；⑦技术设备安装的监督；⑧管理人员与作业人员的性情与训练；⑨开始安装与纠错；⑩系统绩效的定期稽核和正式验收，付款的核准。

3．林立千的物流装卸搬运系统设计步骤

1）工程设计程序

林立千认为，无论是设计全新系统或改善现有系统，物流装卸搬运系统设计都将应用到工程设计程序的如下六个步骤：

（1）定义物流装卸搬运系统的目标和范围；

（2）分析物流装卸搬运、储存及控制的条件；

（3）发展适合物流装卸搬运系统条件的设计方案；

（4）评估物流装卸搬运系统的设计方案；

（5）选定搬运、储存及控制产品的最佳设计；

（6）实施此项设计，还应包括供应者的选取，人员的训练，设备的安装、纠错和启用，以及系统运作后的定期检查。

2）物流装卸搬运系统设计步骤

分析物流装卸搬运的问题，所要考虑的因素包括产品的类型、搬运的数量、每个移动的起止点、移动的频率或速率、设备选择，以及搬运的单位等。将工程设计的步骤应用到物流装卸搬运系统的设计时，可进一步推演归纳出如下六个物流装卸搬运系统设计步骤。

（1）说明系统的预期功能。如果是物流中心，其主要功能即为储存、包装、检验和运送至客户处，此时设计者须对设施系统形态（如主要作业、作业流程）详加了解。如果是制造设施，其功能是从工作站移动品种或组件至另一工作站，了解制造设施的形态（如产品式、程序式、群组技术或任何其他形态）是很有帮助的。

（2）收集产品的相关资料。相关的数量资料可由表格方式加以整理。下列六项收集与分析方向可作为设计者选用时的指引：①收集产品数量特征，并予以分类；②了解产品的流程类型；③产品流动的路径分析；④产品在各区域间的流量与特征分析；⑤单元负载类型的资料收集与分析；⑥搬运设备的知识与资料收集。

（3）确认移动的起始点和终点，及其路径和长度。

（4）决定基本物流装卸搬运系统的使用并配合机械化程度的因素考虑，探讨在所选择的机械化程度及物流装卸搬运系统之下，使用哪几组设备最好。

（5）筛选适合的设备并从中选择候选设备。以成本、利用率和是否配合产品的特征等衡量基础评估该候选设备。

（6）配合物流装卸搬运系统的决定，选择一组适合的单元负载系统配合产品特征及设备特征。

3）决策过程中影响设计者的因素

在实际执行中，林立千的设计步骤较容易理解与实施，并且必须重复多次直至确保物料搬运方程式的元素间的兼容性。在每个步骤中，多项因素在决策过程中将影响设计者作为，说明如下：

（1）设备（包含单元负载）成本和可利用的资金，将会影响机械化的程度。

（2）建筑物的硬件特征和可利用空间，将会影响通道宽度和数目，也将影响和机动设备相关的决策，如天花板的高度影响是否使用高扬程设备。

（3）管理者对安全和员工福利的态度，将影响人工搬运时物料搬运人员的投入程度。

（4）搬运和流程间的配合程度，将会影响整体作业绩效。

（5）进行系统设计时，物流装卸搬运的目标和原则应谨记在心，尽可能完成较多的目标和原则，将使设计结果越满意和有效率。例如：①建立周详的计划和按步实施过程；②尽可能结合装卸搬运作业和流程活动；③尽可能使用机械化作业，但对于自动化设备的采用，则需考虑众多因素才可决定，避免贸然投入而绩效不佳；④减少人工搬运，注重搬运安全；⑤注重物料存在期间的供应保护措施；⑥减少设备类型的差异，并注重不同设备的兼容性；⑦提高设备利用率，避免投资不当而产生成本与空间损失；⑧减少折返搬运或转送，减少拥塞或延迟；⑨计划执行期间，时常注意经济性考虑。

8.4 单元负载

在物流装卸搬运的实际执行中，时常印证一项原则，即装载量愈大的搬运，每单位的搬运成本愈低，因此促使单元负载观念的形成，其定义为：有关许多项目或一批物料的安排或限制，促使其能够被大量收取或移动，宛如单一对象。此时，由于单元负载体积较大（因是众多对象的集合)，不适合人工搬运，需要机械化或自动化设备的协助，而当此负载被放行时，亦期望保留初始的实体风貌，以便其后的移动。

单元负载的观念源于单位器量原则，主要是基于以群组方式移动品种和物料要比个别移动更为经济有效。依据 20 项物流装卸搬运原则中的单元负载原则强调，尽可能增加每一次搬运的数量、尺寸或重量，而搬运设备所适合的最大搬运尺寸即是单元负载量的最大极限。此时，单元负载是指一堆零部件或散装物料，可安排聚集在一起，当成一次搬运移动标的物的最大负载，该负载量即单元负载。有时任何单一对象(非众多对象的集合)，若其体积或重量太大，一次仅能搬运处理一件，亦被称为单元负载，这都是以搬运设备一次搬运的对象范围为单元负载的定义。

单元负载的规格和搬运设备的选择与使用之间存有极大的关联性，两者互为因果，相互影响，如利用滚筒输送带传送搬运盒，输送带规格就得与搬运盒相互配合。同时，从许多案例可知搬运系统的改善大多以现有的系统为主，而非设计新的系统，因此单元负载的规格将难免受到现有建筑的限制。例如，空间大小、门的宽度、通道宽度、车辆转弯的角度，以及堆放高度等因素都会影响系统的设计和容器的选择。常有许多采购的设备因过于庞大而无法通过现有的入口，以致不能如期安装、启用。同理，亦有许多单元负载，无法使用共同的运输工具搬运堆放，或者无法于双向的走道中通行，或者无法利用输送带来搬运。规划设计者必须了解单元负载是物流装卸搬运系统中不可或缺的一部分，单元负载与物流装卸搬运系统应该同时决定，或是形成决策回路，仍需决定先后顺序，再依回馈机制修正过去决策，如此方能构建较适当的物流装卸搬运系统。

8.4.1　单元负载的优点与缺点

运用单元负载观念于物流装卸搬运系统的设计上时，具有下列十方面优点：

(1) 为设施的整体物料流程循环提供一个分析的基准；

(2) 为厂内的物流装卸搬运系统提供一个设计基准；

(3) 物料零部件项目虽变化繁多，但搬运的负载容器则是单一标准；

(4) 将不规则形状的产品变成安定的负载形态；

(5) 为上下游交货、物料传递提供良好沟通单位；

(6) 利用单元负载重新设计包装或排列，可减少搬运中物料的损坏；

(7) 由于时刻保持适合单元负载的包装形式，可节省包装费用；

(8) 提供安全搬运方法，并消除人力搬运需求，避免工伤事故发生的可能性；

(9) 节省装货、卸货的时间，物流装卸搬运较快速，降低搬运成本；

(10) 形成最少次数的搬运，搬运空间的最大利用，减少产品储存的时间和成本。

然而单元负载也有一些不利的缺点，需要注意衍生的管理问题将带来额外的成本增加，列示如下：

(1) 负载容器单一化与不单一化的成本比较；

(2) 单元负载的介载容器(如垫板、物流箱)所需的额外设备费用和存放空间；

(3) 介载容器的重量所增加的搬运负载；

(4) 如何取回空负载容器的问题；

(5) 搬运作业两端的运载设备与介载容器不相适用的问题。

8.4.2　单元负载设计

1. 设计单元负载与单元负载系统的程序

设计单元负载与单元负载系统时，应遵循合理的程序，如下所述：

（1）依据所需搬运物料的特征和搬运作业的目的，决定单元负载的目的；

（2）依据搬运系统的能力和限制、设备条件和介载容器的特征，选择单元负载的类型；

（3）确定介载容量的大小，要到达的区域和配置特征；

（4）收集一般工业上实用的介载容器和其来源资料；

（5）决定单元负载的尺寸大小；

（6）建立单元负载的容器外形与特征；

（7）决定制成单元负载容器的方法。

2．设计选择单元负载系统的基准

（1）最低维护费用、最低成本；

（2）介载容器的可变换性、可展开性、多用途性；

（3）介载容器在使用上的一致性；

（4）介载容器的最佳尺寸大小，最佳的形状设计；

（5）容易辨别介载容器类别；

（6）可以传统搬运设备载送，不需另外购买搬运设备；

（7）容易储存和适合大量堆积；

（8）最小的空重；

（9）机械强度合乎搬运作业需求；

（10）符合客户需求。

通常，单元负载观念可通过栈板化、单元化、货柜化等来完成。栈板化是将个别品种加以组装与固定于可由搬运车或起重机移动的平台上。单元化也是将货物加以组装，但是为一小型负载，并需要额外的材料来包装该品种成一单元，此单元负载可依其尺寸和重量分别以搬运车、输送带或起重机来搬运。货柜化是将品种货物组装于大型盒子或箱子内。一般规划者可依据特定的物料情况选择适当的单元负载形态。例如，使用栈板最适合于堆叠具有一致外形的类似品种，而外形和尺寸不同的品种则以群组类型置于货柜内。总之，影响单元负载形态选择的因素为物料的重量、外形和尺寸，物流装卸搬运设备的配合度，单元负载的成本，单元负载所提供的额外功能（如物料的堆叠和保护）等。

3．单元负载容器的使用原则

（1）设计的容器应可适用于接收、储存及厂内外各工作区间搬运作业使用；

（2）尽可能使用厂内厂外一致的标准容器；

（3）容器的大小尺寸须配合货运卡车等限制；

（4）利用可折叠或易于堆叠的容器，以节省容器闲置时的堆放空间；

（5）设计适于自动搬运的容器；

（6）增加单位搬运容量以达到经济输送目的；

（7）考虑容器流通使用程序及回流成本；

（8）可视需要设计外包装用品以防止产品受损，并作为搬运单位的容器使用；

（9）容器单位负载量的大小须考虑厂房容量、搬运设备、产品形态等因素。

4．建立单元负载的方法

建立单元负载最通用的方法，就是将一件或多件产品置于栈板上。栈板的用途包含：直接储存于栈板上，可减少盘装的麻烦；可免搬运时摔掉，有维护产品作用；便于一次搬运多类项目；堆高放置可至较高的高度。栈板可以设计成许多种不同的类型和尺寸，选择栈板类型及尺寸时，应考虑下列六点因素。

（1）运送栈板和接收栈板设备的尺寸大小。

（2）置于栈板上产品的尺寸大小及重量。

（3）储放栈板的空间。

（4）使用栈板与不用栈板的比较，如成本、供应来源及维修等考虑。

（5）通道的宽度、门的尺寸及可堆置的高度。

（6）同一尺寸类型的栈板可有许多种不同的摆放方式。每种栈板所能利用空间，依据栈板的类型而有所不同，即栈板的尺寸会影响整个空间的使用。理论上，可以依据各种组合情形决定栈板的尺寸及堆叠方式，以便达到最大的空间利用。然而，由于组合的情况太多，同时设计出太多种类规格的栈板并不实用。因此，应将栈板规格的选择限制于常用的两三种栈板内，然后再选取能使最常见的产品达到充分利用空间的栈板规格。

（7）美国常见的栈板规格有下列数种：32 英寸×40 英寸、42 英寸×42 英寸、36 英寸×48 英寸、40 英寸×48 英寸、48 英寸×48 英寸；美国国家标准学会所建议的栈板标准规格还有：24 英寸×32 英寸、36 英寸×42 英寸、32 英寸×48 英寸、48 英寸×60 英寸、36 英寸×36 英寸、48 英寸×72 英寸等。

如果栈板所储存的产品相当重，那么重量的考虑就远比体积的考虑重要。重量不但影响栈板结构设计，同时会影响搬运设备和储放格架的规格。在使用格架储放栈板的场合，格架的空间必须适合此种单元负载（包括栈板及其所需之间隙）；假如单元负载采用堆置储放而不用格架时，空间的容积和通道的布局，亦会和栈板规格彼此发生影响。

随着搬运设备的进步，单元负载的方法亦有极大改变，此处仅就在传统仓储运输作业中较常见的三种较新的单元负载方法说明如下：

1）收缩膜

一种胶膜，但需要加热才能收缩，因所处理产品不同其厚度也不相同，除了对热非常敏感会产生化学反应的产品除外，只要能堆叠上栈板的产品都能使用。其优点有以下四点：

（1）由于收缩膜较不易割破，在防偷窃方面，收缩膜比伸张膜合适；

（2）稳固效果比伸张膜佳，可做到防尘防污染；

（3）不会吸收水气，可长时间在户外存放；

（4）负载物可以倾斜，甚至旋转仍可保持其完整性。

2）伸张膜

用伸张膜将栈板的负载包起来，增加负载稳固性在搬运时不会产生摇动。其优点有以下四点：

（1）成本低，不需电；

（2）人工处理不需要额外的楼板空间，可长时间存放在户外，不会吸收水气；

（3）可在很冷或很热的地方使用，不需加热程序；

（4）对热敏感的产品也可使用。

3）绳子

可重复使用，且成本低，但缺点为容易遭窃。此外，如果栈板的产品比较不稳定，则需要多捆绑绳子，相对而言成本会增加，目前已渐渐被收缩模所取代。

8.4.3 单元负载标准化

在物流装卸搬运系统的设计过程中，如何选择适当的负载容器成为关键问题，而为简化搬运过程中的负载容器转换问题，单元负载标准化便成为规划设计者的重要选项之一，即一个公司在其各个设施之间的运作都使用同一规格的负载容器，其中最常见者为栈板标准化。使用通用的栈板可带来重大的好处，包括减少栈板和相关设备的成本，增加栈板的运输效率，降低物流成本费用等。例如，某个外国公司开始在日本从事零售业，并且建造了使用美国标准栈板的产品仓库，并要求当地的供应商，卸下产品后再把产品装载到他们的栈板上，而这个额外的装卸作业将增加许多劳动力。

1．实施单元负载标准化的优点

（1）提升空间使用效率。由于标准包装容器间紧密的配合，同时利用标准货架储存，使空间利用率大为提高。

（2）改善搬运运输效率。运输作业的标准化，使得装卸货作业可利用机械化或自动化的方式完成，减少人力耗费，增加时效性，同时与车辆载货台的良好配合也使运输效率提高。

（3）降低负载容器制造成本。标准化使得规格一致，标准规格使订购数量增加，批量生产使成本减低，因此标准规格产品市场价格会降低。

（4）提高数量的准确性。标准包装、负载容器模块化的配合，使得数量清点容易且确实。

（5）落实整理整顿工作。标准包装、负载容器固定紧密的堆叠方式整齐美观，使整理整顿的工作无形中彻底落实。

（6）提高互换使用性。栈板规格均一致，使得不同厂商的栈板可以互换使用，各厂之间的栈板有互补性，同时也带动栈板租赁行业的兴盛，建立栈板循环回收的系统。

（7）减少资源浪费。标准化协助建立栈板循环使用的流通系统，因此以往强调使用一次就丢弃的方式将会改变，如此一来也可减少天然资源的浪费。

（8）降低货品的损坏率。因搬运次数减少，可减少碰撞概率。

2．实施单元负载标准化的缺点

（1）各厂之间可能会造成某一工厂累积栈板过多，而另一工厂栈板不够使用的情形产生，即各厂的栈板会分配不均。

（2）各厂之间需要有栈板回收制度，且各厂须达成共识，不用将栈板运回原工厂。

3．栈板租赁化

栈板租赁化的观念的兴起与此行业的产生，即各厂或上下游厂商都向同一家供应商采购使用其所提供的同一规格栈板。实施单元负载租赁化的优点有以下六个方面：

（1）租赁管理者负责追踪栈板的流向；

（2）租用栈板者不用考虑栈板运回原厂的问题；

（3）租用栈板者不需负担栈板的送返费、修理费、空闲栈板的管理费等；

（4）租用栈板者不需备用栈板，因此可减少厂内的栈板数量；

（5）如能灵活运用国际联营系统，产品流通就能达到高速化；

（6）如坚持只用自购栈板的话，将花费更多经费。

使用栈板租赁化可以弥补栈板标准化的缺点，因此在考虑使用标准化栈板时，也应考虑租赁化的问题，即标准化与租赁化是一体的两面。在标准化的过程中可采取逐步替换的做法，渐进地过渡到标准化尺度的要求，而新兴企业或新设置的系统则应在规划阶段就以标准的规格进行设计。标准化是时代的潮流也是世界共同的趋势，国内产业界应重视这个问题，顺应时势的潮流，才能在竞争激烈的环境中掌握优势，创造更大的利润空间。

然而，负载容器标准化不能只制定出个别独立的标准，而必须是各标准间相互对应配合的一套体系，方能将标准化的效益产生出来。这套体系是以栈板标准化为中心所制定，其原因在于其他标准化的项目都与栈板规格直接相关，也就是说，栈板规格标准必先确定后，才能制定其他项目标准。计划过程中所制定的规格标准建议包括流通用栈板格架（即储存货架标准化）、包装尺度（即输送包装标准化）、塑料制储运容器（即储运箱标准化）及运输车辆载货台（即搬运设备标准化）四部分。

复习思考题

1. 何谓装卸搬运？其在物流系统的地位如何？
2. 装卸搬运的特点是什么？如何分类？
3. 什么是物流装卸搬运系统？其内涵和目的分别是什么？
4. 设计物流装卸搬运系统要遵循哪些原则？
5. 设计物流装卸搬运系统时，要考虑的设计要素有哪些？设计步骤是什么？
6. 何谓单元负载？单元负载在物流装卸搬运系统中的地位如何？

案例 8

第 9 章 包装管理

在物流过程中，为了保护产品、方便运输、促进销售，必须按一定的技术方法，采用容器、材料及辅助材料包封产品，并予以适当的装潢和标志。本章将对包装的有关概念、包装技术装备与标准化、包装系统设计等内容进行介绍。

9.1 包装管理的基本概念

包装与物流的关系密切，是物流系统的重要组成部分，包装既是生产的终点，又是物流的起点，其作为物流起点的意义较之作为生产终点的意义更大。

9.1.1 包装的地位

无论是产品或是材料，在搬运、输送以前都要进行某种程度的包装捆扎或装入适当容器，以保证产品完好地运送到消费者手中。我国国家标准《物流术语》中对包装定义如下：为在流通过程中保护产品，方便储运，促进销售，按一定技术方法而采用的容器、材料及辅助物的总体名称。也指为了达到上述目的而采用容器、材料和辅助物的过程中施加的一定技术方法等操作活动。

在由运输、保管、包装、装卸搬运、配送等环节组成的物流系统中，包装是物流系统中的重要组成部分，需要和装卸搬运、运输和仓储等物流环节一起综合考虑、全面协调。例如，产品需不需要包装？是简单包装还是精细包装？是大包装还是小包装？都应该结合产品的运输、保管、装卸搬运以及销售等相关因素综合考虑。只有多种相关因素协调一致，才能发挥整体物流效果和效率。综合言之，包装既要考虑物流系统的其他因素，同时物流系统又受包装的制约。

（1）就包装与运输的关系而言。为降低运输成本，充分发挥包装的功能，包装要考虑运输的方式。如果杂货运输时用货船载运，就必须严格地用木箱包装。而改用集装箱船载运后，货物只用纸箱包装就可以了。因此，包装类型决定了运输方式的选择。

（2）就包装与装卸搬运的关系而言。如果采用人工搬运，就应按人力可以胜任的重量单位进行包装。如果运输过程中全部使用叉车，就无须包装成小单位，只要交易上允许，则应尽量包装成大的单位。

（3）就包装与保管的关系而言。货物在仓库保管，如果需要码高，那么最下面货物的包装应能承受压在上面的货物的总重量。以重量为 10 千克的货箱为例，如果货物码放 10 层，那么最下边的货箱最低承重应为 90 千克。

可以看出，包装在物流系统中并不是孤立的，应从系统的观点去考虑。包装物的大小、形状、重量、体积要考虑如下因素：①便于运输、保管和装卸搬运；②便于堆码、摆放、陈列、提取、携带；③便于拆卸、回收和再生利用。在包装配套化要求方面，要考虑包装与运输、保管、装卸搬运相配套问题。例如，采用单元化包装可以顺利实现铁路、公路、水运等各种运输方式的转换，达到快速、安全地入库、上架、下架、出库作业，从而提高装卸搬运效率，减少货物破损。

9.1.2 包装的作用

从前述包装定义中，不难看出包装的作用，即保护产品、方便储运、促进销售等。

1．保护产品

保护是包装最重要的作用。产品从生产厂家生产出来直到送达消费者手中，要经过一定的时间和历程。这个过程要经过多次的运输和装卸搬运，会受到震动、挤压、碰撞、冲击以及风吹、日晒和雨淋等损害。适当的包装能起到防止各种可能的损害和保护产品使用价值的作用。

包装可以保护产品，使产品的形状、性能、品质在物流过程中不受损坏。完善的包装可以在一定程度上防止散包、破损、雨淋、受浸、变质、异味、溢泄、变形、撞裂等现象发生。

2．方便储运

包装在储运环节中的主要目的在于要便于装卸、储存和运输，从而保证按期将产品完好无损地送达目的地或消费领域。在储运方面，包装上主要考虑的问题有：①抵御在储运过程中温度、湿度、紫外线、雨雪等气候和自然条件因素对产品的侵害，减缓静压力、振动、冲击、摩擦等外力对产品的作用。②防止产品撒漏、溢泄、挥发而酿成污染事故。③包装的尺寸、重量、形态都必须有利于流通环节中装卸搬运、保管等各项作业，通过包装还可以使产品形成一定的单位，作业时便于处置。如果包装规格尺寸不标准，不能进行集装单元化保管和运输，或者降低运输工具的装载效率，说明包装设计考虑不周。④提高运载工具的载重力和容积，缩短各种作业时间和提高作业效率。通过包装还可以使产品形成一定的单位，作业时便于清点，便于处置。

3．促进销售

包装具有促进销售的功能，即商业功能。销售包装是指将包装连同产品一起销售给消费者的包装。销售包装主要目的在于美化产品、宣传产品，以扩大销售。生意经"货卖一张皮"就是阐明包装对促进销售的重要作用。产品进行包装以后，首先进入消费者视觉的往往不是产品本身，而是产品的包装。所以，能不能引起消费者的购买欲望进而产生购买行为，在一定程度上取决于包装的好坏。特别是在自选市场里，包装起着"无声的推销员"的作用。一般来说，产品的内在质量是竞争能力的基础，但是，一种优质产品如果没有一个良好的包装相匹配，就会降低"身价"，并削弱市场竞争能力，这在国际市场上表现特别明显。当然，如何平衡包装投入和产品成本之间的关系是值得企业深思的。

4．便于使用

根据产品在正常使用时的用量，进行适当的包装，还能起到便于使用和指导消费的作用。如瓶装酒用 500 克或 250 克装，使用比较方便；味素 500 克装适用于食堂和饭店，50 克装则适用于家庭；药片 1 000 片装适用于医院，10 片装则适用于个人。这里，包装的大小以及在包装上说明用法、用量都起着便于使用的作用。

9.1.3　包装的分类

现代产品的品种繁多，性能、用途各异，对包装的要求也各不相同，这也使包装的类型繁多。

1．按包装功能分类

按包装功能分类可以把包装划分为工业包装和商业包装两类。

（1）工业包装也称为运输包装，目的是保证产品在运输、保管、装卸搬运过程中不散包、不破损、不受潮、不污染、不变质、不变味、不变形、不腐蚀、不生锈、不生虫，即保持产品的数量和质量不变。工业包装主要发挥包装的保护和方便储运的作用，还要注意包装标志。

包装标志就是指在运输包装外部采用特殊的图形、符号和文字，以赋予运输包装件以传达各种信息功能。其作用有三点：①识别货物，实现货物的收发管理；②明示物流中应采用的防护措施；③识别危险货物，暗示应采用的防护措施，以保证物流安全。

包装标志分为指示性标志和警示性标志。其中，指示性标志用来指示运输、装卸搬运、保管人员在作业时需注意的事项，以保证货物的安全。这种标志一般以简单、醒目的图形或文字粘贴、涂打或钉附在包装物上，主要表明货物的性质、堆放、开启、吊运等的方法。警示性标志主要用于指示对于装有爆炸品、易燃品、自燃品、遇水燃烧品、有毒品、腐蚀品、氧化剂和放射性等危险货物时，需要注意的事项。在包装上注明所规定的各类危险品标志（或警示性标志），起到以示警告的作用，使货物在运输、装卸搬运和保管过程中，采用相应防护措施，以保证货物和人身安全。

（2）商业包装又称为销售包装，它主要是指根据零售业的需要，作为产品的一部分或为方便携带所做的包装。销售包装的设计是为了方便消费者、增强市场吸引力以及保护产品的安全。商业包装的功能包括定量功能、标识功能、便利功能和促销功能，目的在于促销、便于产品在柜台上零售。商业包装主要发挥包装的促销作用。

2. 按包装在流通过程中的作用分类

包装也可以分为单个包装、内包装、外包装。

（1）单个包装也称为小包装，是产品送到使用者手中的最小单位，用袋或其他容器对物体的一部分或全部包裹起来，并且印有作为产品的标记或说明等信息资料。这种包装一般属于商业包装，应注意美观，以起到促进销售和便于使用的作用。

（2）内包装是将产品或单个包装，或数个归整包装，或置于中间容器中，目的是为了对产品及单个包装起保护作用，如块状药品的包装。

（3）外包装是基于产品输送的目的，要起到保护作用并且考虑输送搬运作业方便，一般置入箱、袋之中，根据需要对容器有缓冲防震、固定、防温、防水的技术措施要求。一般外包装有密封、增强功能，并且有相应的标识说明。常见的外包装有集装袋或集装包、托盘、集装箱。

内包装和外包装属于工业包装，更着重于对产品的保护，其包装作业过程可以认为是物流领域内的活动。而单个包装作业一般属于销售领域活动，是商业包装。

3. 按其他标志分类

（1）按产品经营方式分类，有内销产品包装、出口产品包装和特殊产品（如珍贵文物、工艺美术品等）包装等；

（2）按包装制品材料分类，有纸制品包装、塑料制品包装、金属包装、竹木器包装、玻璃容器包装和复合材料包装等；

（3）按包装使用次数分类，有一次用包装、多次用包装和周转包装等；

（4）按包装容器（或制品）的软硬程度分类，有硬包装、半硬包装和软包装等；

（5）按产品种类分类，有食品包装、药品包装、机电产品设备（或仪器）包装、危险品包装等；

（6）按包装技术方法分类，有防震包装、防湿包装、防锈包装、防霉包装等。

9.2　包装技术与包装标准化

9.2.1　包装材料

包装材料是形成包装的物质基础，是包装各项作用发挥的具体承担者。包装材料具有以下性能：保护性能、加工操作性能、外观装饰性能、方便使用性能、节约费用性能、易处理性能等。正因为这样，包装材料的选择十分重要，它直接关系到包装质量和包装费用，有时还影响运输、装卸搬运和仓储环节作业的进行。包装材料种类繁多，归纳起来，主要有以下八个类别。

1. 纸和纸制品

利用纸进行包装的产品非常广泛，用量最多，品种最杂，这是由于纸作为包装材料具有耐摩擦、耐冲击、质地细腻、容易黏合、无味、无毒、价格相对较低的特点。运输用大型纸袋可用 3～6 层牛皮纸叠合而成，也可用牛皮纸和塑料薄膜做成复合多层构造。纸箱的原料是各种规格的单层纸板和瓦楞纸板，而瓦楞纸纸箱之所以被广泛利用，是因为它重量轻、耐冲击、容易进行机械加工和回收、价格也便宜，但要求其强度和耐压能力必须达到一定指标，在选材和尺寸设计时应加以注意。不同的包装可选用不同的纸。例如，牛皮纸可作为内包装和外包装，可做成纸袋，还可用做瓦楞纸面层；植物羊皮纸主要用于带装饰性的小包装，如用于包装食品、茶叶、药品等，可在长时间存放中防止受潮、干硬和走味。

2．木质包装材料

木质包装材料，一般用于外包装，因为木材具有抗压、抗震、抗挤、抗冲撞的能力。木制容器包括木箱、胶合板箱及木桶等。为了节省木材，常使用框架箱、栅栏箱或木条胶合板箱，为了增加强度也可加铁箍。对于重物包装，常在底部加木制垫货板。由于人们日益重视木材的节约应用，近年来，木质包装材料有逐步被其他材料所替代的趋势。

3．金属包装材料

饮料、煤气、天然气等液体和气体一般用金属和金属板做包装材料，用于包装材料的金属材料主要有镀锡薄板、涂料铁及铝合金三种。

（1）镀锡薄板俗称马蹄铁，是表面镶有锡层的薄钢板。由于锡层的作用，它除有一般薄钢板的优点外，还有很强的耐腐蚀性，可加工成各种形状的容器，主要用于制造高档罐容器，如各种饮料罐、食品罐等。

（2）涂料铁是经过在镀锡薄板一面涂以涂料加工制成的，适于盛装各种食品，主要用于制造食品罐。

（3）铝合金是以铝为主要合金元素的各种铝合金。按照其他合金元素种类及含量不同，它有许多型号，分别可制铝箔、饮料罐、薄板、铝板及型材，可制成各种包装物，如牙膏皮、饮料罐、食品罐、航空集装箱等；也可用塑料等材料复合制成复合薄膜，用作商业小包装材料。铝合金包装材料的主要特点是隔绝水、汽及一般腐蚀性物质的能力较强，强度质量比一般较大，包装材料轻，无效包装较少，无毒，外观性能好，易装饰美化。

4．塑料包装材料

塑料包装材料有聚乙烯、聚丙烯、聚苯乙烯、聚氯乙烯和钙塑材料等。

（1）聚乙烯又分为高压聚乙烯、中压聚乙烯和低压聚乙烯三种。其中，高压聚乙烯制成的薄膜，因透气性好、透明结实，适用于蔬菜、水果的保鲜包装。在美国，60%以上的包装塑料为聚乙烯。

（2）聚丙烯的优点是无毒，可制成薄膜、瓶子、盖子，用于食品和药品等商品包装。

（3）聚苯乙烯可用来制作罐、盒、盘等包装容器和热缩性薄膜。发泡聚苯乙烯塑料大都用来做包装衬垫和内装防震材料。

（4）聚氯乙烯是大家通常所说的PVC，它可以用来制作周转塑料箱和硬质泡沫塑料，但在高温下可能分解出氯化氢气体，具有腐蚀性。

（5）钙塑材料可用来制造钙塑瓦楞纸板、钙塑包装桶和包装盒等。

塑料包装制品的应用日益广泛，塑料袋及塑料交织袋已成为牛皮纸袋的代用品。塑料制品还用于酒、食用油等液体运输容器的革新。新近开发的纸袋结合包装，其方法是将折叠塑料袋容器放入瓦楞纸箱中，以代替传统的玻璃瓶、金属罐、木桶等。另外，塑料成型容器也得到了广泛的应用，如聚乙烯容器，包括箱、罐等，特别是颜料业和食品业等塑料通用箱发展很快。

5．玻璃、陶瓷包装材料

玻璃和陶瓷不仅抗腐蚀强度高，用玻璃或陶瓷材料制成瓶、罐、坛子，用来盛装食品、饮料、酒类、药品等十分适宜，而且还能进行装潢。玻璃用于运输包装，主要用来装存化工产品（如强酸类的大型容器），其次用玻璃纤维复合袋装存化工产品和矿物粉料。玻璃用于销售包装，主要是玻璃瓶和平底杯式的玻璃罐，用来装存酒、饮料、其他食品、药品、化学试剂、化妆品和文化用品等。

6. 复合材料

复合材料由多种材料复合而成，常见的复合材料有几十种，目前被广泛利用的有：塑料与塑料复合、塑料与玻璃复合、金属箔与塑料复合、纸与塑料复合以及金属箔、塑料、玻璃复合等。

7. 包装用辅助材料

包装用辅助材料主要有黏合剂、黏合带、捆扎材料等。

黏合剂用于材料的制造、制袋、制箱及封口作业。黏合剂有水型、溶液型、热熔型和压敏型四种。近年来由于普遍采用高速制箱及封口的自动包装机，热熔结合剂承担了短时间内的黏结任务。

黏合带有橡胶带、热敏带、黏结带三种。橡胶带遇水可直接溶解，结合力强，黏结后完全固化，封口很结实；热敏带一经加热活化便产生黏结力，一旦结合，不好揭开且不易老化；黏结带是在带的一面涂上压敏性结合剂，如纸带、布带、玻璃纸带、聚乙烯树脂带等，也有两面涂胶的双面胶带，这种带子用手压便可结合，使用十分方便。

捆扎的作用是打捆、压缩、缠绕、保持形状、提高强度、封口防盗、便于处置和防止破损等。现在已很少用天然捆扎材料，而多用聚乙烯绳、聚丙烯绳、纸带、聚丙烯带、钢带、尼龙布等。

8. 生物包装材料

随着人们环境保护意识的增强，消费者对产品包装不仅要求其外观新颖美观，还要求包装材料无污染、易回收、易降解。因而，从农业原料或副产品中生产生物包装材料具有十分广阔的市场前景。新的生物包装材料已在不少国家和地区出现，诸如从棉籽蛋白中生产的包装薄膜，从小麦蛋白中研制成功的包装材料，以膨胀淀粉为原料生产的包装材料等。这些新型的生物包装材料一经问世，便显示出强大的生命力。例如，德国一家个体农场利用玉米开发出可取代塑料包装材料的生物包装材料，该农场通过试验发现，把玉米粉制成浆料，通过压缩机挤压、膨胀后做成的颗粒，可有效承受冲击和压力，而且抗静电、防霉、不受潮、不污染环境。这种包装很快在医药和化妆品工业产品包装中找到了市场。

发展生物材料包装工业大有可为：一是可以综合利用农林产品和副产品，达到增值的目的。尤其是对农林资源匮乏需要进口塑料、金属等包装材料的发展中国家和地区来说，发展生物材料包装工业的收益更大。二是生物包装材料易回收利用，可以加工成牲畜饲料。三是生物材料易发酵和降解，不污染环境，符合环保要求。据专家预测，随着经济、科技的发展和工业化程度的提高，世界生物材料包装工业将会有一个较大的发展。

9.2.2　包装容器

包装容器是包装材料和造型相结合的产物。

1. 包装袋

包装袋是柔性包装中的重要技术，包装袋材料具有较高的韧性、抗拉强度和耐磨性。一般包装袋结构是桶管状结构，一端预先封死，在包装结束后再封装另一端，一般采用充填操作。包装袋广泛适用于运输包装、商业包装、内装和外装。包装袋一般分成以下三种类型。

1）集装袋

这是一种大容积的运输包装袋，盛装重量在 1 吨以上。集装袋的顶部一般装有金属吊架或吊环等，用于铲车或起重机的吊装、搬运。卸货时可打开袋底的卸货孔，自行卸货，非常方便。集装袋装卸货物及搬运都很方便，故装卸效率明显提高。

2）一般运输包装袋

这类包装袋的盛装重量是 5～100 千克，大部分是由植物纤维或合成树脂纤维纺织而成的织物袋，或者由几层柔性材料构成的多层材料包装袋，如麻袋、草袋和水泥袋等，主要用于包装粉状、粒状和个体小的货物。

　　3）小型包装袋（或称普通包装袋）

　　这类包装袋盛装重量较少，通常用单层材料或双层材料制成。对某些具有特殊要求的包装袋也有用多层不同材料复合而成，包装范围较广。液状、粉状、块状和异型物等可采用这种包装。

　　上述几种包装袋中，集装袋适用于运输包装；一般运输包装袋适用于外包装及运输包装；小型包装袋适用于内装、个装及商业包装。

　　2. 包装盒

　　包装盒是介于刚性和柔性包装两者之间的包装技术。包装材料有一定柔性，不易变形，有较高的抗压强度，刚性高于袋装材料。包装结构是规则几何形状的立方体，也可裁制成其他形状。包装操作一般采用码入或装填，然后将开闭装置闭合。

　　包装盒整体强度不大，包装量也不大，不适合做运输包装，而适合做商业包装、内包装，包装块状及各种异形产品。

　　3. 包装箱

　　包装箱是刚性包装技术中的重要一类。包装材料为刚性或半刚性材料，有较高强度且不易变形。包装结构和包装盒相同，只是容积、外形都大于包装盒，两者通常以 10 升为分界。包装操作主要为码放，然后将开闭装置闭合或将一端固定封死。

　　包装箱整体强度较高，抗变形能力强，包装量也较大，适合做运输包装、外包装，主要用于固体杂货包装。包装箱的类型主要有瓦楞纸箱、木箱、塑料箱和集装箱四种。

　　（1）瓦楞纸箱是用瓦楞纸板制成的箱形容器。按瓦楞纸箱的外形结构分类有折叠式瓦楞纸箱、固定式瓦楞纸箱和异形瓦楞纸箱三种。

　　（2）木箱是流通领域中常用的一种包装容器，其用量很大。木箱主要有木板箱、框板箱、框架箱三种。这三种中比较常见的是木板箱，木板箱一般用做小型运输包装容器，能装载多种性质不同的产品，所起的作用是抗拒碰裂、溃散、戳穿，有较大的耐压强度，能承受较大负荷，制作方便。但木板箱的箱体较重，体积也较大，其本身没有防水性。

　　（3）塑料箱一般用做小型运输包装容器，其优点是自重轻，耐蚀性好，可装载多种产品，整体性强，强度和耐用性能满足反复使用的要求，可制成多种色彩以对装载物分类，手握搬运方便，没有尖刺，不易伤手。

　　（4）集装箱是由钢材或铝材制成的大容积物流装运设备，从包装角度看，也属一种大型包装箱，可归属于运输包装的类别之中，也是大型反复使用的周转型包装。

　　4. 包装瓶

　　包装瓶是瓶颈尺寸有较大差别的小型容器，是刚性包装中的一种，包装材料有较高抗变形能力，刚性、韧性要求也较高，个别包装瓶介于刚性与柔性材料之间，瓶的形状在受外力时可能发生一定程度的变形，但是外力一旦撤除，仍可恢复原来的瓶形。包装瓶结构是瓶颈口径远小于瓶身，且在瓶颈顶部开口。包装操作是灌填操作，然后将瓶口用瓶盖封闭。包装瓶按外形可分为圆瓶、方瓶、高瓶、矮瓶和异形瓶等若干种。瓶口与瓶盖的封盖方式有螺纹式、凸耳式、齿冠式和包封式等。

　　包装瓶包装量一般不大，适合美化装潢，主要做为商业包装、内包装使用，也可用于包装液体、粉状货等。

　　5. 包装罐（筒）

　　包装罐（筒）是罐身各处横截面形状大致相同，罐颈短，罐颈内径比罐身内颈稍小或无罐颈的一种包装容器，是刚性包装的一种。包装材料强度较高，罐体抗变形能力强。包装操作是装填操作，然后将罐口封闭，可用做运输包装、外包装，也可用做商业包装、内包装。

包装罐（筒）主要有小型、中型包装罐及集装罐三种。

（1）小型包装罐是典型的罐体，可用金属材料或非金属材料制造，容量不大，一般是用做销售包装和内包装，罐体可采用各种方式装饰美化。

（2）中型包装罐的外形也是典型罐体，容量较大，一般用做化工原材料、土特产的外包装，起到运输包装作用。

（3）集装罐是一种大型罐体，外形有圆柱形、圆球形、椭球形等，卧式、立式都有。集装罐往往是罐体大而罐颈小，采取灌填式作业，灌填作业和排出作业往往不在同一罐口进行，而是另设卸货出口。集装罐是典型的运输包装，适合包装液状、粉状及颗粒状货物。

9.2.3 包装技术装备

包装技术装备指完成全部或部分包装过程的一类机器。包装过程包括充填、裹包、封口等主要包装工序，以及与其相关的前后工序，如清洗、干燥、杀菌、计量、成型、标记、紧固、多件集合、集装组装、拆卸及其他辅助工序。

包装技术装备具有重大作用，它能大幅度提高生产效率，改善劳动条件、降低劳动强度，节约原材料、降低产品成本，保证产品卫生、提高包装质量，降低包装成本、节约储运费用，延长保质期、方便产品流通，减少包装场地面积、节约基建投资。包装技术装备种类繁多，从不同的角度考虑可有不同的分类方法，本节主要按包装装备的功能分类。

1. 充填技术装备（充填机）

充填技术装备是将精确数量的包装品装入各种容器内。按计量方式的不同可分为容积式充填机、称重式充填机、计数式充填机。例如，高黏（浓）度充填设备，可用来填充沙拉、年糕、豆馅、鱼酱、牛肉酱等。

2. 液体灌装技术装备（灌装机）

液体灌装技术装备是将液体产品按预定的量充填到包装容器内的机器。按灌装原理可分为重力灌装机、负压力灌装机、等压灌装机、真空灌装机等。液体灌装机具有快速高压冲洗、卡瓶颈灌装、抓盖封口等高效全能的自动化控制特点。

3. 裹包技术装备（裹包机）

裹包技术装备是用一层或多层柔性材料全部或局部包裹产品或包装件的机器。按裹包方式可分为全裹式裹包机、半裹式裹包机、缠绕式裹包机、拉伸式裹包机、贴体包装机、收缩包装机。

4. 封口技术装备

封口技术装备是将容器的开口部分封闭起来的机器。按其封口方式可分为无封口材料的封口机、有辅助封口材料的封口机。

5. 贴标技术装备

贴标技术装备是在产品或包装件上加贴标签的机器，有半自动贴标机和全自动贴标机。

6. 清洗技术装备

清洗技术装备是用于清洗包装材料、包装件等，使其达到预期清洗程度的机器。按清洗方式不同可分为机械式、电解式、化学式、干式、湿式、超声波式、静电式。

7. 干燥技术装备

干燥技术装备是为了减少包装材料、包装件的水分，使其达到预期干燥程度的机器。按干燥方式可分为技术与装备式干燥机、加热式干燥机、化学式干燥机。

8. 杀菌技术装备

杀菌技术装备是清除或杀死包装材料、产品或包装件上的微生物，使其降到允许范围内的机器。

9.　捆扎技术装备

捆扎技术装备用于捆扎或结扎封闭包装容器的机器。

10.　集装机械

集装机械是将若干个产品或包装件包装在一起而形成一个销售和运输单元的机器。

9.2.4　包装标准化

1.　包装标准化的概念

标准和标准化是标准化学科中两个最基本的概念。国际标准化组织及世界上很多国家标准界的权威人士对标准和标准化两个最基本的概念下了严格的定义。

标准的定义是：对重复性的事物和概念所做的统一规定。它以科学、技术和实践经验的综合成果为基础，经有关方面协商一致，由主管机构批准，以特定形式发布，作为共同遵守的准则和依据。

标准化的定义是：在经济、技术、科学及管理等社会实践中，以重复的事物和概念通过制定、发布和实施标准，达到统一，以获得最佳秩序和社会效益。

随着包装标准化工作逐步深入和发展，很多国家的包装标准化得到了重视。目前，国际标准化组织和我国对包装标准和包装标准化两个概念还没有给出确切的定义。我们认为，从开展包装标准化工作的目的给包装标准和包装标准化下定义是比较合适的。

1）包装标准

围绕着实现产品包装科学合理为对象或目标所制定的各类标准，统称为包装标准。包装体系每一项标准都是包装标准。

2）包装标准化

以包装为对象开展的标准化活动的全过程，即以制定、贯彻和修改包装标准为主要内容的全过程称为包装标准化。包装标准化是对包装类型、规格、制造材料、结构、造型等给予统一规定的政策和技术措施。

包装标准化作为包装管理现代化的重要组成部分，是实现包装管理高效、科学、规范、程序化的重要手段之一，是保证包装生产各部门高度统一、协调运行的有力措施。包装法规是包装生产单位开展标准化工作，建立严密的管理、执行、监督体系，制定科学完整包装标准的直接依据，是加强标准化管理，保证标准化在生产中得到严格实施的一种重要手段。

2.　包装标准化的贯彻实施与重要意义

1）包装标准的贯彻实施

标准的贯彻实施是指将国家、行业标准和企业标准通过具体措施贯彻到生产中去，以发挥标准化的最佳经济效果。标准必须在使用中认真贯彻才能显示出它的经济效果，才能对标准的质量和水平进行衡量和评价，使标准不断由低级走向高级。

一个包装标准制定后，首先，应通过各种形式（编写资料、举办学习班等）进行宣传，使这项标准被广大使用者理解和掌握；其次，要按照标准的要求，组织生产、改进工艺、协调解决各方面的矛盾，提高产品的包装质量，以达到标准的要求；最后，通过质量鉴定，来评定质量和生产率的提高，减少包装材料的消耗和降低生产成本，从而体现贯彻这项标准所获得的经济效果。

"没有规矩难成方圆"里所说的规矩就是标准和法规，强制性标准就是法规，产品生产企业和商品流通各部门都要认真贯彻。《中华人民共和国标准化法》和实施条例，对违反强制性标准的各种情况应负的法律责任分别作了规定。这些规定为执行包装标准提供了法律保证。

为加强包装标准的贯彻执行工作，生产单位应严格执行包装标准；商业部门要按包装标准和生产厂商签订合同，按合同组织验收，监督包装标准贯彻执行；交通运输部门要按包装标准验收交运的包装件；标准部门也要加强标准执行情况的检查与监督工作，并切实帮助企业解决包装标准执行中遇到的问题。

2）包装标准化的重要意义

（1）包装标准化是提高包装质量的技术保证。任何包装标准都是从实践经验和技术研究成就中总结而制定出来的，代表着当前的、较好的、普遍的生产水平。因此，包装质量的好坏与是否严格实行标准化是紧密相关的，如包装容器的使用效果和价值一般与结构形式、物理和机械性能等因素密切相关。包装容器性能的这些最低要求，在标准中均作出一些具体的规定，可作为生产过程控制质量、评价和检验其质量好坏的依据，从而保证包装的质量。

（2）包装标准化是实现企业间经济横向联合的纽带。随着科学技术的发展，生产的社会化程度越来越高，生产规模越来越大，技术要求也越高，分工也更细。自然地，生产协作越来越广泛。包装这一既简单又复杂的事物，不但涉及被包装对象，还涉及装卸、运输等流通的各个部门。企业单纯靠行政手段去干预是不行的，必须在技术上保持高度的统一和协调一致。企业就要通过制定和执行许多包装标准和相关标准，使各生产部门和生产环节有机地联系起来，以保证生产和流通过程有条不紊地进行，达到"多快好省"的目的。

（3）包装标准化是企业合理利用资源和原材料的有效手段。标准化对象的主要特征之一就是重复性。包装标准化的重要功能就是对重复发生的事物尽量减少或消除不必要的劳动耗费，并促使以往劳动成果的重复利用。包装标准化有利于合理利用包装材料和包装制品的回收利用。例如，对大部分酒瓶，除形状可以各具特色外，其高度、外径、瓶口尺寸统一标准后，瓶盖和外包装就能通用，有利于回收使用。

（4）包装标准化可提高包装制品的生产效率。实现统一的包装标准，有利于减少包装的规格型号，使同类产品相互通用，改变包装制品生产厂家由零星分散的小批量生产为集中大批量生产；有利于机械化和连续化的生产，从而不断提高包装制品的生产效率。同时，实现统一的包装标准，可避免生产厂家对包装的形状、规格、标志、图案和质量各行其是，造成大量人力、物力的浪费。

最后，包装标准化促进包装技术和国内外贸易的发展，增强产品在市场上的竞争能力。随着国内外贸易的不断扩大和发展，包装标准化已成为国际、国内贸易的组成部分和互相遵守的技术准则。特别是出口产品，只有实行与国际标准化相一致的标准，才能方便于国际港口采用机械化装卸、集合包装和国际集装箱运输，从而降低包装破损、减少运输费，进而提高运输效率，提高产品在国际市场上的竞争能力。

3. 制定包装标准的基本原则

制定或修改标准是一项政策性、技术性和经济性很强的工作。一个标准制定的是否合理，直接影响到生产效率的高低和经济效益的好坏。制定包装标准应遵循下列两个原则。

1）充分考虑使用要求

充分考虑使用要求是指在功能上满足包装使用要求，在价格上体现既经济又实惠，使产品包装具有较高的综合技术经济指标，既经济又适用。例如，《瓦楞纸箱国家标准》制定时，除按内装物重量和箱体尺寸分类外，对同一尺寸和重量的产品包装又根据用途和流通环节的条件和流通方向再分为三类：一类箱主要用于出口及贵重产品的运输包装；二类箱主要用于内销产品的运输包装；三类箱则用于短途、低廉产品的运输包装。

2）技术先进、经济合理、安全可靠

（1）要结合我国实际，合理利用国家资源。资源是一个国家发展经济最基本的物质基础，应该尽量少用或不用本国本地区资源不足的原材料来制作批量生产的产品。我国是一个森林覆盖面相对较小的国家，因此在包装用材方面要尽量减少木材用量，推广替代材料。例如，根据包装强度规定，纸箱替代木箱，胶合板替代木材，以节约大量的木材资源。

（2）各类标准要协调配套。各类标准的衔接配套和标准间的相互协调是保证生产、使用、流通等各环节协调一致的一个重要基础。必须做到：在各级标准之间，下级标准与上级标准要协调一致；同一地区、同一部门发布的标准要协调一致；企业内部各项标准要协调统一，下级标准不得与上级标准相抵触；产品标准要与各相关的基础标准、原材料标准协调一致；产品的尺寸参数或性能参数之间应协调。例如，集装箱的外形尺寸应与运载工具（车舱、船舱、机舱）的尺寸相互协调，以充分利用运载工具的容积。

（3）要积极采用国际标准。采用国际先进标准，实际上也是一种技术引进，因为标准是各种复杂技术的综合，国际标准中包含了许多先进技术。采用国际标准，便于国际间产品互换，有利于消除对外贸易中的技术壁垒。例如，中国运输包装件基本试验方法系列标准都是参照、采用国际标准制定的。

（4）要掌握制定标准的时机，并随技术和经济的发展适时修订。标准是科学生产和实践经验的总结，反过来又指导生产和实践，标准制定必须适时。如果在新产品、新技术发展阶段，过早地制定标准，可能会因缺乏科学依据而脱离实际，甚至妨碍技术的发展；如果定得太迟，又会使许多不应该出现的类型纷纷出现而难以统一，不利于生产和使用。例如，商业系统的针织内衣包装，过去纸箱规格共 1 300 种，1999 年执行部颁标准后，纸箱规格统一为 27 种。通过制定标准，及时地指导生产的进行。

一般情况下，产品标准在定型鉴定、准备正式批量投产之前制定。某些标准对指导产品品种发展、正确衡量产品质量具有重要作用，如产品的各项参数、系列、性能测试方法等，则应比具体产品质量标准定得更早一点。

标准应保持相对稳定，使企业在一定的技术发展水平上有一段稳定生产的时期，通过重复利用而获得利益。随着生产技术的发展，标准需适时复审、修订，不能使落后的标准成为生产技术发展的束缚。根据国外经验，一般 3～5 年应对标准进行复审，并作必要的修订。

9.3　包装系统设计

包装作为物资流通的载体，是物流系统的一个重要环节。包装在物资流通中有三大功能：保护产品、方便储运、促进销售。包装的保护功能应使产品在运输、装卸、储存等整个流通过程中，不因受外界环境条件的作用而破损。因此，合理的包装应以最低的成本实现包装的功能。

9.3.1　设计合理包装的内容

合理包装是一个系统工程，因此设计合理包装不仅要考虑包装设计本身，更重要的是应着眼于产品流通的全局，兼顾物流系统的相互关系，可按照合理包装一般要求的五个方面进行设计。

1．掌握流通实况，发挥最经济的保护产品功能

包装的保护产品功能应使产品能承受流通过程中各种环境的考验。因此，包装设计前应通过有关测试和调查或查阅有关流通环境资料等手段来掌握环境实况，对不同的环境条件，采取不同的包装设计。例如，为避免外力作用下内装物破损，可设计缓冲包装；为避免温度、湿度的影响，而设计防潮、防水包装。

2．实行包装标准化

标准化是提高企业经济效率和效益而采取的一种必不可少的科学管理方法。采用标准化设计，能减少设计时间，稳定包装质量，降低包装和流通成本，取得明显的经济效益。

3．协调与生产的关系

包装是物流过程的第一步，同时也是产品生产的最后一道工序。因此，它同产品的生产过程紧密相关，二者应协调一致，做到包装与生产同步，防止产品积压。为此，包装设计应和产品大批量的生产工艺一起考虑，其中包括包装材料的选择和加工方法的选定。

4．注意装卸及开箱的方便性

货物流通过程中都必须装卸，因此包装必须便于装卸，以取得在物流中减少破损的直接经济效益。为此，凡手工装卸的货物应有适当的重量，为使人的疲劳程度最小，每包装单位重量限于20千克，体积限于700mm×800mm×400mm（长×宽×高）为宜，连续装卸重量不宜超过人体体重的40%。对于大型容器和包装，其重量和体积应与所采用的装卸机械相适应。例如，用叉车装卸，包装件厚度应与叉车高度相适应；用船吊装货物，重量不得超过3吨。

5．便于废弃处理

据统计，包装废弃物约占城市垃圾的20%，它对城市环境污染的影响是不可忽视的，因此包装材料应便于废弃处理。例如，瓦楞纸箱的废弃处理性能就较好，其中一部分可用来包装低档产品，另一部分不能复用的，可生产再生纸浆。

9.3.2　优化包装设计的方法

1．应用价值工程优化包装设计

价值工程是一门技术与经济相结合的应用科学。主要目的是用最少的成本实现产品或系统的必要功能，提高产品的价值。价值的含义是产品或系统的功能和实现这个功能所耗费用（成本）的关系。其原理为：

$$价值=功能/成本$$

该关系式表明：成本高、创造功能小的包装价值就低，反之，则价值就高。

包装设计应根据消费者要求及市场营销策略确定包装总体功能目标。总体功能由以下几个子系统功能目标来实现：包装材料选择方案、包装容器设计方案、包装结构与造型设计方案、包装印刷工艺方案等。这些方案功能目标确定之后，设计人员应用材料学、人机工程学、销售心理学、美学、价值工程等知识，研究实现这些功能目标的形式手法，并从多种方案中选取价值高的方案，然后总体协调这些子系统方案，构成实现包装总体功能目标的系统方案。实际设计中，可寻求多种提高包装价值的方法。

1）功能不变，成本降低

采用降低成本来提高价值的方法，可从两方面去探求：

（1）科学排料法。包装材料占包装总成本的比例较大，节约材料能客观地降低总成本。例如，纸箱的排料设计，面纸应尽量选用卷筒纸，以利于连续排料减少边角料，对里、芯纸的排料可利用整张切开后留下的边料套裁拼接，充分利用原料。

（2）材料、工艺替代法。此法是价值工程替代原则的运用。每种包装材料都是为实现某种功能而使用的，但要实现某种功能却并非使用它不可。只要具有相同量值的东西，就可以作为替代的对象。例如，我国近年引进设备生产的纸、塑、铝箔复合罐就是铁罐很好的替代品，其成本比铁罐低约15%～20%。

2）成本不变，功能提高

这是在包装成本不变的情况下，用提高包装功能的办法来提高包装价值。

（1）增大容量提高包装功能。一个包装数件产品的包装，要使其增大包装容量，可以在产品排列上多做研究，如采取交错排列、套装排列等。

（2）改进结构优化包装功能。包装结构是指包装每一部分的位置以及它们之间的相互联系、结合的统称。包装每一部分位置的改变会促使它与周围联系的改变，从而使整个包装的结构、形态及功能发生变化。结构有整体、局部之分，整体结构合理，局部结构不合理称为病态结构，病态结构对整体功能影响很大。例如，我国目前采用的插入封底式药盒包装就是一种病态结构包装，盒底承重能力差，药瓶易从盒底脱落。

　　3）功能提高，成本降低

　　这是一种提高价值最显著，但难度最大的办法。一般情况下，它是个不相容问题，而解决不相容问题可用变换条件因素的办法。包装的功能要通过包装材料、形态结构、加工工艺等条件约束实现。提高包装价值不外乎通过这些因素的各自变换来实现。

　　4）适当增加成本，大量提高功能

　　有些设计方案或加工方法，虽比原来的方案增加了少量成本，但使包装功能大大增强，继而提高了产品的售价。

　　5）功能略有下降，成本大幅度降低

　　消费者有不同层次，有时为了照顾经济实惠的心理，降低一些次要功能的标准，以降低成本，来便于产品销售。但降低的绝不是必要功能，而是次要的或辅助的功能。

　　2. 应用系统工程优化包装设计

　　包装系统工程是将包装问题（如设计某种包装系统或治理某个包装不善问题）看成一个系统，以包装的功能性和经济性为目标，利用系统分析方法，全面分析影响包装质量的各个内部因素和外部因素，设计出性能最优的包装系统，或对包装不善进行最有效的综合治理。

　　应用系统工程研究包装，需从以下五个方面着手。

　　1）确定包装系统目标

　　包装系统目标是包装系统分析与设计的出发点，是包装系统目的的具体化。通过制定目标，可把包装系统所应达到的各项要求落到实处。制定包装系统的各级目标是一个创造性的工作，必须在充分调查和收集资料，明确需解决问题的本质后才能进行。

　　2）制定包装系统评审标准

　　评审标准是衡量包装系统是否达到目标的标志，是今后包装系统评价的主要依据，一般包括性能指标和经济指标。例如，衡量缓冲包装系统是否达到缓冲的目标，其性能指标是包装件在受到外界冲击时，内部产品受到的加速度应小于允许的最大加速度。经济指标用费用效益比来衡量，当效益相同时，费用应最小；费用相同时，效益应最大。

　　3）分析影响包装质量的因素，提出可行的替代方案

　　影响包装质量的因素可分为内部因素和外部因素。内部因素按包装产品的特点分为：机械损坏、化学损坏、物理损坏、生物损坏。外部因素可分为：外力、气候和温湿度变化的影响、生物虫害的影响。在分析影响包装质量的内外因素基础上，按照包装系统目标提出的要求，就可以运用包装技术、包装材料、包装工艺等设法控制内部因素，适应和控制外部因素，拟订出包装系统的各种替代方案。例如，采用缓冲包装还是防震包装，采用全面、局部还是悬浮缓冲等，替代方案应有多个，并具有可比性。每个替代方案都应明确定出材料、容器形式、结构及相应参数。

　　4）包装系统模型的建立

　　包装系统工程强调用定量方法描述研究对象，其主要方法是建立数学或逻辑模型。在明确包装系统的目标、组成、内部条件及外部环境因素后，可用一个逻辑或数学表达式，从整体说明它们之间的结构关系和动态情况，从而使非常复杂的包装系统，变成可进行准确分析和处理的关系。

　　5）包装系统优化分析与评价

　　包装系统的最优化，即包装系统模型的最优化，因此它和建立数学模型紧密相关。最优化常常是指在一定的条件下，如何使目标函数最大或最小的解。通过建模及优化分析的结果，确定包装系统目标的评审标准，从技术和经济两个方面对各种替代方案进行评价，从中选择技术上先进，

经济上合理的最佳方案。目前，物流工程学界主要应用运筹学中的规划方法来解决这类单目标和多目标优化问题。

复习思考题

1．包装在物流系统中的地位如何？包装有什么作用？
2．包装如何进行分类？
3．简述包装的主要材料。有哪些包装容器？
4．什么是包装标准化？其在物流系统中的意义是什么？
5．设计合理包装的主要内容和方法有哪些？

案例 9

第10章 配送管理

配送系统是物流系统的一个子系统，而且是直接面对用户提供物流服务的子系统。由于配送服务的对象不同，配送商品的性质不同，加上用户多样化、个性化的要求，特别是定制化配送的需求，使得配送系统的网络结构、配送模式、服务方式也呈现多样化。另外，不同的行业，在配送中心的设置、配送作业流程等各方面也千差万别。正确地选择配送系统模式和服务方式，合理地设置配送中心，科学地安排配送作业流程，对提高物流效率和经济效益有着重要影响。

10.1 配送功能及其要素

10.1.1 配送功能

配送的基本形态是以运输为基础的，创造空间效用自然是它的主要功能。但配送不同于运输，它是运输在功能上的拓展。相对运输而言，配送除创造空间效用这一主要功能之外，其拓展功能可归纳为以下六个方面。

1. 完善了运输系统

现代大载重量的运输工具，固然可以提高效率，降低运输成本，但只适于干线运输，因为干线运输才可能是长距离、大批量，而且才有可能呈现高效率、低成本的运输。支线运输一般是小批量、短距离，如果使用载重量大的运输工具则是一种浪费。支线小批量运输频次高、服务性强，要求比干线运输具有更高的灵活性和适应性，而配送通过其他的物流环节的配合，可实现定制化服务，能满足这种要求。因此，只有配送与运输的密切结合，使干线运输与支线运输有机统一起来，才能实现运输系统的合理化。

2. 消除交叉输送

交叉输送如图10-1所示，在没有配送中心的情况下，由生产企业直接运送货物到零售商，即使采取直接配送方式，交叉运输也是普遍存在的。由于交叉运输的存在，使输送路线长，规模效益差，运输成本高。如果在制造型企业与零售型企业之间设置配送中心，则可消除交叉运输，如图10-2所示。因为设置配送中心以后，将原来直接由各生产企业送至各零售商的零散货物通过配送中心进行整合再实施配送，缓解了交叉输送，输送距离缩短，成本降低。

3. 提高了末端物流的经济效益

采取配送方式，通过配货和集中送货，或者与其他企业协商实施共同配送，可以提高物流系统末端的经济效益。

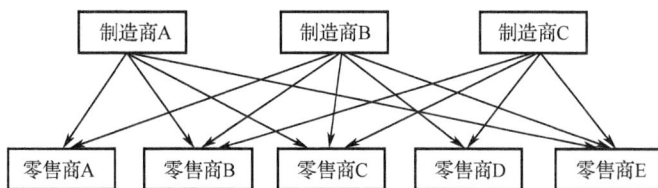

图 10-1 交叉输送

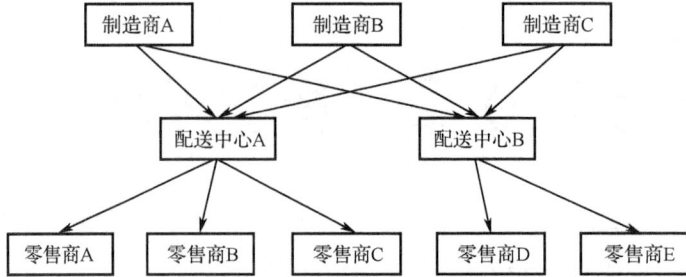
图 10-2 设置配送中心配送方式

4．实现低库存或零库存

配送通过集中库存，在同样的满足水平上，可使系统总库存水平降低，既降低了存储成本，也节约了运力和其他物流费用。尤其是采用 JIT 配送方式后，生产企业可以依靠配送中心准时送货而无须保持自己的库存，或者只需保持少量的保险储备，这就可以实现生产企业的"零库存"或低库存，减少资金占用，改善企业的财务状况。

5．简化手续，方便用户

由于配送可提供全方位的物流服务，采用配送方式后，用户只需向配送供应商进行一次委托，就可以得到全过程、多功能的物流服务，从而简化了委托手续和工作量，也节省了开支。

6．提高了供应保证程度

采用配送方式，配送中心比任何单独供货企业有更强的物流能力，可使用户减少缺货风险，如巴塞罗那大众物流中心承担着为大众、奥迪、斯柯达、斯亚特大众系列四个品牌的汽车零部件的配送任务。整车下线前两个星期，在这里可以采购到有关这些车辆的 88 000 种零配件。假如用户新买的车坏了，只要在欧洲范围内，24 小时内就会由专门的配送公司把用户所需要的零部件送到手中。

10.1.2　配送功能要素

配送实际是一个商品集散过程，包括集中、分类和散发三个步骤。配送由一系列配送作业环节组成，通过这些环节的运作，使配送的功能得以实现。因此，这些作业环节称为配送功能要素。配送的基本功能要素主要包括集货、分拣、配货、配装、送货。

1．集货

集货是配送的首要环节，是将分散的、需要配送的商品集中起来，以便进行分拣和配货。为了满足特定用户的配送要求，有时需要把用户从几家甚至数十家供应商处预订的商品集中到一处。

集货是配送的准备工作。配送的优势之一就是通过集货形成规模效益。例如，深圳中海物流公司为 IBM 公司配送时，先将 IBM 公司遍布世界各地的 160 多个供应商提供的料件集中到香港中转站，然后通关运到深圳福田保税区配送中心，这是一个很复杂的集货过程。

2．分拣

将需要配送的商品从储位上拣取出来，配备齐全，并按配装和送货要求进行分类，送入指定发货地点堆放的作业。分拣是保证配送质量的一项基础工作，它是完善送货、支持送货的准备性工作。成功的分拣，能大大减少差错，提高配送的服务质量。

3．配货

配货是将完成拣取分类的货品，经过配货检查，装入容器并做好标记，再运到发货准备区，待装车后发送。

4．配装

配装也称配载，指充分利用运输工具（如货车、轮船等）的载重量和容积，采用先进的装载方法，合理安排货物的装载。在配送中心的作业流程中安排配装，把多个用户的货物或同一用户的多种货物合理地装载于同一辆车上，不但能降低送货成本，提高企业的经济效益，还可以减少交通流量，改善交通拥挤状况。配装是配送系统中具有现代特点的功能要素，也是配送不同于一般送货的重要区别之一。

5．送货

送货是将配好的货物按照配送计划确定的配送路线送达到用户指定地点，并与用户进行交接。如何确定最佳路线，如何使配装和路线有效结合起来，是配送运输的特点，也是难度较大的工作。

10.2　配送系统

配送系统是一个网络结构的系统，它与物流系统一样，是由物流节点活动和线路活动构成的，节点活动的场所（节点）包括物流中心、配送中心、商品的供方和需方；线路活动是运输工具在运输线路上的运动形成的，它反映了节点之间商品的传递关系。所以配送网络通常用节点和节点之间商品的传递关系来表示。配送网络是配送作业的基本条件，不同类型的节点和不同的网络结构决定了配送模式和配送方法，从而产生不同的配送效果。因此，我们在讨论配送模式和配送策略之前，先了解一下物流中心、配送中心和配送网络结构是非常必要的。

10.2.1　物流中心

物流中心是从事物流活动的场所或组织。它主要面向社会提供物流服务，具有很强的集散功能，一般靠近车站、港口兴建。物流中心的物流功能健全，有完善的信息网络，辐射范围广，储存、吞吐能力强，作业货物的批量大、品种少，是综合性、地域性、大批量货物的集散地。

物流中心把商流、物流、信息流、资金流融为一体，成为产销企业之间的中介。例如，西班牙最大的物流中心马德里物流中心，占地 100 万平方米，仅各类仓储建筑就有 50 多万平方米。在约 2 平方千米的范围内，就有 2 000 多家与物流相关的配套服务企业，服务范围除危险品外几乎无所不包。马德里是典型的内陆城市，因此马德里物流中心并不靠港口，但它引入了海关、报关、检验检疫、银行、税收、安全等部门的服务，在这里检验过的集装箱到了沿海港口不需要重新检查，通过多式联运可直接上船，因而与沿海港口型物流中心没有什么差别。

根据功能的不同，物流中心可以划分为以下四种类型。

（1）流转中心（Transfer Center，TC）：不具有商品保管、在库管理等功能，而是单纯从事商品周转、分拣作用的物流中心。

（2）配送中心（Distribution Center，DC）：拥有商品的集中、保管、在库管理等管理功能。同时，又进行商品的分拣和送货，即为配送中心。

（3）储存中心（Stock Center，SC）：单一从事商品保管功能的物流中心。

（4）流通加工中心（Process Center，PC）：从事流通加工功能的物流中心。

10.2.2　配送中心

1．配送中心的概念

关于配送中心的概念，目前有以下不同的解释：

日本《市场用语词典》对配送中心的解释是：一种物流节点，它不以储藏仓库的这种单一的形式出现，而是发挥配送职能的流通仓库，也称作基地、据点或流通中心。配送中心的目的是降低运输成本、减少销售机会损失，为此建立设施、设备并开展经营管理工作。

吴润涛等译的《物流手册》中对配送中心的定义是：从供应者手中接受多种大量的货物，进行倒装、分类、保管-流通加工和情报处理等作业，然后按照众多需要者的订货要求备齐货物，以令人满意的服务水平进行配送的设施。

李京文等在《物流学及其应用》一书中给配送中心下的定义是：从事货物配备（集货、加工、分货、拣选、配货）和组织对用户的送货，以高水平实现销售或供应的现代化流通设施。

简单地说，配送中心是从事配送业务的物流场所或组织。它应符合下列要求：主要为特定的用户服务；配送功能健全；有完善的信息网络；辐射范围较小；作业货物的品种多、批量小；以配送为主，储存为辅。这是我国国家技术监督局发布的《物流术语》中对配送中心的定义。

配送中心是以组织配送性销售或供应，执行以实物配送为主要职能的流通性节点。在配送中心，为了能做好送货的编组准备，需要采取零星集货、批量进货等多种资源搜集并进行对货物的分整、组配等工作，因此配送中心也具有集货和分货的功能。为了更有效地、更高水平地配送，配送中心往往还有比较强的流通加工能力。此外，配送中心还必须将配好的货物送到用户手中。由此可见，配送中心实际上是集集货、分货、加工及送货于一体的综合性的物流据点。这样，配送中心作为物流据点的一种形式，有时便和物流中心等同起来了

2. 现代配送中心对仓库职能的提升

随着物流概念与实践的不断发展，现代配送中心的功能与传统仓库的功能相比已发生了很大变化。过去，仓库一般起着长期储存原材料、半成品及成品的战略角色。生产商生产出来的商品都成为存货，然后再将储存在仓库中的存货销售出去。这样，仓库里不得不将存货水平维持在能满足60～90天需求的状态，多数企业都有很高的存货水平。而与传统仓库相比，现代配送中心则可发挥以下四方面的优势：

（1）配送中心有高效率的信息情报网，能够迅速、准确地掌握流通过程中的库存情况，从而避免了库存积压和库存量的分布不均，配送中心配备有中心计算机，计算机终端连接着各个用户，每个用户日常的销售量和库存数据随时进入中心计算机进行分析和处理，然后由配送中心决定每天向各个网点补充商品的品种、数量和时间。通过配送中心实现了对整个系统中库存量的控制。

（2）配送中心的建立有利于形成快速、有效的发送体制，保证了在提高用户服务水平的同时降低发送费用。配送中心直接掌握各个网点的库存情况，或采取事先登记、预约、订货计划等手段掌握日常送货需要。在此基础上，配送中心就可以通过合理安排送货路线、调配运输车辆、配装以及利用往返车辆等各种措施来提高发送效率。同时，通过计算机的计算可以得出效率最高的送货方案，如必要的车辆数量和最佳的送货路线等。

（3）通过配送中心的集中进货，使工厂与仓库之间按计划、有规律地进行大批量运输成为可能，有利于降低运输费用。

（4）对于品种、规格繁多的商品，通过配送中心进行配售，有利于减少中间环节，提高流通效率。在配送中心，顾客可以在一张订单上同时订购几种、几十种商品，这样就可以大大缩短订购时间和费用。配送中心还可以根据顾客的订单，对许多商品进行统一加工和包装，以降低加工成本，节省包装材料。

10.2.3 配送网络结构

1. 集中型配送网络

集中型配送网络是指在配送系统中只设一个配送中心，所有用户需要的商品均由这个配送中心完成配送任务。在这种系统中，由于只有一个配送中心，配送决策由这个中心作出，配送的商品也只由这一个中心进出，所以从这一点看是一种集中控制和集中库存的模式，如图10-3所示。

一个城市范围内中小型连锁公司设置的，为所属连锁店配送商品的配送系统，一般只设一个配送中心，就属于这种配送网络类型。

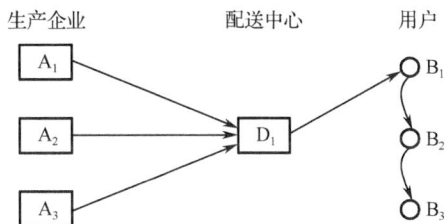

图 10-3 集中型配送网络

集中配送的库存集中，有利于实现规模经济，也有利于降低库存量，但也存在外向运输成本（从配送中心到用户的运输成本）增大的趋势，具体表现如下：

（1）管理费用低。相对于分散配送系统，由于规模大，管理的固定费用下降，所以管理费用低。

（2）安全库存降低。在相同服务水平下，集中比分散需要的安全库存小，所以总平均库存降低。

（3）用户提前期长。由于集中型系统中，配送中心离用户远了一些，所以使用户的提前期变长。

（4）运输成本中外向运输成本（从配送中心到用户的运输成本）相对高一些，因为配送中心离用户的距离与分散型系统相比要远一些，但内向运输成本（从生产厂到配送中心的运输成本）会相对低一些。

2．分散型配送网络

分散型配送网络是指在一个配送系统中（通常指在一个层次上）设有多个配送中心，而将用户按一定的原则分区，归属某一个配送中心，如图 10-4 所示。大城市中的大型连锁公司设置的，为所属连锁店配送商品的配送系统，通常要设置多个配送中心才能满足需要，就属于这种配送网络类型。

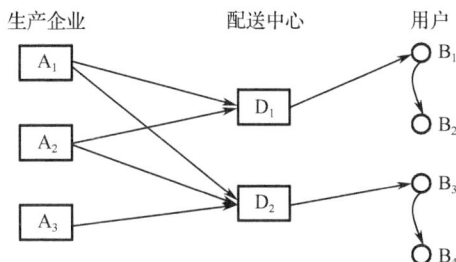

图 10-4 分散型配送网络

这种结构的配送网络的特点是：

（1）由于配送中心离用户近，外向运输成本低；

（2）供应商向配送中心送货时，由于要向多个配送中心送货，规模经济自然没有集中型好，故内向运输成本（从供应商到配送中心的运输成本）高；

（3）由于库存分散，安全库存增大，总平均库存增大；

（4）由于配送中心离用户相对近一些，因此用户的提前期会相应缩短。

3．多层次配送网络

多层次配送网络是指在系统中设有两层或更多层次的物流中心和配送中心，其中至少有一层是配送中心，而且靠近用户。大型第三方物流企业、大型零售企业或从供应链来看的物流系统，它们的配送网络通常是这种结构。日本许多大型第三方物流企业和大型零售企业多在大城市 40 千米的圈外建立大规模的广域物流中心，与原有配送中心共同构成多层次的配送网络结构，目的是既要满足用户高度化的服务需求，还要提高物流效率。随着企业规模的大型化，配送规模扩大，经营品种多，以高频率小批量为前提的高水平配送需要使库存集约化，需要最大限度地追求连托架、货柜、散货都能高效率快速处理的机械化、自动化、信息化的物流设施，同时也为了追求低成本物流战略，这种大型广域物流中心应运而生。图10-5为含有广域物流中心的两层次配送网络。日本以综合商店为中心的大批量销售的连锁型零售业，90%以上都拥有这种广域物流中心。

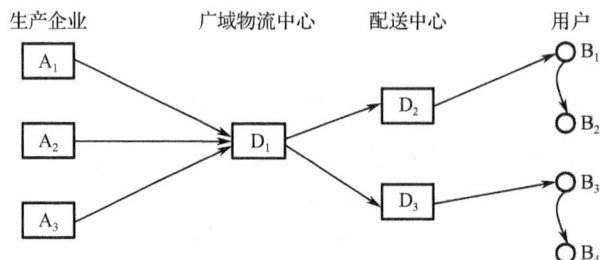

图 10-5　两层次配送网络

多层次配送的网络系统，由于与供应商和用户的距离都较近，所以内向运输成本（从供应商到配送中心的运输成本）和外向运输成本（从配送中心到用户的运输成本）相对都会有所降低。

在多层次配送的网络系统中，有些物流中心或配送中心只是充当商品中转的协调点，而不是商品的储存点，商品从制造商到达物流中心或从物流中心到达配送中心只有几个小时，这是为了缩短商品储存的时间和零售店的提前期。因此，这种多层次的系统并不一定会增加商品库存量。

4．几种典型的配送网络

1）工业生产资料配送网络

工业生产资料是工业企业生产过程中所消耗的生产资料，包括原料、材料、燃料、设备和工具等。工业生产资料的配送也可称供应配送或供应物流，它是为生产企业提供原材料、零部件等商品而进行的配送。工业生产资料配送服务的对象都是企业，供方是提供原材料和零部件的企业，需方是消耗原材料和零部件的企业。生产企业消耗生产资料一般用量比较大，计划性强，可替换性小。为了降低物流成本，保证生产的顺利进行，需方企业对配送系统在品种、数量、到达时间、到达地点的精度要求会比较高，特别是采用 JIT 生产的企业，要求物流配送系统能严格按生产计划和进度将所需生产资料直接配送到生产现场进入消耗。

2）生活消费品配送网络

生活消费品是由企业提供的个人消费品，包括五金、家电、家具、餐具、纺织品、化妆品、工艺品、食品、饮料、果蔬、药品等。生活消费品配送网络的结构和流程与工业生产资料的配送没有什么本质区别，只是配送的用户是零售店而不是生产企业，零售店只能根据对市场的预测来确定需求计划，因而计划的精度没有生产企业根据生产进度确定原材料和零配件需求计划那样高。另外，零售店一般会保留一定数量的商品库存，也与生产资料配送中生产企业期望做到"零库存"配送的要求是不一样的。因此，工业生产资料的配送与生活消费资料的配送，在配送作业与用户需求衔接的严密程度上，前者比后者的要求要高一些。

3）包裹快递配送网络

包裹快递或称住宅配送，日本称宅急便，它是在全国或全球范围内构筑一个多层次配送网络的基础上，各网点以小货车为工具收取用户（个人或组织）需要寄送的商品，并集中到发送地中转站，在中转站进行分拣、配货、配载，然后经区间运输送到接收地中转站，再通过接受地网点用小货车送到收货人手中。包裹快递原是为住宅区居民提供快捷、便利的包裹运输服务的一种物流方式，后来发展成一种专门的快递业务。包裹快递是一种特殊的配送业务，与供应配送和销售配送的主要区别在于：

（1）配送的使命不同。包裹快递不同于供应配送和销售配送，不是直接为生产经营服务，而是为人们的工作、生活提供方便。包裹快递配送的客体主要是小包裹和信函之类，如机械小配件、录像带、贸易小样品、礼品、私人小行李、信函、票据、合同、资料等。随着物流业的发展和市场竞争的加剧，包裹快递也在逐渐向生产经营领域里的物流业务延伸，如电子商务和网络营销方式下的销售配送业务，有时候就是由快递公司承担的，B to C 模式销售给个人的消费品交由快递公司配送，具有更大的优势。

（2）功能差异。由于使命不同，功能上也存在差异。供应配送和销售配送，为了保证生产和市场的需求，配送过程通常具有储存和加工功能，但包裹快递用户要求的是尽可能快的实现商品空间位置的转移，因而主观上不希望出现停滞，即包裹快递配送是不需要具有储存功能和加工功能的。

（3）服务对象广泛，网络覆盖面宽。供应配送和销售配送的服务对象主要是工商企业，包裹快递的服务对象要广泛得多，不仅包括工商企业，还包括政府机关、事业单位、社会团体，更多的还有广大居民，凡有人群的地方都需要这类业务，因而包裹快递配送网络的覆盖范围应尽可能宽。目前，包裹快递业务已达世界五大洲 95%以上的国家和地区。

（4）包裹输送速度快。"快"是包裹快递的最本质特征，也是用户最基本要求。美国联邦包裹快递向用户承诺的服务时间是在 24 小时和 48 小时以内把用户的包裹送到收件人手中。

美国的包裹快递业务发展最为迅速，实力最强大，全球快递业四大巨头 —— 联邦快递（FedEx）、联合包裹（UPS）、敦豪（DHL）和天地快运（TNT），前三家均属美国。敦豪公司成立于 1969 年，已经建立覆盖全球 220 多个国家的 10 000 多个目的地的快递网络，拥有 285 000 多名员工、超过 35 000 个营业中心、超过 450 个转运中心和仓库、240 个口岸、420 架飞机、76 200 部车辆，每年为超过 8 000 万名用户提供超过 15 亿件的包裹快递服务。全球快递四大巨头从 1986 年开始进军中国市场，都在我国设立了分公司，20 世纪 90 年代以来，它们的国际速递业务都以 20%以上的速度增长。中国邮政 EMS 至 2001 年 8 月 1 日在国内开办了包裹快递业务。根据其 2015 年年报显示，公司内设机构共 16 个，控股及直属单位多达 20 个，邮政业务总量从 2007 年的 1 213.73 亿元上升至 2016 年的 7 397.20 亿元。

10.3　配送模式与服务方式

配送网络确定以后，配送模式与服务方式就成为降低配送成本、提高服务水平的关键，同时配送模式与服务方式还会对物流系统的库存和其他物流环节产生影响。因此，正确地选择配送模式和服务方式对于改善配送效果、提高物流系统的效率和效益有着重要意义。

10.3.1　配送模式

1. 直接配送模式

这种模式实际是不设配送中心的配送模式，即用户或零售商需要的商品直接由供应商配送到指定的地点。这种模式的优势在于：减少了中间环节，避免了配送中心的费用。但这种模式同时也带来三个方面的问题：一是由于库存分散在用户或零售商的仓库里，不能集中调度，无法利用风险分担效应来降低整个系统的库存量，会使存储成本增高；二是不设配送中心，用户离供应厂商的距离远，用户也必须保持较大的库存量；三是不利于组织共同配送，运输的规模效益难以形成，因为当一个供应商供货的量不大时，运输工具的空载率高，或者派较小的车辆送货，这样的规模效益都比较低。

显然，直接配送模式是一种不太有利的配送模式，或者说不是真正概念上的配送。但这种模式往往应某些大用户的要求而采用，或者是有些商品对运输速度的要求很高，不宜有中间环节存在，如鲜活商品，这时采用直接配送模式是必要的。

2．储存配送模式

储存配送模式是指在配送中心储存货物，然后根据用户需要对储存货物进行配送，这是最典型的配送模式。这种模式的重点是确定系统中的合理库存、优化配送线路和通过配货、配载提高运输工具的利用率。这种模式又由于仓库的分散或集中，分为集中库存模式和分散库存模式，其特点也不一样。一般来说，储存配送模式相对于直接配送模式或直通配送模式而言，库存集中，有利于组织共同配送，规模效益好；库存集中，有利于商品的综合调度，从而降低系统库存；设置配送中心以后，用户到供货点的距离缩短，使用户的提前期缩短，库存降低，甚至可以为零。

3．直通配送模式

直通配送模式中，配送中心不具有专门的储存功能，是一个转运站。商品从供应商到达配送中心后，迅速分拣、转移到用户或零售点上，商品在配送中心停留的时间一般不超过 12 小时。这种模式下，库存商品主要分散在用户和零售店，配送中心的仓库保管费用少。但由于库存分散，无法利用风险分担效应来降低系统库存量，系统总库存量可能较大。采用这种配送模式，必须有先进的信息系统和快速反应的运输系统进行保证，能有效地预测需求，能及时地采用转运策略进行终端销售点上的货物转运。沃尔玛是运用这种配送模式的典型。

4．流通加工型配送模式

流通加工型配送模式是为了促进销售、方便用户，或是为了提高物流效率，在配送中心对商品进行生产辅助性加工后再进行配送的配送模式。显然，流通加工型的配送中心必须有较强的流通加工能力。流通加工的内容包括分割、包装、计量、检验、贴标等。由于加工对象和加工目的的不同，流通加工的具体内容是多种多样的，如金属剪切、原木下料、配煤、水泥搅拌、食品冷冻保鲜、蔬菜洗切等。流通加工一般在配送环节之前进行。从提高物流效率的角度看，流通加工是进行合理化配送的重要条件，因此，流通加工与配送的关系十分密切，有些资料对配送进行的定义中就包括了流通加工。流通加工作为配送的重要条件，其作用主要表现在以下五个方面：

（1）通过分割加工，可实现小批量、多批次的配送，有利于降低用户库存或实现零库存配送。例如，钢材卷板每卷 30 吨，许多企业不仅一次消耗量没有这么大，而且也没有开卷能力，只有通过剪切加工，然后配送到生产现场，这样既解决了用户缺乏开卷能力的问题，也能根据用户的消耗速率做到 JIT 配送。

（2）包装、贴标是实现分拣自动化的重要手段。

（3）流通加工有利于提高运输工具的配载和装卸效率。例如，原木下料加工后，体积变小、重量减轻，能更好地利用车辆空间；货物经捆扎后，可提高搬运活性，使装卸搬运效率提高。

（4）流通加工可净化物流环境，有利于实现绿色物流。

（5）流通加工可增强配送增值服务的功能，增加了配送的附加值。

10.3.2 配送服务方式

配送是直接面对用户的物流环节。由于用户所处的环境和内部条件不同，生产经营的方式不同，因而对配送的要求也不同。为了满足不同用户和消费者的需求，应采用不同的配送服务方式。归纳起来，可供选择的配送服务方式主要有以下七种。

1．定时配送

定时配送是指按照与用户商定的时间或时间间隔进行的配送。每次配送的品种和数量既可以预先在协议中约定，配送时按计划执行；也可由用户在送货之前以商定的联络方式（如电话、传真、E-mail 等）通知配送中心，配送中心根据通知中的品种和数量安排配送。

由于定时配送在时间上是固定的，对用户而言，便于按照自己的经营情况，在最理想的时间进货，也易于安排接货的人员和设备。对配送中心来说，有利于安排工作计划和实施共同配送，以降低成本。但定时配送也有不足之处，主要是当用户选定的时间比较集中时，会造成配送中心的任务安排不均衡。

定时配送的典型形式是日配式，即按用户的要求每天送一次货。日配式是定时配送中被广泛采用的一种方式，特别是城市范围内的配送大多以日配的方式进行。日配式使用户只需有一天的库存量。适合日配式的用户主要有各种业态的零售店、生产比较稳定的生产企业。

2．准时配送

准时配送指按照双方约定的时间准时将货物配送到用户，这种方式的特点在于时间的精确性。它要求按照用户的生产节奏，不早不迟正好在规定的时间将货物送达。采用这种方式，完全可以实现"零库存"。采取 JIT 生产方式的生产企业最需要这种配送方式。

准时配送方式既可以通过协议来实现，也可以通过看板方式来实现。和一般的定时配送相比，它需要有功能完善的信息系统和各种先进的物流设备来支持。这种方式适合于连续、重复、批量生产的企业用户，特别是装配型企业。由于用户所需的商品是重复的、大量的，因而往往是一对一的配送。

3．快递配送

快递配送是一种快速的、向社会广泛提供服务的配送方式。一般而言，这种方式覆盖范围较广，服务承诺的时限随着地域的变化而变化，所以这种配送方式很少用作生产企业"零库存"的配送。

正因为快递配送的对象是社会的广大企业和个人用户，配送的商品主要是小件商品，而且以快速、便利为特色，所以颇受青睐，发展很快。日本的"宅急便"、美国的"联邦快递"，我国邮政系统的"特快专递"等都是运作成功的快递式配送企业。

4．定量配送

定量配送指按照协议约定的数量实施配送。这种方式由于数量固定，在管理上可以增强备货的计划性。在计量时可以根据托盘、集装箱及车辆的运载能力进行测算；也可以有效地利用这类集装方式进行整车配送，从而大大提高配送的作业效率。由于这种方式不严格限定时间，便于配送企业合理安排运力，实施科学管理。对于用户而言，由于每次所收货物的数量相同，所以便于安排人力、装卸搬运机具和储存设施。其不足之处是，有时会增大用户的库存量。

5．定时定量配送

定时定量配送指按照约定的时间和数量进行配送。这种方式集上述定时、定量两种方式的优点于一身，是一种精密的服务方式。这种方式计划性很强，要求配送中心必须有严格的管理。定时定量配送方式适合于生产量大且稳定的用户，如汽车、家用电器、机电商品制造业等。

6．定时定路线配送

定时定路线配送是一种在约定的运送路线上，按照运行时刻表进行的配送方式。此方式要求用户预先提出供货的品种、数量、到货时间和到货地点，以便合理地配货配装。采用这种方式有利于配送企业科学地安排车辆和司乘人员，也便于实施共同配送，以降低配送成本。对用户来说，这种配送方式有利于安排接货，同时由于成本不高，可以获得低价格的好处。

该方式对于消费者集中的商业繁华区域的用户，可利用行人少的夜间送货，以解决因街道狭窄、交通拥挤而难以实现配送到门的难题。

7．即时配送

即时配送是满足用户应急求需求进行的配送。这种方式是对其他配送服务方式的完善和补充，它主要是为了满足用户由于事故、灾害、生产计划突然改变等因素所导致的突发性需要，以及普通消费者的突发性需求，而采用的高度灵活的应急配送方式。大型配送企业要想保持自己的经营地位，通过满足用户应急需求来形成自己的优势，从而赢得用户的信赖，就应当具备这种应急能力。当然，这种服务方式成本较高，不是经常采用的一种方式。

针对"异国取件服务"的响应速度，联邦快递也采取了一系列措施。2018 年 1 月，联邦快递正式启用位于上海浦东国际机场的联邦快递上海国际快件和货运中心。目前，中国的进口商用户在国内拨打联邦快递客服电话，要求从亚太区其他市场收取进口到中国的货件，联邦快递的响应时间从原来的 1～3 天缩短到 2 个小时之内，最快能在当天完成取件、转运，次日在国内的收件人就能收到货件。

10.3.3　配送策略

配送策略是在采用上述配送模式和服务方式的基础上，为了既能满足用户需求，又不致增加太多成本而采取的具体措施。可供选择的主要策略有转运策略、延迟策略和集运策略。

1. 转运策略

转运策略是指为了满足应急需要，在同一层次的物流中心之间进行货物调度的运输。这种情况常常是由于预测不准确而进行配送以后，各需求点上的商品不能符合实际需求，需要进行调整而发生的商品运输。转运策略是零售层次上最常采用的补救办法。如前面讨论的直接配送和直通配送模式中，由于没有中间库存，末端点上的库存量一般比较大，库存分布与实际常常发生矛盾，这时就需要用转运策略予以弥补。

2. 延迟策略

在传统的物流系统中，常通过对未来需求的预估来决定库存量的多少，以库存来保证需求，并达到一定的服务水平。在现代信息技术支持下的物流系统中，人们借助信息技术快速获得需求信息，可使商品的最后制造和配送延迟至收到了用户的订单后再进行，从而使不合适的生产和库存被减少或被消除。这种推迟生产或配送的行为就是延迟策略，前者称为生产延迟策略，后者称为物流延迟策略。本书所指物流延迟策略，实际是指运输延迟和配送延迟。

显然，物流延迟策略对配送系统的结构、功能和目标都会产生积极的影响。延迟策略改变了配送系统的预估特性，如对生产企业零部件的"零库存"配送就是应用延迟策略的结果。

3. 集运策略

由于"二律背反"原理，一种物流策略的应用会产生一些有利的优势，但同时也会带来不足，延迟策略也是如此。延迟策略克服了预估造成库存量大的不足，但它同时会影响运输规模效益的实现。集运则是为了在延迟策略下继续维持运输的规模效益而采用的一种策略。

所谓集运策略，是指为了增大运输规模，采取相应措施使一次装运数量达到足够大的运输策略。集运通常采用的措施有：在一定区域内集中小批量用户的货物进行配送，在指定的日期对特定的市场送货，联营送货，利用第三方物流公司提供的物流服务使运输批量增大。

集运与后面将要讨论的共同配送具有相同的作用，不同的是，共同配送是企业之间比较稳定的合作，集运则可能是一次性的。

10.3.4　配送基本服务及能力要求

1. 配送基本服务

物流本身是一种服务性活动，而运输、配送是物流功能的核心，特别是配送，它是多种物流功能的整合，所以物流的服务性特点在配送活动上体现得最为充分。

配送服务分为基本服务和增值服务，基本服务是配送主体为基本业务关系提供的用户服务方案，所有的用户在一定的层次上予以同等对待；增值服务则是针对特定用户提供的特定服务，它是超出基本服务范围的附加服务。

服务是一类活动，是一种活动过程，它以必要的成本为用户提供一定的效用价值。服务是有成本的，而且服务的成本与服务水准成正相关关系。如果某商愿意承担必要的资源，那么几乎任何水平的物流服务都是能达到的。就从当今的物流环境看，物流服务的限制因素主要不是技术，而是经济。高水准的物流服务可以形成物流服务优势或物流优势，但成本很高。所以归根到底，物流服务是服务优势和服务成本的一种平衡，服务水平不是越高越好，而是以用户满意为目标。但是，不同用户对服务水平的要求是不一样的，我们把支持大多数用户从事正常生产经营和正常生活的服务称为基本服务，而把针对具体用户进行的独特的、超出基本服务范围的服务称作增值服务。

2．对基本服务的能力要求

配送基本服务要求配送系统具备一定的基本能力，这种能力是配送主体向用户承诺的基础，也是用户选择配送主体的依据。配送需要一定的物质条件，包括配送中心、配送网络、运输车辆、装卸搬运设备、流通加工能力、计算机信息系统以及组织管理能力。配送基本能力是这些设施、设备、网点及管理能力的综合表现，是形成物流企业竞争优势的基础。每个承担配送业务的物流企业，都应该创造条件，形成这种能力。

衡量一个物流企业或一个配送主体的配送能力，应该从两个方面进行考虑：一是规模能力，包括配送中心的存储能力、吞吐能力、运输周转能力、流通加工能力等；二是服务水平能力，包括配送商品的可得性、作业绩效、可靠性等。对配送规模能力的衡量和评价，将在以后的课程中做详细分析，这里仅从服务水准能力方面进行讨论。

1）可得性

配送商品的可得性是从用户对商品的需求是否能得到满足的角度提出来的服务水平，即满足率。在配送系统中，满足率可通过多种途径实现或提高，传统的做法是通过对用户需求的预测来设定库存，用一定的库存量保证用户需求的满足，库存量增大，满足率提高，否则就低。现代配送系统可通过生产延迟、物流延迟等方式，在不增加库存量的情况下也可达到提高满足率的效果。

对用户来说，可得性用缺货频率和缺货率两个指标来衡量，因为满足率不能完全说明服务水平的状态。

（1）缺货频率。缺货频率是指用户在一段时期内的多次订货中缺货的次数，缺货频率越高，说明配送系统对用户生产经营或生活的影响越频繁，给用户造成的损失越大。

（2）缺货率。缺货率是用缺货数量所占用户需求量的比重来衡量的，它反映了缺货的程度，有时虽然缺货次数不多，但每次缺货的量可能比较大，缺货率高，对用户生产经营或生产的影响也大。

2）作业表现

作业表现是指配送服务对所期望的时间和可接受的变化所承担的义务，它表现为作业完成的速度、一致性、灵活性、故障与恢复的状况等。

（1）作业速度。作业完成速度反映配送系统是否能及时满足用户服务需求的能力，通常用从接到用户订单或发出作业指令到用户得到货物的时间长度来衡量。作业速度指标要求配送各环节具有快速响应的能力，作业速度越快，越有利于降低用户库存，有利于缩短用户提前期，从而也有利于提高对市场预测的准确程度。

（2）一致性。一致性是从系统稳定性的角度对配送服务提出的要求。所谓一致性，是指必须随时按照配送承诺加以履行的能力。作业速度固然重要，但如果每次配送的速度不一样，而且相差很大，那将会给用户造成更大的不良影响，因为用户无法掌握你的配送规律，也无法采取相应的对策措施。从库存控制的理论可知，到货时间的随机性太大，或者完全不确定，用户就需要用相当大的库存来保证生产经营活动的正常进行，这显然是不利的。

（3）灵活性。作业的灵活性反映系统应付用户异常需求变化的能力，如增减数量、改变到货地点等。一般来说，灵活性增强相对会增大一些成本，在较低的成本下获得更大的灵活性才能说明系统的灵活性强。

（4）故障与恢复。再好的配送系统也不可能完全不发生故障，关键是在一段时期内故障的次数应该很少，应该没有大的故障，而且故障发生后也有应急措施进行补救，还应能尽快排除故障，恢复正常配送活动。例如，交通事故引起的故障可能是配送作业中最可能遇到的故障，物流企业可通过车辆维修保养制度、驾驶人员的业务培训、应急措施的迅速启用等，减少和尽快恢复由于车辆或作业人员原因造成的故障。

（5）提供精确信息。能否向用户提供精确的配送信息也是衡量服务水准的一个重要方面。用户非常讨厌意外事件的发生，如果他们能在事件发生前或发生中收到相关准确信息，那么他们就会对缺货或延迟采取相应的调整措施，避免造成太大损失。2001 年，"9.11"事件发生时，美国的机场全部关闭了，联邦快递没有办法将用户的商品送到他们手中，于是他们每隔几小时向用户通报一下情况，然后告诉用户应该做些什么准备。

（6）持续改善配送。提供商为了保持或提高服务能力，应该从过去的故障中吸取教训，改善作业系统，防止事故再次发生。因此，配送提供商应该具有持续改善系统，使服务质量不断提高。保持或提高物流服务质量的关键是对物流服务进行衡量，高水平的作业绩效只能通过对物流服务进行精确评价才能保持。

10.3.5　配送增值服务

1. 配送增值服务的内容

增值服务是在基本服务基础上延伸的服务项目。增值服务涉及的范围很广，一般可归纳为以用户为核心的增值服务、以促销为核心的增值服务、以制造为核心的增值服务和以时间为核心的增值服务。

1）以用户为核心的增值服务

以用户为核心的增值服务向买卖双方提供利用第三方专业人员来配送商品的各种可供选择的方式，指的是处理用户向供应商的订货直接送货到零售店或用户，以及按照零售店货架储备所需的明细货品规格持续提供配送服务。例如，日本大和公司为了在激烈的市场竞争中形成自己的竞争优势，开创了许多具有独创性的宅急便服务，包括百货店的进货和对家庭用户的配送、通信销售业者的无店铺销售支援系统、产地生产者的直接配送、专业店的订货配送、书报杂志的家庭配送等，使宅急便成为多样化、小批量定制化服务时代企业和家庭用户不可缺少的物流服务。武汉市物资储运总公司承担了福州、厦门一些陶瓷生产企业向武汉汉西建材市场经销商配送瓷砖的运输和配送业务，除这一业务之外，还为陶瓷生产企业提供代收货款的业务，公司开发的计算机信息系统中还专门设计了这一代收货款的功能。

2）以促销为核心的增值服务

以促销为核心的增值服务旨在为用户提供有利于用户营销活动的服务。物流提供者服务的对象通常是生产企业或经销商，配送增值服务是在为他们提供配送服务时，增加更多有利于促销的物流支持。例如，为配送商品贴标、为储存的商品样品提供特别的介绍、为促销活动中的礼品和奖励商品设置专门的系统进行处理和托运等。保加利亚索菲亚服装配送中心，建有可保管众多服装制造企业的各种服装的高层自动化仓库，附设了样品陈列室、批发洽谈室等。用户在陈列室看好样品，在洽谈室订好货以后，配送中心准时把所需服装送达用户。

3）以制造为核心的增值服务

以制造为核心的增值服务旨在为用户提供有利于生产制造的特殊服务，实际是生产过程的后向或前向延伸，使通过配送为生产企业提供的原材料、燃料、零部件进入生产耗用过程时尽可能减少准备活动和准备时间。例如，玻璃套裁、金属剪切、木材初加工等均属这类增值服务。位于武汉经济开区为神龙公司提供物流服务的锦龙公司，在为神龙公司配送零部件时，零部件进入神龙公司总装之前即拆除包装箱，并负责将这些包装箱回收和返厂。这不仅减少了汽车总装厂的生产准备活动，也净化了现场环境，提高了生产效率。

4）以时间为核心的增值服务

以时间为核心的增值服务是以对用户的反应为基础，运用延迟技术，使配送作业在收到用户订单时才开始启动，并将商品直接配送到生产线或零售店的货架上，目的是尽可能降低预估库存和生产现场的搬运、检验等作业，使生产效率达到最高程度。采用 JIT 生产方式的企业实施生产"零库存"配送，就是典型的以时间为核心的增值服务。

2. 配送增值服务的功能

1）增加便利性

一切能够简化手续、简化操作的服务都是增值服务。简化是相对于消费者自我服务而言的，并不是说服务的内容简化，而是指消费者为了获得某种服务，以前需要消费者自己做的一些事情，现在由物流提供商以各种方式代替消费者做了，从而使消费者获得这种服务后感到简单，而且更加方便，从而增加了商品或服务的价值。

2）加快反应速度

快速反应已经成为物流发展的动力之一。传统的观点和做法是提高运输工具的速度或采用快速的运输方式，但在需求方绝对速度的要求越来越高的情况下，由于运输速度的极限，使得运输速度限制也变成了一种约束。因此，必须想其他的办法来提高速度。现代物流的做法是优化配送系统结构和重组业务流程，重新设计适合客户的流通渠道，以此来减少物流环节、简化物流过程，提高物流系统的快速反应能力。

3）降低物流成本

通过配送增值物流服务，可以寻找能够降低物流成本的物流解决方案。考虑的方案包括：采取共同配送；提高规模效益；实施 JIT 配送，降低库存费用；进行原材料、零部件与完工商品的双向配送；提高运输工具的利用率等。

4）业务延伸

业务延伸是向配送或物流以外的功能延伸。向上可以延伸到市场调查与预测、采购及订单处理；向下可以延伸到物流咨询、物流系统设计、物流方案的规划与选择、库存控制决策建议、货款回收与结算、教育与培训等。关于结算功能，不只是物流费用的结算，还包括替客户向收货人结算货款。关于需求预测功能，物流服务商应该负责根据物流中心商品进货、出货信息来预测未来一段时间内的商品进出库量，进而预测市场对商品的需求，从而指导客户订货。关于物流系统设计咨询功能，第三方物流服务商要充当客户的物流专家，为客户设计物流系统，代替他们选择和评价运输网、仓储网及其他物流服务供应商。关于物流教育与培训功能，通过向客户提供物流培训服务，可以培养其与物流中心经营管理者的认同感，可以提高客户的物流管理水平，并将配送中心经营管理者的要求传达给客户，也便于确立物流作业标准。

复习思考题

1. 配送的基本功能和拓展功能是什么？
2. 配送的基本功能要素包括哪些？

3．物流中心可以划分为哪几种类型？

4．何谓配送中心？有哪些典型的配送网络结构？各自特点是什么？

5．有哪些配送模式？分别适用于何种物流环境？

6．转运策略、延迟策略和集运策略配送策略的主要内涵是什么？

案例 10

第11章 物流信息管理

本章首先定义了数据和信息，分析了信息在决策中的地位和作用，然后说明了信息技术的概念和组成，介绍了物流系统中常用的信息技术，简要回顾了计算机应用的基础知识。通过对物流系统各种不同业务的信息分析，了解不同物流业务过程中相关的物流信息以及其不同的信息需求、功能需求和决策需求，以便辅助做好相关的具体工作。最后，进一步阐述了物流信息的分类、特点和作用。

11.1 物流系统中的信息技术

11.1.1 物流信息的定义

物流信息包含的内容可以从狭义和广义两方面来考察。

1. 狭义的物流信息

从狭义范围来看，物流信息是指与物流活动（如运输、储存、包装、装卸、流通加工等）有关的信息。

2. 广义的物流信息

广义的物流信息不仅指与物流活动有关的信息，而且包括与其他流通活动有关的信息，如商品交易信息和市场信息等。商品交易信息是指与买卖双方的交易过程有关的信息，如销售和购买信息、订货和接收订货信息、发出货款和收到货款信息等。市场信息是指与市场活动有关的信息，如消费者的需求信息、竞争对手或竞争性商品的信息、销售促进活动有关的信息、交通通信等基础设施信息等。在现代经营管理活动中，物流信息与商品交易信息、市场信息相互交叉、融合，所以广义的物流信息还包括与其他流通活动有关的信息。它不仅能起到连接整合生产厂家、批发商和零售商还有消费者整个供需链的作用，而且在应用现代信息技术（如 EDI、互联网、电子商务等）的基础上能实现整个供需链活动的效率化，具体说就是利用物流信息对供需链各个企业的计划、协调、顾客服务和控制活动进行有效管理。

11.1.2 物流主要业务的信息分析

无论是对物流活动进行管理，还是制订相关决策，都需要详细、准确、直接的物流信息。物流的主要业务包括运输、储存、物流加工、物流配送和物流定价等，业务不同，其包含的信息也不同。下面我们以物流业务为单位，在分析业务的基础上，来分析该项业务需求的主要信息、信息分析要求和辅助决策要求。

1. 运输信息

运输业务中主要基础信息以单据为主，主要包括订货通知单、提单、运费清单和货运清单等。例如，提单是顾客购买运输服务所使用的基本单证，起收据和证明文件的作用，需列明货物唯一真实的受领人、交接方式、货物情况（类别、包装、数量等）信息。运费清单是承运人收取其所提供的运输服务费用的一种凭证，需列明运费的款项及费用金额情况。货运清单是当单独一辆运输工具上装运多票货物时，用于明确总载货的具体内容的文件，需列明每一个停靠站点或收货人地址、提单、重量以及每票货的清点数等信息。现代物流的运作希望能通过物流信息系统同时生成所有的运输单证，即在生成提单的同时，就生成支付运费清单，并通过电子方式传输自动操作订货通知单、提单、运费清单和货运清单等。

物流系统应充分考虑运输距离、运输环节、运输工具、运输时间和运输费用"五要素"，综合制定出最经济合理的方案进行实施，以发挥物流的最大功效，即合理运输。在现有条件下可以达到而未达到应有的运输水平，从而造成运力浪费、运输时间增加、运费超支等问题，就会造成运输不合理现象，如车辆起程或返程空驶、对流运输、迂回运输、重复运输、倒流运输、过远运输、运力选择不当、托运方式选择不当等。要克服不合理运输，通常需要掌握相关的信息，如各地交通信息和规则、地理信息、商品运输信息（包括源地、目的地、厂地、可加工信息、特殊要求等）、货源信息、运输工具的专用性信息、空车信息、社会可替代的运力、可用运输工具情况（额定能力、容积、载重）、替代商品信息、同一路线可混装运输的商品信息、在途商品信息、额外费用需求信息等。

2. 储存信息

储存业务的基本信息分为描述仓库和描述库存商品的基本信息及其他信息。描述仓库的基本信息包括仓库的地点、形式、建筑形态、仓库面积、经营性质、保管方式、货架编码等；描述库存商品的基本信息则有品种存放地点、商品名称、重量、形状、包装类别、数量、入库时间、适用装卸方式等；其他信息还包括商品需求信息、为配合储存业务管理需要的商品出库规则等。

为充分利用仓库资源，需要完成具体信息的分析，如入/出库频率、入/出库统计时间、服务水平、商品需求预测、库存分析（包括安全库存、订货周期、订货批量等）、占用资金、利息、能动的各种形态的储存、被动的各种形态的超储、积压、市场细分等方面的分析。

3. 流通加工信息

实现流通加工合理化主要考虑配送、配套、合理运输、合理商流、节约等几方面的需求。由于加工需要加工设备、加工人员等资源，所以流通加工业务所需要的主要信息包括商品的加工要求、加工时间、加工能力、加工流程、加工费等。

4. 物流配送信息

配送本身就是一种商业形式，实质是一种固定的"中转"型送货，它有确定的组织、确定的渠道，自己的装备和管理力量、技术力量，以及自成体系的规章制度。配送提供的是企业需要什么就送什么的物流服务，它利用有效的分拣、配货、物流加工、包装等理货工作，使送货达到一定的规模，通过规模优势取得较低的送货成本来获得利润。

对于备货而言，需要的基本信息有货源供应信息与筹集情况（订货或购货、集货、进货信息）及有关的质量检查、结算、交接等信息，需要进行的信息分析主要有备货成本、备货规模、供应商信息等，决策的问题主要包括备货规模、物资来源、配送方式、配送路线等。在配送中，需要控制的储存主要是为了保证满足定期配送的储存，对于分拣、配货中和配货后的暂存，由于其数量较小且储存时间较短，所以在系统初始开发时，可以不需对这类储存进行控制，只是随着管理的精细才逐步完善。

根据用户的要求，包括品种、数量、包装、运送方式等，进行流通加工、分拣及配装。配装是在单个用户配送数量不能达到车辆的有效载运负荷时，将不同用户的货物集中进行配送。需充分考虑如何进行有利的搭配装载，以充分利用运能、运力，提高送货水平及降低送货成本。

配送运输属于运输中的末端运输、支线运输，具有配送用户多、距离较短、路线较复杂、规模较小、额度较高等特点，一般使用汽车作为运输工具，因此需要辅助的决策问题主要有选择最佳运输路线、配装和路线有效搭配等，它需要有关运输方面的信息支持。

送达服务是配送业务的最终环节，能保证圆满地实现配送商品的移交（包括卸货地点、卸货方式），有效地、方便地处理相关手续并完成结算。

5. 供应链的信息分析

供应链将商品流动中所涉及的所有供应商、制造商、仓库和各级分销商等，以及在各机构之间流动的原材料、在制品库存和产成品全部包容在内，是从原材料采购开始，经过生产、储存、分配、运输、销售、配送……并最终送达用户的商品流动全过程。因此，供应链不是一个孤立的企业行为，而是具有一定流量，环环相扣的"链"。"链"所涉及的范围和机能很广，包括各企业自身的市场调研、新产品开发和研制、购买、销售、促销、售前及售后服务、信息系统和物流等活动和机能。供应链中的物流管理是从总体上去管理，而不是只管理各链节之间的"接口"或其中的部分链节。全面的衡量、整体的调度管理可以在满足用户服务水平需要的同时，把供应商、制造商、仓库和商家有效地结合成一体来完成商品的交付转移和流通过程，以使得系统物流成本减到最小。

在供应链中，每一种企业活动或行为都受供应链中其他因素所影响和制约。由于供应链中各节点单位都有着自己不同的利益和观念，其间必然存在着"效益背反"现象。但现在愈发激烈的市场竞争和用户需求不断地更新和提高，企业间的竞争将发展成为供应链间的竞争，使原来处于竞争对手的各企业都意识到只有全面合作，努力提高对用户的整体服务水平，才能增强企业自身的竞争力，使彼此都获得最大的利益。合作行为将会减少风险，大大提高物流效率。要实现高度的合作，对于供应链的主要参与者来说，必须共享信息，供应链管理的实质就是信息共享，缺乏信息共享供应链就无法运作。而信息共享不应只局限于交易数据，战略信息的共享也是同样重要或者是更加重要的，因为它更利于企业共同计划最佳的方法和采用更有效的手段来满足彼此和用户的需求。这种基于信息协作的合作方式能使供应链中的各节点单位都可以更快、更有效地运营。同时，这种合作也减除了重复建设和重复运作中人、财、物等资源的浪费，排除或减少了市场运作中与存货投机密切相关的风险。而基于现代信息技术的物流信息系统使企业间甚至各个链节间的信息共享成为可能，并为之作出了保障。

供应链中上下游企业之间的战略合作关系，它不单需要企业领导人的高瞻远瞩和实施企业战略的决心，更重要的是需要有足够的、正确的信息来辅助决策，其中各种物流信息起着非常重要的作用。因为物流信息系统对复杂供应链的良好管理，不仅能够降低自己企业的成本，促进合作企业提高管理水平、降低成本，也能使整个供应链降低成本、降低物流信息系统风险，从而达到双赢的目的。

11.1.3　物流信息的特点和作用

1. 物流信息的特点

与其他信息比较，物流信息的特殊性表现在以下四个方面：

（1）物流信息量大、分布广，信息的产生、加工、传播和应用在时间、空间上不一致，方式也不同。

（2）物流信息动态性强，实时性高，信息价值衰减速度快，时效性强，因而对信息管理的及时性和灵活性提出了更高的要求。

（3）物流信息种类多，不仅本系统内部各个环节有不同种类的信息，而且由于物流系统与其他系统（如生产系统、供应系统）密切相关，因而还必须搜集这些物流系统外的有关信息。这使得物流信息的搜集、分类、筛选、统计、研究等工作的难度增加。

（4）物流信息趋于标准化。现在，企业间的物流信息交换开始采用 EDI，企业内部物流信息也拥有各自的数据标准。随着 XML 的成熟，企业物流信息系统内外部信息标准可以统一起来，企业物流信息系统的开发简化了，功能也更强大了。

2. 物流信息的作用

过去，人们认为信息流是伴随物流的产生而产生，随着信息技术的发展和应用，一类信息流先于物流产生，它控制着物流产生的时间、流动的大小和方向（即速度），引发、控制、调整物流，如各种决策计划、各种通知、用户的配送加工和分拣及配货要求等；另一类信息流则与物流同步产生，它们反映物流的状态，如运输信息、库存信息、加工信息、货源信息、设备信息等。前者是计划信息流或协调信息流，后者为作业信息流。各种计划（如战略计划、物流计划、制造计划、采购计划）、存货配置以及预测产生的信息是计划信息流，运输信息、库存信息、加工信息、货源信息、设备信息等是作业信息流。

物流信息除了反映商品流动的各种状态外，更重要的是控制物流的时间、方向、大小和发展进程。无论是计划信息流，还是作业信息流，物流信息的总体目标都是把物流涉及企业的各种具体活动综合起来，加强整体的综合能力。

过去的物流信息主要存储在纸介质上，这导致了缓慢而不可靠的甚至有误导趋向的信息传输。存储在纸介质上信息的流动不仅增加了作业成本，还降低了用户满意度。现代信息技术的发展，使信息可以存储在电子介质、光介质上，电子信息的传输和管理能够更有效、更迅速地交流和管理各种信息，信息使用更加容易、快捷与经济，同时企业通过电子手段可以增强和用户各方面的协调与沟通，更好地为用户提供便捷全面的信息服务，强化企业的核心竞争力。

物流系统是由多个子系统组成的复杂系统，物流信息成为各个子系统之间沟通的关键，在物流活动中起着中枢神经系统的作用。多个子系统是通过物资实体的运动联系在一起，一个子系统的输出就是另一个子系统的输入。加强对物流信息的研究才能使物流成为一个有机的系统，而不是各个孤立的活动。首先，有关订货状况、商品可得性、交货计划表，以及发票等信息是整个物流服务的一个必要的因素。其次，为了达到减少整个供给链存货的目的，要认识到信息能够有效地减少存货和对人力资源的需要。利用最新的信息制订的需求计划，能够通过减少需求的不确定性来减少库存。最后，对有关从战略优势出发考虑的何时、何地及如何利用各种资源的问题，信息可以增加其灵活性。因此，及时而又准确的信息对有效的物流信息系统的构建有着不可估量的重要作用。

在企业的电子商务活动中，信息的生产、加工、储存和传递大都通过互联网完成的。企业在网上制作自己的主页、网站，发布其商品的相关信息，供需方参考。买卖双方在网上进行商品交易，达成交易协议，同时企业也从网上获得自己需要的相关信息来指导企业进行生产、销售。通过电子商务平台，企业可以真正地实现高速信息共享，真正地实现无国界的商务活动。

11.2　物流信息技术

物流信息技术是指现代信息技术在物流各个作业环节中的应用，是物流现代化极为重要的领域之一，尤其是飞速发展的计算机网络技术的应用使物流信息技术达到新的水平。物流信息技术是物流现代化的重要标志，也被视为提高生产率和竞争能力的主要来源，与其他资源不同，信息技术正在不断地提高速度和能力，同时又在降低成本。有许多信息技术已经显示其在物流方面的广泛应用。目前，这些技术包括 EDI、条形码、电子自动订货系统（EOS）、射频技术、地理信息系统（GIS）和 GPS 等。

11.2.1　EDI

1. EDI 的定义

EDI 确认为公司计算机与计算机交换商业文件的标准形式。对这个定义有三点需要注意：首先，传输的内容是标准的商业文件，并且采用标准格式，如采购文件、订货文件、发票、电子支付转移、运输文件、订货状态报告文件等；其次，文件是在组织间传输，不适合组织与个人、个人与个人之间的信息传输；最后，文件是在计算机系统间的直接传输，通过电话、传真或电子邮件传输后的间接传输也不属于 EDI 范围。

EDI 最初由美国企业应用在企业间的订货业务活动中，之后 EDI 的应用范围从订货业务向其他的业务扩展，如销售信息传送业务、库存管理业务、送货信息和支付信息的传送业务等。近年来，EDI 在物流中广泛应用，被称为物流 EDI。所谓物流 EDI，是指货物业主、承运业主以及其他相关的单位之间，通过 EDI 进行物流数据交换，并以此为基础实施物流作业活动的方法。物流 EDI 参与单位包括货物业主（如生产厂家、贸易商、批发商、零售商等）、承运业主（如独立的物流承运企业等）、实际运送货物的交通运输企业（如铁路企业、水运企业、航空企业、公路运输企业等）、协助单位（如政府有关部门、金融企业等）和其他物流相关单位（如仓库业者、专业报关业者等）。物流 EDI 的框架结构如图 11-1 所示。

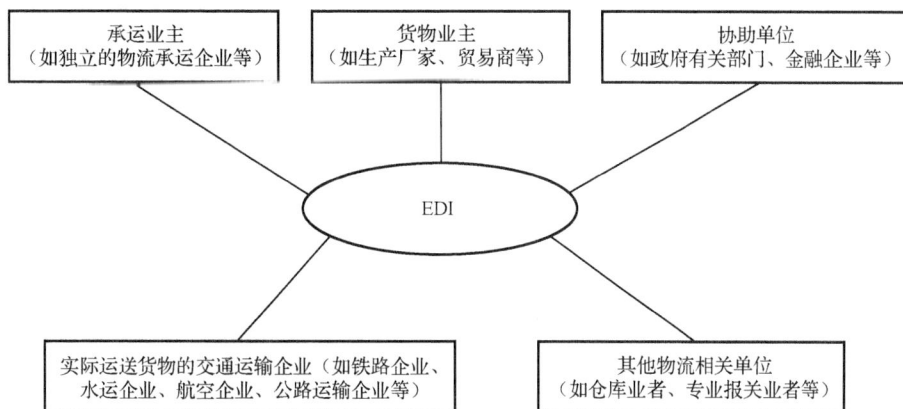

图 11-1　物流 EDI 的框架结构

一个由发送货物业主、物流运输业主和接收货物业主组成的物流模型的动作步骤如下：

（1）发送货物业主（如生产厂家）在接到订货后制订货物运送计划，并把运送货物的清单及运送时间安排等信息通过 EDI 发送给物流运输业主和接收货物业主（如零售商），以便物流运输业主预先制订车辆调配计划和接收货物业主制订货物接收计划。

（2）发送货物业主依据用户订货的要求和货物运送计划下达发货指令、分拣配货、打印出物流条形码的货物标签并贴在货物包装箱上，同时把运送货物品种、数量、包装等信息通过 EDI 发送给物流企业和接收货物业主。

（3）物流运输业主在向发送货物业主取运货物时，利用车载扫描读数仪读取货物标签的物流条形码，并与先前收到的货物运输数据进行核对，确认运送货物。

（4）物流运输业主在物流中心对货物进行整理、集装、制成送货清单并通过 EDI 向接收货物业主发送发货信息。在货物运送的同时进行货物跟踪管理，并在货物交给接收货物业主之后，通过 EDI 向发送货物业主发送完成运送业务信息和运费请示信息。

（5）接收货物业主在货物到达时，利用扫描读数仪读取货物标签的条形码，并与先前收到的货物运输数据进行核对确认，开出收货票，货物入库。同时，通过 EDI 向物流运输业主和发送货物业主发送收货确认信息。

2．EDI 可实现的功能

（1）参与方管理。作为第三方物流服务提供参与方物证信息和相关作业管理。

（2）表格和报文管理。进行与物流有关文件处理。

（3）数据转换。按有关协议转换各种物流数据。

（4）所有功能的记录。包括各物流环节作业、运行、交接、价格、成本、安全等事项记录。

（5）通过内部网或直接与主机自动接收和发送数据，即实现数据的内部交换。

（6）通过通信网自动接收和发送数据，即实现数据的外部交换。

（7）差错控制。

（8）对接收到的和拟发出的数据进行自动存储。

3. EDI 系统的类型

到目前为止，使用最多的 EDI 系统主要有两种：单对多 EDI 系统如图 11-2 所示；价值增值系统（VAN）如图 11-3 所示。

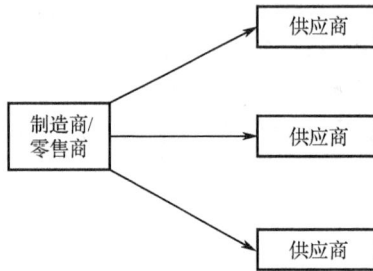

图 11-2 单对多 EDI 系统

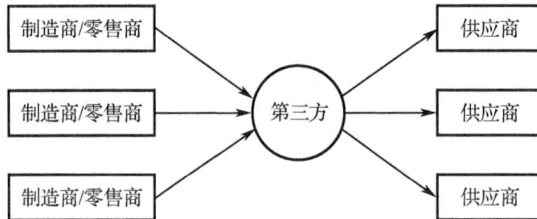

图 11-3 VAN

单对多 EDI 系统中的"单"往往是大型制造商、大型零售商。其优点是系统的拥有者具有控制整个系统的能力，缺点是系统的建立、管理及维护需花很高的费用。VAN 是目前最受欢迎的 EDI 系统，增值网是一种特殊的计算机网络，通过电话线或其他通信线路与计算机联为一体，为计算机用户提供把数据从一个地方传输到另一个地方的设施。一个组织的计算机和许多其他组织计算机直接通信所遇到的种种困难，都可以通过增值网作为通信媒介加以解决。当以增值网作为计算机通信媒介时，一个公司和它的贸易伙伴之间的 EDI 就不需要直接联系了。它们在增值网里都有自己的信箱，发送电子单证的公司可以通过电话线或其他别的通信线路，把加上电子信封的这些电子单证交给增值网，增值网就会把这些电子单证放到接收方的电子信箱里。接收方可以根据自己的安排打开信箱，使存放在信箱中的电子单证传入自己的计算机里。增值网还具有不同标准之间的翻译等功能，可以满足用户计算机通信方面的各项要求。

增值网的主要功能体现在：①通信功能。增值网能接收用户传来的报文，进行储存、处理、分类后再把它们送到各自的目的地。在物流信息管理中可以提供电子信箱和电子通信服务。②提供多种通信协议。通信协议规定了在通信各个层次、各个环节采用的方法和应遵守的规则，物流系统中不遵守相同协议的两台计算机是不能通信的。而增值网提供了多种通信方式，并可在增值网中进行转换，能使物流企业的计算机与供货商、客户的分别遵守不同通信协议的不同型号的计算机之间实现通信。

增值服务的主要内容有：贸易伙伴营销计划服务，网络用户、企业、集团服务，网络内翻译中间转换服务，拨号进入/发送服务，加密与证实服务等。

所以，同单对多系统相比，VAN 具有很多优点：

（1）不同时性。对于单对多系统，只有发送方与接收方同时开机时，信息的传输才能完成。而 VAN 则不同，它为每个接收方准备了一个邮件箱，第三方把发送方的信息转到相应接收方的邮件箱中，因此，接收方可以随时查看自己的邮箱。

（2）第三方向用户提供了一些易学易使的应用系统，相比复杂的 EDI 标准而言，可以降低用户的启动费用，减少培训费用。

（3）用户选择面广。在 VAN 中，有许多供货商或客户以供选择。

（4）VAN 包含单对多。一个客户、多个供货商系统一样可以通过 VAN 来完成，而且用户不必花费大量资金管理、维护 EDI 系统。

4. EDI 标准

EDI 标准有企业专用标准、行业标准、国家标准和国际标准。建立和使用全球范围的统一标准，EDI 用户不用支持多种标准，就能进行国际间的 EDI。目前，世界上影响最大的跨行业 EDI 标准有 X12 标准和 EDIFACT 标准。EDIFACT 标准为 EDI 提供了一系列综合性标准，并得到了全世界广泛的承认。但是 X12 标准有较长的历史，并对 EDIFACT 标准有重要影响。据分析，未来的 EDI 标准将是具有两种标准特点的混合物。

（1）X12 标准

X12 标准的全称是 ANSI ASC X12 标准，ANSI ASC X12 委员会为美国国家标准局授权的特许标准委员会，简称为 ASC X12 委员会。ASC X12 委员会有四个主要的组织系统，其中 X12 分委员会实际上是 ASC X12 委员会在各个不同领域内的工作小组。该委员会共有 12 个分委员会，它们是：通信与控制、教育和实施、商品数据库、金融财务、政府、物资材料管理、运输、技术评估、采购、产业转换、零售和仓储、保险。

（2）EDIFACT 标准

EDIFACT 标准是在联合国欧洲经济委员会第四工作组的领导下发展起来的一种标准，正式名称为 UN/EDIFACT 标准，意思为联合国用于行政、商业和运输的 EDI，简称 EDIFACT 标准。EDIFACT 标准由一系列标准所组成：语法规则、联合国贸易数据元字典、语法应用指南、报文设计指南等。

5. 实施 EDI 的益处

实施 EDI 的益处很多，主要如下：

（1）简化工作程序和信息流，大量削减纸质单证、单据工作量，实现无纸化贸易。运用 EDI 已成为发展对外贸易、国际物流的关键内容。据调查，在用纸质文件处理业务的条件下，一笔国际贸易业务中有 46 种不同的单证，连同正副本一共有 360 份以上，它们要在 20 多个部门间进行流转，制备和处理这些文件所需要的人力和时间是可想而知的。

（2）消除重复和交接作业中可能造成的错误，提高单证、单据作业质量。EDI 通过把商务文件的数据标准化，使它具有统一的格式和规定的顺序，从而使各个单位的计算机都能识别和处理。EDI 在外贸领域的应用，已经达到比较成熟的阶段，可以用 EDI 来发出订单、接收订单、询问有关信息、办理海关手续等，也可以通过 EDI 来办理货物运输和银行结算等事项。

（3）使物流业务程序与贸易、运输和后勤保障等方面更加紧密地联系起来，满足便利性、快捷性、可靠性等要求。

（4）将信息需求限制到基本数据，减少不必要的冗余操作，满足低成本、高效率运作要求。

（5）将不可避免的政府机关监控措施，如"一关三检"和其他间隔所造成的延误尽可能降低到最小。美国商务部和海关明确规定，对于使用 EDI 办理进出口手续许可证和提供报关文件，将给予优先审批办理，采用传统纸质文件申报办理的将推迟受理。欧盟规定，自 1992 年起，凡不使用 EDI 办理海关业务手续的，将被推迟受理。欧洲大陆的一些过境货车运输采用 EDI，将通关时间减少到十几分钟到几分钟。在远洋运输中，一些集装箱运输船尚未到港，相关的海关手续已经结束。

（6）降低物流全过程文件及作业成本。从国外企业运用 EDI 的有关数据分析，大型企业处理一份单证的相关成本平均降低 5 美元，中型企业处理一份单据的相关成本平均降低约 2.5 美元，即使小企业降低相关成本也可达到 1.8 美元左右。美国一家机构对 200 家公司的研究表明，在处理一份订购单时，包括打印、审核、修改、邮寄等操作费用的文件成本高达 49 美元，而一份 EDI 订购单的费用不超过 5 美元。其他企业、组织等单位降低成本的数据如表 11-1 所示。

表 11-1 降低成本表

企业、组织等单位	报文性质	处理报文单位	运用 EDI 后节约成本
Hewlett packed	购货订单	每份	从 1.65 美元降低到 0.58 美元
Super-value	购货订单	每份	1.30 美元
AIGA	各种文件	每份	12.00 美元
Douglass Aircraft	购货订单	每份	5.00 美元
RCA/GE	购货订单	每份	从 62 美元降低到 7.50 美元
DEC	购货订单	每份	从 125 美元降低到 32 美元
U.S.Treasury	支票等	每份	年节约邮资费 6 000 美元

（7）在物流企业与用户之间建立长期贸易伙伴关系。有了 EDI，物流经营者与供货商、生产商、消费者的关系就变得相对稳定，从而使得货源和市场就有了一定程度的保障，这一点对于不掌握货源，也不掌握消费者的第三方物流经营者是极为重要的。

6. 实现 EDI 的环境和条件

要实现 EDI 的全部功能，需要具备以下四个方面的条件，其中包括 EDI 通信标准和 EDI 语义语法标准。

1）数据通信网是实现 EDI 的技术基础

为了传递文件，必须有一个覆盖面广、高效安全的数据通信网作为其技术支撑环境。由于 EDI 传输的是具有标准格式的商业或行政有价文件，因此除了要求通信网具有一般的数据传输和交换功能之外，还必须具备格式校验、确认、跟踪、防篡改、防被窃、电子签名、文件归档等一系列安全保密功能，并且在用户出现法律纠纷时，能够提供法律证据。

消息处理系统为实现 EDI 提供了最理想的通信环境。为了在消息处理系统中实现 EDI，国际电信联盟电信标准局（ITU-T）根据 EDIFACT 标准的要求，于 1990 年提出了 EDI 的通信标准 X435。

2）计算机应用是实现 EDI 的内部条件

EDI 不是简单地通过计算机网络传送标准数据文件，它还要求对接收和发送的文件进行自动识别和处理。因此，EDI 的用户必须具有完善的计算机处理系统。

从 EDI 的角度看，一个用户的计算机系统可以划分为两大部分：一部分是与 EDI 密切相关的 EDI 子系统，包括报文处理、通信接口等功能；另一部分则是企业内部的计算机信息处理系统（EDP）。

一个企业的 EDP 搞得越好，使用 EDI 的效益就越高。同样，只有在广泛使用 EDI 之后，各单位内部的 EDP 的功能才能充分发挥。因此，只有将 EDI 和 EDP 全面有效地结合起来，才能得以最大的经济效益。

3）标准化是实现 EDI 的关键

EDI 是为了实现商业文件、单证的互通和自动处理，这不同于人机对话方式的交互式处理，而是计算机之间的自动应答和自动处理。因此，文件结构、格式、语法规则等方面的标准化是实现 EDI 的关键。

EDI 的国际标准发展情况如前所述，即 EDIFACT 标准，已经成为 EDI 标准的主流。但是仅有国际标准是不够的，为了适应国内情况，各国还需制定本国的 EDI 标准。因此，实现 EDI 标准化是一项十分繁重和复杂的工作。同时，采用 EDI 之后，一些公章和纸面印证将会被取消，管理方式将从计划管理型向进程管理型转变。所有这些都将引起一系列社会变革，故人们又把 EDI 称为"一场结构性的商业革命"。

4）EDI 立法是保障 EDI 顺利运行的社会环境

EDI 的使用必将引起贸易方式和行政方式的变革，也必定产生一系列的法律问题。例如，电子单证和电子签名的法律效力问题，发生纠纷时的法律证据和仲裁问题等。因此，为了全面推行 EDI，必须制定相关的法律法规，只有如此，才能为 EDI 的全面使用创造良好的社会环境和法律保障。

然而，制定法律常常是一个漫长的过程，在 EDI 法律正式颁布之前如何处理法律纠纷呢？国外先进发达国家一般的做法是，在使用 EDI 之前，EDI 贸易伙伴各方共同签订一个协议，以保证 EDI 的使用，如美国律师协会的《贸易伙伴 EDI 协议》等。

11.2.2　条形码

信息收集和交换对于物流信息管理和控制来说至关重要。典型的应用包括仓库的入库跟踪和杂货店的销售跟踪。在过去，信息的收集和交换是通过手工的书面程序完成的既费时又容易出差错。条形码和扫描仪属于识别技术，有助于物流信息的收集和交换。条形码是现代物流系统中非常重要的大量、快速信息采集技术，能适应物流大量化和高速化要求，大幅度提高物流效率的技术。条形码技术包括条形码的编码技术、条形符号设计技术、快速识别技术和计算机管理技术，是实现计算机管理和 EDI 的开端技术。

1. 条形码的定义

条形码是一种在商品外表借助按一定规则排列的不同宽度的深色和浅色条组合来表示商品编号的编码方法，能够通过专门的阅读设备来自动识别条形码并还原成商品编号传送给计算机。条形码中深颜色反射率较低的线条，简称"条"，条形码中浅颜色反射率较高的线条，简称"空"。通常对于每一种商品，它的编码是唯一的，识别的条形码仅是商品的编号，还要通过计算机检索数据库，根据编号查找到商品其他有关的信息，再由计算机的应用程序对其进行操作和处理。

2. 条形码的分类

1）一维条形码

一维条形码就是由一组黑白（彩色）相间的条与空组成的图形。通常，称黑色条为"条"，白色条为"空"。事实上，条和空也可以为其他颜色，但它们对光的反射率应该有一定的差别，因为在进行条形码识别时，要利用它们对光扫描时产生的反射光强度，变为电脉冲信号，再转为二进制数，输入计算机系统中。一维条形码的结构一般包括：两侧空白区、起始符、数据符、校验符（可选）和结束符。空白区位于条形码的两侧，没有任何符号，作用是提示阅读器准备扫描条形码字符；起始符就是条形码的第一位字符，阅读器首先确定此字符的存在，然后获得一系列的电脉冲；数据符代表一定信息的条形码字符；校验符是通过对数字符进行运算得到的，如图 11-4 所示。

图 11-4　一维条形码构成图

目前，在世界上应用的条形码有许多种，应用范围最广的主要是 UPC 条形码和 EAN 条形码。UPC 条形码是由美国统一代码委员会制定的一种条形码，由 12 位数据组成，第一位代表国别，接下来五位代表制造商，再接下来五位代表商品，最后一位是校验码；EAN 条形码由欧洲编码委员会编制，由 13 位数据组成，前两位（或三位）代表国别，接下来的五位（或四位）代表制造商，再接下来的五位代表商品，最后一位为校验码。我国制定的通用商品条形码结构与 EAN 码结构相同。

2）二维条形码

如果说一维条形码是商品的身份证，二维条形码则是商品便携的数据库。二维条形码是由一种"点单元"组成的图形。这些点单元可大可小，由这些点单元组成的条形码符号来表示商品，一个符号可以把商品的所有属性表示出来，并且保密性极好，误读率更低，当然，对条形码制作设备及阅读设备要求更高。

二维条形码除了具有一维条形码的优点外，同时还有信息量大、可靠性高、保密、防伪性强等优点。目前，二维条形码主要有 PDF417 码、Code49 码、Code 16K 码、Data Matrix 码、MaxiCode 码等，主要分为堆积式或层排式和棋盘式或矩阵式两大类。二维条形码作为一种新信息存储和传递技术，从诞生之日起就受到了国际社会的广泛关注。

二维条形码依靠其庞大的信息携带量，能够把过去使用一维条形码存储于后台数据库中的信息包含在条形码中，可以直接通过阅读条形码得到相应的信息，并且二维条形码还有错误修整技术和防伪功能，增加了数据的安全性。二维条形码可以把照片、指纹编制在其中，可有效地解决证件的可机读和防伪问题，因此可广泛应用于护照、身份证、行车证、军人证、健康证、保险卡等。另外，在海关报关单、长途货运单、税务报表、保险登记表上也都有使用二维条形码技术来解决数据输入及防止伪造、删改表格的例子。二维条形码在生产、仓储、配送、服务等各个物流活动中也有着不同的应用。PDF417 二维条形码如图 11-5 所示。

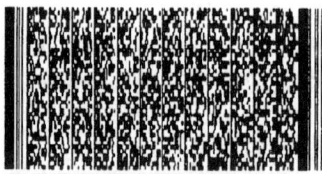

PDF417二维条形码

图 11-5　PDF417 二维条形码构成图

3）复合条形码

复合条形码是将线性符号（一维条形码）和 2D（二维条形码，包括行排式和矩阵式）复合成分组合起来的一种码制。线性组成部分对项目的主要标识进行编码，相邻的 2D 复合组成部分对附加数据进行编码，如批号和有效日期进行编码。

随着物流行业的发展，传统的条形码已经不太能适应形势的发展和需要，特别是当越来越多的信息需要表达，二维条形码受空间限制无法得到突破时，传统的条形码技术尤其显得力不从心。结合一维条形码和二维条形码优点的新的条形码——复合码，可以解决物流行业的快速发展与传统条形码缺陷之间的冲突。

3．条形码在物流中的应用

条形码在物流中有较为广泛的应用，主要应用在以下三方面：

（1）POS 系统。在商品上贴上条形码就能快速、准确地利用计算机进行销售和配送管理。对销售商品进行结算时，通过光电扫描读取并将信息输入计算机，然后输入收款机，收款后开出收据，同时通过计算机处理，掌握进销存的数据。

（2）库存系统。在库存物资上应用条形码，尤其是规格包装、集装、托盘货物上，入库时自动扫描并输入计算机，由计算机处理后形成库存的信息，并输出入库区位、货架、货位的指令，出库程序则和 POS 系统条形码应用一样。

（3）分货、拣选系统。在配送方式和仓库出货时，采用分货、拣选方式，需要快速处理大量的货物，利用条形码便可自动进行分货、拣选，并实现有关的管理。其过程如下：一个配送中心接到若干个配送订货要求，将若干订货汇总，每一品种汇总成批后，按批发出所在条形码的拣货标签，拣货人员到库中将标签贴于每件商品上并取出用自动分拣机分货，分货机始端的扫描器对处于运动状态的分货机上的货物进行扫描，一方面确认所拣出货物是否正确，另一方面识读条形码上用户标记，指令商品所确定的分支分流，到达各用户的配送货位，完成分货、拣选作业。

11.2.3　EOS

EOS 是指企业间利用通信网络（VAN 或互联网）和终端设备以在线联结方式进行订货作业和订货信息交换的系统。EOS 按应用范围可分为：企业内的 EOS（如连锁店经营中各个连锁分店与总部之间建立的 EOS）；零售商与批发商之间的 EOS 以及零售商、批发商和生产厂家之间的 EOS。EOS 的基本框架如图 11-6 所示。

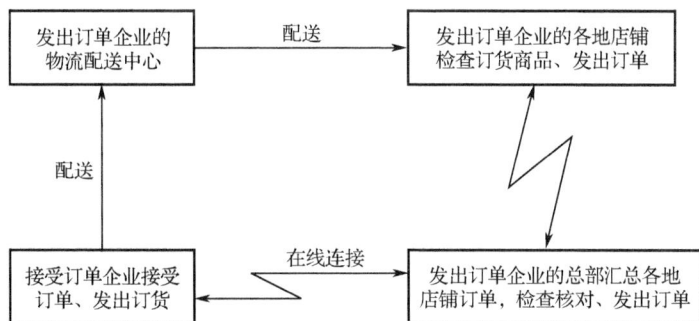

图 11-6　EOS 的基本框架图

1．EOS 在物流管理中的作用

EOS 能及时准确地交换订货信息，它在企业物流管理中的作用有如下四方面：

（1）对于传统的订货方式，如上门订货、邮寄订货、电话、传真订货等，EOS 可以缩短从接到订单到发出订货的时间，缩短订货商品的交货期，减少商品订单的出错率，节省人工费。

（2）有利于减少企业的库存水平，提高企业的库存管理效率，同时也能防止商品缺货现象的出现。

（3）对于生产厂家和批发商来说，通过分析零售商的商品订货信息，能准确判断畅销商品和滞销商品，有利于企业调整商品生产和销售计划。

（4）有利于提高企业物流信息系统的效率，使各个业务信息子系统之间的数据交换更加便利和迅速，丰富企业的经营信息。

2．应用 EOS 应注意的问题

虽然 EOS 对于企业物流具有十分重要的作用，但企业要有效地应用 EOS，应该注意下列五个问题：

（1）订货业务作业的标准化，这是有效利用 EOS 的前提条件。

（2）商品代码的设计。在零售行业的单品管理方式中，每一个商品品种对应一个独立的商品代码，商品代码一般采用国家统一规定的标准。对于统一标准中没有规定的商品则采用本企业自己规定的商品代码。商品代码的设计是应用 EOS 的基础条件。

（3）订货商品目录账册的制成和更新。订货商品目录账册的设计和运用是 EOS 成功的重要保证。

（4）计算机以及订货信息输入、输出终端设备的添置和 EOS 设计是应用 EOS 的基础条件。

（5）需要制定 EOS 应用手册并协调部门间、企业间的经营活动。

11.2.4　射频技术

1. 射频技术原理

射频技术的基本原理是电磁理论。射频技术的优点是不局限于视线，识别距离比光学系统远，射频识别卡可具有读写能力，可携带大量数据，难以伪造，且有智能。

近年来，PDT 的应用多了起来，PDT 可把那些采集到的有用数据存储起来或传送至一个管理信息系统。PDT 一般包括一个扫描器、一个体积小但功能很强并带有存储器的计算机、一个显示器和供人工输入的键盘。在只读存储器中装有常驻内存的操作系统，用于控制数据的采集和传送。PDT 存储器中的数据可随时通过射频技术传送到主计算机。操作时先扫描位置标签，货架号码、商品数量就都输入到 PDT，再通过射频技术把这些数据传送到计算机管理系统，可以得到用户商品清单、发票、发运标签、该地所存商品代码和数量等。

2. 射频技术在物流管理中的适用性

射频技术适用于物料跟踪、运载工具和货架识别等要求非接触数据采集和交换的场合，由于射频技术标签具有可读写能力，对于需要频繁改变数据内容的场合尤为适用。

我国射频技术的应用也已经开始，一些高速公路的收费站口使用射频技术可以不停车收费，我国铁路系统使用射频技术记录货车车厢编号的试点已运行了一段时间，一些物流公司也正在准备将射频技术用于物流管理中。

11.2.5　GPS

1. GPS 的概念

GPS 是美国从 20 世纪 70 年代开始研制，历时 20 年，耗资 200 亿美元，于 1994 年全面建成，具有在海、陆、空进行全方位实时三维导航与定位能力的新一代卫星导航与定位系统。开始只用于军事，现在已经广泛地应用在商业和科学研究上。GPS 具有全能型、全球性、全天候、精度高等特点。

目前，GPS 主要有四个：美国研制的 NAVSTAR 系统、俄罗斯拥有的 GLONASS 系统、欧洲的"伽利略"卫星导航系统和中国的"北斗"卫星导航系统。

2. GPS 的组成

GPS 由空间部分、地面监控部分和用户部分三个部分组成。

（1）空间部分

GPS 的空间部分由 21 颗工作卫星组成，它位于距地表 20 200 千米的上空，均匀分布在六个轨道平面上（每个轨道平面四颗），轨道倾角为 55 度，运行周期为 12 小时。此外，还有三颗有源备份卫星在轨运行。卫星的分布使得在全球任何地方、任何时间都可观测到四颗以上的卫星，平均同时可观测到六颗卫星，最多可达十一颗，并能在卫星中预存导航信息。当卫星入轨后，星内机件靠太阳能电池和镉镍蓄电池供电，每个卫星有一个推力系统，以便使卫星轨道保持在适当的位置。GPS 的卫星因为大气摩擦的问题，随着时间的推移，导航精度会逐渐降低。

（2）地面监控部分

卫星位置是依据卫星发射星历——描述卫星运动及其轨道参数算得的。每颗 GPS 卫星所播发的星历，由地面监控系统提供。卫星上各种设备是否正常工作以及卫星是否一直在预定的轨道上运行，都要由地面设备进行监测和控制。地面监控系统的另一个重要作用是保持各颗卫星处于同一时间标准——GPS 时间系统。这就需要地面站监测各颗卫星的时间，求出钟差，然后由地面注入站发给卫星，卫星再用导航电文发给用户设备。GPS 工作卫星监控系统包括一个主控站、三个注入站和五个监测站。监测站的主要任务是对每颗卫星进行观测，精确测定卫星在空间的位置，向主控站提供观测数据。主控站拥有大型的电子计算机作为数据采集、计算、运输、诊断、编辑等功能的主体设备。

（3）用户部分

用户部分包括用户组织系统和根据要求安装相应的设备，但其中心设备是 GPS 信号接收机。它是一种特制的无线电接收机，用来接收导航卫星发射的信号，并以此计算出定位数据。GPS 信号接收机能够捕获到按一定卫星高度截止角所选择的待测卫星的信号，并跟踪这些卫星的运行，对所接收的 GPS 信号进行变换、放大和处理，以便测出 GPS 信号从卫星到接收天线的传播时间，解译出 GPS 卫星所发送的导航电文，实时计算监控站的三维位置，甚至三维速度和时间。

根据不同性质的用户和要求的功能，要配置不同的 GPS 信号接收机。其结构、尺寸、形状和价格也大相径庭。例如，航海和航空的接收机，要具有与存有导航图等资料的存储卡相接口的能力；测地用的接收机就要求具有很高的精度，并能够快速采集数据；军事上用的要附加密码模块，并要求能高精度定位。

3．GPS 在物流领域的应用

GPS 在物流领域的应用主要体现在导航、车辆跟踪、货物配送路线规划、信息查询、话务指挥和紧急援助六个方面。

1）导航

三维导航是 GPS 的首要功能，也是它最基本的功能。汽车导航系统是在 GPS 的基础上发展起来的一种新技术，也是物流运输配送中应用最广泛的技术。

2）车辆跟踪

GPS 与 GIS、无线移动通信系统（GSM）及计算机车辆管理信息系统相结合，可以实现车辆跟踪功能。利用 GPS 和 GIS 可以实时显示出车辆的实际位置，并任意放大、缩小、还原、换图；可以随目标移动，使目标始终保持在屏幕上；还可以实现多窗口、多车辆、多屏幕同时跟踪，利用该功能可对重要车辆和货物进行跟踪运输。其中，GPS 信号接收机接收卫星发回的信号，并利用相关软件精确计算出当前的经度值和纬度值，将此位置数据与 GIS 集成，通过可视化技术即可清晰的展示当前物流运输设备所在的位置。

目前，已开发出把 GPS、GIS 和 GSM 结合起来对车辆进行实时定位、跟踪、报警、通信等的技术，能够满足掌握车辆基本信息，对车辆进行远程管理的需要，从而有效避免车辆的空载现象。同时，用户也能通过互联网技术了解自己的货物在运输过程中的细节情况。

3）货物配送路线规划

货物配送路线规划是 GPS 的一项重要的辅助功能，包括以下两个方面：

（1）自动线路规划。由驾驶员确定起点和终点，由计算机软件按照要求自动设计出最佳行驶路线，包括最快的路线、最简单的路线、通过高速公路路段次数最少的路线等。

（2）人工线路设计。由驾驶员根据自己的目的地设计起点，终点和途经点等，自动建立线路库。

线路规划完毕后，显示器能够在电子地图上显示出设计线路并显示汽车运行路径和运行方法。

4）信息查询

为用户提供主要目标，如旅游景点、宾馆、医院等数据库，用户能够在电子地图上根据需要进行查询。查询资料可以是文字、语言以及图像的形式显示，并在电子地图上显示其位置。

5）话务指挥

指挥中心可以监测区域内车辆的运行状况，对被监控车辆进行合理调度。指挥中心也可随时同被追踪目标通话，实行管理。

6）紧急援助

通过 GPS 定位和监控管理系统可以对遇有险情或发生事故的车辆进行紧急援助。监控台的电子地图可以显示求助信息和报警目标，规划出最优的救援方案，并以报警声、光提醒值班人员进行应急处理。

为了促进 GPS 的发展，人们把 GPS 与互联网结合起来，产生了网络 GPS。网络 GPS 是指在互联网上建立起来的一个公共 GPS 监控平台，它同时融合了卫星定位技术、数字移动通信技术以及国际互联网技术等多种目前世界上先进的科技成果。它的产生给人们带来了以下四个方面的便利。

（1）可以通过互联网界面直接显示 GPS 动态跟踪信息，更加方便地实现了 GPS 功能。

（2）节省了设置监控中心的大量费用，包括各种硬件和管理软件费用。

（3）利用互联网可以实现无地域限制的跟踪信息显示。

（4）利用互联网可设置不同的权限，做到信息的保密。

总之，网络 GPS 可以降低 GPS 的使用门槛，提高普及率还可以使物流企业从中受益，从而大大推动物流业的发展。

11.3 POS 系统

POS 系统是指通过自动读取设备（如收银机）在销售商品时直接读取商品销售信息（如商品名、单价、销售数量、销售时间、销售店铺、购买客户等），并通过通信网络和计算机系统传送至有关部门进行分析加工，以提高经营效率的系统。POS 系统最早应用于零售业，以后逐渐扩展至其他如金融、旅馆等服务行业，利用 POS 系统的范围也从企业内部扩展到整个供需链。

11.3.1 POS 系统的组成和特点

1. POS 系统的组成

POS 系统包括前台 POS 系统和后台管理信息系统两大基本部分。在商场完善前台 POS 系统的同时，也建立后台管理信息系统。这样，在商品销售的任何过程中的任一时刻，商品的经营决策者都可以通过后台管理信息系统了解和掌握前台 POS 系统的经营状况，实现商场库存商品的动态管理，使商品的存储量保持在一个合理的水平，减少了不必要的库存。

1）前台 POS 系统

前台 POS 系统是指通过读取设备（重要是扫描器），在销售时直接读取商品信息（如商品名称、单价、销售数量、销售时间、销售店铺、购买客户等），实现前台销售业务的自动化，对商品交易进行实时服务和管理，并通过通信网络和计算机系统传送至后台，通过后台管理信息系统的计算、分析与汇总掌握商品销售的各种信息，为企业管理者分析经营成果、制定经营方针提供依据，以提高经营效率的系统。

2）后台管理信息系统

后台管理信息系统负责这个商场进销存系统的管理以及财务管理、库存管理、考勤管理等。它可根据商品进货信息对商场进行管理；又可根据前台 POS 系统提供的销售数据，控制进货数量，合理周转资金；还可以分析、统计各种销售报表，快速准确地计算成本和毛利；也可以对售货员、收款员业绩进行考核，是员工分配工资、奖金的客观依据。因此，商场现代管理系统中的前台 POS 系统与后台管理信息系统是密切相关的，两者缺一不可。

　　3）系统软硬件构成

　　系统的构成包括两大部分：硬件部分和软件部分。系统的硬件构成主要包括前台 POS 系统的计算机及彼此之间相连接的通信线路等，如图 11-7 所示。软件的构成也包括两部分：一是前台销售处理系统；二是后台进销存系统。其中前台销售处理系统主要功能是销售商品，还包括商品、退货、取消、交班等功能。后台进销存系统功能包括进销存业务、其他业务、进销存统计、基础数据、系统初始设置、系统维护、系统帮助及退出系统八大功能。

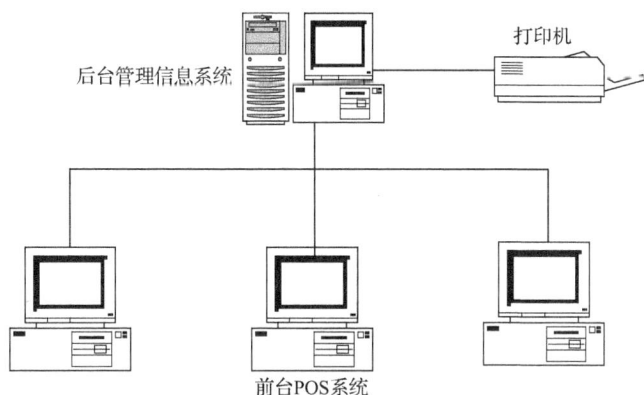

图 11-7　系统硬件构成

2．前台销售处理系统功能介绍

　　（1）前台销售处理系统相对独立于后台系统，前台系统可以连接后台系统进行工作，也可以不连接后台系统进行独立工作。这样可以避免网络出现故障时，造成前台系统瘫痪的局面。

　　（2）前台销售处理系统可接条形码阅读设备，销售商品时主要以编码销售为主，商品的编码可手工输入，也可用条形码阅读器输入。

　　（3）单品可进行多件、变价、打折、归类等销售。

　　（4）可按会员章程进行会员优惠销售。

　　（5）系统支持多种付款方式，具体的付款方式由用户自己统一在后台进销存系统设定，如现金、支票、礼券等。

　　（6）支持多种销售价格（具体使用哪一种销售价格由后台进销存系统设定）。

　　（7）支持销售商品的取消和退货功能，支持条形码电子秤销售，支持销售挂单。

　　（8）支持两种宽度的纸张打印：57 毫米和 76 毫米。

　　（9）可接客户显示屏。

　　（10）销售结束可进行交接班处理，交班处理时，系统自动把销售数据传回后台进销存系统，自动生成累计销售报表，核减后台进销存系统柜台存货。

　　（11）前台销售处理系统操作员所拥有的权限，由后台进销存系统的操作管理员统一设定。

3．后台进销存系统功能介绍

　　后台进销存系统的功能结构图如图 11-8 所示，具体功能如下三十八项：

　　（1）订货单处理：包括订货单的录入和查询，主要功能是帮助用户在商品采购前制订商品订货计划，在录入订货单时，用户可以随时了解订货商品的最近一次进价、供货商资料、商品当前的库存信息等。

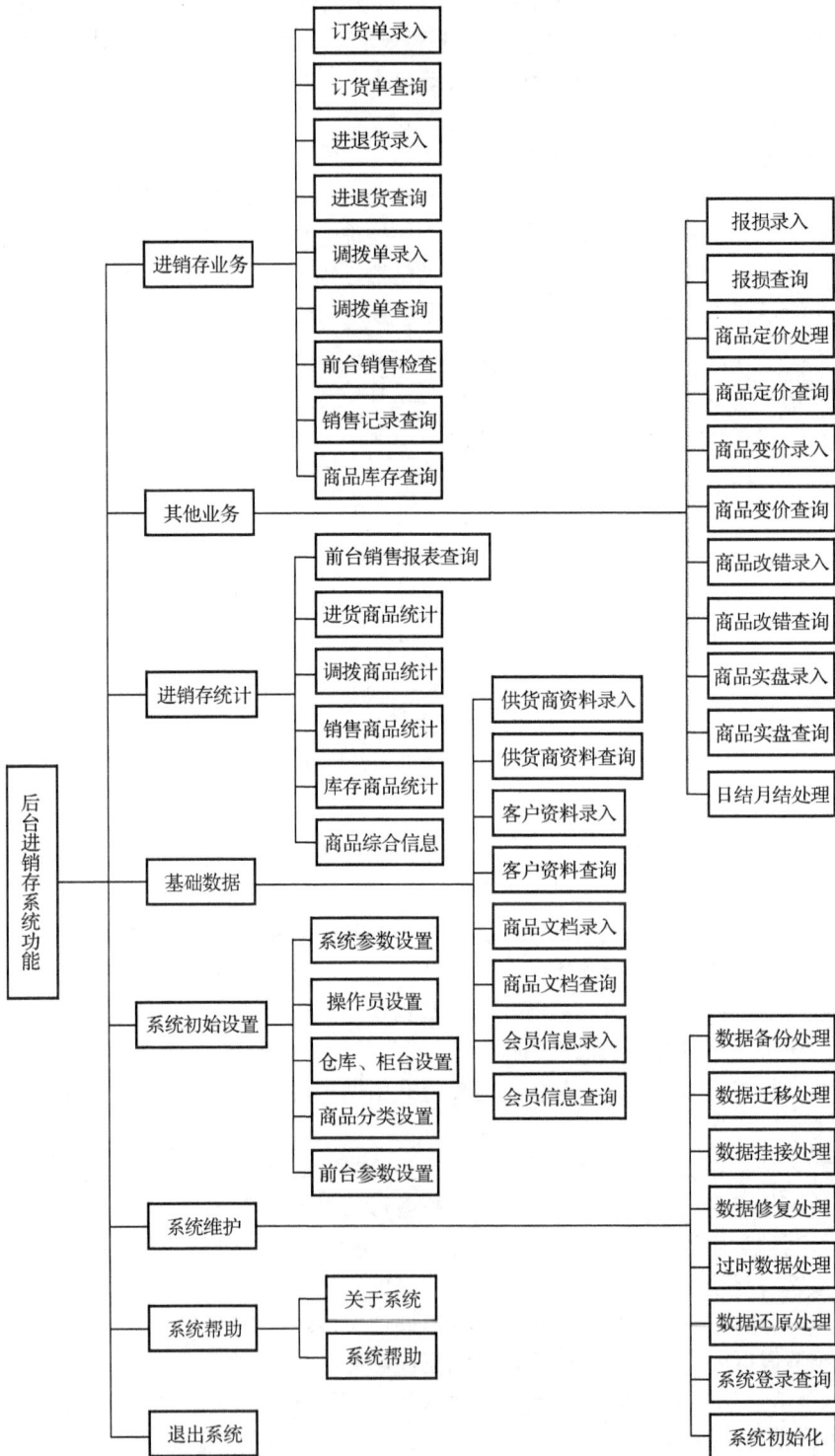

图 11-8 后台进销存系统的功能结构图

（2）进退货处理：包括商品进货、退货的录入和查询，功能是把用户进货商品录入到进销存系统中，同时累加库存，记录此次进货的供货商信息，对新商品进行编码处理。进货商品录入的信息主要有商品的条形码、名称、进货单价、进货数量、进货金额等，以及供货商的信息。如果是发生退货，则进行退货录入，同时核减库存。

（3）商品调拨处理：包括商品调拨单录入和查询。当仓库有商品出仓到柜台时，可进行商品调拨录入。当有商品从柜台退回仓库时，可进行商品退仓处理。商品从仓库调拨到柜台时，会核减仓库存货，同时累加柜台存货；当商品从柜台调回仓库时，退仓商品累加仓库存货，同时核减柜台存货。商品调拨录入信息包括商品调出或调入仓位信息、数量、经手人等信息。

（4）前台销售检查：后台随时检查前台的销售情况，如哪一台收款机或哪一个收款员的当前销售情况，内容包括商品当前销售数量、金额等。

（5）销售记录查询：查询商品销售的历史记录，可以按多种条件进行，如按部类、商品编码、商品名称、购销类型等，并统计出累计的销售数量、销售金额及毛利。

（6）商品库存查询：查询当前商品仓库或柜台的存货数量，查询可按多种条件进行，如商品编码、商品名称、商品属类等。

（7）商品报损处理：包括商品报损录入和报损查询，报损可分为仓库和柜台商品报损。当是柜台报损时，先把柜台报损商品退回仓库，然后在报损录入中录入要报损的商品，当报损录入确认后，系统自动核减仓库库存。

（8）商品定价处理：确定新到商品的销售价格，功能包括商品定价处理和商品定价查询。当有新商品进货时，系统在进货录入确认后，自动把新到商品分拣出来放入商品定价处理中，以便用户进行商品定价。

（9）商品变价处理：调整商品的进货单价或销售单价，内容包括商品变价录入和变价查询。当用户由于市场环境或竞争需要，要对商品进行调价处理时，则可进行商品变价处理。当要变价的商品录入确认后，系统会以新的价格替换对应商品旧的价格。

（10）商品改错处理：包括商品的改错录入和改错查询。当用户在销售商品的过程中，发现商品的编码、品名属性或单位等有误时，可进行商品改错处理。

（11）商品盘点处理：包括商品实盘录入和商品实盘查询。用户在初次使用系统或需要对商品进行盘点时，须对商品实盘点数据进行录入，当实盘录入确认后，系统自动更新当前商品的实库存和实柜存，同时自动对商品的文档进行处理。

（12）日结月结处理：对当天或当月的进货、调拨和销售数据进行结转处理，形成当天或当月的进货、调拨、销售及库存报表。

（13）前台销售报表查询：当收款员进行交班处理时，系统自动汇总销售报表，销售报表查询可按任意日期段进行，分为收款员、部类、柜台和单品报表，信息包括某段日期各个收款员、各部类、各时段等商品销售的总金额、退货总金额、取消总金额、各种付款方式的金额、编码销售金额、非编码销售金额、折让金额、应缴款金额等信息。

（14）进货商品统计：统计任意日期段某个供货商、某种部类或某个商品的进货情况，当按某个供货商或某个部类进行统计时，不但可以看到某个供货商或某个部类的进货累计情况，而且也能看到对应的进货商品的明细。

（15）调拨商品统计：统计任意日期段商品调拨的情况，可按部类、柜台、编码等多种条件进行。

（16）销售商品统计：统计任意日期段商品的销售情况，可以统计某段日期各部类商品销售的金额、进销差额（毛利），可以统计某段日期某个商品的销售数量、销售金额、进销差额（毛利）。也可以统计某段日期某个客户的销售数量、销售金额、进销差额（毛利）。各种条件的统计都可以按降序或升序进行。

（17）库存商品统计：统计当前商品的库存情况，可按编码、部类等条件进行，信息包括当前商品的仓库存货、柜台存货及合计库存。当按部类进行统计时，不但可以看到各个部类的累计库存，而且可以看到相应部类的商品库存明细。

（18）商品综合信息：查询商品综合信息，内容包括商品从开业到当前的单品总销售量、总销售金额、总进货量、总进货金额、最近的进货数量、进货日期、进货单价、最近的销售数量、销售单价、销售金额。商品综合信息可按多种条件进行查询。

（19）供货商资料处理：包括供货商资料的录入和查询，供货商的资料内容包括供货商的名称、地址、联系人及电话、开户行、账号，以及供货商供应的商品清单等。

（20）客户资料处理：包括客户资料的录入和查询，客户资料的信息包括客户的名称、地址、联系人及电话、开户行、账号，以及客户所需要的商品清单等。

（21）商品文档处理：包括商品文档录入和商品文档查询，商品文档内容包括商品的编码、品名属性、属类、单位、最近进价、平均进价、零售价 1、零售价 2、零售价 3、库存上限和库存下限等。商品文档可在实盘处理或进货处理时自动建立。

（22）会员信息处理：包括会员信息的录入和查询，会员信息内容包括会员的姓名、身份证件、入会日期、享受的商品折扣等。

（23）系统参数设置：包括商品的编码规则、备份路径、有无仓库方式、会员优惠方式、零售单价等参数的设置。

（24）操作员设置：包括操作员的姓名、密码、权限的设置。

（25）仓库、柜台设置：对仓库和柜台进行编号分类，内容包括库位或柜位的代号，以及所存放商品的信息等。

（26）商品分类设置：设置商品的部类，也就是用户对商品进行分类，内容包括商品部类的代码、部类的名称等。

（27）前台参数设置：在操作员设置了有权进行前台销售后，还设置前台销售操作的权限，内容包括销售打折、退货、可采用哪一种销售价格等参数。

（28）数据备份处理：对系统数据进行备份处理，以便日后系统出现故障时恢复之用。

（29）数据迁移处理：当计算机操作系统出现故障需要重装系统或系统需要升级时，在重装系统后，可以通过数据迁移功能，把老系统的数据迁移过来。

（30）数据挂接处理：系统可以建立一个商品文档库，当新用户要使用系统时，可以把事先建好的商品文档库挂接到系统中。这样新用户在录入商品时，可以从商品挂接库中检索商品，免去商品条形码和名称的录入，从而提高商品的录入速度。

（31）数据修复处理：当用户在使用系统时，由于某些因素（如运行中途断电），造成系统数据损坏，使系统不能正常工作，这时可以使用数据修复功能，进行系统数据修复，使损坏的数据恢复正常。

（32）过时数据处理：对系统的数据进行清除操作，当系统的有些单品不再卖了，或者有些历史数据，如进货或盘点的历史数据累积过多时，可以用此功能进行数据清理。

（33）数据还原处理：从系统备份库中取出数据，进行数据恢复处理，当系统数据出现故障时，可使用此功能进行恢复。

（34）系统登录查询：查询进入过系统的操作员姓名、登录时间和操作内容，以便检查系统的操作情况，防止心术不正者破坏系统。

（35）系统初始化：对系统进行初始化操作，当系统进行初始化操作时，系统数据会全部清空，回到刚安装后的状态。需要系统操作员密码才能进行系统初始化。

（36）关于系统：显示系统当前的版本信息。

（37）系统帮助：系统操作使用的在线帮助说明，用户可以在任何操作过程，通过在线帮助查找所需要的操作帮助说明。

（38）退出系统：结束系统操作，返回到操作系统状态。

4．POS 系统的特点

POS 系统能够对商品进行单品管理、员工管理和客户管理，并能够适时自动取得销售时点信息和信息集中管理，它紧密连接着供需链，是供需链管理的基础，也可以说是物流信息的起点。其特点有如下四点。

1）分门别类管理

POS 系统的分门别类管理不仅针对商品，而且还可以针对员工及客户。

（1）单品管理。零售业的单品管理是指以店铺陈列展示销售的商品，以单个商品为单位进行销售跟踪和管理的方法。由于 POS 信息及时准确地记录单个商品销售信息，因此 POS 系统的应用使高效率的单品管理成为可能。

（2）员工管理。员工管理指通过 POS 终端机上的计时器的记录，依据每个员工的出勤状况、销售状况（以月、周、日甚至时间段为单位）进行考核管理。

（3）客户管理。客户管理是指客户购买商品结账时，通过收银机自动读取零售商发行的客户 ID 卡或客户信用卡来把握每个客户的购买品种和购买期，从而对客户进行分类管理。

2）自动读取销售时点信息

在顾客购买商品结账时，POS 系统通过扫描仪自动读取商品条形码标签上的信息，在销售商品的同时获得实时的销售信息是 POS 系统的最大特征。

3）集中信息管理

在各个 POS 终端获得的销售时点信息，以在线联结方式汇总到企业总部，与其他部门发送的有关信息一起由总部的信息系统加以集中并进行分析加工。例如，把握畅销商品和滞销商品以及新商品的销售倾向，对商品销售量和销售价格、销售量和销售时间之间的相关关系进行分析，对商品上架陈列方式、促销方法、促销时间、竞争商品的影响进行相关分析。

4）连接供需链的有力工具

供需链参与各方合作的主要领域之一是信息共享，而 POS 是企业经营中最重要的信息之一，通过它能及时把握客户的需要信息，供需链的参与各方可以利用 POS 并结合其他的信息来制定企业的经营计划和市场营销计划。

11.3.2　POS 系统应用效果和作用

应用 POS 系统的效果主要体现在三个方面：作业水平、店铺营运水平和企业经营管理水平。具体应用 POS 系统的效果如表 11-2 所示。

表 11-2　应用 POS 系统的效果

作业水平	收银台业务的省力化	缩短商品检查时间 高峰时间的收银作业变得容易 减低输入商品数据的出错率 缩短职工培训教育时间 减少店铺内的票据数量 现金管理合理化
	数据收集能力提高	信息在发生时点收集 强化信息的信赖性 数据收集的省力化、迅速化和实时化

续表

		提高收银台的管理水平
店铺营运水平	店铺作业的合理化	贴商品标签和价格标签、改变价格
		标签作业迅速化、省力化
		随时掌握销售额和现金额
		检查输入数据简便化
		减少店铺内票据
	店铺营运的效率化	把握库存水平
		配置效率化、作业指南明确化
		容易测定销售目标的实现程度
		容易实行时间段减价
		容易制成销售报告
		把握畅销商品和滞销商品的信息
		货架商品陈列、布置合理化
		发现不良库存
		对特殊商品进行单品管理成为可能
企业经营管理水平	提高资本周转率	避免出现缺货现象
		库存水平合理化
		提高商品周转率
	商品计划的效率化	分析商品促销的效果
		把握客户购买动向
		按商品品种进行利益管理
		基于销售水平制订采购计划
		有效的店铺空间管理
		基于时间段的广告促销活动分析

从表中可以看出，POS 系统的作用体现在：增加营业额及利润；节约大量的人力、物力；缩短资金流动周期；提高企业的经营管理水平。

11.3.3　POS 系统运行环境因素控制

1．岗位出勤率和出勤岗位配合的效率化控制

要按不同时段的客户流量，安排好岗位出勤，使岗位出勤人员的工作性质与客户流量相配合，并使每一个岗位达到效率化。安排好出勤岗位人员的搭配，使上下道工序在良好的配合下达到效率化。

2．控制处理好现场的紧急事项

要按先急后缓原则进行工作程序调整，如优先接待客户和收银，然后再补货和清洁，最后是交接班。

3．无缺货

要准确、准时订货，确定好量与时间，因为这与企业的配送方式和与供货商的协议有关。如不能做到准确、准时，那么为了营业正常，要有补救措施与方法。总部对门店的订货要给予全方位和系统化的支持（如采购计划、资金配备、商品储备、配送量确定、配送时间和频次确定、商品调剂政策）。门店要控制好订货人员的订货时间、责任心和准确性，做到无缺货。

一般可采取以下三种订货方式：

（1）常规性订货（可进一步设计为自动补货系统）。按 POS 系统提供的数据订货（数量、品牌、规格）。

（2）干预性订货。按数据并根据已掌握的需求变化的信息订货。

（3）开发性订货。按对商圈内需求变化趋势（门店的个性）的判断进行新商品的订货，其程序是：需求趋势预测→商品化→商品具体项（品牌、功能等）。开发性订货的落实是一个过程，需要总部采购部门和供货商的大力配合。

4. 价格标志清晰

在 POS 系统环境下，应重点保证货架上的标志牌清晰完整，正确无缺。

5. 补货迅速

（1）前进陈列（尤其对便利店，几乎每发生一笔货架上的交易都要有一次整理性补货）；

（2）补充陈列（贯彻先进先出的原则）。

6. 控制好陈列方法和陈列技术的完整性

（1）显而易见（控制好磁石点）；

（2）伸手可取（控制好产品生命周期在货架上的上下变化）；

（3）纵向陈列（控制好各种商品在货架段位上的平均效益）；

（4）促销陈列（控制好端头陈列和促销告示牌）。

11.4　物流运输企业的信息管理系统

近年来，企业管理的一个重要趋势是企业采取选择和集中的经营战略，专注于主业和成长行业，其他的业务采取外购和委托方式，其中之一的就是把物流运输业务完全委托给专门的第三方物流运输企业。这样专门的物流运输企业与它的顾客形成共同的利益关系，与供需链的参与各方整合在一起。而同时由于运输技术不断革新，大量、高速运输成为可能，所以对提高运输质量的要求，也逐渐严格起来。即要求准确掌握运输活动中发生的大量信息，满足货主种种要求的运输手段、设施，及时提供货物运输、保管信息等运输服务等。所以作为第三方物流的运输企业，经营效率的高低直接影响到整个供需链的经营效果。因此，为了满足顾客的需要，为了提高整个供需链的经营效果，为了在激烈的竞争中获得竞争优势，物流运输企业特别是一些大型的物流运输企业建立自己的战略信息系统、综合运输信息管理系统、应用货物跟踪系统、物流运输车辆运行管理系统等信息管理系统是相当必要的。下面介绍目前物流运输企业广泛采用的物流运输信息管理系统。

11.4.1　综合运输信息管理系统

美国长期从事综合运输研究的专家 G. 穆勒在其 1995 年出版的《综合货物运输》（第三版）一书中指出：综合运输系统是一种客货运输体系，其运输过程的各个组成部分都有效地相互连接和相互协调，并具有较大的灵活性。当用于货物运输时，综合运输是货物在两种以上运输方式上进行无缝和连续的门到门运输，通过一个货运单据，实现直达运输作业过程。对于集装箱货物综合运输来说，货物在整个运输过程中一直保持在同一集装箱内。综合运输不仅包括硬件设施或设备，还包括相关的软件。物流企业的综合运输信息管理系统应能处理各种运输业务，如货物的跟踪、发票的登记等。

1. 综合运输信息管理的各子系统介绍

不同运输企业的综合运输信息管理系统会有所不同。下面以路线运输业务和送货到门急件运输业务为中心来介绍构成该系统的各子系统。

　1）原始传票登记系统

原始传票登记系统是把路线运输原始传票、送货到门急件运输原始传票等登记到中心文件（托运单文件）中去的系统。

2）货物跟踪系统

货物跟踪系统是指物流运输企业利用物流条形码和 EDI 及时获取有关货物运输状态的信息（如货物品种、数量、货物在途情况、交货期间、发货地和到达地、货物的货主、送货责任车辆和人员等），提供物流运输服务的系统。具体说就是物流运输企业的工作人员在向货主发货时、在物流中心重新集装运输时、在向顾客配送交货时，利用扫描仪自动读取货物包装或货物发票上的物流条形码等货物信息，通过公共通信线路、专用通信线路和卫星通信线路把货物的信息传送到总部的中心计算机进行汇总整理，这样所有被运送的货物的信息都集中在中心计算机里。

建立货物跟踪系统需要较大的投资，如购买设备、标准化工作、系统运行费用等。因此，只有具备实力的大型商业物流运输企业才能够应用货物跟踪系统。但是随着信息产品和通信费用的低价格化以及互联网的普及，许多中小型商业物流运输企业也开始应用货物跟踪系统。在信息技术广泛普及的美国，商业物流运输企业建立本企业的网页，顾客通过互联网与商业物流运输企业联系运货业务和查询运送货物的信息。在我国，许多商业物流运输企业也已开始建立本企业的网页，通过互联网从事商业物流运输业务。

3）票据发行系统

票据发行系统是发行货物装载明细书、发货承付通知单等作业票据的系统。将前一天按不同店、所分类的汇总表、发运实际表等，做成管理用的票据。

4）顾客服务系统

顾客服务系统是向顾客反馈运输信息的系统，如输出运送完结报告，或向该店、所输出催货清单，列出收货后经过一定时间尚未运输的货物，以利于提高货物运输质量。

5）信息交换系统

信息交换系统是该公司和所属店、所在店、所之间进行信息联络的系统。

6）一般资料收集系统

一般资料收集系统是指其他各种资料（租车、附加传票、车辆资料等）收集系统。

7）加工整理系统

加工整理系统是把联机收集来的数据，进行加工、分析、保存的系统。

2．综合运输管理系统作用

综合运输管理系统提高了物流运输企业的服务水平，其具体作用表现在以下四个方面：

（1）当顾客需要对货物的状态进行查询时，只要输入货物的发票号码，马上就可以知道有关货物状态的信息。查询作业简便迅速，信息及时准确。

（2）通过货物信息可以及时确认货物是否在规定的时间内送到顾客手中，发现未把货物交付给顾客的情况时，便于马上查明原因并及时改正，从而提高运送货物的准确性和及时性，提高顾客服务水平。

（3）作为获得竞争优势的手段，提高商业物流运输效率，提供差别化包装物流服务。

（4）通过货物跟踪系统所得到的有关货物运送状态的信息，丰富了供需链的信息分享源。有关货物运送状态信息的分享，有利于顾客预先做好接货以及后续工作的准备。

11.4.2　物流运输车辆运行管理系统

由于作为提供商业物流运输服务手段的运输工具（如卡车、火车、船舶、飞机等），从事商业物流运输业务过程中处于移动分散状态，所以在作业管理方面会遇到其他行业所没有遇到的困难。但是随着移动通信技术的发展和普及，出现了多种车辆运行管理系统。下面将介绍两种车辆运行管理系统，一种是适用于城市范围的应用多信道存取（Multi Channel Access，MCA）无线技术的车辆管理系统（简称 MCA 无线系统），另一种是适用于全国、全球范围的应用通信卫星、GPS 和 GIS 的车辆管理系统。

1．MCA 无线系统

MCA 无线系统由无线信号发射接收控制部门、运输企业的计划调度室和运输车辆组成。通过无线信号发射接收控制部门，运输企业的计划调度室与运输车辆能进行双向通话，无线信号管理部门通过科学的划分无线频率来实现无线频率的有效利用。由于 MCA 无线系统无线发射功率的限制，它只适用于小范围的通信联络，如城市内的车辆计划调度管理。在我国北京、上海等城市的大型出租运输企业都采用 MCA 无线系统。

商业物流运输企业在利用 MCA 无线系统的基础上，结合顾客数据库和自动配车系统进行车辆运行管理。具体来说，在接到顾客运送货请求后，将货物品种、数量、装运时间、地点、顾客的联络电话等信息输入计算机，同时根据运行车辆移动通信装置发回的有关车辆位置和状态的信息，通过 MCA 无线系统由计算机自动向最靠近顾客的车辆发出装货指令，由车辆上的接收装置接收装货指令并打印出来。MCA 无线系统个仅能提高商业物流运输企业效率，而且能提高顾客服务的满意度。

2．应用通信卫星、GPS 和 GIS 的车辆管理系统

在全国范围甚至跨国范围进行车辆运行管理就需要应用通信卫星、GPS 和 GIS。应用通信卫星、GPS 和 GIS 的车辆管理系统中，商业物流运输企业的计划调度中心和运行车辆通过通信卫星进行双向联络。具体地说，商业物流运输企业计划调度中心发出的装货运送指令，通过公共通信线路或专用通信线路传送到卫星控制中心，由卫星控制中心把信号传送给通信卫星，再经通信卫星把信号传送给运行车辆，而运行车辆通过 GIS 确定车辆准确所在位置，找出到达目的地的最佳路线。同时，通过车辆的通信卫星接收天线、GPS 天线、通信联络控制装置和输出输入装置把车辆所在位置和状况等信息通过通信卫星传回企业计划调度中心。

商业物流运输企业通过应用通信卫星、GPS 和 GIS 不仅可以对车辆运行状况进行控制，而且可以实现全企业车辆的最佳配置，提高物流运送业务效率和顾客服务满意程度。在地域辽阔的美国，由于应用通信卫星、GPS 和 GIS 的车辆管理系统能提高配车运送效率、缩短等待发货时间，越来越多的企业开始采用这一系统。例如，美国商业物流运输租赁企业 J．B．HANT 公司在出租车辆上安装卫星通信和车辆控制系统，该公司不仅利用这些系统进行双向联络通信、车辆调配管理、装货信息管理，而且利用这一系统对交通规划的遵守情况、车辆空载、燃料费等方面进行实时管理。

但是，应用通信卫星、GPS 和 GIS 的车辆管理系统初期投资大，并且利用通信卫星进行通信联络的费用高。在发达国家，只有大型商业物流运输企业采用通信卫星、GPS 和 GIS 进行车辆运行管理。由于我国国土辽阔，随着经济的快速发展对商业物流运输服务的要求将越来越高，利用通信卫星、GPS 和 GIS 的车辆管理是今后大型货车运输企业的发展趋势。

11.4.3　物流运输企业的信息管理系统作用

物流运输企业的信息管理系统是指通过对与物流相关的信息流的加工处理来达到对物流的有效控制和管理的人机系统，它是支撑物流合理化，提高物流效率，降低物流费用的重要基础设施。随着信息技术，特别是网络技术的日益完善，管理技术的广泛应用，信息管理系统的功能得到了促进和发展。与此同时，经济活动的全球化和服务业的日益壮大，为物流运输企业的信息管理系统带来了前所未有的机遇和挑战。

物流运输企业的信息管理系统在整个物流中的具体作用体现在以下三个方面：

（1）物流运输企业的信息管理系统为服务水平的提高提供了有力的保障。把接受订货的商品，迅速、准确的送到顾客要求送到的地方，提高顾客对物流服务的满意程度。

（2）物流运输企业的信息管理系统将降低物流的总成本，有效排除与物流活动有关的浪费。通过信息的有效传递和交换，运输路径优化，减少货物的周转量，库存有效降低，也减少了资金占用成本。

（3）在运输企业相互的激烈竞争中，高效的物流信息系统能使管理者在物流操作过程中及时发现问题，分析问题的症结，以及找到解决问题的方法，减少问题所带来的损失，同时对竞争对手及时作出应对措施，防御和攻击对手。

11.5　社会物流基础设施关联信息系统

社会物流基础设施包括道路、铁路、码头、机场、海关等硬件设施和提供这些硬件设施使用状况的信息系统以及提高这些硬件设施使用效率的管理系统等软件设施。提供高效率的物流服务不仅取决于物流企业自身的经营条件，还取决于外部物流基础设施的状况和社会物流信息的交流。从这个角度看，需要利用现代信息技术建立社会物流基础设施关联信息系统来实现充分利用现有的社会物流基础设施，提高物流运输企业的经营效率的目的。本节主要介绍智能交通运输系统（Intelligent Transport System，ITS），通关信息管理系统和集装箱运输信息管理系统。

11.5.1　ITS

多频度、小数量运送和及时运送的顾客物流需求使得货物运送的频度大大增加，配送的时间规定也越来越严格。在这种情况下，一些发达国家的大型道路交通运输企业，利用通信卫星、GPS 和数字式电子交通地图建立最佳车辆调配系统。车辆调配系统可以根据车辆所在的位置、装载情况和运输货物的要求自动选择最佳的货物运送路线，并把最佳货物运送路线表示在数字地图上。该系统对提高车辆的装载效率、对车辆驾驶员的动态管理、对提高顾客物流服务水平起着重要作用。

ITS 是指采用信息处理、通信、控制、电子等先进技术，使人、车、路更加协调地结合在一起，减少交通事故、阻塞和污染，从而提高交通运输效率及生产率的综合系统。ITS 不单指某种或某几种技术，更代表了一种全新的理论和思维方式，是人们对提高交通运输效率进行探索的最新成果。但是该系统成立的一个前提条件是最佳运送路线的道路是畅通的，如果在最佳畅通路线上出现交通阻塞的话，则通过车辆最佳调配系统得到的最佳运送路线也将无效。因此，ITS 还要包括具体反映道路使用状况、向道路利用者提供道路信息、扩大现有道路通过容量等功能的道路交通信息系统。

美国是开发 ITS 较早的国家之一，已由政府和私人机构联合成立了一个组织——ITS America（前身是 IVHS America），专门从事 ITS 理论的研究以及技术的开发和应用，在全国各州均设有分支机构，其成员包括联邦、州、地方以及外国政府部门机构，与 ITS 开发相关的美国及国外公司、大学、独立研究机构，公众社团以及其他对应用 ITS 解决交通问题感兴趣的组织。1991 年，美国国会根据当时制定的《地面运输多式联运效率法》拟定了一项《"智能机动车辆公路系统"计划》（后称为"智能运输系统"），探索运用先进的计算机、通信和传感技术来改善公路上的运输拥塞状况。几年来，主管的运输部搞了几百个项目，大多规模不大，分为以下三个群组。

1）旅行与运输管理

许多州及城市的运输部门采用了一些先进的运输管理系统。探测线圈、摄像镜头和电子收费牌之类的车辆识别装置被用来监视交通状况。受过专门训练的管理人员在交通管理中心通过监视器的屏幕，可以看到在公路及各个路口发生的各种情况，监视车流，根据具体情况通过信号等手段疏导交通。

私人或政府机构通过各种渠道搜集交通信息，将其分类整理后，再通过广播、电视等方式传送出去。出行者可以通过蜂窝电话、便携式数字通信设备、车载收音机以及车载计算机等设备接收这些信息，帮助自己作出更好的出行选择。另外，也可以将电子地图等出行信息，以软件的形式固化到车载计算机中，为旅客出行服务。

2）商业车辆运营

美国半数以上的卡车运输公司均已采用商业车辆管理系统。借助于这类系统，卡车公司可以实时获取由公司车辆上的车载设备传送的数据，如发动机温度、行驶时间等，并将这些数据应用于安排线路以及调度工作中。另外，车辆和集装箱识别系统在多式联运中发挥着重要的作用。

机动车管理信息系统是美国联邦政府进行路边调查所使用的有关机动车使用者安全的国家级数据库。在路边调查及称重工作中使用了一些先进技术，如机动车识别和车辆运动中称重等。机动车在通过检查站时无须停车，即可通过铺设在地下的传感装置测量出车辆的重量。路边调查尽管还摆脱不了手工的方式，但目前已开发出一种笔式记录仪，在进行路边调查时，将大大减少车辆所需停留时间。更为先进的车辆调查方法和设备正在开发之中。

3）先进的车辆控制和安全系统

市场上已出现了机动车纵向碰撞报警系统。目前，所有大型汽车生产厂家均已斥巨资开发智能巡航控制系统，预计将在 3～5 年内研制成功。这些系统将极大地提高车辆的避撞能力，从而改善车辆的安全状况。安全系统的另一个组成部分是自动化公路系统，即无须司机开车的道路，车辆沿着这些道路自动寻向，并保持一定的安全车距。

智能交通系统对于提高交通运输效率和效益、保证安全、促进可持续发展具有显著作用，引起世界各国的高度重视。各国政府投入巨大的人力、财力将其作为解决城市交通问题的有效措施之一，与此同时，一个相应的巨大市场正逐步形成。我国也面临着经济快速增长与交通运输能力供给不足的矛盾，近年来，在大力推进交通基础设施建设的同时，我国大力推进智能交通系统技术，通过深入研究和应用，已在综合利用交通资源、提高交通效率、改善交通环境等诸多方面取得可观成绩。

11.5.2 通关信息管理系统

通关信息系统是通关在线连接把运输企业（如海运企业、空运企业）、物流服务企业、货物装卸企业、保税仓库、通关代理企业、银行保险、关税收缴部门等连接在一起构成的网络。通过通关信息管理系统，货主在系统网络终端能完成关税申报手续，同时也能询问和检查关税申报进度和货物保管情况，并交纳关税和支付运输、装卸、保管费用等。税务部门利用通关信息管理系统，受理报关，自动计算申报商品价格、适用税率、外汇汇率等，确定纳税税款，通知纳税时间，同时进行报送审查。建立通关信息管理可以缩短通关时间，提高通关效率。

11.5.3 集装箱运输信息管理系统

集装箱信息管理系统通过通信线路把主机和在全国主要集装箱基地的终端机连接起来，以掌握管理包括铁路、卡车集配作业在内集装箱运输信息，及时提供给发、到货基地和货主等。这个系统一般有如下四方面的功能。

1．销售信息管理

（1）运输预约及查询。

（2）对到达地、收货货主发出到达预报。

2．路外运输信息管理

（1）为集配作业计划提供信息。

（2）为集配作业制作必要的票据。

（3）掌握未配送的集装箱。

（4）掌握各基地实际办理的集装箱运输业务。

3．铁路运输信息管理

（1）铁路运输信息管理。管理高速、直达列车装载的集装箱的位置及内容，向到达地和中转地传递。

（2）集装箱的流动管理。

（3）运输异常时的管理。向发货、收货主及有关单位，传达列车停运、误点等信息，处理列车中途停运，安排下一段运输等。

4．提供销售、运输计划管理信息。

汇总实际销售、运输计划资料和业务计算资料。

复习思考题

1．何谓物流信息？物流活动会产生哪些主要信息？

2．物流信息如何分类？其特点和作用是什么？

3．理解 EDI、条形码、GPS、EOS 和 POS 系统信息技术在物流中的应用。

4．POS 系统的组成和特点是什么？其前台销售处理系统功能和后台进销存系统功能各有哪些？

5．物流运输企业有哪些常见的信息管理系统？

6．与社会物流基础设施关联的信息系统有哪些？

案例 11

物流发展篇

第 12 章　第三方物流

12.1　第三方物流概述

12.1.1　第三方物流的定义与内涵

第三方物流的概念源自于管理学中的 Out-Sourcing。Out-Sourcing 意指企业动态地配置自身和其他企业的功能和服务，利用外部的资源为企业内部的生产经营服务。将 Out-Sourcing 引入物流管理领域，就产生了第三方物流。

第三方物流又称为契约物流、合同物流、物流联盟、物流外包或物流外部化，是指生产经营企业为集中精力搞好主业，把原来属于自己企业的物流活动，以合同的方式委托给第三方物流企业，同时通过信息系统与第三方物流企业保持密切联系，以达到对物流全过程的管理和控制的一种物流运作和管理模式。所谓第三方是相对"第一方"发货人和"第二方"收货人而言的，第三方物流企业是指受各个供方企业和需方企业委托、专业承包他们各项物流业务活动的物流企业，它是实现第三方物流活动的载体。

第三方物流是随着物流业的发展而发展的，它是物流专业化的重要形式。只有当物流业发展到一定阶段，才会出现第三方物流，同时第三方物流的占有率与物流产业发展水平之间也存在着非常规律的相关关系。西方国家的物流业实证分析证明，独立的第三方物流占社会物流总量的 50% 时，现代物流产业才能形成。所以，第三方物流的发展程度反映和体现着一个国家物流业发展的整体水平。

12.1.2　第三方物流的特点

第三方物流作为物流的新兴领域，它与传统物流相比具有以下五大特点。

1. 第三方物流运作建立在信息技术基础之上

信息技术的发展是第三方物流出现的必要条件。第三方物流在信息技术的支持下，可以使物流数据更快速、准确地传递，提高库存管理、装卸运输、采购、订货、配送发货、订单处理的自动化水平，使订货、包装、仓储、运输、流通加工实现一体化。同时，接受第三方物流服务的企业可以更方便地使用信息技术与第三方物流企业进行交流和协作，保证了物流的高效运行。目前，第三方物流企业普遍使用的信息技术有：实现信息快速交换的 EDI 技术、实现资金快速支付的电子资金转账（EFT）技术、实现信息快速输入的条形码技术和实现网上交易的电子商务技术等。

2. 第三方物流以合同为导向，按系统工程运作，提供全面的物流服务

第三方物流不仅能为物流委托方提供传统的运输、仓储服务，而且能为其提供多功能甚至全方位的物流服务。第三方物流根据合同条款规定，把客户的物流当作系统工程来运作，把涉及物流的各个相关要素全部纳入物流系统，分析系统中各个要素相互之间的作用和每个要素对系统功能的独立作用，使整个物流系统达到最优化。一般而言，第三方物流能提供仓储管理、运输管理、

订单处理、产品回收、搬运装卸、物流信息系统规划、物流方案设计、物流信息搜索管理、产品安装装配、报关等全面的物流服务。

3. 第三方物流企业与客户企业之间是利益共享，风险共担的战略联盟关系

第三方物流企业作业效率的提高会加快物流速度，降低单位物流成本，节约双方的交易费用，有利于客户企业提高产品市场占有率，增加利润，这又必然会扩大客户企业对第三方物流的需求规模，因此，可以说双方具有利益一致性。第三方物流与其客户企业之间不是一般意义上的买卖关系，而是利益共享，风险共担的战略联盟关系。不断降低物流成本，不断提高物流生产效率，以最少的投入获得最大的利润，是客户企业与第三方物流企业共同追求的目标。

4. 第三方物流企业可提供特殊的、"量体裁衣"式的、个性化的增值物流服务

传统物流的服务项目较为单一，多是提供公共性的常规化服务，而第三方物流提供的是全方位的物流服务。由于物流需求方所在行业和企业自身运作方式的不同以及客户企业对物流企业的要求也很不一样，因而要求第三方物流服务需按照客户企业的业务流程来定制，提供个性化物流服务。

5. 第三方物流企业不一定具备物流作业能力

第三方物流企业一般充当中间人或代理人的角色，依靠自己的特殊经济功能来获取利润。有时它只是利用自己丰富的专业知识和经验，为物流的供需双方提供有价值的物流解决方案，它可以将一些具体的物流活动对外委托给其他的物流公司，而自身只负责物流系统设计和对物流系统运营承担责任。

总之，第三方物流是在物流渠道中由第三方提供的服务，在一定期限内，第三方以合同的形式提供企业所需的全部或部分个性化的物流服务。第三方物流并不在供应链中占有一席之地，仅是第三方，但第三方物流大大延伸了传统物流的服务领域，通过提供一整套物流活动来服务于供应链。

12.1.3　第三方物流兴起的原因分析

1. 信息技术的发展为第三方物流的兴起提供了技术支持和物质基础

以信息技术为标志的新技术的兴起，带动了全球经济的迅速发展，全球经济日趋一体化。新兴技术与经济全球化，大大改变了人们的生产和生活方式。商业运作模式成为企业创新的主要对象，在这样不确定的经营环境下，企业的反应速度就成为非常重要的核心能力和竞争优势的源泉。企业只有对其生存环境作出迅速反应，才能在竞争中立于不败之地。研究表明，企业规模与企业组织的官僚性之间有很大的相关性和必然性，企业过大会使沟通、协调效率下降，科层制的缺点已被多数人所认同。扁平化的组织构造被不断引进，但是扁平化的构造依然受到管理跨度的限制。因而，要提高企业的快速反应能力，提升企业的竞争优势，就必须尽可能地缩小企业规模。所以企业把其最不擅长的、最不重视的物流活动剥离出去，或者外包给专业化的物流服务公司，是企业提高反应能力的有效途径。这也就间接地推动了第三方物流的出现，同时现代信息技术也为第三方物流的运作提供了信息平台。

2. 第三方物流是一般企业与物流企业的专业化分工的强化

市场竞争日益国际化的发展，使得市场范围大规模扩大，这促进了专业化的进一步发展。社会专业化发展的过程必定会伴随着大量企业调整其经营范围的行为。于是一些物流活动为非核心业务的企业为了更好地利用社会分工带来的好处，就会把物流活动交给物流活动为其核心业务的企业来运作，这也促进了第三方物流的兴起。

3. 现代管理思想和管理技术推动了第三方物流的发展

进入21世纪90年代后，信息技术的高速发展与社会分工的进一步细化，推动着管理技术和管理思想的迅速更新，由此产生了供应链、虚拟企业等一系列强调外部协调和合作的新型管理理念，这些理念对物流活动提出了零库存、JIT、快速反应等更高的要求，复杂的物流活动使得一般企业很难承担此类业务，由此产生了对专业化物流服务的需求。第三方物流正是为满足这种需求而产生的。

4．第三方物流是物流领域企业自身竞争的结果

随着经济自由化和贸易全球化的发展，物流领域的政策不断放宽，同时物流企业自身竞争也日益激化，物流企业为了自身更好的发展，需要不断地拓展服务内涵和外延，从而最终导致了第三方物流的出现。

12.2　第三方物流的价值

12.2.1　第三方物流的价值分析

1．生产经营企业角度的收益价值

1）使企业集中资源于核心业务，提升核心竞争力

日趋激烈的市场竞争使企业越来越难以成为业务上面面俱到的专家，企业要保持并强化其市场竞争优势，只有将其有限的资源集中于核心业务上。而第三方物流企业，其物流专长正好为生产经营企业提供了一种充分利用外部资源处理非核心业务（物流管理），实现资源优化配置的机会。使用第三方物流，企业能够将有限的人力、财力集中于核心业务，进行重点研究，发展基本技术，开发新产品参与市场竞争，增强企业的核心竞争力。

2）使企业节省费用，降低物流成本

资料显示，我国在工业企业生产中，直接劳动成本占总成本的比重不到10%，而物流成本占产品总成本的比重约为40%，全社会物流费用支出约占 GDP 的20%。在产品的整个生产销售中，用于加工和制造的时间约为10%，用于物流过程所占用的时间几乎为90%。可见，节约物流成本的空间是非常巨大的。第三方物流利用规模生产的专业优势和成本优势，通过提高各物流环节能力的利用率，能降低物流成本，使企业从中获益。同时，生产企业随着企业规模的不断扩大，其对营销服务的任何程度的深入参与，都会引起费用的大幅度增长，而使用第三方物流企业提供的公共服务，企业能减少额外开支。美国田纳西大学、英国 EXEL 公司和美国 EMST&YOUNG 咨询公司共同组织的一项调查显示：很多客户表示，使用第三方物流使他们的物流成本平均下降了1.18%，货物平均周转期从 7.1 天缩短到 3.9 天，库存降低了 8.2%。

3）有利于企业减少库存，降低资本积压

任何企业都不能承担多种原料和产品库存的无限增长，尤其是高价值的部件更需要被及时送往装配点，实现零库存，以降低资本积压。第三方物流依赖精心策划的物流计划和适时的运送手段，能帮助企业最大限度地减少库存，改善企业的现金流量，实现成本优势。

4）减少企业固定资产投资，降低企业财务风险

企业如果自建物流体系，则需要投入大量的资金购买物流设备，建设仓库和信息网络等专业物流设施。这些设施要求对于缺乏资金的企业特别是中小企业来说是个沉重的负担。而如果使用第三方物流，则企业不仅能减少设施的投资，而且还解放了仓库和车队方面的资金占用，加速了资金周转，降低了财务风险。

5）有利于提升企业形象

第三方物流与企业之间不是竞争对手，而是战略伙伴关系，第三方物流企业能为客户着想，通过全球性的信息网络使企业的供应链管理完全透明化，企业随时可通过互联网了解供应链的情况。第三方物流的提供者是物流专家，他们能利用完备的设施和训练有素的员工对整个供应链实现完全的控制，减少物流的复杂性。他们通过遍布全球的运送网络和服务提供者（分承包方）大

大缩短了产品的交货期，帮助客户改进服务，树立自己的品牌形象。同时，第三方物流"量体裁衣"式的设计，以企业需求为导向，低成本、高效率的物流方案，能使客户在同行中脱颖而出，为企业在竞争中取胜创造有利条件。

2. 专业分工角度的社会效益价值

第三方物流可以提高整个社会效益。我们假设有两家企业，企业 1 用全部生产要素来生产，每月能生产产品 10 件，如果用全部要素来自营物流，每月的物流能力为 8 件；同样，企业 2 每月能生产产品 8 件，每月的物流能力为 10 件。如果它们都既生产产品，又都自营物流，并且都是各自用一半的要素生产产品，用另一半的要素经营物流，那么在这种生产条件下两家企业每月共生产产品 9 件，物流能力也是 9 件。但是，如果两家企业可以各自选择一种自己相对于另一家企业成本低的事情做，或是专门生产产品，或是专营物流。于是企业 1 专门生产产品，它用全部的生产要素生产，每月可生产 10 件产品；企业 2 专门经营物流，它每月的物流能力为 10 件。在这种分工条件下，在生产要素总量不变的情况下，总的社会生产能力提高了一件，如表 12-1 所示。

表 12-1　专业分工社会效益分析

企业2　＼　企业1	50%物流，50%生产	生　　产	物　　流
50%物流，50%生产	9，9	9，10	9，8
物流	10，9	10，10	10，8
生产	8，9	8，10	8，8

显然，在上面的这个模型中，企业 2 的核心能力是物流，企业 1 的核心能力是生产产品。各个企业保留自己的核心能力，而将辅助能力交由其他企业完成，不但可以提高自身的产量，而且增加了整个社会的产量。

发达国家物流产业的发展历程已经证明：第三方物流的发展将带来整个物流产业生产效率的提高和巨大的社会效益。第三方物流能对经济增长和社会就业产生直接的贡献。例如，日本在近 20 年内，物流业效益每增长 26%，经济总量就增加 1%；在欧洲，20 世纪 80 年代末期，物流业提供新的就业机会年增长 35%，进入 90 年代基本保持在年平均增长 20%的水平。同时，通过发展第三方物流，可以大大提高运输效率、减少车流量，从而减少运输能源消耗、减轻环境污染，促进社会持续发展。例如，在物流发达的德国，通过第三方物流，运输效率提高 80%，车流量减少 60%。

3. 消费者角度的福利价值

第三方物流的发展会给消费者带来福利的增加。物流是连接生产、销售和消费的桥梁，物流服务要求在合适的时间、地点把合适的产品以合适的方式和合适的成本提供给消费者。它一方面要满足生产销售企业的需求，另一方面要满足消费者的需求。由于第三方物流降低了客户的物流成本，使产品总成本降低，客户就可以以较低的产品价格出售给消费者，从而使消费者用较低的支出获得和原来一样的产品，提高了消费者的福利水平。国外调查表明，第三方物流降低产品成本的效果相当可观，在欧洲，1987 年物流成本占产品最终销售价格的 14.3%，1993 年为 10.1%，1998 年下降到 7.7%，2003 年将进一步下降到 6.8%；在美国，当不通过第三方物流而采用自营物流时，物流平均成本将占到产品总成本的 30%，但采用第三方物流时，实际物流平均成本仅占产品总成本的 14.8%，可见消费者的福利水平得到了极大的提高。同时，由于第三方物流能够提供及时高效的客户关系管理服务，加深了与消费者良好的沟通，因而能为消费者提供更多的便利，协助快速解决消费者的产品问题，提高消费者的消费质量。

12.2.2　第三方物流价值的相对性

虽然第三方物流能给整个社会、企业和消费者带来极大的价值，但对于具体的单个生产经营企业而言，第三方物流的价值是相对的，企业在使用第三方物流的时候会面临一些问题：

（1）一般来说，企业和第三方物流之间信息是不对称的，而物流的畅通对于企业的正常生产经营来说，具有重大的关系，如果企业将物流业务外包给不合格的第三方物流商，这将会给经营带来重大的隐患。由于第三方物流真正发展的时间并不长，而且不同的第三方物流商擅长的业务领域以及经营地域也千差万别，所以，企业在考虑物流业务外包时，风险和收益并存。

（2）对于某些生产性企业来说，为了保持其竞争优势，特别需要对自身原材料供应、生产流程、技术工艺、销售网络等运营要素保持一定的隐秘性。当企业将运营中的物流要素外包，特别是引入第三方物流来经营其生产环节中的内部物流时，其基本的运营情况将向第三方物流商公开。所以在日益激烈的市场竞争情况下，与第三方物流商的合作势必存在着企业核心运营要素泄露的危险。

（3）企业在将物流业务外包后，其生产运营便在一定程度上倚赖于第三方物流商的绩效。当第三方物流商在企业物流方面占有了更多业务后，企业将面对某些控制权失控的问题，并且随着第三方物流商在企业物流业务介入程度上的深入，物流商与企业讨价还价的能力也会加强，将对企业形成潜在的威胁。

因此，并不是任何企业都需要第三方物流服务，第三方物流也不是在任何情况下都能体现其价值，企业在决定是自营物流还是采用第三方物流时，需综合考虑自身资源条件和第三方物流商的能力，慎重选择物流模式，以提高企业的效益与竞争力。

12.3　第三方物流企业的发展战略

我国的第三方物流企业从 20 世纪 90 年代出现以来，经过近 30 年的发展，已经形成了一定的市场规模，但从整体上说，第三方物流企业普遍规模小、功能单一、服务质量不高，与国际物流企业相比存在着巨大的差距。加入 WTO 后，我国的第三方物流企业将不得不和国外物流企业"同场竞技"。因此，如何在有限的过渡期内提升实力、增强竞争力，成为我国第三方物流企业必须面对的问题。

12.3.1　第三方物流的市场前景分析

近年来，我国物流总费用占 GDP 的比率总体呈缓慢下降的趋势，从 2010 年的 17.8%逐渐下降至 2016 年的 14.9%，表现出我国物流效率逐渐提高。2015 年 8 月 13 日，国家发改委发布《关于加快实施现代物流重大工程的通知》，《通知》指出：到 2020 年，全社会物流总费用占 GDP 的比率在目前 16.6%的基础上再下降 1%，物流业对国民经济的保障和支撑作用将进一步增强。而美国目前全社会物流总费用占 GDP 的比率约为 10%。如果我国物流总费用占 GDP 的比率由现在的 16.6%下降到 15%，那么每年将为全社会直接节约 2 400 亿元的物流费用，这 2 400 亿元就是我国物流业每年可能的市场利润总额。由此可见，我国物流整体市场发展空间巨大。

在物流整体市场发展前景看好的情况下，伴随着"入世"的进程和电子商务的发展，我国对第三方物流的潜在需求也会剧增。近年来，由于企业将更多的物流预算分配到第三方物流服务，我国的第三方物流收入呈指数型增长，预算比率从 2009 年的 49%上升至 2014 年的 65%。如今，第三方物流已成为推动我国高标准仓储市场需求的最强驱动力。2016 年第四季度，第三方物流占据了高标准非保税仓库净吸纳量的 40%以上。第三方物流市场发展潜力巨大。

未来我国对第三方物流需求的增长主要来自以下四方面：

（1）国外企业的物流需求。随着经济的全球化，越来越多的跨国公司在中国设立分支机构。到 2001 年底，世界 500 强企业中，已有三百多家进入我国市场。这些跨国公司的全球化供应链使它们的物流活动变得更加复杂，物流成本也越来越高。由于这些跨国公司具有成熟的现代物流理念，重视对物流领域的成本控制，所以要求有管理经验的第三方物流企业管理其配销网络和提供增值服务以节约其物流成本，提高物流服务质量。因此，能给我国第三方物流的发展带来极大的发展空间。

（2）电子商务的物流需求。中国已经取代美国成为全球上网人数最多的国家，成为全球电子商务第一大市场。2018 年 1～9 月，中国网上零售额总额已达 62 785 亿元。电子商务的发展对物流服务的专业化提出了更高的要求，因此，以第三方物流为主导的物流配送市场的规模在近年来迅速扩大。

（3）传统商业企业的物流需求。英国第三方物流占其整个物流市场份额的 76%，美国的第三方物流每年要完成其 58% 的物流量，而在日本这一比例更是高达 80%，是世界上第三方物流比例最高的国家和地区。我国第三方物流较西方国家落后很多，尚不足全国物流量的 20%。传统的商业企业正顺应消费者的需求由原来的店面经营逐渐向无柜台、无店面经营方式转变，这种变革对物流服务提出了更高的专业化、社会化的要求，自身资源和能力的限制会促使这些商业企业逐步减少物流方面的功能，而转向市场寻求合格的第三方物流提供者。

（4）民营企业的物流需求。改革开放 20 年来，我国的私有经济得到了长足的发展，许多民营企业出于自身实现利润的要求，对企业剥离物流功能表现出极大的兴趣。一些民营企业特别是大多数小型民营企业由于自身无法实现物流功能的配备，对第三方物流的需求更加迫切。随着现代经济的不断发展，我国众多民营企业对第三方物流的需求也将迅猛增长。

12.3.2　第三方物流企业的发展机遇

1．政府宏观政策支持

我国政府高度重视物流的发展，把发展现代物流和电子商务放在同等重要的位置，不仅积极鼓励国内企业从事物流配送业，以提高效率、降低成本、增加就业机会，同时鼓励国外资本投资于物流和配送设备。在政府政策导向作用下，第三方物流企业的规模、质量和效率将会大大提高。

2．行业机会

我国的第三方物流企业多数是由传统的运输和仓储企业转变而来，整体上还处于起步阶段，这为扩张者和拟进入者提供了行业空间和机会。同时，目前物流业还没有统一完备的行业标准，在市场营销和定价方面也没有固定的游戏规则，缺乏规则对第三方物流企业而言，既是风险也是机会的来源。

3．"入世"带来新的物流管理理念、模式和技术

"入世"后，我国物流市场会得到外商的更多投资，这不仅会带来雄厚的资金，还会带来新的管理理念、模式和先进的物流技术，从而为我国第三方物流的发展奠定资金和技术基础。同时，我国物流理论界的对外交流和合作也会得以促进，第三方物流企业将会有更多的机会接触和吸收国外在相关方面的最新理论成果和经营管理经验。

12.3.3　第三方物流企业面临的挑战

1．思想观念和认识水平的挑战

我国许多制造业和商业企业"大而全"、"小而全"的管理体制尚未彻底改变，"重生产、轻物流"和"重商流、轻物流"的惯性思想根深蒂固，同时，小农经济"肥水不流外人田"的利润

独占意识严重，使其不愿将物流转让给第三方物流企业。一些地方官员的现代化物流观念非常淡薄，对发展现代物流、发展第三方物流的意义认识不足，缺乏应有的积极性和动力，没有把企业物流发展作为生死存亡的关键因素，也没有将物流发展作为我国经济发展的重大战略之一，这些极大地制约和迟延了我国第三方物流产业的发展。

2．传统管理的挑战

我国物流的许多活动被割裂至各个不同的部门管理，如交通运输、邮电通信、对外贸易等。就运输业而言，涉及铁路、公路等各个部门，这些部门之间缺乏高效协作，致使运输过程中各运输方式之间的转运环节耗费大量时间和成本。此外，还有海关管理程序、物资采购等方面的规定也影响了物流企业综合服务水平的提高和业务领域的拓展，进而制约了第三方物流产业的快速发展。

3．基础设施的挑战

物流系统需要形成网络化和规模化才能提高运输效率，降低物流成本。我国内陆运输基础设施的严重不足很不利于发展物流。截至 2017 年底，我国有 477.35 万千米的公路，其中高速公路突破 14 万千米，6 万多千米铁路。至 2016 年底，全国铁路运营里程达 12.4 万千米，铁路电气化率达 64.5%，其中高铁 2.15 万千米，约占全球高铁总里程的 65%。但总体上，我国铁路区域发展不均衡，京津及其周边地区、华北平原、沿海等地区的铁路密度较高，西部及内陆沿边地区密度较低。同时，这些现有设施，由于种种原因也不能充分利用，使得第三方物流不能高效运作。

4．物流人才的挑战

现代物流特别是第三方物流的发展，需要专门人才和先进的信息技术作支撑。国外在物流方面的教育和培训非常发达，形成了比较合理的物流人才的教育培训系统。许多国家的物流从业人员必须接受职业教育，获得从业资格后，才能从事物流方面的工作。相比较而言，我国在物流方面的教育还非常落后，仅有十几所高等院校中设置了物流专业和课程，仅占中国全部高等院校的1%，研究生层次教育刚刚开始起步，博士生方面的教育远未开始，职业教育更加贫乏，通过委托培训方式培训员工的企业也不多见。现有的物流从业人员的文化结构、专业知识结构都无法适应现代物流企业发展的需要。

5．制度环境的挑战

第三方物流发展所需的制度环境，也就是第三方物流企业开展正常经营活动所需的制度环境或市场环境，主要包括融资制度、产权转让制度、人才使用制度、市场准入或退出制度、社会保障制度等。现有的这些制度还不能适应企业经营的需要，因此第三方物流企业根据经济合理原则，对物流资源的再配置就会受到阻碍。

6．信用体系的挑战

市场经济也是信用经济，但现阶段我国企业普遍面临着信用危机。以企业间拖欠货款为例，在发达的市场经济国家，企业间逾期应收账款发生额约占销售额的 0.25%～0.5%，而我国这一比例高达 5%以上，且呈逐年上升趋势。物流服务的运作是一系列委托与被委托、代理与被代理的关系，是完全以信用体系为基础的。没有一个完善的信用体系，在第三方物流服务中，全凭第三方交单结算甚至由第三方代为收款，简直是无法想象的。一方面，在缺乏普遍的商业信用的情况下，客户对物流服务的需求必然采取审慎的态度，其结果就是自营物流；另一方面，信用体系的欠缺也会直接导致物流交易成本的增加和物流服务效率的降低。显然，信用体系不完善，将直接影响第三方物流的发展。

7．第三方物流企业自身能力的挑战

1）物流设施的利用缺乏合理配置，作业水平低下

中国仓储协会于 2016 年 6 月对全国物流市场的调查报告显示，我国营业性通用仓库面积已

近 10 亿平方米，其中立体仓库接近 30%。但我国仓配一体化服务的水平还较低，仓储企业的仓配一体化率平均不足 30%。同时，物流设施严重不足，不能满足作业需求。企业物流设施不足的状况如表 12-2 所示。

表 12-2 企业物流设施不足的状况

物流设施	数量不足	技术设备落后	设施老化	不符合客户的特定需要	运行成本过高
运输设施	30%	8%	15%	18%	2%
仓储设施	18%	16%	19%	13%	8%
搬运设施	21%	17%	10%	8%	9%

从这些数据可看出，我国第三方物流企业物流设施数量不足，技术设备落后，设施老化现象严重，设施缺乏有效的差异性，不能很好地满足客户的需要。

2）缺乏核心专长

我国的第三方物流企业大多数是由过去传统的储运企业转化而来，各企业相互独立和分割，业务功能单一重复，能力相当，缺乏自身的核心专长，没有提供多个或整个物流环节服务的能力，更没有提供增值服务的经验性积累。

3）物流信息系统滞后

信息技术是现代物流企业的技术支撑体系，信息的整合贯穿于第三方物流企业经营的所有环节，物流信息系统的功能是否完善将直接制约物流企业的发展。发达国家的条形码、GPS/GIS、自动化与智能化的配送仓库等现代科学技术已应用成熟。而据调查结果显示，我国物流企业的信息处理水平只相当于世界平均水平的 2.1%，我国仅 39% 的第三方物流企业有信息系统，且功能还不完善，物流信息化程度低，物流活动各环节的信息不对称，大大制约了第三方物流企业运作效率的提高。

12.3.4 第三方物流企业的发展战略

我国第三方物流市场发展前景广阔，但第三方物流企业面临的挑战大于机遇，第三方物流企业要想迅速发展壮大自己，可以从以下七个战略方面着手。

1. 网络战略

第三方物流企业的运作是搭建在运输网络、信息网络、客户网络和管理网络的平台上，针对目前企业运输力量不足、信息系统滞后、客户群体单一、管理落后的现状，第三方物流企业可实施网络战略。

（1）运输网络建设。第三方物流企业的运输网络是由配送中心、仓储中心、运输工具和运输线路等组成的。企业要加强现有的营运网点建设，强化服务的物理网络支持，以保证物流运作的顺畅。

（2）信息网络建设。信息网络是指市场动态、企业内部业务处理情况等信息共享的网络。第三方物流企业要加强信息技术方面的投资，完善企业信息系统建设，逐步建立一套基于互联网/内联网的物流信息管理系统和物流 ERP 等管理系统，建立以信息交换为中心的全方位、多角度的监控和管理系统，加强对物流组织过程中的信息处理功能，为物流活动的开展提供网络化的强有力的信息支持。

（3）客户网络建设。客户网络是指企业服务对象所组成的一个虚拟网络。第三方物流企业应建立客户管理系统，加强与客户间的沟通，与客户建立长期合作的联盟关系，在需求方规模经济的推动下不断扩大企业的客户资源网络。

（4）管理网络建设。管理网络是指由一个统一的指挥中心和多个操作中心所组成的网络。第三方物流企业应加强指挥中心对各操作中心的统一调配，从而实现规模效益。

2．服务战略

本质上，物流企业是典型的服务企业，为客户提供服务，就是第三方物流企业的产品，因此对客户服务的好坏直接关系到企业的发展。第三方物流企业的服务战略应做到以下四点：

（1）树立客户满意的经营理念。第三方物流企业应以客户至上，竭诚为客户创造价值，作为企业的经营宗旨，努力将客户满意的经营理念贯穿到整个经营活动中，为客户提供全方位的服务，与客户建立合作伙伴关系，使客户感到第三方物流企业是自己获得竞争优势的重要战略伙伴。

（2）发展物流相关配套业务，提供增值服务。从物流业的发展趋势看，那些既拥有大量物流设施和健全的网络，又具有强大全程物流设计能力的混合型公司发展空间最大。所以，我国的第三方物流企业在提供传统的运输、仓储服务的同时，要根据市场需求，不断细分市场，拓展业务范围，以客户增效为己任，发展企业核心专长，提供增值物流服务，广泛开展加工、配送、货代等业务，甚至包括提供物流策略和流程解决方案、搭建信息平台等服务。

（3）强化服务的个性化。在经济全球化和竞争日益加剧的市场环境中，企业必须致力于差异化经营，并形成自己的核心竞争力，才能在竞争中立于不败之地。因此，不同的物流客户存在着不同的物流服务需求，第三方物流企业应能根据不同物流服务需求，提供针对性强的个性化、特色化的物流服务。

（4）提高服务质量，培养客户忠诚度。第三方物流企业应以良好的服务设施、饱满的员工精神面貌向客户展示企业形象，以准确高效地履行合约、及时快速地响应客户需求向客户传递强烈的服务意识，不断提高员工的知识水平和业务能力给客户以企业可信赖的感受，通过提高综合服务质量，培养客户忠诚度。

3．联盟战略

西方的物流理论非常强调"相互依赖"关系，认为一个企业迅速发展光靠自身的资源、力量是远远不够的，必须寻找战略合作伙伴，通过联盟的力量获得竞争优势。因此，我国的第三方物流企业可以通过联盟战略，成立企业集团，以求迅速壮大自身实力，整合现有资源，提高技术设备的现代化水平，避免恶性竞争。第三方物流企业建立战略联盟包括以下两方面的内容：

（1）与物流劳务的供需双方形成紧密的战略合作关系。这种合作一方面使客户减少物流经营成本，使其生产经营活动有稳定的物流系统支持保障，提高企业的服务质量；另一方面使第三方物流企业能够从中拥有可靠的货源保证，降低经营风险，提高整个物流过程的效率。

（2）与其他物流企业建立战略联盟关系。第三方物流企业可以通过互相投资、参股、签订战略联盟协议等方式建立战略联盟，共享物流系统中的资源，将分散的、各自为政的物流要素集中起来，形成一个新的整体，创造规模优势，提高整体技术水平，发挥单个物流要素不可能发挥的功能。

4．品牌战略

拥有自己的品牌是第三方物流企业区别传统物流企业的重要标志，好的品牌有助于企业形成核心竞争力，同时能较容易得到客户的信任，减少社会信用危机带来的负面影响。第三方物流企业要树立物流发展的精品品牌意识，严格制定各项物流质量标准和服务标准，引进先进技术手段，不断提高物流服务水平，同时强化物流技术和管理人员的素质培训，建立优秀的物流人才队伍，确保企业品牌战略的实现。

5．人才战略

未来企业的竞争实际上是人才的竞争，人才对现代企业的推动作用将越来越大，对运营方面实践经验不足的第三方物流企业而言，人才的培养尤为重要。因此，第三方物流企业应"以人为本"，实施人才战略。针对目前物流专业人才奇缺的现状，企业应注重对人才的就地培养，在企业内部建立学习型组织，完善人事培训制度，以促进企业员工积极学习新知识和技能，提高企业整体人员素质。同时，企业应建立有效的分配和激励机制来增强企业的凝聚力，吸引社会上的物流、管理和网络专业人才，以提高物流服务的科技含量和知识含量。

6．创新战略

第三方物流企业要大胆改革，锐意进取，建立以产权制度为核心的现代企业制度，建立并完善合理的物流管理体制，实施创新战略，借鉴国际先进的物流管理思想和理念，将其与本企业实践有机结合，探索具有本企业特色的新思想和新方法，深入研究社会物流需求，通过引进、模仿和创新物流技术，不断设计、创新和提供有效的物流服务。

7．公共关系战略

第三方物流的发展是个系统工程，光靠第三方物流企业自身的努力是远远不够的，还需要政府和行业协会的支持和推动作用。第三方物流企业要赢得良好的外部发展环境，就要加强与社会各界的联系和沟通，使全社会认识到发展物流的重要性，以促进自身健康有序的发展。

复习思考题

1．何谓第三方物流？其特点是什么？
2．为什么第三方物流越来越受到重视并得到快速发展？
3．我国第三方物流发展的现状如何？
4．对于生产经营企业而言，采用第三方物流会带来什么样的变化？
5．在我国，第三方物流面临的主要挑战有哪些？
6．第三方物流可以采取的主要发展战略有哪些？

案例 12

第 13 章　供应链管理

13.1　供应链竞争的战略价值

13.1.1　供应链及其管理的含义

在生产某种产品并向最终用户交货的过程中，会牵涉若干相互独立的企业。资源型企业生产原材料并将其卖给第二个企业，第二个企业将原材料加工成零部件，第三个企业购买零部件并将其组装成产成品后卖给第四个企业（如分销商），分销商接着把产品卖给第五个企业（如零售商），最后产品到用户手里。物料流经的这一组企业可视为一条供应链，不过这描述的只是一条十分简单的供应链，如图 13-1 所示。实际中，技术复杂的产品供应链可能包括成百上千个企业。虽然链上的每个企业都开展其内部作业的一体化物流管理，但通过对遍及整个供应链的总的物流实行一体化的物流管理，仍会有很大潜力来增加整条供应链的综合效率与效益，图 13-2 所示为四个管理阶段。

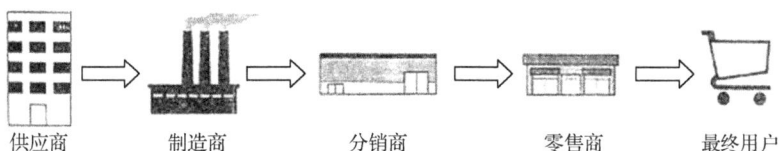

图 13-1　一条简单的供应链

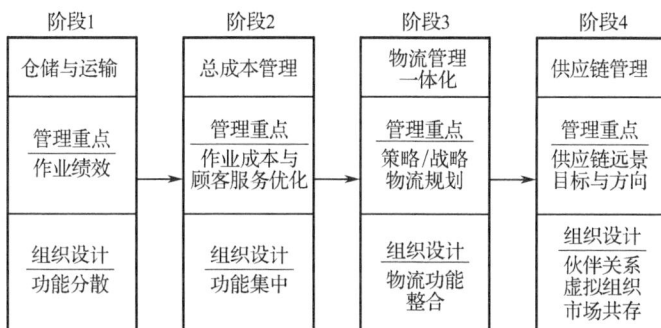

图 13-2　四个管理阶段

1. 供应链及其管理的概念

我国 2006 年发布实施的《物流术语》国家标准（GB/T18354-2006）对供应链的定义是：生产及流通过程中，为了将产品或服务交付给最终用户，由上游与下游企业共同建立的需求链状网。而将供应链管理定义为：对供应链涉及的全部活动进行计划、组织、协调与控制。

美国供应链管理协会认为：供应链是目前国际上广泛使用的一个术语，涉及从供应商的供应商到顾客的顾客的最终产品生产与交付的一切努力。供应链管理贯穿于整个渠道来管理供应与需求、原材料与零部件采购、制造与装配、仓储与存货跟踪、订单录入与管理、分销，以及向顾客交货等各类环节。

简单来说，供应链包含了那些与从原材料阶段向最终用户转移货物相关联的所有活动，它包括供应来源与采办、产品设计、生产计划、物料处理、订货处理、存货管理、运输和仓储等。重要的是，它也包含了对供应链成员之间的沟通非常必要的信息系统。

总部设于美国俄亥俄州立大学的全球供应链论坛对供应链管理的定义是：向顾客提供从初始供应商到最终用户的，增值的产品、服务和信息的一体化业务流程。

这里的业务流程实际上包括了两个相向的流程组合：一是从最终用户到初始供应商的市场需求信息的逆流而上的传导过程；二是从初始供应商向最终用户的顺流而下且不断增值的产品和服务的传递过程。供应链管理就是对这两个核心业务流程实施一体化运作，包括统筹安排、协同运行和统一协调。

供应链管理包含对由供应商、制造商、分销商、零售商、最终用户组成的网络中信息、物料和资金的流动的管理。信息包含订单受理与交货情况等信息。物料的流动包括经由供应链从供应商到最终用户的实际产品的流动，以及通过退货、维修、保养、再利用与处理产生的反向流动。资金的流动包括信用证条款、托收和付款时间等。信息、物料和资金的流动贯穿公司内部众多职能与环节并跨越公司（有时跨几个行业）。成功的供应链管理就是把信息、物料和资金的流动协调与整合为一个无缝的过程。供应链中信息、物料和资金的流动如图 13-3 所示。

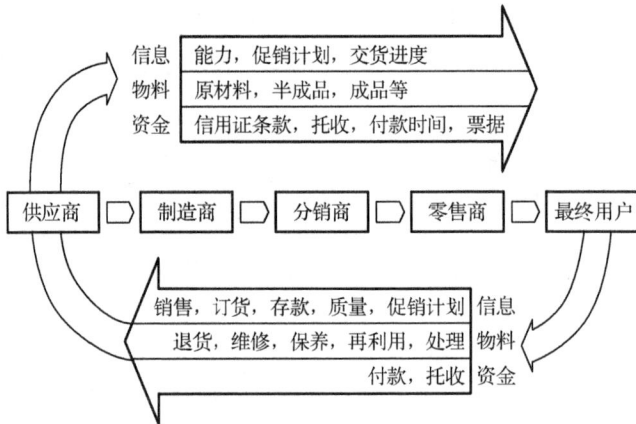

图 13-3　供应链中信息、物料和资金的流动

有效地管理这些流动是项艰巨的任务，特别对于全球性公司而言。跨国公司的产品或服务的供应链可能是非常复杂的，而原先的纵向整合体系瓦解的趋势只是加深了事情的复杂性。一个全球性公司的供应链现在一般由世界各地的众多企业组成。而且，这些企业中的每一个都涉及订货履行、国际采购和使用新的信息技术等一系列广泛的供应链活动。供应链中的关系是复杂的，可能众多的供应商服务于众多的顾客，或者一个供应商在供应链中也会成为顾客，甚至供应商成为供应链中不同环节的竞争者。这种复杂性使得人们提及供应链时，往往称其为"供应网络"或"供应网"，如图 13-4 所示。

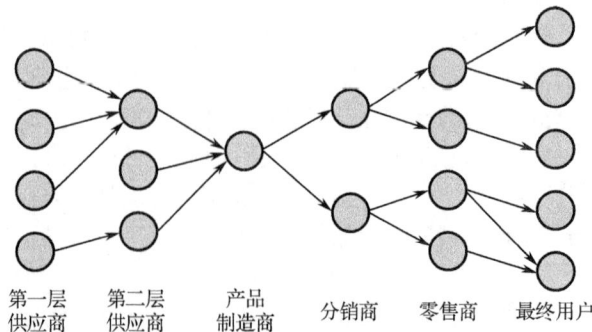

图 13-4　供应网

网络的复杂性可能造成成员之间沟通和信息及时、准确传递的困难，在供应链中的各个环节可能误传信息。这种信息失真会导致存货过多、能力闲置、制造与运输成本上升，以及顾客的愈加不满。实现供应链的效率需要准确、及时的信息，供应链越复杂，对这方面的需要就越迫切。

在今天的环境下，顾客难以容忍拙劣的顾客服务，更需要优质的产品或服务。当竞争不断把新的定制品引入市场来满足不同细分群体的特定需要时，公司必须以提供类似定制的、高度个性化的产品或服务来作出响应。众多国家、顾客群体和分销通路的产品种类的增加也给预测、库存管理、生产计划和售后服务支持带来问题。

最后，产品生命周期正变得越来越短，加上技术日新月异，产品不断升级。结果由于产品更新换代，使得新旧产品的生命周期经常在时间上出现前后交叠，导致一个企业提供的产品数量增加。产品线以及企业的成功依靠对贯穿于新产品引进和旧产品逐步淘汰两者的供应链的有效管理。

2. 供应链的战略内涵

在过去的几十年里，供应链管理的思想以不同方式、不同名称出现在企业中。有的企业在实践中称之为"战略联盟"，有的叫做"伙伴关系"，还有的企业感觉它们正和"主要供应商"或"主要顾客"建立特殊的物流联系。无论怎么称呼，通常此战略都包含下面五个要素：

（1）在一条供应链上的两个或多个企业达成长期共识；

（2）企业致力于发展高标准的信任与合作关系；

（3）物流的一体化活动；

（4）供应链方式产生的可见性和灵活性将导致传统的物流流程管理重心的转移；

（5）供应链方式的应用确定供应链中成员的利益共享机制，也带来各层次成员企业的服务改善和成本降低。

在开发供应链的战略中，大部分企业试图减少供应商和运输商数量，有时也包括与它们做生意的顾客数量，许多企业制订了审慎的计划。这表明从多方购买可以通过供应商的竞争带来低价与良好服务的传统采购观念发生了根本转变。在供应链方式下，企业按照一套严格的规则，如质量保证体系、财务稳定性、环境标准等，非常仔细地评定潜在的供应商，然后选择一个或少量供应商，根据密切合作关系的承诺和保证订货的合理性，与它们建立长期的关系。这些变化加强了彼此的关系，进一步巩固了供应链。

以前企业的竞争优势在于拥有低廉的成本、独特的产品、知名的品牌或强势的地理位置，然而在现今的经营时代，经营上的卓越表现才能领导企业迈向成功之路，高明的经营策略与执行方案才会与竞争者有所区别。出色的供应链策略会影响经营效率、服务及组织结构，在时间、速度、效率及团队合作上夺得先机，引导企业在激烈的竞争环境中赢得市场的领先地位，增加公司获利能力，获得并维持住顾客，增加收益。

而且，与早期各个厂商各自为政的情形相比较，以前的经营管理看重的是内部的流程，是效率导向的决策。而在包括供应链观念在内的新管理思潮中，内部流程的效率与品质仍然重要，但更重要的是顾客心目中的价值。企业的各项决策的出发点是如何提高顾客从产品与服务中取得的有形与无形的效益。这种顾客导向的观念本身不是新的，但在一个全球性的企业经营环境中，无论是生产资源的取得，还是市场竞争方面激烈的程度，都把以满足顾客需求作为企业经营管理的努力方向，提高到一个前所未有的境界。但是顾客需求经常只是个抽象的概念，尤其是最终用户市场更是变化莫测，充满无法具体捕捉的不确定性因素，除非有足够的信息作为基础，否则顾客导向的观念充其量只能当成一个观念上的指导原则，无法在作业中落实。当今信息科技的发展加上多年来应用经验的累积，已经可以在这方面有突破性的做法，将顾客导向的观念转化成具体的措施，融入各项日常的作业程序与管理决策之内。

13.1.2 从纵向一体化向供应链一体化的战略转变

在供应链思想出现的早期，企业关注的是纵向一体化的实现，即企业通过拥有供应链中的每项要素，达到对整条供应链的控制与支配，以获取期望的效率和反应能力，以前人们认为这是一种理想的战略。在宏观上，全球经济一体化的趋势使企业在更大的范围和更高的层次上进行竞争。大而全、自给自足的"纵向一体化"生产方式已丧失了竞争力。计划经济条件下"闭门造车"式的孤立生产模式更是如此，取而代之的是跨行业、跨地域的"横向一体化"协作生产模式，业务伙伴之间的业务联系由供应链管理来保证。供应链上每个节点企业的业务都不搞大而全，而是突出自己的核心业务来提高企业的核心竞争力，至于非核心业务，则转包给业务伙伴。

例如，通用汽车公司组装厂为了把主要精力用于整车组装业务，不惜把每年数亿美元的配件生产业务转包给系统供应商 DELPHI，并使 DELPHI 的业务独立出去。通过非核心业务的外包，建立起一个良好的供应链体系，使每一个节点上的企业都能轻装上阵，提供其业务范围内质量和价格方面最有竞争力的产品和服务。这样既可使产品的质量达到最优，价格最低，又可把有限的精力和财务预算投入到核心业务领域，达到降低管理成本，提高核心业务竞争力的目的。因此，企业供应链管理水平应不断提高以适应全球经济的要求。

供应链战略认为，简单地通过协调链中独立企业的物流作业，就能得到和纵向一体化一样的利益。这种合作与协调被哈佛大学的哈蒙德教授称作渠道的"虚拟"一体化。

一个真正一体化的供应链不仅可降低成本，也可为公司及其供应链成员与股东创造价值。一体化的基础是信息共享，其次是协调，由此带来风险、成本和利益可以共担的组织联结。产业领导者的实践证明，成功的一体化供应链的回报是相当可观的。

在亚洲金融危机中，一家重要的零售连锁商——日本 7-11 的成功使其股票的增值甚至超过了华尔街的宠儿——戴尔公司。这颗耀眼的明星使投资者迷惑，并完全改变了人们对传统的盈利率的偏见。当然，戴尔公司是一家颇具传奇性的公司，在激烈竞争的、饱和的市场，其销售、利润和股票价格远远超出了竞争对手。有趣的是，日本 7-11 和美国戴尔公司为在供应链管理方面最具创新性的两家公司，它们都创造了新的手段来运转供应链，并定义了新的游戏规则，确保了作为其战略竞争前沿一部分的供应链的卓越地位。日本 7-11 和美国戴尔公司这样的供应链领导者取得的成就无疑是令人难忘的。成本降低确实非常必要，但不应仅限于此。供应链一体化也会带来利润、增加市场份额、巩固竞争地位、提高公司的价值。

沃尔玛、宝洁和太阳微系统等全球性公司已证明，价值可以通过供应链一体化产生。不过，中小公司也能获得这样的价值。例如，Spon Obenneyer 公司把其海外制造基地与其顾客和零售商紧密结合起来，这种努力增加了 60%的利润，并在连续几年的顾客满意度调查中得到很高的赞誉。日本国民自行车公司采用创新的供应链战略，开发的一种新产品拓展了新的市场细分区域，这在该行业中是独树一帜的，结果在随后的几年中，公司取得了双倍的市场份额。

这些公司的成功是敏捷地利用信息来集成链中的活动，从而使供应链一体化的结果，其供应链不是静态的，而是基于变化的市场与顾客需求不断发展的。在半导体、天然资源、加工、通信、消费品，以及服务部门的公司，都从信息敏捷的供应链中发现了类似的价值。所以，惠普和昆腾等创新公司的高层经理都把供应链管理视为整体战略中的优选对象也就不足为奇了。

在复杂的全球供应链中，有效地管理越来越多的顾客需求、产品或服务，需要成员之间紧密的一体化。什么构成了供应链一体化呢？这主要包括信息集成、协调与资源共享和组织关系联结三个方面，如表 13-1 所示。

表 13-1　供应链一体化的方面

方　面	调整的内容	方　法
信息集成	信息，知识	信息共享，合作计划，预测和补货
协调与资源共享	决策，经营	决策委托，工作重组，外包
组织关系联结	责任，风险，成本，利益	沟通和绩效评价的扩展，积极的结盟

1. 信息集成

信息集成是更为广泛的供应链一体化的基础，涉及供应链成员之间信息和知识的共享，共享需求信息、存货情况、生产能力计划、生产进度、促销计划、需求预测和装运进度等。成员之间也协调预测和补充供货等。公司若要协调物料、信息和资金的流动，必须随时掌握那些反映其真实的供应链情况的信息。没有信息的集成，从整个供应链一体化中获得利益是很难的。

集成的第一步是供应链成员共享由需求左右的信息。事实上，一些人更愿意把供应链管理称为"需求链管理"，强调供应链中的所有活动必须以顾客的实际需要为基础。顾客订单最终影响着供应链中的一切运作。第一步是供应链成员的知识交换。这显然是一种更深入的关系，需要成员之间较高程度的信任，而非简单的数据共享。

知识交换是沃尔玛与 Warner-Lamber 在医药保健品的预测及补货上进行合作的基础。诸如沃尔玛之类的零售商，通过与顾客的相互沟通以及拥有的 POS 终端数据，地方消费参数选择水平很高。医药品公司了解自己生产的药品的特性，并能够利用外部数据，如天气预报，来帮助设计需求模式。双方提供各自的知识并密切合作来决定适当的补货计划。

同样，日本 7-11 通过与其供应商、商店的广泛合作，创造了新的、高度定制的产品。公司能迅速地向商店补货，满足了在不同地方、每天或每周不同时间的众多顾客细分群体的个性需要。高度定制化（几乎是一对一的销售效果）增进了与顾客的关系。实际上，它是日本 7-11 成功的一个要素。

2. 协调与资源共享

随着信息与知识的适当共享，供应链成员将朝着进一步的一体化方向发展，并准备通过决策权、工作与资源的交换开始协调。协调涉及决策权、运作和资源向处于最适宜地位的供应链成员转移。在交换决策权上，成员不仅需要以信息集成为基础，也需要高度的信任与配合。一个供应链成员有时可能在决策制定上比另一个成员处于更好的位置，如果那项决策从一个成员委托给另一个成员，将提高整个供应链的效率。例如，一个过去开发了自己的补充供货计划的公司为了自身利益，可以选择放弃决策权，允许供应商来补充供货。因为供应商在产品、整个市场和预测技术方面的丰富知识，可能会在补充供货方面做得更好。

协调的下一步是工作重组。在此，供应链成员之间的实际活动以最有利于供应链整体的方式重新分配。这样的再分配在信息有效并共享知识的条件下是可行的。为了提高整个供应链的效率，公司也可把实际开展的工作转移出去。个人计算机业提供了工作重组的一个好的实例。传统上，产品最后成型由制造商完成，并存储成品，分销商和转卖商向制造商订购产品，然后储存起来，最终用户与渠道接触并从渠道中得到产品。时至今日，这种传统的供应链结构有了许多变化，个人计算机制造商允许分销商去做最后的产品成型，并为最终用户进行测试。

由于最终用户网上直接购物方式的迅猛发展，以及制造商逐渐承担传统上由分销商和零售商扮演的订货角色，加快了工作重组的速度。分销商和零售商将不得不重新定义自己在新的供应链中的作用。

除了决策权和工作的重新调整外，供应链成员可以共同协调与分享资源，如实现仓库共享、库存集中等。资源能够重新配置、合并或分享，以便供应链中的众多成员来实现协同的利益。例如，汽车经销商在日常营业中共享彼此的备件存货，能同时提高顾客服务与存货利用的水平。

3．组织关系联结

通过公司自己的信息集成与协调无法确保整个供应链的一体化，组织上各构成部分也需要适当的关系。没有公司之间的紧密组织关系，一体化无法完成。供应链成员需要确定并维系沟通渠道，无论那些渠道是 EDI、互联网，还是联络小组或书面材料。

组织关系联结从供应链中使用的适当的绩效衡量标准开始。在组织内部的绩效衡量标准一体化时，供应链成员的绩效评价也需要在供应链中得到详细说明、整合与监控。当公司变得更加一体化时，传统的内部绩效衡量标准逐渐显得不相适应。首先，使用纯粹的内部衡量标准，公司之间的接口活动可能由于隔阂而失败，因为成员双方也许都不会积极地衡量那些活动的绩效。其次，当公司开始共享信息、交换知识和委托决策权时，把一项活动完全确定为公司内部的是极其困难的。

联合的或扩大的绩效衡量标准有必要对一体化的活动进行适当的说明。供应链成员都应为共同的绩效衡量标准负责。这种一体化水平需要集成信息系统对一组扩大的绩效衡量标准进行跟踪，并使这些标准能容纳更多的供应链成员。扩大的绩效衡量标准必须伴随着激励的适当调整。风险、成本和回报的共享机制必须能够给成员以激励，来参与并保持供应链一体化的活动。

这样，一个供应链成员可以为另一成员的某些绩效衡量标准负责。同样，也可能有一些共同的绩效衡量标准需要众多的组织一起负责。这种延伸的绩效评价促进了更密切的合作与协调。最后，供应链中的成员可以为一个目标而同心协力，当然，前提是众多成员有结盟的动机和意愿。联盟的建立需要相应的机制，以保证和一体化努力相关联的风险与利益得到公正地分担。

从信息、协调和组织等方面进行的供应链一体化决定了正在编织的供应链网络的处境，随着一体化的相应建立，成员的职责可能根据顾客需求的变化而动态地发生转变。成员们能够在进入和退出网络的同时，最低限度减少网络的破裂与成本。这种进化的网络可以实现更大的效率和反应能力。

13.1.3 供应链竞争——新世纪的竞争模式

21 世纪的市场竞争将不再是企业和企业之间的竞争，而是供应链和供应链之间的竞争，任何一个企业只有与别的企业结成供应链才有可能取得竞争的主动权。这已不是一个竞争的范围问题，而是一个竞争的层次问题。

传统上，大多数企业认为自己是和其他企业独立存在的，并且为了生存而与其竞争。供应商与上下游之间经常对抗多于合作，许多企业仍谋求把成本降低或利润增加建立在损害供应链其他成员利益的基础上。许多企业没有认识到，将自己的成本简单地转移到上游或下游并不能增强竞争力（也许短期有效），因为最终所有成本都要由市场转嫁给最终用户。领先的企业认识到这种传统观念的错误，力图通过增加整个供应链提供给顾客的价值以及减少整个供应链的成本，来增强整个供应链的竞争力。过去，IBM 公司因自恃为大公司，许多行为也多以自我为中心，由于对自己品牌与价值的认定相当高，只要是 IBM 公司想做的，常倾向全部自己来做。如今，IBM 公司意识到，没有一家企业可以完全主宰顾客的需求，也就是说，为了有效满足顾客的需求，IBM 公司必须与其他供应商一起合作。这意味着，未来的竞争模式，将不再是 IBM 公司与康柏或 IBM 公司与惠普的竞争，而是 IBM 公司及其背后所连动的一串供应体系与康柏或惠普连动的一串供应体系的竞争。

对于国内的大型制造企业尤其是民营和私营企业，在十几年快速发展的过程中，特别是在近几年中，都在供应链管理上有所推进。但是，绝大多数企业并未对整体供应链的管理进行全面系统的规划和整合，更多侧重于营销系统和内部制造计划体系的建设。不够重视供应链后端，即供应管理体系的建设；不够重视从供应链全局角度和业务合作成员的联盟建设；较少借助先进的信息系统来整合供应链信息流；内部供应链的管理和价值流（财务、资金及成本管理）结合松弛，导致无法通过企业整体运作指标对供应链进行准确监控和改进决策。

对于我国大多数中小企业，供应链管理仅仅局限于基本的产、供、销管理，未能形成有效的管理体系。由于相关的业务合作成员（供应商、分销商）较少，业务较为单纯，很少考虑进一步改进供应链管理，使自身更具竞争力。通过提高自身管理水平以达到和主要顾客建立更加密切的业务合作从而进一步扩大生产、销售规模的意识普遍较弱。

我国加入 WTO 使国内大型制造企业面临国外大企业竞争的严峻局面。这种竞争中一个最重要的体现是全球供应链的竞争。我国企业在没有大规模建立海外供应网络的时期，必须最大程度地联合国内的相关业务合作伙伴，形成有效的扩展供应链体系，通过群体竞争优势和跨国企业竞争。广大中小企业需要尽快提高企业自身管理水平，加入相关的扩展供应链体系中，提高竞争力，更快地成长，避免由于强大的市场压力而遭淘汰。

基于扩展供应链的协同商务运作将是未来企业供应链管理的重要模式。借助于协同商务模式，我们的企业才能在参与全球供应链的竞争中处于有利地位。根继续发展下去，最大的机会在制造工厂的围墙外面。你的物料从何而来？你在哪里加工或转化它们？你利用什么分销渠道？你怎样和供应商、顾客建立牢固的关系？你如何从最终用户那里获得直接的信息？你应该利用什么物流体系？你怎样全球性地协调信息流和系统？你怎么为供应链中的所有成员建立激励机制来优化整体绩效？

竞争领域现在已转变为全球供应链的管理。宝洁、惠普公司、戴尔公司和沃尔玛等公司的成功证明了，一个协调一致、紧密一体化的供应链是企业竞争力的关键。

做到供应链的一体化并非易事，但回报是可观的。那些实现一体化的公司从较高的利润率、顾客服务绩效提高以及更快的反应时间中获益。这些公司彻底地减少了库存投资，同时得到了资产上的双倍回报。也许更重要的是，公司的股东价值增加了。

世界上没有永久的竞争优势，因为社会不断变化，竞争对手也在迎头赶上。所以，一个高水平的一体化供应链并不能带来永久的竞争优势。然而，如果有一个比竞争对手更好的供应链，就可以在短期内占据更有利的竞争地位，将可能形成更低的成本、更快的周转时间、更少的库存。

13.2　一体化供应链的设计

13.2.1　供应链和产品的类型与特征

1. 供应链的功能与特征

1）供应链的功能

供应链有两种不同的功能：实物功能与市场调节功能。

（1）实物功能表现为从供应方开始，沿着供应链上的各个环节，把原材料转化为在制品、半成品和成品直至运达需求方的过程。实物功能导致的成本主要有生产成本、运输成本、库存成本等。

（2）市场调节功能表现形式不明显，但非常重要，其目的在于保证及时提供多样化的产品以满足顾客多样化的需求，避免缺货损失或库存过多。市场调节功能由于供求情况不同，而有不同的成本表现。当供大于求时，产品不得不削价出售，造成损失；反之，当顾客需求得不到满足时，则可能丧失销售良机。

2）供应链的特征

对应于实物功能和市场调节功能，供应链可分为实物效率型供应链和市场反应型供应链，其特征如表 13-2 所示。

表 13-2　实物效率型供应链和市场反应型供应链特征

	实物效率型供应链	市场反应型供应链
主要目的	以尽可能最低的成本有效率地满足可预测的需求	对不可测需求快速反应，以减少缺货、削价出售和过时的库存
生产方面	保持较高的平均利用率	配置富余的缓冲能力
库存策略	实现最高周转率及整个链中库存量最低	配置零部件或成品的大量缓冲库存
提前期方面	在不增加成本前提下压缩提前期	积极投资以减少提前期
供应商选择依据	主要根据成本和质量选择	主要根据速度、灵活性和质量选择
产品设计策略	性能最大化与成本最小化	用模块设计，尽可能做到产品差别的延期

供应链的主要功能之一就是有效地传递产品，不同的产品对供应链的需求有所不同。研究实践表明，一旦产品设计定型，那么这种产品在其生命周期内要发生的成本的 80%就确定了。因为产品定型后，为完成这种产品的生产工艺、设备、原材料，以及为向顾客交付这种产品的供应链通路就基本确定，与此相关的费用也就确定了。因此，企业对自身产品的分析和判断是供应链设计与完善的前提。不同的产品也需要有不同的供应链策略及其相匹配的供应链。在为企业设计供应链之前，需要考虑企业产品的需求差别。

2. 产品的功能与特征

1）产品的功能

一般来说，按照功能，产品可分为两大类：功能型产品与创新型产品。

功能型产品是指满足基本功能需要的产品，不随时间改变许多，有较为稳定且可预测的市场需求，生命周期较长，不经常更新换代，竞争激烈，边际利润较低，如日用品。

创新型产品则指增加了特殊功能的产品，或技术与外观上具有创新性的产品，这类产品往往具有较高的边际利润，需求可能无法准确预测，生命周期短，在市场上易被竞争者模仿，从而竞争优势降低，导致边际利润下滑，如时尚品、名贵轿车等。

2）功能型产品和创新型产品的差别

功能型产品和创新型产品的差别如表 13-3 所示。

表 13-3　功能型产品和创新型产品的差别

	功能型产品	创新型产品
需求方面	可预测需求	不可预测需求
产品生命周期	多于 2 年	3 个月～1 年
边际贡献率	5%～20%	20%～60%
产品种类	低（每类产品有 10 到 20 个型号）	高（一般每类有数万个）
平均预测失误率	10%	40%～100%
平均缺货率	1%～2%	10%～40%
季末平均打折百分比	0%	10%～25%
按订单制造需要的提前期	6 个月～1 年	1 天～2 周

13.2.2　基于产品的供应链设计

1. 供应链与产品的匹配

1）产品类型与供应链

（1）对于功能型产品。如果边际贡献率为 10%，平均缺货率为 1%，则边际利润损失仅为

0.1%。因此，为改善市场反应能力而投入巨资是得不偿失的。生产这类产品的企业，主要目标在于尽量减少成本。企业通常只要制定一个合理的最终产品的产出计划，并借助相应的管理信息系统协调顾客订单、生产及采购，使得供应链上的库存最小化，提高生产效率，缩短提前期，从而增强竞争力。例如，宝洁公司的许多产品属于功能型产品，公司采取了供应商管理存货和天天低价的策略，使库存维持在较低水平，降低了成本，公司和顾客都从中受益。

（2）对于创新型产品。如果边际贡献率为40%，平均缺货率为25%，则边际利润损失为10%。所以，对此类产品就需要有高度灵活的供应链，对多变的市场迅速地作出反应，投资改善供应链的市场反应能力也就成为必要之举。例如，欧美、日本等不少发达国家把基本的功能性产品放在低成本的发展中国家生产，而把一些流行性或短生命周期的产品放在本土生产，虽然有可能增加劳动力成本，但通过对市场的快速反应而获得的利润足以抵消这种不利影响。

2）供应链策略

在确定产品和供应链的类型后，叮用供应链与产品的匹配矩阵为企业选择理想的供应链策略，如图13-5所示。利用该矩阵，企业就可以判断其供应链类型与其产品类型是否很好地匹配。矩阵的四个方格代表了四种可能的产品与供应链的组合。匹配的组合应是功能型产品对应实物效率型供应链，创新型产品对应市场反应型供应链，即图中左上方与右下方的组合。用市场反应型供应链生产功能型产品（左下方），或用实物效率型供应链生产创新型产品（右上方），都是不合理的。从实际情况来看，左下方的情况很少出现。

	功能型产品	创新型产品
实物效率型供应链	匹　配	不匹配
市场反应型供应链	不匹配	匹　配

图 13-5　供应链与产品的匹配矩阵

右下方代表采取市场反应型供应链提供创新型产品。生产创新型产品的企业，其在市场反应型供应链上的投资回报率要比在实物效率型供应链上的投资回报率高得多。企业在增强其供应链的市场反应性上，每增加 1 元投资，就会取得大于 1 元的市场调节成本的下降。若企业采用市场反应型供应链来生产功能型产品（左下方），情况就截然不同了。若对其市场反应型供应链增加投资，减少的损失极为有限，得不偿失。

右上方的情况很常见（企业用实物效率型供应链提供创新型产品），由于创新型产品可观的边际利润，尽管竞争日益激烈，越来越多的企业还是不断从生产功能型产品转向生产创新型产品，但其供应链并未发生改变。比如，一些个人计算机厂商在提供新产品时，由于仍采用原来的实物效率型供应链，过于注重成本，追求库存最小化和较低的采购价格，忽视供货速度和灵活性，担心增加成本而不愿缩短提前期，从而造成交货速度太慢，不能及时响应日益变化的市场需求，缺货损失甚为可观，更糟的是被竞争对手抢先占领了市场，造成无可估量的损失。

如何改进右上方这种状况呢？一是向左平移，将创新型产品变为功能型产品；二是向下垂直移动，实现从实物效率型供应链向市场反应型供应链的转变。而正确的移动方向取决于创新型产品所产生的边际利润是否足以抵消采用市场反应型供应链所增加的成本。

（1）对于用实物效率型供应链提供功能型产品的情况，可采取以下三项措施：①削减企业内部成本；②不断加强企业与供应商、分销商之间的协作，从而有效降低整条供应链上的成本；③降低销售价格。这是建立在有效控制成本的基础之上的，但一般不轻易采用，须视市场竞争情况而定。

（2）由于创新型产品具有需求不确定的特征，因此在用市场反应型供应链来提供创新型产品时，应采取以下三项策略：①通过不同产品拥有尽可能多的通用件来增强某些模块的可预测性，从而减少需求的不确定性；②通过缩短提前期与增加供应链的柔性，企业就能按照订单生产，及时响应市场需求，在尽可能短的时间内提供顾客所需的个性化的产品；③当需求的不确定性已被尽可能地降低或避免后，可以用安全库存或充足的生产能力来规避其剩余的不确定性，当市场需求旺盛时，企业就能尽快地提供创新型产品，从而减少缺货损失。

总之，在为企业寻找理想的供应链之前，必须先确定企业产品的类型和企业供应链的类型，并使两者合理匹配，从而实现企业产品和供应链的有效组合。

2. 产品生命周期的供应链策略

对于一种产品，特别是功能型产品来说，从其投放市场直到过时淘汰，一般都要经历几个典型的阶段，即引入期、成长期、成熟期、衰退期四个阶段。在产品生命周期的各个阶段，产品有其明显区别于其他阶段的特征，对供应链的要求有所不同。因而对同一产品在生命周期的不同阶段，要注意控制内容和侧重点，采取相应的供应链策略，如表 13-4 所示。

表 13-4　产品生命周期各阶段的供应链策略

产品生命周期阶段	特　点	供应链策略
引入期	无法准确预测需求量 大量的促销活动 零售商可能在提供销售补贴的情况下才同意储备新产品 订货频率不稳定且批量小 缺货将大大抵消促销努力 产品未被市场认同而夭折的比例较高	供应商参与新产品的设计开发 在产品投放市场前制订完善的供应链支持计划 原材料、零部件的小批量采购 高频率小批量的发货 保证高度的产品可得性和物流灵活性 避免缺货发生 避免生产环节和供应链末端的大量储存 安全追踪系统，及时消除安全隐患或追回问题产品 供应链各环节信息共享
成长期	市场需求稳定增长 营销渠道简单明确 竞争性产品开始进入市场	批量生产，较大批量发货，较多存货，以降低供应链成本 作出战略性的顾客服务承诺以进一步吸引顾客 确定主要顾客并提供高水平服务 通过供应链各方的协作增强竞争力 服务与成本的合理化
成熟期	竞争加剧 销售增长放缓 一旦缺货，将被竞争性产品所代替 市场需求相对稳定，市场预测较为准确	建立配送中心 建立网络式销售通路 利用第三方物流公司降低供应链成本并为顾客增加价值 通过延期制造、消费点制造来改善服务 减少成品库存
衰退期	市场需求急剧下降 价格下降	对是否提供配送支持及支持力度进行评价 对供应链进行调整以适应市场的变化，如供应商、分销商、零售商等数量的调整及关系的调整等

13.2.3　供应链中的合作及战略联盟的建立

供应链管理的核心观念就是企业间整合，但在不同产业，供应链中各个成员彼此间的关系紧密程度也大有不同，中心企业与上下游的关系大约可以分为以下三种：

第一种供应链关系，在上、下游间并未明显存在主导厂商，而各个厂商之间也各自拥有独立数据库。在这个关系中，物流特别明显，但是在物流以外的信息流动其实相当有限。目前的供应链关系多属于此类。

第二种供应链关系，以伙伴关系为导向。在这个系统里，所有厂商不分上下游，共享同一个数据库，取用不同资料，并将自己获得的信息反馈给这个共享系统，信息链间具有互动能力。

第三种供应链关系，以全球领导厂商（如戴尔公司等）为主，强调重点在于通过信息高度互动达到大规模定制与顾客导向的生产能力。

1. 伙伴关系开创合作竞争新时代

1）伙伴关系变革的潜在驱动力

在现代社会，企业孤立经营的昔日格局已被打破，企业之间形成了一个企业的决策直接影响到其他企业决策的新局面，今日的企业管理涉及企业之间不断的相互往来。有些企业成功地顺应了新的潮流，适应了更加动态的生存环境，对顾客与市场需求能够作出稳健的响应，力求理解和满足顾客要求，提供更为贴切的服务与产品，也和供应商达成了长期的共识，以促进双方目标的实现。这种新的关系可称为"伙伴关系"，指的是企业之间需要建立一种新的关系，即以团结合作、共同创造价值的方法获得持续发展。

伙伴关系之所以引人注目，与其说是它脱离了传统的新游戏规则，不如说是新角色带来合伙组织间的影响和冲击。在美国，伙伴关系已产生可观的回报，包括生产力的进步、成本的降低，以及新市场价值的创造等。而在全球，这场变革则逐渐改变了多国籍企业的经营方式，使众多大企业的交易模式发生根本上的转变，包括重新明确采购的意义、改变对重要顾客的销售方式等。带来这场伙伴关系变革的潜在驱动力包括：

（1）供应商数量的压缩。数年间企业正不断摒弃传统的以交易为基础的买卖关系，并大幅减少供应商的数量，企图通过维持与少而精的供应商的持久合作，取代原先庞大复杂的供应体系。福特汽车公司把其供应商数目从 5 万多家压缩到 5 000 家左右，缩减比例高达 90%。

显而易见的是，顾客本身也面临着同样的压力，包括技术成本趋于下降、信息获取容易、全球市场爆炸性成长和产品普及，这都加剧了市场竞争并逐渐侵蚀其利润基础。企业与竞争者之间的差别越来越小，必须寻找新的竞争优势与利润源泉，企业不得不转向其他可能找到新竞争力的层面。以前可以通过改善企业内部程式提升竞争力，现在这方面的潜力逐渐趋于枯竭。所以，对于供应商来讲，特别是那些直接牵涉销售的人员需要清楚，曾经视为销售成功的条件——好产品加上有技巧的销售人员，现在已变得落后。顾客正加速减少供应商的数量，且只愿意和少数经过精挑细选的供应商打交道，但是多数供应商并未认识到这种潜在的威胁。

（2）生产力重心的转移。直到现在，仍有不少企业把生产力改善的途径局限在组织内部，其方法大多为削减费用、减少管理层、重新设计流程、改善信息系统或日常办公的自动化等，很少眼光向外，突破组织界限，实现组织界限的跨越，去寻求经营改善之道。不过，大刀阔斧地追求内部效率提高的企业发现，其结果只是使自己和那些经历同样努力的竞争者不相上下而已。

当内部改善的成本越来越大而收效甚微的时候，企业开始向外寻求良方。于是，有的企业采取强硬手段，不再使用过去以量取胜、将供应分散到众多供应商中的保险做法，无情地进行了"大裁军"，削减供应商数目以强化供应基础，然后再挟大额采购的优势，逼迫供应商去降低成本。例如，通用汽车公司就以在汽车业界向供应商施压而出名，公司以大额订单为诱因，迫使其价格大幅降低。表面看来，这种手段在初始阶段似乎奏效，能大大降低采购成本，但以压榨供应商来获益的策略难以持久。一方面，不成比例地剥夺供应商，导致供应商忠诚的丧失与信任的降低。在供不应求时这种流失的危害尚不明显，可一旦行情逆转，生产原料供给短缺时，供应商埋藏在心底的怨恨就会爆发，出现稀缺的原料流向通用汽车公司的竞争对手（如本田汽车）的情况，而这些竞争对手也非常善于在适当的时机笼络供应商的心。

所以，具有新思维的采购经理认为，旧形态下以交易为基础的采购程序不再具有生产效率，公平合理地对待供应商才是合乎成本效益的选择。买卖双方需要超越交易的关系，从原本着重短期利益的关系转向更有利、更稳固的合作伙伴关系。当结为伙伴的企业间能够持续地追求更低的成本与更多的新价值时，它们也创造了一种传统交易形态无法匹敌的优势。

伙伴关系使得供应商和顾客都能在各自的市场中具备长期的竞争优势，并渐渐固结于这种更有效率和效益的商业关系中。供应链在获得长期合同的同时，能以更灵活通畅的渠道与地位提供具有竞争力的产品给顾客，顾客也得以将产品以更快、更便宜的方式销售出去。

图 13-6   伙伴关系的成功因素

2）造就成功伙伴关系的关键因素

现在越来越多的产业要获得差别化的竞争优势，不再只是针对产品本身、销售技巧或内部效率而言，也来自与供应链或同行业的其他企业共同创造持久且具有竞争优势的能力，这也是"伙伴关系"一词所要表达的内涵。当我们深入探究在不同产业、地区与市场中，每个成功企业的业绩和成功伙伴关系的经验后，有些成功导向的共同点会浮现出来，其中有三个因素，即贡献、亲密和远景，屡见于每个成功的伙伴关系中，它们是促使伙伴关系成功不可或缺的因素，如图 13-6 所示。

2．虚拟关系与虚拟组织

在全球信息化的现代经济中，企业寻求有效的竞争手段，跨企业组织或跨企业界限组建虚拟工作队伍，以节约成本，对市场新机制作出迅速响应。大多数企业把绝大多数的成本和时间都花费在应付消费者和供应商的活动需要之上，而且只能沿着整个供应链协调地加以处理。企业如果想在当代市场环境中保持自己的竞争力，就必须有加速和减速的能力，可许多企业既没有能力随时根据需要组建起核心技术队伍或部门，也无法忍受一旦不需要就解散队伍或某个部门的"痛苦"。随着企业在三个方面（供应商向顾客增加价值，顾客和供应商风险共担与利益共享，顾客与供应商的工作流程衔接）所做的协调配合运动的展开，企业也逐步进入了虚拟关系，虚拟组织从而形成。

虚拟组织是由各种企业单位形成的一种集团，其中人员和工作过程都来自这些企业单位，它们彼此紧密联系，相互作用，有着共同的利益。而且，多数虚拟组织关系都是靠骨干队伍的合作而建立起来的。骨干队伍合作增强了虚拟组织中所有参与者的市场竞争力。参与者所付出的仅是学习合作，共享和保护知识财产，以进步、创新和智慧来对全球的顾客需要作出适应的响应，把顾客区别化。虚拟组织不同于合作伙伴关系，也不同于战略联盟，与任何方式的合资企业也不同。虚拟组织工作过程仍然保持着相互独立、互不影响。虚拟组织可能出现于企业之间，也可能是在企业内部的各经营单位之间，甚至两种情况兼而有之。自人类认识到需要通过合作方式应对挑战以来，虚拟组织就一直存在，只是在过去的环境下成不了主流，也从未像现在那样突出。

大型组织机构向虚拟组织转变，打破了各个独立部门各自为政的局面。IBM 公司就是用虚拟组织的办法，把多个组织和多个专业的技术力量联合在一起，度过了艰难岁月，于 20 世纪 90 年代初重获新生。小企业向虚拟组织转变，则是为了寻求合作，以合作求扩展，以扩展求效益，但小企业本身实际上并未扩大，它只是借助和利用了外力。

现代虚拟组织关系是利用信息技术把人力、资产和思想动态连接起来而形成的相对较新的组织形式，是一种有机的企业网络组织。相关企业为了抓住稍纵即逝的市场机遇，联合在一起形成虚拟组织。虚拟组织具有许多特点，但并非每个具体的虚拟组织都具备全部特点。对虚拟组织特点比较详细的描述如表 13-5 所示。

表 13-5　虚拟组织的特点

虚拟组织的特点
虚拟组织具有随时性和随机性，是一种动态的、有适应能力的组织
它是一张企业网络，其中的每个企业都要贡献一定的资源供大家分享
这张网形成的能量具有 1+1>2 之功效
网上没有缝合线，也没有边界线，它的连接是通过网络中的企业和生产过程来实现的
它真正实现了纵向整合，也是一项完成集成的信息系统工程，在企业内部和企业之间达成信息共享
缩短从概念到兑现的周期，即缩短把想法变成现实的时间，以及缩短从设计到概念化的时间，是虚拟组织的目标
实现顾客购买一步到位，是虚拟组织的目的

总之，虚拟组织最重要的特征是以时间窗口为基础，为了迎合明确的时间机遇或预期的时间机遇而产生的。有些虚拟组织的生命期可能同一些长期项目联系在一起而延续十几年，如波音 777 客机项目。

3. 战略联盟的建立

1）为什么需要战略联盟

当今商业领域的热门的话题之一是，有竞争的商业模式已变成企业继续生存或发展的必要条件，但同时用来维持竞争力的传统的财务及管理方面的资源却日益匮乏。现在企业可能需要利用特定的资源或技术上的知识来找到新的有效的方式维持竞争力。

我们不仅需要了解供应链上哪个企业应该执行哪些特定的职能，还需要了解相应的实施方式。企业有以下四种选择：

（1）内部行动。一家企业可以利用内部可得的资源与专业知识来完成活动。假如这项活动是企业核心能力之一，这可能是完成活动的最好方式。大多数的企业比较重视这种方式，因为它们能够有效地实施控制。然而，内部方式具有不可忽视的局限性，因为市场以及企业在人力资源、组织、控制等方面的能力都具有较大的不确定性，当外部竞争环境发生重要变化时，这种内生型的发展往往由于缺乏对外界变化的关注和适应能力，从而导致企业低效成长甚至陷于经营"陷阱"。

（2）并购。如果一家企业内部并没有专业知识或专门的资源，可以通过并购另一家已有的企业来实现，这种方式欧美许多公司曾盛行。这无疑使企业能有效地控制该职能，但这可能存在一些问题。并购一个企业是相当困难与昂贵的，往往需要大量资金和较高的代价。两个企业文化背景的不同会带来冲突，被收购的企业在同化过程中可能失去有效性。也许被收购的企业先前与收购方的竞争对手交易，现在就可能失去这笔生意。以并购从其他企业获得资源的方法应更多地权衡利弊，因为无论它是一种注重核心技术的兼并与收购，还是作为多角化策略的一部分，据统计结果显示，失败的比率往往大大超过成功的比率。

（3）短线交易。短线交易是商业交易中最普遍的一种。一个企业需要特定的产品或服务，如运送货物、维修保养车辆、设计或安装一套物流管理软件，购买或租赁产品或服务。一般来说，短线交易是最有效和最合适的。当然，要使供应商的目标与策略和买主完全吻合就难了。通常，这种短线交易执行的是特定的任务，但不会带来长期的战略优势。

（4）战略联盟。战略联盟是两个或多个经济实体为了实现特定的战略目标而采取的任何股权或非股权形式的共担风险、共享利益的联合行动。

战略联盟双方之间也许有正式的协议，但这种协议不具备真正的法律约束，也许只是口头承诺。战略联盟也不同于企业间的并购行为，并购意味着投入大量资金，全盘接纳对方企业的各类资产，操作复杂，风险很大。联盟企业之间很少为了控制或监督对方履行义务，联盟企业之间也很少交换股份，"合则聚，不合则散"一直贯彻于联盟行动的始终。同时，战略联盟也不同于一般其他形式的企业或组织间的联盟，战略联盟必须是联盟双方站在公司整体战略的高度，审视公司及伙伴现在及未来的发展，而达成的具有战略意义的联盟。麦当劳、可口可乐和迪士尼的合作触及联合使用商标协议、联合开拓市场、联合开发新项目等领域。但这种合作并不稳固，各联盟企业随时都可能分道扬镳，一切视利润而定。

采取企业间联盟的方式是应付竞争的一种有力手段。在发达国家，同一行业中出现企业相互联盟的案例俯拾皆是，而且联盟的形式也多种多样。有在产品技术开发、制定标准方面合作的，有互相注资彼此参股的，甚至还有通过兼并合二为一的。应该强调，这类联盟的目的很明确，为的是降低成本，开拓更大的市场，以"竞争中的合作"来获取双赢或多赢的结果，并最终为市场提供更好的产品。联盟的出发点和结果都围绕着市场，突出消费者的需求和利益，这就是战略联盟——在合作中竞争。例如，在20世纪80年代中期，摩托罗拉开始进入日本的移动电话市场时，由于日本市场存在大量正式与非正式的贸易壁垒，摩托罗拉举步维艰，到1987年，它与东芝联盟制造微处理器，并由东芝提供市场营销帮助，此举大大提高了摩托罗拉与日本谈判的地位，最终获准进入日本的移动通信市场，成功地克服了日本市场的进入壁垒。

而通用汽车公司和福特汽车公司也宣布投入数百亿美元的巨资，以建立覆盖全球的庞大的计算机采购网络。这一网络系统可以在全球范围内及时找到价格最低、质量最好，离生产基地最近的供应商。从而使其采购成本大大降低。甚至日本丰田汽车公司也在考虑加盟通用汽车公司和福特汽车公司的集中采购网络。

战略联盟并不强调伙伴之间的全面相容性，它所重视的是相互之间某些经营资源的共同运用，对相容性的要求是部分的、有选择的。根据不同的选择，可以组成不同类型的合作联盟，具有灵活、快速、经济等特点。因此，许多联盟可能只是一种临时性安排，任何一方只要达到目的，便可在任何时候单方面终止合作，并与原联盟伙伴展开激烈竞争。当若干个企业战略联盟建立后，这些联盟之间也会形成新的竞争关系，这样，原本单个企业之间的竞争就会发展为不同企业组团或不同供应链条之间的竞争。因此，战略联盟的出现只会改变竞争的形式，使竞争更加理性和良性，但不会消灭竞争，甚至有可能使竞争更趋激烈。

作为一种企业发展策略，战略联盟和其他战略一样，有成功的希望，也有失败的风险。这就要求企业谨慎选择联盟伙伴，灵活应对各种变化，避免联盟与本企业目标和战略相冲突，最终达到通过战略联盟改善市场环境、增强竞争实力的目的。

2）建立有效的战略联盟

美国学者戴维·雷等人考察了一些企业战略联盟，结果发现有效的战略联盟在建立过程中非常注意以下三个阶段的实施步骤：

（1）挑选合适的联盟伙伴阶段。企业在联合与合作之前，首先要树立明确的战略目标，并据此寻找或接受能帮助实现战略意图、弥补战略缺口的合作伙伴。这是一项艰巨的任务，它需要高级管理层了解双方在一定时间里的目的和战略。一个合适的联盟伙伴的基本条件是：能够带来本企业所渴望的技术、技能、知识风险分担和进入新市场的机会等优势。还要注意，文化上相容、相似的企业比有较大文化差异的企业更适合成为本企业的合作伙伴。

（2）联盟的设计和谈判阶段。成功的联盟不仅是以交叉许可安排、联合开发、合资经营、股权共享等联盟方式为基础的初始合作协议，还包括厂址选择、成本分摊、市场份额获得等细节，以及对知识创新、技术协同等方法进行设计。企业的高级管理层还应就联盟的共同目标与主要的中层经理和技术专家进行沟通。另外，由于联盟伙伴之间往往存在着既合作又竞争的双重关系，双方应对联合与合作的具体过程和结果进行谨慎细心的谈判，摒弃偏见，求同存异，增强信任。

（3）联盟的实施和控制阶段。战略联盟的最终目的是通过联盟提高企业自身的竞争能力。联盟内的企业应该把通过联盟向对方学习作为一项战略任务，尽快将联盟的成果最大限度地转化为自己的竞争优势。联盟往往需要双方进行双向信息流动，每个参加联盟的企业都应该贡献出必要的信息供对方分享，从而提高联盟的成功率。同时，企业要合理控制信息流动，保护自身的竞争优势，防止对方得到自身应予以保护的关键信息，做出有损自己的行为，因为联盟伙伴极有可能成为将来的主要竞争对手。

13.2.4　供应链的不确定性、信息失真与"牛鞭效应"

1．供应链中的不确定性

1）不确定性的来源

供应链中的不确定性常常与随机事件有关，但研究表明，影响供应链不确定性的主要原因是我们在供应链中采用的决策政策与系统。随机的不确定性是随机事件的结果，如机器故障、恶劣的天气条件产生的差错。制度化的不确定性是我们组织采用的内部体系与方法的结果，会议周期也带来需求的不确定性。每月一次的销售会议，销售代表为有一些"佳绩"而夸大其词。组织可能会放大不准确数据的效应，不准确的数据可引起组织雇用更多人员及资源去纠正本该避免的错误。这导致组织内部进一步的延误，使组织反应迟缓，并随之有更少的确定性。

供应链不确定性的一个来源出自供应链中采取的决策政策与信息系统，这是起决定作用的紊乱。紊乱由固定的规则生成，规则本身不包含偶然性因素。所以，虽然理论上系统是可预测的，但实际上，许多结果的无规律使系统很难预测。系统又对初始条件非常敏感，因此，一个极细微的变化可能使系统出现"差之毫厘，谬以千里"的结果。这引起了关于紊乱对计算机系统影响的实质性问题。一个同样的程序在两台不同类型的计算机上运行，或者不同标准的软件包进行同样的计算可能产生根本不同的结果。简单的紊乱行为可在商业应用电子表格中发现，这带来有关供应链内部不确定性的众多问题。

越来越复杂的分析控制系统被用来辅助供应链管理，因而供应链内部不确定性由于使用紊乱状况下运转的算法系统而出现。

2）供应链的紊乱

供应链中的紊乱产生于管理决策制定和使用的计算机控制系统。例如，在库存管理决策制定上，当管理者采取积极的库存调整政策，降低期望的存货，以及管理部门有忽视供应环节的倾向时，会发生更复杂的紊乱形式。当管理者信心百倍地建立了较低的目标存货水准时，紊乱更有可能发生，并且通常成本可能增加。据研究，当采取这样的低存货政策时，成本比采取安全库存政策时高 500%，在实践中此类现象普遍存在。把库存压到较低水准时，可能因为缺货导致顾客服务水平下降，缺货损失显著增加。例如，在某软饮料供应链中，电子数据传递到一个库存最小化的超市公司，该公司不得不在收到数据的 15 秒内作出采购决策，由此出现的需求需要明确才会确信。在行业中，决策制定规则正不断被计算机运算系统形式化。所以，如果这样的运算系统设计不当，紊乱行为就可能发生。

研究表明，通常所使用的库存控制运算系统也会导致紊乱的产生。供应链往往被自动库存控制系统和组织之间的 EDI 特征化。控制系统预测需求，计算最佳库存保持水准并订购一定时期的预计需求量，这是一种在行业中广泛用来再订货和库存控制的系统。这种工作暗示，控制与避免需求波动，从而减缓系统的不稳定性系统所产生的力量，把稳定的、可预测的需求模式转变为偶发性变化、不可测的需求模式，进而使系统更加不稳定。所以，一个设计了库存保持水准与订货管理优化的系统实际上可能招致整个供应链的不可预见性和成本的增加。

3）紊乱的排除

排除紊乱的关键在于没有直接反馈系统的应用。生产上的许多精益途径不依赖于复杂的反馈系统。此类技术的基础是关注无间断的流动和适应来自顾客的拉动，这能消除反馈和反馈必需的条件，这些条件也许会产生进一步的紊乱。

然而，精益生产方式的滥用，如库存和提前期的大量缩减，可能引起系统紊乱的增加。紊乱系统的特征之一是能以一种与实际相反的直观方法行事。

4）对不确定性进行计划

（1）在供应链内有效地管理不确定性需要供应链中所有组织之间的沟通。不过，当试图减少不确定性时，有以下三个步骤值得考虑：

① 减少不确定性，如发现新的数据来源、寻找先进的指数、试着在产品中使用通用部件。

② 避免不确定性，如压缩提前期、按订单生产、延期成形和增加柔性。

③ 如果在第一步和第二步的所有努力仍然没有摆脱不确定性，那么还有两个主要选择。首先，用库存作为缓冲。高库存并非总是不好的，库存太多远没有库存太少带给供应链的代价大。其次，保持富余的能力是另一种应付不确定性的方法，有时这可能是最具有成本效益的措施。

（2）当对不确定性进行计划时，应考虑以下八个问题：

① 戏剧性的变化可能意外地发生。需求中的尖峰信号也许由于系统而产生，而不是外部事件的结果。

② 长期计划是非常困难的，如果长期计划已制订，需要对其定期评价。

③ 供应链不会达到稳定的均衡，小的变化将一直阻止均衡的实现。

④ 可以制定短期预测和预测模式，最好分配资源来开发有效的短期决策制定程序。

⑤ 把供应链作为一个完整的系统，对供应链中一个环节的优化所产生的细微变化可能引起供应链中其他部分的大量变化。降低库存和提前期不可能总是提高绩效，也可能会使系统变得紊乱。

⑥ 通过以顾客为关注焦点来消除不确定性，以简单精炼的方式与尽可能远的上游沟通需求信息。

⑦ 当改变对组织经营至关重要的硬件或软件平台时，进行详细的测试，否则计算机会增加紊乱。

⑧ 系统仿真和重要产出的非线性动态分析应该成为任何供应链再造方案的指定部分。

总之，现实中存在的不确定性是无法完全消除的。

2．信息失真与"牛鞭效应"

1）什么是"牛鞭效应"

数年前，宝洁公司管理人员在考察其婴儿一次性纸尿裤订单的分布规律时惊奇地发现，虽然婴儿对产品的消费比较稳定，零售商那里销售波动也不大，但厂家从分销商那里得到的订单却出现大幅波动，同一时期厂家向原材料供应商的订货量波动幅度就更大。惠普公司也发现，代理商收到的订货量的变动比顾客需求量的变动要大，而汇总到总公司的订货量的变动则更大。这与我们在挥动鞭子时手轻微用力，鞭梢就会出现大幅摆动的现象类似。简单来说，"牛鞭效应"是指由于供应链的固有属性，链中企业对信息的曲解沿着下游向上游逐级放大，如图 13-7 所示。

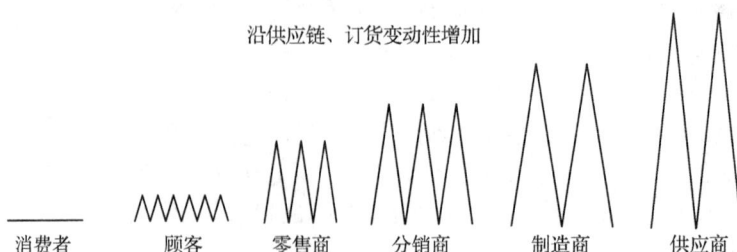

图 13-7　信息失真："牛鞭效应"

2）"牛鞭效应"产生的原因

表面上看，"牛鞭效应"表现为需求的不确定性，实质上，这种不确定性却是需求变化的信息在供应链中传递时出现失真，进而扭曲放大的结果。"牛鞭效应"产生的原因复杂多样，但人们通常认为问题主要出现在以下三个方面：

（1）需求预测。为了安排生产进度、计划产量、控制库存和计划物料需求，供应链中的企业通常都会预测产品需求。而传统上，供应链的上游总是将下游的需求信息作为自己需求预测的依据，以企业直接接触的顾客的购买历史进行。当下游企业订购时，上游企业的经理就会把这条信息作为将来产品需求的信号来处理。基于这个信号，上游经理会调整需求预测，同时上游企业也会向其供应商增加订货，使其做出相应的调整。这一需求信息的产生过程是导致"牛鞭效应"的主要原因。

（2）批量订购。在供应链中，每个企业都会向上游企业订货，并且会对库存进行一定程度的监控。由于存货耗尽以后，企业很难马上从其供应商那里获得补充，所以通常都会进行批量订购。例如，采购部门发给供应商的订单中，既包括需要重新满足实际需求的库存量，也包括必要的安全库存量。在交货期间，保持数周的安全库存是习以为常的，其结果是预期的订货量将比需求量变化更大。而置身供应链中的该供应商，以接收的订单上记录的数量形成需求，向自己的上游发出订货信息。所以，从经销商到制造商再到供应商，订货量要比实际销售量大得多，由于大量的安全库存产生"牛鞭效应"，并且供应链中各环节的交货期越长，波动会越剧烈。另外，对运输费用的考虑也是阻碍企业频繁订货的障碍之一。卡车满载时，单位产品运输成本最低。因此，当企业向供应商订购时，它们倾向于大批量订货以降低单位运输成本。

再者，供应商一般难以处理频繁的订购，因为处理这些订购所消耗的时间与成本相当大。宝洁公司估计，由于订购、结算和运送系统需要人手操作，处理每笔订单的成本大约在 35 美元到 75 美元之间。若企业的顾客都采用定期订购模型，则会导致"牛鞭效应"产生。如果所有顾客的订购周期均匀分布，那么"牛鞭效应"的影响就会最小，然而这种理想状态极少存在。订单通常都是随机分布，甚至相互重叠的。当顾客的订货周期重叠时，很多顾客会在同一时间订购，需求高度集中，从而导致"牛鞭效应"高峰的出现。

（3）价格波动。价格波动会促使购买行为提前。制造商通常会进行周期性促销，如价格折扣、数量折扣、优惠券等，这些优惠实质上是一种间接的价格优惠。这种促销对供应链来说可能会成本很高。当制造商的价格处于低水平时（通过折扣或其他促销手法），顾客常会购买比自己真实需求大得多的数量，因而不能从顾客的订单中得到有关产品需求情况的真实信息。

3）消除"牛鞭效应"

"牛鞭效应"会造成低质量的顾客服务、低效运输、货物短缺或积压以及产品需求预测错误等问题，严重影响供应链的绩效。研究表明，在整个供应链中，从产品离开制造商的生产线至其到达零售商的货架，产品的平均库存时间超过 100 天。被扭曲的需求信息使供应链中的每个个体都相应增加库存。有关报告估计，在美国就有 300 多亿美元沉积在食品供应链中，其他行业的情况也大抵如此。因此，减少"牛鞭效应"对企业经营以及供应链的影响成为供应链管理的一项重要内容。可通过以下五项措施减少或消除"牛鞭效应"：

（1）避免多方需求预测。避免重复处理供应链上的有关数据的一个补救方法是使上游企业可以获得其下游企业的需求信息。信息共享是解决"牛鞭效应"的最有效手段。在理想状态下，上游成员可以共享到下游成员的顾客或顾客的顾客的销售信息。信息共享的范围越大，"牛鞭效应"的潜在危害就越小。同样，下游成员能够共享上游成员的库存水平、能力状况和装运进度方面的信息，进而清楚地了解其供应商的供应情况。此外，供应商不仅可以共享自己的库存与能力信息，也可共享其供应商的数据。在一条理想的供应链上，所有信息在整个供应链中应该是透明的。

这样，上下游企业都可以根据相同的原始资料来更新自己的预测。例如，计算机制造商会要求分销商将零售商中央仓库里产品的出库情况反馈回去。虽然这些数据没有零售商销售点的数据那么全面，但这总比把货物发送出去以后就失去货物的信息要好。现在 IBM 公司、惠普和苹果等公司在合同中都会要求其零售商将这些数据反馈回去。

供应链上的合作伙伴可以使用互联网或 EDI，由于使用的预测方法和购买习惯不同，在向上游企业订购时，仍会导致订单不必要的波动。

另一种方法是绕过下游企业来获得有关信息。例如，直销方式绕过传统的分销渠道，直接面向消费者销售，这样就可以直接了解其产品的需求模式。最后，正如前面所提到的，供应时间过长也会夸大"牛鞭效应"。因此，提高物流效率，加快订单处理速度，避免多次重复录入，压缩订货周期能够大大降低需求变动幅度。

（2）减少订货批量。由于批量订购会产生"牛鞭效应"，因此企业应调整其订购策略，实行小批量、多次订购的采购或供应模式。企业习惯于大批量、低频率采购策略的原因是采购成本、运输成本高昂。运输中受规模经济影响，整车运费与零担运费相差较大。事实上，即使通过 EDI 可以使订购成本大大下降，但订购的效率仍会受满负荷与否所限制。为满足市场对小批量、多批次或高频度的运输要求，从物流管理与技术着手，进行合理化决策分析，可采取运输集成模式，具体包括：①混载运输。制造商可鼓励分销商实行混装订货的方法，用一辆货车装载同一制造商的不同种类的产品，对于同种类产品来说，相当于实施了小批量的频繁订货，而运输次数并未增加，保证了运输效率。为鼓励混装订货，可对那些按混装存货单元订货的分销商给予折扣，如宝洁公司。而英国零售商 Tesco 则使用有不同温度分隔间的货车同时运送新鲜和冷冻食品；②利用第三方物流提供商。它们的参与可使小批量的补充存货变得更经济，因为这能产生简单供应关系下所不具有的一种经济规模，第三方物流提供商不局限于为一条供应链服务，可同时服务于多条供应链。如果多个顾客彼此位置相邻，就可把每个顾客的货物依此装载到同一辆货车上，公司无须受单个顾客小批量货物的限制就实现了满载经济化。假如向毗邻的两家超市同时送货，以前是以满载方式每周一次向每个超市分别送货，现在则意味着送货次数变为每周两次，随着顾客的增加，甚至达到每日一次。对于小顾客的少量需求，进行单独满载运货是不经济的，利用第三方物流就比较有利。虽然混装和多次装载有一些附加成本，但节省的费用一般能补偿这些。

（3）稳定价格。促销或单纯以销量评价销售人员业绩的做法都将引起提前购买，进而造成未来购买量的下降，或者由于大量订单取消，导致生产安排混乱。控制由于提前购买而引起的"牛鞭效应"的最好方法是减少对经销商的折扣频率和幅度。制造商可通过制定稳定的价格策略以减少对提前购买的激励。其实，一些超市采取的"天天低价"策略就使得消费者的囤积现象减少，真实的消费信息显露在经营者的销售数据中，有利于正确预测需求与决策。

（4）消除短缺博弈行为。面临供应不足时，供应商可以根据顾客以前的销售记录进行限额供应，而不是根据订购的数量，这样就可以防止顾客为了获得更多的供应而夸大订购量。通用汽车公司长期以来在供不应求时，都使用这种方法进行限量供应。现在很多大公司，如惠普等，都开始采用这种方法。

在供不应求时，顾客对制造商的供应情况缺乏信息，博弈行为就很容易出现。与顾客共享生产能力和库存状况的有关信息能减轻顾客的忧虑，从而减少他们参与博弈。但是，如果真的是供不应求，共享这些信息并不能真正解决问题。某些制造商会在销售旺季来临之前帮助顾客做好订购工作。这样它们就能更好地设计生产能力和安排生产进度以满足产品的需求。此外，制造商给零售商的退货政策鼓励了博弈行为，缺乏惩罚约束，零售商只会不断夸大需求，在供给过剩的时候再退货或取消订单。

（5）减少供应链中的层次与库存。解决此问题的关键仍是供应链成员的合作。由于供应链各环节的成员会从保证服务的角度来设置库存，这种累积造成供应链中库存量的剧增，进而导致库存对市场波动的反应速度减缓。通过上下游企业共享仓库，减少整个供应链库存，再结合前面提到的信息共享，就能有效地减少需求波动的影响。直销模式的推行，使供应链中产品转移所经历的层次减少、信息沟通容易，也是一种选择。

　　需要指出的是，虽然这些方法有助于减弱"牛鞭效应"的危害，但由于其产生也有供应链系统及企业自身的原因，彻底消除是不可能的。

13.2.5　供应链管理优化的着眼点

　　传统的供应链评估方法存在一个致命缺陷，那就是将"最终报告"视为最终目的。许多经理人都觉得供应链很复杂，甚至很神秘，所以不愿对其作出调整。他们绞尽脑汁撰写报告，然后再搜集更多的信息，可就是按兵不动。

　　为了避免这种漫无目地自欺欺人的行为，经理人员首先应该研究供应链调研中发现的问题。供应链的改进过程中要及时将有用的信息转化为正确的结论，然后再付诸行之有效的行动，否则就会错失良机。成功实施供应链管理的 10 个阶段如图 13-8 所示。

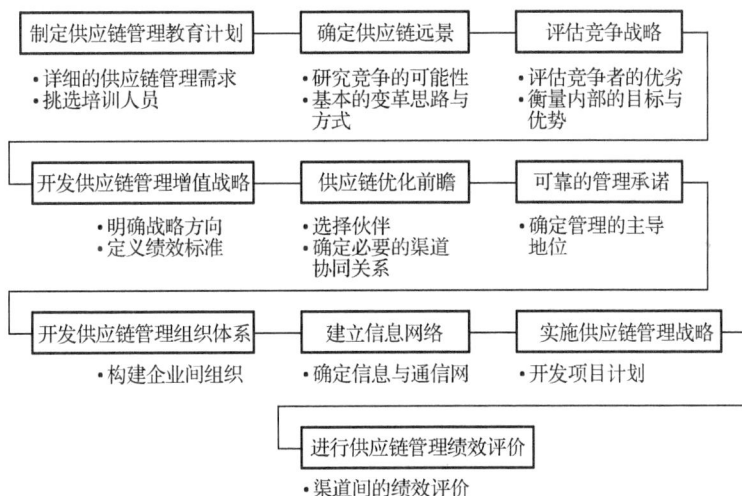

图 13-8　成功实施供应链管理的 10 个阶段

1．供应链为何无法运转

　　根据德勤咨询机构（Deloitte）的调查，在北美，91%的制造商认为供应链管理对企业的成功非常重要。然而，仅 2%的制造商认为其供应链达到世界级水平。问题出在哪里呢？一个词，战略。几乎 50%的调查企业没有正式的供应链战略，这一战略不仅包括仓库或运输的管理，也包括生产、营销、销售和计划，即对从原材料供应商到最终用户的物料、信息和资金的管理。

　　计划的缺乏往往可以解释 ERP 系统和其他信息技术引进的失败。如果企业实施 ERP 系统是因为感到必要或竞争的需要，那么这种想法是错误的。只有及时的总账信息集成还不够。如果想减少存货，可能意味着对影响营销与销售计划的库存单元的合理化；如果希望对销售较慢的产品降低安全库存或集中配送，则必须进行数学统计。

　　ERP 系统最初用在后方办公职能部门。由于相应职能机构削减的作用，系统为企业实现了节约。但是，现在企业应考虑需要 ERP 系统及时提供把握经营脉搏的信息，以便更快地获利。

　　1）生存的战略

　　在任何产业生存，一个正式的供应链战略都是至关重要的。麻省理工学院的一位学者谈到，在全球，企业正把其供应商基数减少到40%～70%。

因为供应链经理受专业技术和思维定式的限制，通常围绕着削减成本与提高运作效率之类的策略性问题考虑，他们在战略问题上显得犹豫畏缩。这就好比在石头周围割草，供应链经理并不询问这些大石块为何横在路中，只是由于他们擅长在石头周围割草。另外，分销与营运经理通常被提拔到供应链经理的位置，他们往往不知道怎样去平衡技术、财务和战略。这种对策略的依靠只能带来短期的解决方案。企业力求迅速成功，如选择较低的运输成本等，但没有把运输和库存结合起来达到长期的成效。

由于对内部解决方案的不满，企业常常利用第三方物流提供商来寻求战略解决方案，然而成功的为数不多。因为第三方物流提供商很少能自始至终地参与到企业的重要革新中，一般在企业以惯用的招标方式寻找第三方物流提供商时才进入角色，但那时，企业已规划出战略。所以，第三方物流提供商只是在作业层次上提供服务的改进，可能使企业取消一个仓库，降低车队规模，或进行合并，为企业节约10%的费用。企业希望第三方物流提供商年复一年地继续减少系统的成本，但这些机会迟早会流逝，因为第三方物流提供商对企业的供应链战略模糊不清，却必须为一个不实际的期望努力着，最终导致双方合同的终结。

2）沟通的失败

多数情况下，经理们提出的供应链论点得不到高层管理部门的理解。而且，CEO（首席执行官）们往往并不十分清楚供应链问题的重要性。很少CEO具有供应链的背景，这些领导者在营销或财务方面的经验丰富，因为在10～15年前，营销和财务方面的经验对CEO职业生涯极其重要，供应链管理却并非如此。

当今，要成为一个出色的供应链经理，需要许多技能、知识和素养。在知识方面，需要懂得整个业务，仅仅了解自己的工作是不够的，必须真正懂得提供给顾客的价值，顾客的需求是什么，竞争对手在干什么，钱往哪儿花，以及成本结构是什么；还必须对大的环境有足够的了解，从而作出正确的决策。

供应链专业人员必须是一个担负广泛职责的"专业人员"。为了胜任该项职责，必须具有更加广泛的知识和技能，要有诸如分析问题、解决问题、作出决策的能力。公司内部的以及同顾客和供应商的协同工作是一项关键技能。在素养上，要注重实效，顾客至上，有责任感和主动精神。如果想作出更大的贡献而不仅仅是完成一项任务，则还需要一些特有的素质。

今后，在供应链中将发生许多革新，这个时期对企业开发自己的供应链战略非常关键。它为供应链经理创造了机遇，也是供应链战略成为企业核心议题的时刻。供应链经理可以从讲解顾客服务问题着手。在供应链管理中，企业需要关注如何增加提供给顾客的价值，这是一项难以把握的挑战。例如，办公设备制造商的顾客可能希望从订货到交货的周期是7天，某些制造商也许强调对顾客的快速反应并把交货周期从7天缩短至2天，但顾客按7天的周期做准备，因此这种缩短没有增值。一项战略必须解决各种顾客对服务水平的不同需求。汽车零部件经销商以100%的供应率为OEM厂商服务，但它们都需要这样的服务水平吗？

了解顾客方面重要信息的唯一途径就是调查。准备一份调查表，或者与采购经理或营运经理交谈来了解其需要。调查的职能部门除了物流之外，还要包括销售、营销、顾客服务或财务等部门。没有哪个经理是全才，但供应链组织应作为一个整体。根据掌握的这些调查结果，供应链经理就可以明确顾客价值。因此，供应链经理必须与其他高层经理合作，来建立一个供应链组织，开发一个计划。这项工作也包含向那些通常不具有供应链背景的经理们进行宣传灌输。不幸的是，这些工作极少得以执行，供应链经理以"那是营销的问题"或"没有人要求我"为由而失去机会。由此，事情出现了循环，供应链经理没有向高层管理部门提供战略计划，因为高层管理部门没有要求这些。同时，高层管理部门也由于供应链经理从未提供战略计划而没有问及此事。供应链经理必须积极主动地打破这种僵局。

企业应该通过供应链经理来建立其战略，供应链经理最了解一项变革，如顾客类型或顾客订货模式的分类组合，给整个企业带来怎样的变化和影响。没有供应链经理的积极参与，供应链管理无法达到最佳效果。在所调查的企业中，90%认为供应链管理今后将更为重要。

　3）战略和第三方

倘若企业自己在供应链管理的尝试中失败，第三方物流提供商能够提供更好的解决方案吗？并不一定。第三方和顾客之间存在着战略障碍，问题开始于预选阶段，第三方过度吹嘘、夸耀能力，而不善于倾听，它们也许在某些特殊领域缺乏知识，却不提出疑问。在谈判桌的另一面，顾客只考虑到第三方物流提供商的报价而无视对方的能力。顾客一般没有预先审核第三方的资格，并且招标书准备得不完善。此外，顾客要求的提前期也不合理。

第三方物流提供商和顾客应以"合作的过程"来对待预选。可惜现实中产业领域通过对招标的态度模糊了这个问题。因此，合同签订之前，顾客对第三方物流提供商的理解就是一个供方，而非战略伙伴。在挑选、准备和启动的过程中，这种理解仍然继续。直到第三方物流提供商开始工作时，双方关于费用和利润往往已变得心存戒备了。顾客让第三方物流提供商处理的只是一系列的成本问题，而不是战略问题。

在一种积极的关系中，双方在同等地位下开展工作，第三方和顾客分享战略内容，包括企业宗旨、经营目标、物流使命及物流目标。

1997 年，全美企业在与供应相关的活动中花费了 8 620 亿美元，这一数字包括在供应链中企业内部各单位之间以及企业与企业之间产品的流动、储存和控制的费用。不幸的是，这一巨大投入包含了许多不必要的成本元素，这主要来自供应链中的多余库存、低效率的运输策略以及其他非增值环节造成的浪费。

当公司寻求用可控的成本去满足当前高涨的顾客期望值时，改善像供应链这样复杂的过程是让人畏缩的，它们必须确认供应链业务流程的哪些部分是没有竞争力的，哪些用户需求没有得到满足，进而确定改进的目标，并尽快实现这些必要的改进。业务流程必须给顾客提供实实在在的价值，如果无法断定供应链的哪些业务流程具有顾客价值，哪些没有，可以画一张端到端的业务流程简图，包括你做些什么和顾客做些什么，然后问自己，这里有冗余吗？所有的事是不是都只做了一次？哪些可以去掉而不会影响最终结果？哪些东西只有间接价值而应精简？

2．再造供应链

20 世纪 80 年代初，福特汽车公司像许多美国大企业一样面临着日本竞争对手的挑战，正在想方设法削减管理费和各种行政开支。公司位于北美的应付账款部有 500 多名职员，负责审核并签发供应商供货账单的应付款项。按照传统观念，这么一家大型汽车公司，业务量如此庞大，有 500 多个员工处理应付账款是合乎情理的。当时曾有人设想利用电脑等设备，在一定程度上提高办公自动化的效率，最高可增加 20%。促使福特汽车公司认真考虑应付账款工作的是日本马自达汽车公司。马自达公司是福特汽车公司参股的一家公司，尽管规模远小于福特汽车公司，但毕竟有一定的规模。马自达公司负责应付账款工作的只有 5 名职员，5∶500，这个比例让福特汽车公司经理再也无法泰然处之了。应付账款部本身只是负责核对"三证"，相符则付，不符则查，查清再付，整个工作大体上是围着"三证"转，自动化也帮不了太大的忙。应付账款本身不是一个流程，但采购却是一个业务流程。当思绪集中到流程上，再造的火花就渐渐产生了。再造后的业务流程完全改变了应付账款部的工作和应付账款部本身。现在应付账款部只有 125 人（仅为原来的 25%），而且不再负责应付账款的付款授权，BPR 工程为福特汽车公司的应付账款部门节约了 75% 的人力资源。

惠普公司在采购方面一贯是放权给下面的，50 多个制造单位在采购上完全自主，因为它们最清楚自己需要什么。这种安排具有较强的灵活性，对于变化的市场需求有较快的反应速度，但是对于总公司来说，这样可能损失采购时的数量折扣优惠。运用信息技术，惠普公司重建其采购流程，总公司与各制造单位使用一个共同的采购软件系统，各部门依然订自己的货，但必须使用标准采购系统。总部据此掌握全公司的需求状况，并派出采购部与供应商谈判，签订总合同。在执行合同时，各单位根据数据库，向供应商发出各自的订单。这一流程重建的结果是惊人的，公司的发货及时率提高了150%，交货期缩短了50%，潜在顾客丢失率降低了75%，并且由于折扣，使所购产品的成本也大为降低。这只是世界性的BPR浪潮中比较著名的例子。

BPR最初于1990年由美国的Michael Hammer提出，随即成为席卷欧美等国家的管理革命浪潮。BPR对企业的业务流程作根本性的思考和彻底再造，其目的是使企业在成本、质量、服务和速度等体现企业绩效的重要方面取得显著的改善，能最大限度地适应以"顾客、竞争、变革"为特征的现代企业经营环境。

BPR的基本内涵就是以业务流程为中心，摆脱传统组织分工理论的束缚，提倡顾客导向、组织变通、员工授权及正确地运用信息技术，达到适应快速变化的环境的目的。该理论的核心是"流程"观点和"再造"观点。

（1）"流程"观点，即集成从订单到交货或提供服务的一连串业务活动，使其建立在"超职能"基础上，跨越不同职能与部门分界线来管理和再造业务流程。组成企业活动的要素是一件件业务，一项项作业，而非一个个部门。重新检查每一项作业活动，识别不具有价值增值的作业活动，将其剔除，并将所有具有价值增值的业务活动重新组合，优化业务流程，缩短交货周期。

（2）"再造"观点，即打破旧有管理规范，再造新的管理程序，以回归原点和从头做起等零基管理新观念和思考方式，获取管理理论的重大突破和管理方式的革命性变化。

此外，BPR还具有以下原则要点：企业组织应以业务流程而非职能部门为中心；组织扁平化，适当授权，决策点置于工作进行之处；控制机制建立在业务流程中，而非单独检验完成品；所需信息完整地一次性获取，建立集成信息系统；创造性地使用信息，革新流程，而非单独改善原有流程；将各部门活动并行化，而非顺序运作；扩大与供应商及顾客的接触，以顾客需求来引导企业经营方向；使用团队方式进行管理。

当前，供应链正处在再造的刀口上。供应链再造始于企业内部的一套业务流程，典型的是再造完成订单以及制造和采购的业务流程。许多企业在这些方面的工作取得了很大的进步，并且还在继续进行。再造工作的下一波将向不同的方向发展。例如，前方和后方的集成，将再造延伸到销售和市场。另一个关键领域就是供应链，供应链不仅指企业内部的行为，如采购、安排作业计划、物流等，供应链还指企业间的业务流程和关系，这显然是重要的，因为在企业自己的四壁之内能取得的效益是有限的，下一波巨大机遇就在于撤去企业和顾客之间的、和供应商之间的围墙。

供应链再造时有一条很重要的原则：工作应当由那些处于最佳位置的人去做。在传统情况下，工作由直接受益的人去做，或者由每一个人重复去做。在考虑一个大范围的供应链时，原则是：工作应当只做一次，不应重复去做。并且应当由处于最佳位置的人去做，而不管他是不是这一工作的直接受益者。供应链再造的基本前提是：如果你要改进整个系统，所有的人都请先退出去。

以零售商的库存管理这一简单业务为例。按常规，零售商的库存当然应当由零售商去管理。然而供货商管理库存的观念认为，供货商比零售商处于更好的位置，所以应当由供货商去管理库存。不过很难贯彻执行，其中最难的是改变态度和行为。为此，需要提前去做的重要事情就是重新安排评价标准和奖励办法，一方面对销售人员仍然按照销售数量来奖励，当开始实行供应商管理库存时，短期内的销售量可能下降；另一方面，采购人员是按照采购成本来评价的，由于再造供应链，整个供应链的成本会跟着下降，但不是采购成本，而采购人员又不是按照整个供应链的成本来评奖的。所以，这是一个全新的系统，除非重新安排评价标准和奖励办法，使每一个人对它都感兴趣，才能贯彻执行。

有家制药厂通过重新制定销售人员奖励办法取得很大成功。奖励办法不再主要根据销售额和利润，而是把满足顾客的需求摆在第一位。年初，顾客会说我想要哪些东西，到了年底，供应商就会回顾看看顾客是不是真的得到了这些东西，然后就以此为根据来奖励销售人员。这样一来，销售人员就把注意力集中到支持企业战略目标和招徕顾客的项目上，同过去的做法形成鲜明的对比，以前只是推销产品而不管顾客对这些产品是不是感兴趣。

3. 供应链运作参考模型（Supply Chain Operations Reference-model，SCOR）

长期以来，产业界缺乏一种标准的方法去评测供应链的性能。因此，制造商和服务提供商在改善其性能的努力中不能使用基准化这一通用的评估工具。而且，由于缺乏一个通用方法来描述供应链流程，致使软件选择困难，造成浪费。企业常把巨额资金投到不能成功地处理其特殊问题的软件上，而不是去努力寻求能改善其特定竞争差距的有效工具。一些可用的软件产品常常强制公司修补其供应链流程，以适应它的某些标准。

1996 年，在 PRTM 和 AMR 两个研究咨询机构及一些知名企业的倡导下，成立了供应链协会。供应链协会的目标之一是为供应链管理开发一个跨行业的标准——SCOR，以帮助企业沟通供应链的研究成果，建立供应链的基本规范并影响下一代的供应链管理软件。

1996 年 11 月，协会发布了 SCOR，2000 年 10 月，又升级至 4.0 版本。SCOR 是第一个标准的供应链流程参考模型，是供应链的诊断工具，它用以描述与满足顾客需求的各个方面相关联的业务活动。SCOR 由四个基本的管理业务流程（计划、资源、制造、交付）组成，分属于三种不同的类型：计划、执行和授权。模型本身包括围绕计划、资源、制造和交付四个主要管理流程组织起来的一些章节。

SCOR 涵盖所有顾客的交易活动（从提交订单到结算付款）、所有的物料传输（从供应商的供应商到顾客的顾客），以及所有的市场交互活动（从了解和收集需求到满足每一份订单）。用 SCOR 的一组通用的标准、业务流程元素建立模块，可以描述很简单的或很复杂的供应链，不同行业就可以连接起来，从广度和深度上描述任何供应链。SCOR 是用以支持各种复杂的跨行业的供应链的，SCOR 的关注点集中在有关的供应链业务活动上，而不是从事这些活动的人或组织机构。SCOR 已能成功地为全球性企业以及各地特定企业描述并提供供应链改进的基础。

SCOR 为供应链改进提供一个集成的、启发式的方法模型，它的主要功能是：

（1）提供一组理解供应链和快速建模的工具；

（2）提供一组评价供应链的工具；

（3）发布供应链的最佳实践及其指标，作为供应链改造的目标；

（4）提供评价企业外部供应链性能的手段；

（5）实现最佳实践的软件工具。

SCOR 构建了供应链管理软件的整体框架，描述了过程细节，还把 BPR、基准化和过程评价等众所周知的观念集成到一个跨职能的框架中。有了 SCOR 就可以度量供应链管理软件的性能和应用企业的实施效果。

SCOR 是一种先进的管理改进的方法论和一个崭新的基于流程管理的工具。比照这种做法，可以建立 ERP、顾客关系管理（CRM）、精益制造或其他管理思想的标准模型、实施方法、基准和评估标准。这种模型有助于应用企业少走弯路，规范软件供应商和咨询机构的行为和质量标准，国外许多公司已经开始重视、研究和应用 SCOR。我国有关这方面研究论述的文献资料不多，需要具体了解的可访问供应链协会网站（http://www.supply-chain.org）并下载 SCOR。

13.3　供应链实现无缝连接的策略

13.3.1　提前期缺口与提前期管理

1．压缩提前期

1）概述

从顾客的角度来看，只有一个提前期，即从订货到交货所经历的时间，有时也称为订货周期时间或物流提前期。从顾客订货到交货的过程包括顾客订货、接收订单、订货处理、订货装配、运输、交货等阶段，这些阶段中的每一步都要消耗时间。由于瓶颈、无效流程、订单数量波动等原因，完成这些活动所需要的时间通常有很大变动，它们累加起来，导致交货可靠性降低。在存货无法满足订单而不得不通过生产、装配来补充或求助于外部供应商的情况下，提前期会进一步延长，提前期变动的可能性加剧。

时间是物流管理的一个核心问题。对于物流管理而言，时间不仅仅代表着成本，而且提前期延长意味着对顾客需求的反应速度的迟缓和对顾客服务的侵蚀。由于当今国际环境下越发强调交货速度的重要性，产品生命周期缩短，那些成功管理提前期的企业相对于反应缓慢的竞争对手，有着更大的优势。

2）压缩提前期的途径

物流管理人员试图通过提高所订货物的现货率、预先安排实地库存以接近顾客、利用临时货运服务加快交货速度来有效控制或缩短这个提前期，当然，这些策略是要付出代价的。

从另一方面讲，顾客订货周期时间显然很重要，但由于成品库存将需求过程与生产过程隔离开来，顾客不会去计算真正的反应时间。站在这个角度考虑，周期时间是当物料从原材料到生产、成品，直到交给顾客时，物料保持在企业手中的时间长度。抓住这个周期时间，企业得到的利益有：第一，增强企业的反应能力，即企业能够更快生产与分销产品给顾客；第二，周期时间缩短将减少物料以库存形式来保存的时间，因此会提高库存周转率与资金利润率。

3）提前期缺口

许多企业面对的根本问题是，花费在物料来源、把物料转变为产品以及将产品引入市场的时间总是比顾客准备等待的时间长。物流通路和顾客的订货周期时间之间的差别就是"提前期缺口"。传统上，这个缺口被基于预测的存货填充。问题在于，存货常常是"错误"的，比如，尺寸、花色或款式不符合真正的需求，并且基于存货的方法带来了库存维持成本、增加的货物处理成本、较高的差损率和较长的周期时间。物流管理的挑战是找到缩小提前期缺口的方法。

4）控制物流提前期的关键

成功控制物流提前期的关键是进行通路管理，清除发生在通路中会形成库存、延长反应时间的障碍和缝隙，它们来自延长的装配时间和转换时间、瓶颈、过多的库存、不连贯的订单处理以及通路可见度的缺乏。通过加强物流通路管理，把提前期与市场需求联系起来，并加快对市场需求的反应速度，获得更低的成本、更高的质量、更多的灵活性和更快的反应时间。当然，应把供应链作为一个整体来管理，努力缩短通路的长度，或者加速产品在整条通路中的流动。在检查供应链效率时，经常会看到许多活动的作业成本大于其所创造的价值情况的发生。例如，把一个集装箱搬进仓库，堆放后又原样搬出，虽不增加价值，却增加了总成本。尽管所有活动都不可避免地会增加成本、浪费时间，但物流通路中只有少数活动会增加价值。通路管理面临的挑战就是寻找切实可行的方法来提高通路中增值的时间相对于增加成本的时间的比率。

5）周期时间压缩的形式

周期时间压缩的形式可以从生产/分销系统中 MRP 和 DRP 的应用中看到。例如，在一个传统的物料管理系统，原材料库存是为满足按进度计划定期生产一系列最终产品品类的需要，根据大量生产、原材料的总需求量而非当前计划来储存原材料的，生产需要时，可以便捷地从库存中得到；库存少时，再补充。这样，许多物料储存期过长，因为大部分物料真正用于生产中只是每年的一小段时间。

（1）在 MRP 环境下，物料管理是一个计划过程，而不是一个储存过程。MRP 的方法是检查主生产计划，计算生产计划所需原材料，并在需要时将定购的原材料送到。在此系统，资金消耗在等待使用库存的"闲置时间"可以大大缩减。

（2）DRP 系统在分销系统中对成品应用相同的策略，生产与产品的分销按计划进度进行，和产品的销售与营销计划一致。所以，MRP 和 DRP 系统的应用是另一种实现周期时间压缩，即减少由企业保存物料的总时间的策略，而且无须借助额外的、快速的货运就可做到。周期时间减少通过延期来实现，即直到需要时才有物料的流动。这种进度计划方法的逻辑延伸可以在多数实施的 JIT 系统中看到。JIT 系统可视为"时间水桶"容量非常小的 MRP 系统，即在 JIT 系统中，某一需求所对应的生产期以小时计，而不是 MRP 系统中常见的以天或星期计。

（3）周期时间的第三种形式是企业把新产品引入市场的时间。对于某些产品，设计与开发的周期时间和物流流程的关系不大，然而，个别寿命周期短的产品，如时装或流行品，物流流程对一个成功的周期时间压缩战略影响很大。

6）不同策略的共同点

不少企业在其物流流程中应用许多不同的策略来实现周期时间压缩，这方面的成功经验有下述共同点：

（1）整个系统的反应能力增强。由于物流系统更加灵活有效，企业对变化的顾客需求反应更为迅速，对计划的变化也更易反应。

（2）因为现有库存更直接地反映了真正的顾客需求，系统各环节的库存水准降低。

（3）由于周期时间减少，需求预测期缩小，减少了缺货、脱销、过时、临时补充和预测失误带来的问题，降低了风险及相关成本。

（4）系统容量增加，系统愈加依赖迅速准确的信息传递，而不是库存。

2．一项实施方法：转载直拨

1）概述

在试图减少物流系统中物料以库存方式保持的时间上，许多企业正应用一项称为"转载直拨"的策略。在转载直拨运作中，货物（一般指成品）流经仓库或配送中心而不是储存起来。例如，在一个传统的零售配送系统中，配送中心接收卡车装运的某种产品后，接着进行卸货、检查、搬进仓库。库存控制系统因而可满足零售商店对此种产品的小批量订货需求，订货从现有存货中拣选，与其他产品组配后送到商店。相反，在转载直拨作业中，进货被卸下、分拣并立即再组配发往商店。彼得·德鲁克说："按运输业的说法，仓库成为一个编组场所而非一个保管场所。"

转载直拨的方法由来已久，已在一些产业领域成功开展了几十年，虽然只是在必要时才进行。例如，对于易变质或时间敏感性货物，多数配送系统设计成"保持库存在运动中"。但是，大规模的转载直拨很难安排，因为需要高度协调。依靠储存（或库存功能）使向内的接收活动和向外的输出活动分离，虽然效率不高，但简单易行。

2）转载直拨的应用

利米特商店是利用周期时间战略参与竞争的典型例子，其物流流程是总的企业战略的有机组成部分。利米特在美国有 3 500 多家商店，经营价格适中的女性时尚用品。这是一个竞争激烈的市场，时尚度、质量与价格都是重要的营销参数，看准流行趋势和迅速将新品导入市场至关重要。在这个市场，一种新品的市场寿命期仅有几个月。为占领市场，利米特通过对市场的快速响应确立了他的整体企业战略。其销售的产品约有 50%在海外生产，制造厂分布在欧洲、中南美洲、亚太地区。

利米特的所有时尚品通过单一的转载直拨作业运送。根据销售时节及市场变化，大批量订购的某个品类的产品，在制造厂加工后，经常通过租用飞机运到俄亥俄州的利米特配送中心。所有时尚品的大量到货总是包括很多不同尺寸、颜色、面料等。在配送中心，货物验收后，按几千家商店订购的尺寸、颜色等进行仔细分拣。此外，服装通常要展开悬挂起来并贴上销售标签，以便门店在到货后，直接把服装取出并挂到陈列架上。在产品制造的同时，装货卡车按预定计划和路线发出，以便每个商店至少每周都能收到新颖的产品。没有服装在配送中心储存，每个品类应在 24 小时内从接货码头转移到运货卡车上。整个体系经过设计，一批服装从某个生产点（如马来西亚）装运到悬挂于 3 500 家利米特商店的时间不超过 10 天。

这样一个系统的顺畅运转需要高度协调与集中管理，并具有先进的信息自动化水平。利米特系统的一个关键要素就是配送需求由产品经营人员统一管理。系统不是在通常的补充供应环境下运作，相反，其标准的经营方式是对某个销售时节需要的某个品类产品大批量生产、配送到商店并全力推销，在销售季节还未过去时，生产与配送系统就转向接下来的销售时节所计划推出的新品上。

3）转载直拨的作用

这种成品的调配战略使利米特商店有以下三个优势：

（1）把其所有存货都放在顾客可以看见与拿到的地方；

（2）比竞争对手提前将最新款式引入市场，让追求时尚的顾客最先从利米特买到，在竞争者销售此类款式时，利米特随即降价，并仍可获利；

（3）在对某个品类的市场潜力还无法确定时，先不大量生产，只订购少量样品并马上在全美选定的商店试销，如果成功，利米特便立即大量生产，并及时配送以占领市场。

在此，转载直拨运作不仅缩短了企业的生产与分销周期时间，也对利米特的新产品设计开发周期时间影响很大。

利米特的例子说明了转载直拨的作用，通过它，产品实现了低库存、高价值和高利润。转载直拨也能应用于其他行业，如食品批发。在传统的食品批发作业中，单一的整托盘装的库存单元（SKU）产品接收入库后，再从库存中为个别的商店个别地拣选组配。在转载直拨作业中，供应商为商店组配复合式 SKU 托盘，SKU 托盘运至批发商后，和其他供应商组配的托盘直拨到商店。

4）转载直拨的内容

转载直拨在经营上的潜在效率很大，因为仓储和货物处理费用得以实质性削减。不过，转载直拨运作实施起来也比较复杂，转载直拨系统一般包括以下四部分：

（1）通用条形码和包装的标准化；

（2）批发商和商店之间以及批发商和供应商之间的 EDI 联系；

（3）有高度可靠的运输商，可以按照转载直拨系统所定的严密计划行事；

（4）有信息系统软件协助处理大量的数据。

13.3.2　JIT 生产方式与快速反应

1. JIT 原理

1）概念

JIT 生产方式是 1953 年日本丰田公司的副总裁大野耐一综合单件生产和批量生产的特点和优点后，创造出的一种在多品种小批量混合生产条件下高质量、低消耗的生产方式。

JIT 生产方式的基本思想是只在需要的时候，按需要的量，生产所需的产品，也就是追求一种无库存或库存达到最小的生产系统。JIT 的基本任务是生产的计划和控制及库存的管理。

JIT 生产方式以准时生产为出发点，首先暴露出生产过量和其他方面的浪费，然后对设备、人员等进行淘汰、调整，达到降低成本、简化计划和加强控制的目的。在生产现场控制技术方面，JIT 的基本原则是在正确的时间生产正确数量的零件或产品，即准时生产。它将传统生产过程中的前道工序向后道工序送货，改为后道工序根据看板向前道工序取货，看板系统是 JIT 生产现场控制技术的核心，但不仅仅是看板管理。

JIT 的基础之一是均衡化生产，即平均制造产品，使物流在各作业之间、生产线之间、工序之间、工厂之间平衡、均衡地流动。为达到均衡化，在 JIT 中采用月计划、日计划，并根据需求变化及时对计划进行调整。

JIT 提倡采用对象专业化布局，用以减少排队时间、运输时间和准备时间。在工厂一级采用对象专业化布局，以使各批工件能在各操作间和工作间顺利流动，减少通过时间；在流水线和工作中心　级采用微观对象专业化布局和工作中心形布局，可以减少通过时间。

JIT 可以使生产资源得到合理利用，包括劳动力柔性和设备柔性。劳动力柔性是指当市场需求波动时，要求劳动力资源作相应调整。如需求量增加不大时，可通过适当调整具有多种技能的操作工的操作来完成；当需求量降低时，可采用减少生产班次、解雇临时工、分配多余的操作工去维护和维修设备。设备柔性是指在进行产品设计时就考虑加工问题，发展多功能设备。

JIT 强调全面质量管理，目标是消除不合格品，消除可能产生不合格品的根源，并设法解决问题，JIT 中还包含许多有利于提高质量的因素，如批量小、零件很快移到下道工序、质量问题可以及早发现等。

JIT 以订单驱动，通过看板，采用拉动方式把供、产、销紧密地衔接起来，使物资储备、成本库存和在制品大为减少，提高了生产效率。这一生产方式已为世界工业界所瞩目，被视为当今制造业中最理想且最具有生命力的新型生产系统之一。

2）JIT 的目标

JIT 的目标是彻底消除无效劳动和浪费，具体要达到以下七个目标：

（1）废品量最低（零废品）。JIT 要求消除各种引起不合理的因素，在加工过程中每一工序都要求达到最好水平。

（2）库存量最低（零库存）。JIT 认为，库存是生产系统设计不合理、生产过程不协调、生产操作不良的证明。

（3）准备时间最短（零准备时间）。准备时间长短与批量选择相关，如果准备时间趋于零，准备成本也趋于零，就有可能采用极小批量。

（4）生产提前期最短。短的生产提前期与小批量相结合的系统，应变能力强，柔性好。

（5）减少零件搬运，搬运量小。零件搬运是非增值操作，如果能使零件和装配件运送量减小，搬运次数减少，可以节约装配时间，减少装配中可能出现的问题。

（6）机器损坏低。

（7）批量小。

3）JIT 对产品和生产系统设计考虑的主要原则

为了达到上述目标，系统设计原则主要有以下三个方面：

（1）在当今产品生命周期已大大缩短的年代，产品设计应与市场需求相一致，在产品设计方面，应考虑到产品设计完后要便于生产；

（2）尽量采用成组技术与流程式生产；

（3）与原材料或外购件的供应者建立联系，以达到 JIT 供应原材料及采购零部件的目的。

在 JIT 方式中，试图通过产品的合理设计，使产品易生产、易装配，当产品范围扩大时，即使不能减少工艺过程，也要力求不增加工艺过程，具体方法有：模块化设计；设计的产品尽量使用通用件、标准件；设计时应考虑易实现生产自动化。

除 JIT 之外，还有一种 JITⅡ理念，延伸了 JIT 的思想。JITⅡ是一种授权供应商承担一些通常由企业自己承担的责任的理念，这些责任可能包括计划、交易、质量与交货等与供应商产品相关的问题，有时它意味着供应商的人员必须在现场。

20 世纪 80 年代中期，音响产品制造商 BOSE 公司就开始授权供应商处理公司内部事务了。采购与物流经理 Lance Dixon 称之为 JITⅡ。对他来说，JITⅡ是敏捷的制造理念，即 JIT、合作及并行工程的自然延伸。在 JITⅡ理念中，供应链成员有权使用设计工程师，有时甚至被允许自行改变工艺。

授权供应商的优点有：供应商与顾客加强沟通，消除冗余步骤，改进计划，满足物料需求；供应商在新产品计划与设计过程的早期开始参与，减少存货，降低成本等。其风险有：专有技术暴露，依靠供应商的员工弥补自己技术知识的不足，供应商容易自鸣得意，不思进取等。

共同计划和执行原材料要求，能通过对潜在中断风险的早期预警而有助于整个经营。

2．JIT 在物流上的实施

JIT 实际上是一个"拉式"系统，通路末端的需求拉动产品朝市场方向移动，生产产品的原材料的流动也取决于同一需求。而传统的"推式"系统与之相反，是按照预期需求进行生产或装配的。

"应使批量最大化"这一在生产和制造上的传统观念也存在于供应链的其他环节。所以，人们习惯利用集装箱或载重卡车送货，顾客考虑到价格得失打消了少量订货的念头，交货计划一般根据优化运输路线、提高效率的原则制订，采取集中合并送货，这与 JIT 相违背。JIT 的原则是通过少量而频繁的运送来满足顾客的适时需求。

物流管理面临的挑战就是找到既能避免非经济性成本增加又能满足变化的需求的方法，这需要进行多方面的权衡，不过必须以提高整个供应链的成本效益为目标。面对增加的压力以及经营中的问题，许多企业逐渐接受了创新的 JIT 的管理方法并应用于物流领域。JIT 物流的基本原则就是保证供应链上所有要素的同步，运输和存货补充需求必须及早确定，尤其重要的是，在对待顾客上，有责任事先确定计划并予以"冻结"，即一旦需求在允许的提前期内传递给上游的供应商，这些需求就不能变更。

JIT 物流的更深入实施是试图避免供应商持有过多的存货，那么向顾客的交货管理就非常关键，特别是要优先考虑货物集并的可能，比如，不要让供应链为顾客进行一系列小批量的 JIT 配送。可以理解的是，JIT 作为一门管理理念，其产生与提供专业化集并配送服务的第三方物流和配送公司的成长相符合。

第三方服务利用中心基地或转运中心的管理，对来自各个供应商的产品或部件进行整理、分拣与集并后，向顾客配送。它们也开展一些增值服务，如质量控制、简单装配或加工。

有效的 JIT 物流还需要顾客与供应商之间至少在信息共享和协调计划方面加强联系。应该知道，JIT 的方法并非万能的，影响 JIT 物流的因素很多，JIT 物流成功的前提是：对企业进货需求的计划与进度进行有序管理；供应链成员之间沟通与计划的联系程度高；经常利用第三方或物流伙伴来管理进货的集并和有序送货；交通工具和设施的设计应保证装卸、运输小批量货物快速方便。

JIT 物流的实施将实质性地影响着企业的经营管理，并改变供应链成员之间的关系。

1）采购方面

JIT 采购的基本思想是与供应商签订在需要的时候提供需要数量的产品的协议。这意味着可能一天一次、一天两次，甚至每小时数次地提供采购品。这种方法与传统的早在生产之前就把采购品大批量送到的方法形成鲜明对比。

JIT 采购策略通过建立顾客和供应商之间的长期互利的伙伴关系,加深了彼此的信任与信息交流,供应商可以及时了解顾客的生产与库存计划,以便灵活可靠地交货,使顾客在需要的时候得到供应品。

JIT 采购的核心要素:减少批量;频繁而可靠地交货;始终保持采购品的高质量。其中每一方面都将使购货公司受益匪浅,而不仅仅缩短了采购周期。

JIT 采购的最终目标是为每种产品或几种产品建立单一可靠的供应渠道,其结果是从总体上大大减少了供应商的数量。顾客可能会把过多的精力与时间花费在和成百上千个供应商建立伙伴关系上,那么对少数有限的供应商的资格进行严格的筛选评定,巩固彼此的业务联系,就变得非常重要。例如,摩托罗拉公司通常要考察供应商的工厂,把它们在供货质量和及时性等方面的指标与竞争者比较。作为供应商,也欢迎这种做法,因为它有助于促进自身管理水平的不断进步完善。通过减少供应商数量实施 JIT 采购的公司获得的好处有六个方面:

(1)质量一致性。在产品设计的早期阶段,供应商的参与为其一贯提供高质量的产品提供了保证。

(2)资源的节约。供应商数量有限时,买方在时间、差旅和工程技术上的花费可大为减少。

(3)成本降低。向同一供应商的采购量越多,最终成本越低。

(4)重点对待。JIT 采购下,因为买方提供了大笔订单,所以供应商会更加留意买方的需要。

(5)长期关系的建立。与供应商建立长期关系能够鼓励供应商对客户忠诚,减少买方在供应中断上的风险。

(6)工具花费的节省。因为买方经常提供工具给供应商,所以集中向一个供应商采购必然能节省大量工具上的花费。

为了成功地完成 JIT 采购,采购人员必须和供应商紧密合作,以减少供应商的担忧。供应商的担忧包括六个方面:

(1)寻求多样性。许多供应商不愿把自己拴在与一个顾客的长期合同上。供应商也认为拥有较多的顾客能降低风险。

(2)不良的顾客计划。许多供应商对将买方订单转变为平稳协调的计划的能力缺乏信心。

(3)工程技术变化。购买者频繁的工程技术变化,而又没有为供应商进行工具和工序改变留下足够的时间,会给 JIT 造成混乱。

(4)质量保证。在许多供应商看来,生产过程中"零次品"的想法是不现实的。

(5)小批量的规模。供应产品的生产流程一般都是为大批量设计的。供应商认为经常以小批量生产产品给顾客增加了成本。

(6)距离。这取决于顾客的位置。经常小批量送货给顾客,供应商会认为代价太大了。

JIT 采购的特点如表 13-6 所示。

表 13-6　JIT 采购的特点

供　应　商	很少的供应商
	较近的供应商
	长期从同一供应商处进货
	采取积极措施保持合意的供应商的价格竞争力
	竞争性招标限于新设计的零部件或初次购买
	买方抵制供应商业务的纵向扩展与转产
	向供应商推广 JIT 采购

续表

数　　量	平稳的产出率（起码的先决条件）
	小批量多批次交货
	长期供货合同
	处理订货上，减少文书工作
	每次发货量有变化，但整个合同是固定的
	很少甚至不允许超额送货或送货不足
	鼓励供应商定量包装
	鼓励供应商减少生产批量
质　　量	很少要求供应商提供不必要的产品说明
	帮助供应商达到质量要求
	与供应商质量人员的密切关系
	鼓励供应商使用过程控制图，而非抽检来保证质量
装　　运	回程货运计划
	使用公司自有的或第三方的运输与仓储服务进行储运以加强控制

2）运输方面

运输影响着交货速度、前置时间和成本，在任何 JIT 都是一个关键要素，它比在传统物流系统能够发挥更高的效率与可靠性。在传统的物流系统，库存的缓冲作用有时是在阻碍运输的连贯性，而且顾客考虑到价格得失以及对供货不稳定的担心，习惯于大批量进货。在 JIT 物流系统下，运输方面的交货计划、车辆调度均经过精心安排，货运倾向于小批量、多频度，运输过程的监测与控制技术得到显著提高，做到忙而不乱。鉴于供求双方的长期关系，供应商在选址上会注意更接近主要顾客，以缩短运输时间，适应频繁送货。

JIT 物流也体现了合理利用运输及装卸工具的优越性。一般在发货地至交货目的地，方便快捷地进行运输及装卸，JIT 运输及装卸作业是很必要的。

由于 JIT 对小批量运输的需求，运输系统的负担大大加重。一是随之而来的交易量增加。与一次运送大量货物不同，转换为 JIT 方式的企业每天可能需要多次订货，组织不善或意外情况会造成收货延迟、生产中断等后果。二是单位运输成本也可能增加。每次运送（如每一卡车）都会发生固定成本，即使没有满载，该成本同样不会改变。用小吨位的卡车运输，成本仍会发生。

JIT 运输的成效，在 1997 年中期发生在 UPS 公司的一次罢工潮中，显得极为突出。罢工持续时间很长，许多利用 UPS 公司进行 JIT 运输的公司都被迫在寻找其他的运输公司，最终使部分开展 JIT 运输的公司无奈停工。

摩托罗拉追求顾客 100%满意的动力使它们要求运输部门"保证交货的时间不能超过承诺的时间"。例如，摩托罗拉对根据合同承担向顾客运输自己产品的公司制定了严格的标准——运输公司必须在不损坏产品的前提下，100%把产品准时送达。运输公司可以通过铁路、公路和航运等方式进行运输。摩托罗拉对运输公司进行检查，评价它们的质量记录、运输及时性、安全记录、雇员指导与训练情况。一旦签订了合同，摩托罗拉便建立监控体系，每三个月根据设定的运输指标评估一次。需要分析的是准时率、差错损失率、顾客投诉、单证准确率、顾客服务水平等。通过发现问题来寻求解决的途径，提高顾客服务质量。

3）仓储与库存方面

JIT 物流关注的是实物的移动而非实物的储存，保证从最初的原材料、零部件采购到加工转化的不同阶段直至最终用户的流畅。

库存数量太多，常常掩盖了企业经营中的管理缺陷，如供应问题、质量问题、工艺问题等。在 JIT 的需求拉动效应下，库存慢慢减少，问题或薄弱环节暴露出来，随着问题的不断解决，企业的库存会达到一个适量水平，而仓储费用与场地占用也随之减少。JIT 不是减少库存的一种举措，而库存的减少却是成功地实施 JIT 的一个结果。

从宏观上讲，美国经济十来年的繁荣，同其经济节奏的加快有关。凭借率先崛起的互联网技术优势，美国的库存控制和资本周转状况得到了明显改善。经济分析家认为：美国企业界在控制产品库存量方面所取得的进展，有助于减少经济起伏不定的现象，更充分地利用技术，更好地预测消费者的需求和行为，已经使许多公司能够避免库存不当和剧烈波动。

在我国，根据 2019 年 2 月统计局发布的《2018 年国民经济和社会发展统计公报》显示，在去库存方面，我国年末商品房待售面积 52 414 万平方米，较去年减少 6 510 万平方米，相当于 2014 年初的水平。待售面积同比从 2015 年年初的 24.4%迅速下降至 2016 年年底的-3.2%、2017 年年底的-15.3%和 2018 年年底的-11.0%。2018 年 12 月末，全国工业企业完工产品库存总数为 4.3 万亿元，各地区工业完工产品库存环比升幅均出现了回落。

4）销售方面

在 JIT 思想的影响下，人们在谈论零库存销售的问题。很多企业都提出：没有库存也能做生意吗？

库存量的大量增加是业绩恶化的前兆。销售业绩和存货有着非常密切的关系。业绩恶化的企业不仅资金运转困难，库存堆积如山的情形也屡见不鲜。

生产商开发完新产品后，就想尽早销售出去，但库存的旧货成了销售的障碍与企业的心病。

现在的顾客以个性化、多样化著称。企业必须开发更多类型的新产品来满足挑剔、精明的顾客的需要，因此市场上需要库存的产品种类迅速增加，而产品生命周期又导致再好的产品也逃脱不了过时淘汰的命运。所以，新旧交替的产品的生命周期重叠使得市场上新旧产品共存，但会有多少顾客不是喜新厌旧的呢？沿用昔日的销售政策和库存制度的销售业者，不管有多少资金，仍有仓库不够用的感觉。矛盾的是，仓库里堆放的许多可能是积压品。这也是更多的企业开始追求零库存销售的重要原因。

为了实施零库存销售，企业在进行现有库存削减的同时，必须将无用库存的成因铲除。若不断绝发生的根源，只会继续增加库存。零库存销售的工作程序是：

（1）将现有的库存产品分成必要库存和无用库存，以数据来调查，尽快处理无用库存。

（2）正确调查产品供应天数，由供应天数算出必要的库存，削减过剩的数量。

（3）从销路、销售量开始进行销售产品的 ABC 重点分析，以及以 A 类产品为中心的重点管理。

（4）关于小零件、小额产品，以库存控制理论中的双箱法进行管理。确定管理库存的标准，使库存不再增加。

（5）把店铺、仓库以及其他所有场所未销售的货物以"大库存"的整体观念对待，不要仅想着只有仓库里堆放的才是库存。

（6）为了使无用库存不再发生，进行营业部门的品质管理。避免因退货、索赔等造成不良库存。

（7）正确把握顾客需要的产品，了解畅销产品的信息，库存会更接近零库存。

（8）营业部门掌握顾客的需要，进行以顾客为导向的商业活动，实施员工教育培训，培养能按照销售计划执行的营业部门。

（9）协调有关部门之间的利益，统一目标，避免销售上的内部冲突。

无论是 JIT 的采购、运输，还是 JIT 的生产、销售，真正的精益企业，要使 JIT 的思想贯穿于整个供应链的各个环节来达到精益、敏捷的目的。这也要求对供应链进行管理和优化，使之能快速反应市场需求的变化。

3. 快速反应

1）快速反应的产生

快速反应在 20 世纪 80 年代中期开始于美国，由美国的纺织与服装行业以及主要的连锁零售商，如沃尔玛、凯玛特（K-Mart）等为主力开始推动。1986 年以后，美国百货公司和连锁专业店也加入推动的行列。为了增加营业绩效，导入快速反应的零售商越来越多，而随着科技的进步，快速反应体系逐渐加入更多新的功能。

导入快速反应的起因在于美国的成衣制造周期过长，造成存货成本与缺货率都过高的情况。面对亚洲各国的激烈竞争，零售商与制造商开始合作，研究如何从制造、分销、零售至最终用户的过程中缩短产品在供应链上的周期，以达到降低存货成本，增加周转率与降低零售店缺货率的目的。如果快速反应思想运用到整个供应链，那么供应链上的所有成员都将获得大量利益。因此，对于引进快速反应系统的流行服饰行业，目标应是使零售商、成衣制造商、纺织品厂商和纤维供应商环环相扣。

在 JIT 思想的影响下，产生了快速反应物流。快速反应是指为了获得时间上的竞争优势，必须开发敏感快捷的系统。因此，快速反应指在信息系统和 JIT 物流系统的联合下，实现"适时、适地提供适当产品"这一目标。信息技术的发展，特别是 EDI、条形码以及 POS 的应用，使快速反应成为可能。现在，越来越多的企业认识到加快物流速度可以实现销售上的低成本扩张。

快速反应实际上就是需求信息的获取尽量接近实时及最终用户，物流上的反应只是随之而来的结果。快速反应系统的一个突出特点是通过加速系统处理时间，减少累积提前期，以降低库存，从而进一步减少反应时间，形成良性循环。

2）快速反应的实施

在快速反应的实施中，零售商和制造商紧密协调零售库存的分布与管理。这样的系统一般包括以下三个重要部分：

（1）零售商通过条形码商品的扫描，从 POS 系统得到及时准确的销售数据；

（2）经由 EDI 传送，制造商每周或每日共享 SKU 一级的销售与库存数据；

（3）针对预定的库存目标水准，制造商受委托进行自动或近于自动的补充供应活动。

塔吉特商店（Target Stores）十分热心于在零售业推行快速反应。塔吉特在美国有 500 多家大型商店，每年保持大约 15%的数量增长。塔吉特商店经营服装、家庭用品、电器、卫生、美容品以及日常消费品。塔吉特是折扣商，与凯玛特、沃尔玛和西尔斯等商店竞争。塔吉特经营的全部商品都有条形码，并且所有交易中的 POS 终端数据都被采集，每日数据于当晚经由卫星通信传输到企业总部，某种单品的每日销售与库存数据和参与快速反应体系的重要供应商共享。塔吉特不允许完全地自动补货，但向供应商保证每周订货。因为供应商了解整个企业的库存目标、现有存货和实际销售数据，所以很容易把握订货数量，并利用这些信息制订自己的生产与分销计划。

每周一次的订货确定后，供应商在一周内将商品送至塔吉特的六个配送中心。货到配送中心，塔吉特的管理部门考虑到下一周的销售情况后，向每个商店配送。所以，商店每周都接收每个品类的补充送货，相对供应商而言，两周为一个周期。

在这个系统，塔吉特的首要目的不是减少商店总的库存，相反，塔吉特的营销理念是消费者喜欢也希望商店是"丰富"的，即顾客想要的每个品类均能在商店找到且随手可得，因此商店的所有存货都应该陈列出来，而不是放在顾客看不见的库房里，货架设计要使顾客能轻易看到所供商品的丰富。现货可获得性的标准定得相当高，塔吉特希望达到 95%的现有率，"现有"意味着"设计最大库存量的 40%以上在货架上"。利用这个标准，传统的缺货百分比实际为零。为支持此标准，塔吉特依靠快速反应系统，提高补充送货的"合适度"。补充供应体系的目标是使每个品类尽可能

100%地接近货架设计容量，而不产生多余存货，否则需要额外的储存场地。这部分后备库存是不受欢迎的，因它们没有陈列，所以不直接创造效益，且由于频繁搬运货物进出储存场所，既增加费用，又极易丢失、损坏或被偷窃。

塔吉特发现其快速反应系统取得了显著成效，成为企业成功的一项重要因素。在体系中的重要供应商也从订货的稳定性以及销售与库存数据共享带来的那些订货的可预见性增加上获益。塔吉特从供应商、配送中心、商店较高的商品可获得性中得到利益。由于频繁地补货，配送中心的周期订货量较低；因为预测期缩短，安全库存较低。当然，这些会带来较高的运输成本，增加数据系统费用。通过在配送中心的库存成本节约和系统带来的补充订货的"合适度"的提高，大大节省了商店的货物处理费用，这可以补偿那些增加的成本。此外，系统运转所需的销售数据对有效的商品经营极为有用，与供应商的密切联系使得价格下降和其他采购费用减少。总之，塔吉特致力于其快速反应系统，并积极扩展系统至更多重要的供应商，以实现在所有销量大的品类上100%的快速反应目标。

3）快速反应的生产策略

随着供应链全体成员对快速反应要求的增加，制造业将承受更大的压力，以满足顾客越来越短时间内多样化的需求。解决这一问题的一种有力手段就是柔性化。我们知道，如果能够把生产和物流的提前期降为零，则意味着达到整体的柔性，也就是在技术上可行的情况下，企业能够对数量不限的任何需求做出反应。当然，实际上零提前期根本无法实现，但柔性制造系统已在此领域取得实质性的进展。

柔性化带来的营销优势是明显的。它意味着企业能够迎合众多顾客不同的需求，而不像亨利·福特所说："无论你喜欢何种颜色的汽车，我们只有黑色的。"在今天顾客寻求个性化以及市场更加细分化的情况下，把生产的柔性和顾客需求的多样性相连是竞争优势的一个主要源泉。

贝纳通公司作为意大利一家流行服装制造与经销商，通过对流行趋势变化，特别是颜色上的反应，开辟了遍及世界各地的市场。它们开发并革新了针织品服装染色的流程，实现了小批量染色，这样就降低了各种不同颜色服装的库存量，而且小批量的染色提高了它们的柔性。贝纳通公司的反应速度得益于其快速分销系统能对来自市场的销售信息的快速反馈。

越来越多的事实证明，快速反应和 JIT 生产方式与交货相结合能为企业带来真正的竞争优势。在各个产业市场，对时间的敏感性渐增，因此必须通过对信息和作业柔性的联动，实现对顾客个性需求的快速反应。

13.3.3　有效客户反应（ECR）的原理与执行

1. ECR 的产生

1）ECR 的产生

由于市场需求变化迅速，全球性竞争激烈，企业为寻求生存的利基，需迅速响应消费者多变的需求。但由于现今市场的结构复杂，当生产者收到经由层层环节传来的消费者需求时，已无法反应市场变化，不具竞争力。因此，产业的上、中、下游如何合作，使得供应链有效率地运作，降低时间、人力与作业成本，提升整体产业与个体企业的竞争力是一个亟待解决的课题。

1992 年，ECR 在美国超级市场开始使用，主要目的在于去除整个供应链运作流程中没有为消费者增值的成本，将"推式"系统转变为较有效率的以消费者需求为导向的"拉式"系统，并将这些效率化的成果回馈给消费者。

2）ECR 的观念

凡是对消费者没有附加价值的浪费必须从供应的通路上排除，以达到最佳效益。确认供应链内企业的合作体制和结盟关系；实现准确即时的信息流，以信息替代库存。全球许多发达国家已纷纷成立各种推动组织，在各个产业推动这项新的企业策略工具，以提升本国产业与企业的竞争力。

3）ECR 鼓励不同的公司在以下三个范围内不断寻求改善的机会

（1）需求方面。包括提供给消费者的产品种类，产品推广和推出新产品的效率，以及其他相关的需求管理工作的效率。

（2）供应方面。指产品通过整条供应链的效率，包括原材料供应、生产、包装、分发到批发商及经销商，最后到达消费者手里的过程。

（3）支援技术。利用快速、准确与全面的信息传递，如 EDI，来支援提供活动所需要的技术。

在以上每个范围里，公司可以利用几种概念来改善运作效率。ECR 中的概念其实并不新，新的方面是利用这些旧概念来贯穿整条供应链，以及把精力集中在那些需要不同的商业伙伴联合起来一起工作才可以达到的成果，而不是像以往那样只专注于独立一家企业内，靠自身力量便可达到的成果。

快速反应与 ECR 两个专有名词不同，来源行业不同，但结果相似，主要的意义皆是将买方与供应商联结在一起，以达到再生产与销售间产品与信息的快速与效率化的移动，以更快地对消费者需求做出反应。

2．ECR 的实施

1）ECR 成功的关键因素

（1）信息完整。上、中、下游之间需要信息互通，共享信息，所以数据库需要具有完整的信息。

（2）标准化。为求快速反应客户需求，各项标准化皆应规定，如其数据格式应有统一标准；为求物流省力化与效率化，货盘规格等的标准化也是其中要项。

（3）互信、互利、共识的建立。实施 ECR 重点在于企业体系内的上、中、下游之间彼此分享信息，以消费者的利益为出发点来共同修改供应链的各个流程与动作，因此企业彼此的互信非常重要。上、中、下游之间需打破以往对立的角色，要达成信任、共存共荣的共识，才有成功的可能性。

（4）建立一个有效率、功能完备、低成本的物流系统，是确保整个 ECR 体系成功贯彻的重要条件。

2）ECR 的实施重点与策略

（1）ECR 的实施重点：①供给面的物流配送方式的改进。研究在产品物流配送方面的效率化，如持续补货与转载直拨等。②需求面的品类管理。在消费者需求面的改进重点是运用正确的资料收集分析方式了解消费者的实际需求，并据此安排有效率的销售方法。③工具面的使用技术。不论是从供给面还是从需求面来看，供销双方皆需精诚合作、彼此互享资料，因此所运用到的技术即是以此为出发点，包括 EFT、EDI、ABC 成本法、产品识别与资料库维护。

（2）ECR 实施策略集中在四个关键领域：①有效产品组合。优化产品组合和空间利用率，提高销售能力和库存周转率。②有效新品推介。通过采集和分享贸易伙伴间时效性强的、更加准确的购买数据，提高新品的成功率。③有效补货。从生产线到收款台，全方位地疏通产品分销渠道。通过共同管理存货（Jointly Managed Inventory，JMI），分销商和供应商能够减少仓储与配送成本。④有效促销。通过简化分销商和供应商贸易伙伴间交易管理的复杂性，发现节约潜在成本的机会。

3）企业实施 ECR 的步骤

企业在实施 ECR 时，最重要的是得到高层管理者的全力支持，并出面与准备合作的交易伙伴的高层管理者沟通，待彼此达成合作共识之后，才可转交给后续的工作小组进行。实施的步骤可分成六个阶段：准备阶段、确认阶段、订立目标阶段、设计阶段、建设阶段与推广阶段，如图 13-9 所示。

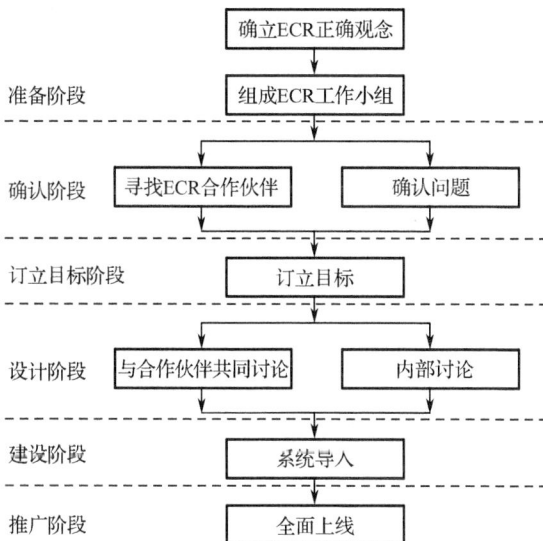

图 13-9　企业实施 ECR 的步骤

在亚洲，新的 ECR 推广及应用近年来陆续在中国的香港与台湾地区，以及新加坡、泰国及菲律宾等国兴起。

1997 年 6 月，中国香港发起 ECR 计划，目的是增强该地区的消费品行业。这项计划的推行分为三个阶段，如图 13-10 所示。

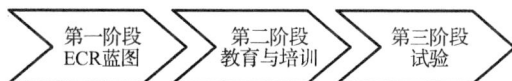

图 13-10　中国香港 ECR 计划的推行阶段

中国台湾地区为推行 ECR，成立了 ECR 委员会，并制订了计划，主要目标是协助发展生产商、批发商及零售商间的合作关系，从而提升整个行业的效率及反应速度，最终让台湾的消费者获益。其方法有三个：

（1）协助分析 ECR 概念对一般的生产商、批发商及零售商的适用性和可行性；

（2）探讨推行 ECR 可获得的利益范围及对一部分被选中的产品做进一步详细的量化分析；

（3）设计一个 ECR 蓝图，从而划定优先改善的范围，以及为企业提供一个通用的模式，以使它们可以自行分析情况并设立个别的 ECR 方向。

目前，推动成果包括建立产品数据库、发展 ECR 评量表、报告货盘使用情况、明确 ECR 信息需求、整理共同品类分类、举办 ECR 人才课程等，并完成了四个 ECR 示范体系，也将相关应用方式由流通业推广至其他行业。

13.3.4　供应链中的库存管理与补货计划

长期以来，企业运作中的库存管理是各自为政的。物流渠道中的每一个部门都是各自管理自己的库存。零售商有自己的库存，批发商有自己的库存，供应商也有自己的库存，供应链各个环节都有自己的库存控制策略。由于各自的库存控制策略不同且相互封闭，因此不可避免地产生需求扭曲现象，从而导致需求变异放大，无法使供应商准确了解下游顾客的需求。

近年来，在管理上出现了一种新的供应链库存管理策略——VMI。这种库存管理策略打破了传统的各自为政的库存管理模式，体现了供应链的集成化管理思想，适应市场的变化要求，是一种新的有代表性的库存管理思想。

1. VMI 的基本思想及运作方式

1）什么是 VMI

有人认为，VMI 是一种顾客（批发商、零售商等）和供应商之间的合作性策略，以对双方都最低的成本来优化产品的可得性，在一个达成共识的目标框架下由供应商来管理库存，这样的目标框架经常被修正以产生一种持续改进的环境。VMI 指供应商代替顾客管理库存，库存的管理职能转由供应商负责。

有人认为，VMI 是一种库存管理方案，是供应商通过掌握零售商销售资料和库存量进行市场需求预测和库存补货的方法，经由销售资料得到消费需求信息，供应商可以更有效地计划、更快速地反应市场变化和消费者的需求。因此，VMI 可以用来降低库存量、改善库存周转，进而保持库存水平的最优化，而且供应商与顾客分享重要信息，所以双方都可以改善需求预测、补货计划、促销管理和装运计划等。VMI 由传统通路产生订单作补货，改变成以实际的或预测的消费者需求作补货。

2）VMI 的原则

VMI 的关键措施主要体现在如下四个原则中：

（1）合作精神。在实施 VMI 中，相互信任与信息透明是很重要的，供应商和顾客都要有较好的合作精神，才能相互保持较好的合作。

（2）使双方成本最小。VMI 不是关于成本如何分配或谁来支付的问题，而是通过该策略的实施减少整个供应链上的库存成本，使双方都能获益。

（3）目标一致性原则。双方都明白各自的责任，观念上达成一致的目标。例如，库存放在哪里，什么时候支付，是否要管理费，要花费多少等问题双方都达成一致。

（4）持续改进原则。使供需双方共同努力，逐渐消除浪费。

VMI 的主要思想是供应商在顾客的允许下设立库存，确定库存水平和补给策略，行使对库存的控制权。精心设计与开发 VMI 系统，不仅可以降低供应链的库存水平，而且顾客还可获得高水平的服务，改善资金流，与供应商共享需求变化的透明性并获得更好的顾客信任。

3）VMI 系统的构成

VMI 系统主要可分成两个模组：第一个是需求计划模组，可产生准确的需求预测；第二个是配销计划模组，可根据实际顾客订单、运送方式，产生顾客满意度高且成本低的配送。

（1）需求预测计划模组。需求预测最主要的目的就是协助供应商作库存管理决策，准确预测让供应商销售何种产品、将产品销售给谁、以何种价格销售、何时销售等。

① 预测所需的参考要素：顾客订货历史资料，即顾客平常的订货资料，可以作为未来预测的需求；非顾客历史资料，即市场情报，如促销活动资料。

② 需求预测程序：首先供应商收到顾客最近的产品活动资料，紧接着 VMI 做需求历史分析；其次使用统计分析方法，以顾客的平均历史需求、顾客的需求动向、顾客需求的周期做参考，产生最初的预测模式；最后由统计工具模拟不同的条件，如促销活动、市场动向、广告、价格异动等，产生调整后的预测需求。

（2）配销计划模组。主要是有效管理库存量，利用 VMI 可以比较库存计划和实际库存量，得知目前库存量尚能维持多久，所产生的补货计划是依据需求预测模组得到的需求预测、与顾客约定的补货规则（如最小订购量、配送提前期、安全库存）、配送规则等，至于补货订单方面，VMI可以自动产生最符合经济效益的建议配送策略（如运送量、运输工具的承载量）及配送进度。

4）VMI 的实施方法与步骤

实施 VMI，首先要改变订单的处理方式，建立标准的托付订单处理模式。供应商和顾客一起确定供应商的订单业务处理过程所需要的信息和库存控制参数；其次建立一种订单的处理标准模式，如 EDI 标准报文；最后把订货、交货和票据处理各个业务功能集成在供应商一边。

库存状态透明性（对供应商）是实施供应商管理顾客库存的关键。供应商能够随时跟踪和检查到销售商的库存状态，快速、准确地作出补充库存的决策，对企业的生产（供应）状态做出相应的调整，从而敏捷地响应市场的需求变化。为此需要找到一种能够使供应商和顾客的库存信息系统透明连接的方法。

（1）VMI 使用 EDI 让供应商与顾客彼此交换资料，交换的资料包括产品活动资料、计划进度及预测、订单确认、订单等。每个交换资料包含的主要项目如下：

① 产品活动资料包含可用的、被订购的、计划促销量、零售销售资料；

② 计划进度及预测资料包含预测订单量、预定或指定的出货日期；

③ 订单确认资料包含订单量、出货日期、配送地点等；

④ 订单资料包含订单量、出货日期、配送地点等。

（2）根据上述交换的资料，VMI 可以产生补货作业，首先说明 VMI 如何做补货作业，补货作业可分成以下九个过程：

① 批发商每日或每星期向供应商送出正确的产品活动资料；

② 供应商接收用户传送来的产品活动资料，并对此资料与产品的历史资料做预测处理；

③ 供应商使用统计方法，针对每种产品做出预测；

④ 供应商根据市场情报、销售情形适当地对上述产生的预测做调整；

⑤ 供应商按照调整后的预测量再加上补货系统预先设定的条件，如配送条件、顾客要求的服务等级、安全库存量等，给出最具效益的订单量；

⑥ 供应商根据现有的库存量、已订购量制订最佳的补货计划；

⑦ 供应商根据自动货物装载系统计算得到最佳运输配送量；

⑧ 供应商根据以上得到的最佳订购量，在供应商端内部生成顾客所需的订单；

⑨ 供应商接下来将生成的订单确认并传送给顾客，通知顾客补货。

VMI 的作业流程如图 13-11 所示。

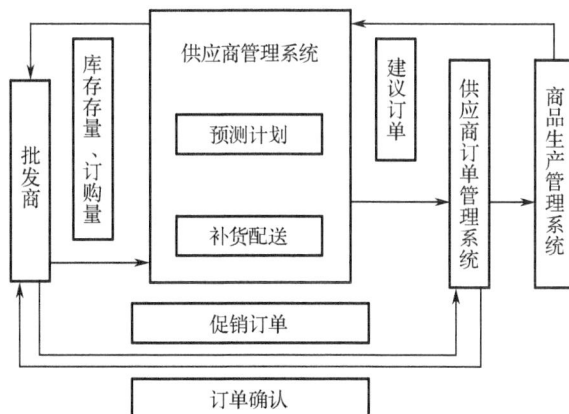

图 13-11　VMI 的作业流程

（3）VMI 的策略实施可以分为以下四个步骤：

① 建立顾客情报信息系统。供应商要有效地管理销售库存，必须能够获得顾客的有关信息。通过建立顾客的信息库，供应商能够掌握需求变化的有关情况，把由分销商进行的需求预测与分析功能集成到供应商的系统中来。

② 建立物流网络管理系统。供应商要很好地管理库存，必须建立起完善的物流网络管理系统，保证自己的产品需求信息和物流畅通。目前，已有许多企业开始采用 MRP Ⅱ 或 ERP，这些软件系统都集成了物流管理的功能，通过对这些功能的扩展就可以建立完善的物流网络管理系统。

③ 制订供应商与顾客的合作框架协议。供应商和顾客一起通过协商，确定订单处理的业务流程以及库存控制的有关参数，如补充订货点、最低库存水平等；以及库存信息的传递方式，如 EDI 等。

④ 组织机构的变革。这一点也很重要，因为 VMI 策略改变了供应商的组织模式。引入 VMI 策略后，在订货部门产生了一个新的职能，负责控制顾客的库存，实现库存补给和较高的服务水平。

综上可得，VMI 的好处是可以提供更好的顾客服务、增加公司的竞争力，提供更精确的预测、降低营运成本、计划生产进度、降低库存量与库存维持成本、进行有效的配送等。

VMI 可应用于供应商与批发商（供应商以批发的出货资料为补货的依据）、供应商与配送中心等。当供应商运用 VMI 越来越成熟时，供应商会将 VMI 应用于上游的原料与包装供应商，以及下游零售商等通路（在零售终端以实际销售资料为补货的依据）。

VMI 最明显的效益就是整合制造和配送过程，将预测与补货整合进产品供应策略后，交易伙伴可以共同决定如何适时、适量地将产品送达顾客手中。例如，可以由制造工厂直接配送至顾客的配送中心，或由工厂直接配送至零售点，或通过转载直拨方式，或经由工厂配送至营销中心等。

VMI 应用于下游的零售商时，补货信息可从零售商的销售管理信息中取得，使得补货更具有效率，因为自动补货量是根据消费者的实际消费得来的，而零售商的销售信息则可以借助 POS 系统取得。金宝汤料公司除了每年增加 5% 的新品种外，销售的都是老品种的产品，市场需求波动不大，每当上市新品种时，它都按一个月的补充提前期和六个月的产品生命周期作出估计，保证第一个月有充足的产品供应，就算第一个月销售不佳，还可在未来的五个月内销售库存产品。为降低库存成本，金宝汤料公司与它的主要零售商间实施 VMI 工程。通过 EDI，零售商每天早上向金宝汤料公司传递需求信息和配送中心的现有库存资料，金宝汤料公司据此预测未来的需求量，确定每种产品的补充量，并于当日下午把需补充的产品送到零售商的配送中心。通过这项工程的实施，金宝汤料公司的库存周转率提高了近一倍。

VMI 导引出的自动预测和补货功能在竞争日益激烈的消费市场越来越突显其重要性，因为所有通路业，如供应商、批发商、经销商、零售商等，一致认为 VMI 可以确保以最小的投资创造出产品的最佳流通，而且由销售活动资料和库存资料产生的补货信息是维持公司竞争力的最佳利器。供应商因使用 VMI 可以掌握库存与补货、提升顾客服务满意度、增加库存周转率、产生准确预测量等，而批发商可以降低库存成本、加速资金周转、增加库存周转率等。

2. JMI

1）概念

JMI 思想可以从分销中心的联合库存功能谈起。地区分销中心体现了一种简单的 JMI 思想。传统的分销模式是分销商根据市场需求直接向工厂订货，如汽车分销商（或批发商），根据最终用户对车型、款式、颜色、价格等的不同需求，向汽车制造厂订货，需要经过一段较长的时间货才能送达，因为顾客不想等待这么久的时间，因此各个销售商不得不进行库存备货，这样大量的库存使销售商难以承受，以至于破产。据估计，在美国，通用汽车公司销售 500 万辆轿车和卡车，平均价格是 18 500 美元，销售商维持 60 天的库存，库存费是车价值的 22%，一年总的库存费用达到 3.4 亿美元。而采用地区分销中心，就大大减少了库存浪费问题。采用地区分销中心后，各个销售商只需要少量的库存，大量的库存由地区分销中心储备，即各个销售商把其库存的一部分交给地区分销中心负责，从而减轻了各个销售商的库存压力，分销中心就起到了 JMI 的作用。

从分销中心的功能得到启发,对现有的供应链库存管理模式进行新的拓展和重构,就得到 JMI 新模式——基于协调中心的 JMI 系统。

2）JMI 体现了战略供应商联盟的新型企业合作关系

JMI 是解决供应链系统中由各节点企业的相互独立库存运作模式导致的需求放大现象,提高供应链的同步化程度的一种有效方法。JMI 和 VMI 不同,它强调双方同时参与,共同制订库存计划,使供应链过程中的每个库存管理者（供应商、制造商、分销商）都从相互之间的协调性考虑,保持供应链相邻的两个节点之间的库存管理者对需求的预期一致,从而消除了需求变异放大现象。任何相邻节点需求的确定都是供需双方协调的结果,库存管理不再是各自为政的独立运作过程,而是供需连接的纽带和协调中心。

3）VMI 是一种供应链集成化运作的决策代理模式

VMI 把顾客的库存决策权代理给供应商,由供应商代理分销商或批发商行使库存决策权。JMI 则是　种风险分担的库存管理模式。

例如,Saturn 的维修部件经营部门不仅负责及时向零售商（汽车经销商）补充维修部件,也为最终用户的最后修理完成率负责。JMI 计划通过在 Saturn 及其零售商之间重新分配风险,对伙伴的激励进行调整。虽然制造商和零售商联合管理零售商存货,但是零售商面对实际的用户,并向制造商支付维修部件的费用。因此,零售商必须承担过量存货和维修部件缺货的后果。因为补货决策权现在从零售商转移到了 Saturn,在零售层,与供应链需求不匹配的风险和成本必须分担。至此,Saturn 与零售商共担风险的系统便被设计出来。在缺货的情况下,Saturn 对紧急需求状态有精良的支持系统。当某零售商出现脱销时,Saturn 利用其集中库存系统发现后备的供应来源,它可能是 Saturn 在田纳西州的中央仓库附近的一个零售商,或者全国其他任何一个存货地点,然后制造商向零售商加快供应所需部件。这种转移成本主要由 Saturn 负担,因此制造商分担了零售商缺货的风险和成本。作为该风险分担方式的一部分,Saturn 设立了一项政策,凭此零售商能够退还在规定期限内未曾使用的部件。

3. 合作计划、预测与补货（Collaborative Planning Forecasting and Replenishment, CPFR）

为了实现对供应链的有效运作和管理,以及对市场变化的科学预测和快速反应,一种面向供应链的策略——CPFR 应运而生,并逐渐成为供应链管理中一个热门的研究问题。

1）CPFR 的产生和发展

1995 年,沃尔玛及其供应商 Warne-Lambert、管理信息系统供应商 SAP、供应链软件商 Manugistics、美国咨询公司 Benchmarking Partners 五家公司联合成立了零售供应和需求链工作组,进行 CPFR 的研究和探索,其目的是开发一组业务流程,使供应链中的成员利用它能够实现从零售商到制造商之间的功能合作,显著改善预测准确度,降低成本、库存总量和现货百分比,发挥出供应链的全部效率。在实施 CPFR 后,Warner-Lambert 公司零售商品满足率从 87% 增加到 98%,新增销售收入 800 万美元。在 CPFR 取得初步成功后,组成了由零售商、制造商和方案提供商等 30 多个单位参加的 CPFR 委员会,与自愿行业间商业标准协会一起致力于 CPFR 的研究、标准制定、软件开发和推广应用工作。美国商业部资料表明,1997 年美国零售商品供应链中的库存约 1 万亿美元,CPFR 理事会估计,通过全面成功实施 CPFR 可以减少这些库存中的 15%～25%,即 1 500～2 500 亿美元。由于 CPFR 巨大的潜在效益和市场前景,一些著名的企业软件商（如 SAP、Manugistics 等公司）正在开发 CPFR 软件系统并提供相关服务。

2）CPFR 的概念

（1）CPFR 是一种概念,它应用一系列的流程与技术模型,使合作过程贯穿供应链。这些处理与技术模型的特点:①开放的,但通信是安全的;②在整个供应链中是灵活的;③扩展到整个供应链过程;④支持更为广泛的需求（新的数据类型以及交互性等）;⑤CPFR 行动的任务是与先前进行的类似努力（如 ECR、快速反应和 VMI）密切联系。

（2）CPFR 有三条指导性原则：①贸易伙伴框架和运作过程集中于消费者，并以价值链的成功为导向；②贸易伙伴共同负责单一、共享的消费需求预测系统的开发，该系统影响着整个价值链；③贸易伙伴均承诺共享预测并在消除供应过程约束上共担风险。

在 CPFR 提出之前，已有 VMI 与 JMI 模式。VMI 的一个关键技术是应用供应链的能力管理库存，这样需求和供应就能结合在一起，使制造者能够得到零售配送中心和 POS 系统的数据，利用这些信息来规划整个供应链的库存配置。VMI 方法优点很多，但缺乏系统集成。JMI 预测与补给方法相对较新，这种方法以消费者为中心，着眼于计划和执行更详细的业务，供应链经常应用团队技术进行关键问题的处理，使其在了解对方的运作并增强相互作用等方面得到改善，其结果有助于发展贸易伙伴的信任关系。JMI 在每个公司内增加了计划执行的集成，并在消费者服务水平、库存和成本管理方面取得了显著的效果，但 JMI 的建立和维护成本高。因此，上述方法均未实现供应链的集成。

CPFR 建立在 JMI 和 VMI 的最佳实践基础上，同时摒弃了 JMI 和 VMI 中的主要缺点，如没有一个适合所有贸易伙伴的业务过程，未实现供应链的集成等。针对贸易伙伴的战略和投资能力不同、市场信息来源不同的特点，将 CPFR 构建成一个方案组，方案组通过确认贸易伙伴从事关键业务的能力来决定哪家公司主持核心业务活动，贸易伙伴可选用多种方案实现其业务过程。零售和制造商从不同的角度收集不同层次的数据，通过反复交换数据和业务情报增强制订需求计划的能力，最后得到基于 POS 系统的消费者需求的单一共享需求计划。这个单一共享需求计划可以作为零售商和制造商的与产品有关的所有内部计划活动的基础，也就是说，它能使价值链集成得以实现。以单一共享需求计划为基础能够发现和利用许多商业机会，优化供应链库存和提高顾客服务水平，最终为供应链成员带来可观的收益。

3）CPFR 的流程模型

CPFR 的业务活动可分为计划、预测和补货三个阶段，包括如下九步主要流程活动。

第 1 步：开发一个初始协议。零售商、分销商和制造商等为合作关系建立指南和规则。共同开发的该协议涉及每一方的期望和成功所需的行动与资源，包括对合作的全面认识、合作目标、机密协议、资源授权、合作伙伴的任务和成绩的检测。

第 2 步：创建联合业务计划。供应链的合作伙伴相互交换战略和业务计划信息，以发展联合业务计划。合作伙伴首先建立合作伙伴关系战略，然后定义分类任务、目标和策略，并建立合作项目的项目管理简况，如订单最小批量、交货期、订单间隔等。

第 3 步：创建销售预测。利用零售商 POS 终端数据、因果关系信息、已计划事件信息创建支持共同业务计划的销售预测。

第 4 步：识别销售预测的例外情况。识别分布在销售预测约束之外的项目，每个项目的例外准则需在第 1 步中得到认同。

第 5 步：销售预测例外情况的解决/合作。通过查询共享数据、E-mail、电话、交谈、会议等解决销售预测例外情况，并将调整方案提交给销售预测（第 3 步）。

第 6 步：创建订货预测。合并 POS 终端数据、因果关系信息和库存策略，产生一个支持共享销售预测和共同业务计划的订单预测，提出分时段的实际需求数量，并通过产品及接收地点反映库存目标。订单预测周期内的短期部分用于生成订单，在冻结预测周期外的长期部分用于计划。

第 7 步：识别订货预测的例外情况。识别分布在订单预测约束之外的情况，例外准则在第 1 步已建立。

第 8 步：订单预测例外项目的解决/合作。通过查询共享数据、E-mail、电话、交谈、会议等调查研究订货预测例外情况，并将调整方案提交给订货预测（第 6 步）。

第 9 步：订单生成。将订货预测转换为已承诺的订单，订单生成可由制造商或分销商根据能力、系统和资源来完成。

上面建立了一个贸易伙伴框架结构，可用于创建消费者需求的单一预测，协同制造商和零售商的订货周期，最终创建企业间的价值链环境，在获得最大盈利和消费者满意度的同时减少浪费和成本。

复习思考题

1. 简述供应链管理的概念。
2. 供应链一体化的要素有哪些？
3. 在产品的生命周期，各个阶段应该各自采取怎样的供应链策略？
4. 供应链"不确定性"的来源有哪些？
5. JIT 的定义、目标与产品设计原则分别是什么？
6. VMI 有什么优点？

案例 13

第 14 章　国际物流

14.1　国际物流概述

随着全球经济一体化进程的不断加快，世界各国的经济得到不同程度的发展，国际分工越来越明显，国与国之间的经济依赖度越来越大。随着国际经济交往日益频繁和国际贸易量大幅增长，加剧了货物和非贸易物品在国际间的流动和转移，国际物流就首先在实践中得到了重视。同时，国际物流逐步突破操作层面的具体实践，转而走向更为科学系统的研究和应用，国际物流学应运而生。

14.1.1　国际物流的概念

国际物流是国内物流的延伸和拓展，只要货物和非贸易物品在国家（或地区）之间需实现所有权的转移，就必然要克服场所阻隔和时间阻隔，进而产生物流活动。国际物流是国际贸易的重要组成部分，国际贸易乃至全球经济一体化必须要通过国际物流来实现。

所谓国际物流是指不同国家（地区）之间的物流，具体而言，是指货物和非贸易物品流通经停的地点不在同一国家或地区（一般是指独立关税区，如中国与美国之间）之内的物流。国际物流的实质是按国际分工协作的原则，依照国际惯例，利用国际化的物流网络、物流设施和物流技术，实现货物和非贸易物品在国际间的流动与交换，以促进区域经济的发展和世界资源的优化配置。

国际物流的总目标是为国际贸易和国际化经营与交往服务，即选择最佳的方式与路径，以最低的费用和最小的风险，保质、保量、适时地将货物从供应国或地区流动及转移到需求国或地区。

14.1.2　国际物流的特点

国际物流为国际贸易和国际化经营与交往服务，与国内物流系统相比，具有国际性、复杂性和风险性等特点。

1. 国际性

国际性是指国际物流系统涉及不同的国家或地区，货物流转范围大、物流设施差异大、物流标准不尽统一、社会文化背景区别显著，导致整体的物流硬环境和软环境存在较大差异。国际物流跨越不同国家或地区，通常要跨越海洋和大陆，运输距离长，运输方式多样，这就需要合理选择运输路线和运输方式，尽量缩短运输距离，缩短货物在途时间，加速货物的周转并降低物流成本。同时，还需要适应多样化的经营环境、物流技术要求和国际惯例，以使得国际物流顺利实现。

2. 复杂性

在国际间的经济活动中，生产、流通、消费三个环节之间存在着密切的联系，由于各国社会制度、自然环境、经营管理方法、生产习惯不同，一些因素变动较大，因而在国际间组织好货物从生产到消费的流动，是一项复杂的工作。国际物流的复杂性主要包括国际物流通信系统设置的复杂性、法规环境的复杂性、商业现状的差异性和运输方式的多样性等。

3. 风险性

国际物流的风险性主要包括政治风险、经济风险和自然风险。政治风险主要指由于所经过国家的政局动荡，如罢工、战争等原因造成货物可能受到损害或灭失；经济风险又可分为汇率风险和利率风险，主要指从事国际物流必然要发生的资金流动，因而产生汇率风险和利率风险；自然风险则指物流过程中，可能因自然因素，如海风、暴雨等而引起的风险。

正是由于上述特点，21 世纪的国际物流就必须有尽可能统一的物流标准，尽快建立国际化的物流信息系统，以促进国际贸易的扩大。

14.2 国际物流的发展

14.2.1 国际物流的发展阶段

国际物流的实践和研究经历了以下三个阶段。

1. 起步阶段（20 世纪 50 年代至 80 年代初）

这一阶段各个国家或地区的物流设施和物流技术得到了极大的发展，开始运用计算机进行物流管理，出现了自动化仓库，集装箱开始普及，一些国家建立了本国的物流标准化体系等。物流系统的改善促进了国际贸易的发展，物流活动已经超出了本土范围，但物流国际化的趋势还没有得到人们普遍的重视。

2. 快速发展阶段（20 世纪 80 年代初至 90 年代初）

随着经济技术的发展和国际经济往来的日益扩大，物流国际化趋势开始成为世界性的共同问题。美国密歇根州立大学教授鲍尔索克斯认为，进入 20 世纪 80 年代，美国经济已经失去了兴旺发展的势头，陷入长期倒退的危机之中。因此，必须强调改善国际性物流管理，降低产品成本，并且要改善服务，扩大销售，在激烈的国际竞争中获得胜利。与此同时，日本正处于成熟的经济发展期，以贸易立国，要实现与其对外贸易相适应的物流国际化，并采取了建立物流信息网络、加强物流全面质量管理等一系列措施，提高物流国际化的效率。这一阶段物流国际化还主要在美、日和欧洲一些发达国家之间进行，发展中国家开始有了以区域性物流为主要内容的国际物流活动，如东盟国家之间。

3. 一体化阶段（20 世纪 90 年代初至今）

这一阶段国际物流的概念和重要性已为各国政府和外贸部门所普遍接受。贸易伙伴遍布全球，必然要求物流国际化，即物流设施国际化、物流技术国际化、物流服务国际化、货物运输国际化、包装国际化、流通加工国际化和物流信息国际化等。世界各国广泛开展国际物流的理论和实践方面的大胆探索。人们已经形成共识：只有广泛开展国际物流合作，才能促进世界经济繁荣，物流无国界。

14.2.2 国际物流发展的未来

国际物流是国际贸易不可分割的一个部分，其发展必然和国际贸易的发展紧密相连。与国际贸易发展的趋势相似，国际物流发展的未来呈现出以下三个趋势。

1. 区域经济的发展将进一步促进区域内物流服务的兴起

区域经济的发展已经成为当今世界经济的一个特征。在欧盟、北美、东南亚、亚太和北非等地区，富有成效的经济合作活动极大地促进了这些地区的贸易与经济的发展，同时对这一地区的物流服务产生了巨大的需求。国际物流企业纷纷进驻这些地区，设立规模各异的地区物流配送中心，适应各类层次的需求，从而大大缩短了生产和消费的距离，促进了这些地区的物流发展。

2. 贸易自由化运动将推动国际物流与国内物流的趋同

在世界贸易组织的努力下，全球贸易呈现自由化的趋势。各国的贸易壁垒正在逐渐消除，各国海关正在为优化货物进出口渠道做着不间断的努力，国际物流的瓶颈问题已经开始得到疏通。在贸易壁垒和物流瓶颈被打破的同时，国际物流与国内物流的运作方式也开始趋同，国际物流成本将进一步降低。事实上，国际物流的高度发展完全可以帮助有关国家改善口岸和贸易环境，促进该国的经济发展。

3. 跨国公司的发展将推动传统国际运输企业向物流企业转化

当今世界经济形势的又一个重大特征是跨国公司的发展。有人曾经预言，未来的世界跨国经济将超越国家经济而主导世界经济。综观当今世界主要的跨国公司，绝大多数都采取物流业务外包的手段来实现企业业务的专业化。它们寻求的是综合的、一体化的物流服务，而不是传统的、分离的运输和仓储服务。在跨国经济的挤压下，传统运输仓储业的发展正在经历着一场革命，而革命的结果是综合的、一体化的物流供应链服务将在相当大的程度上取代分离的传统业务。

14.2.3 经济全球化发展趋势将促进国际物流的进一步发展

国际物流是伴随着国际贸易的产生而产生的，是国际贸易的一个必然组成部分，各国之间的相互贸易最终都将通过国际物流来实现。国际物流对国际贸易的发展具有促进作用，反过来又制约了国际贸易的发展，因此二者之间呈现互为促进、相互制约的关系。

经济全球化发展趋势的主要推动力是近几十年来跨国公司的蓬勃发展，为了降低成本与开拓市场，许多跨国公司通过扩大贸易和加大对外（包括亚洲国家在内的发展中国家）直接投资来加速本公司的生产制造全球化。在此背景下，过去的 20 年间，亚洲的经济增长速度远高于世界上的其他地区。与此同时，亚洲的国际货运量也迅速增长，美国 2014 年进口来自亚洲的集装箱箱量较 2013 年提升了 6.8%，全年进口量达到 1 423 万标准箱。同时，欧共体、北美自由贸易经济区的经济与国际物流量也呈明显增长势头。这点表明这些地区已成为全球化经济和全球化物流发展的主要舞台。

在大多数工业化国家中，物流运行已出现了需要全球化物流基础设施支撑的趋势，而通过利用全球化的物流基础设施，对现有的物流系统进行整合，使本地区成为国际物流的中心是许多国家和地区未来的发展目标。

1. 全球化经济需要全球化的物流与之相适应

当前，全球经济正处于迅速发展和变革时期，跨国公司之间的强强竞争日趋激烈，为此，分布于世界各地市场之间的联系更加紧密，它们不仅有着直接的相互作用关系，而且还有着更为复杂微妙的间接的相互作用关系。一个公司要在这种环境中生存下去，仅靠公司本身的资源显然是不够的，只有战略性地将公司各个分部、子公司、联盟公司组成全球性的紧密网络，才能对全球任何一个区域的市场上的需求作出快速反应，并提供相应的优质产品和服务。公司网络中，一部分专门负责全球性的物资采购、生产制造、产品更新换代、配送和科研开发，而另一部分则负责当地市场上的销售与售后服务。资金、原材料、零部件和产成品、信息、创意、人力资源等公司的资源在网络中的各个部门之间不断地交换流动着。如何以高效整合的方式组织这样的全球运作，通常称为全球物流管理，或称供应链管理，这也是跨国公司全球竞争的核心。

目前，各国在发展经济中越来越强调自身的民族特性，而各国的经济发展很不平衡。与此同时，由于国际金融交易中的汇率波动、国际政局的动荡不安、全球的环保意识加强等因素，又使各国的经济更加紧密联系。因此，当前在国际舞台上能够起主导作用的因素已从以往的"强权"转变为"政权"。这里"强权"是指传统意义上的一个国家的军事、经济力量，而"政权"则是指一个国家在国际舞台上提出的国际目标，制定具体的国际政策并督促履行实现目标的能力。

国际环境的这一变化提醒人们应该从更长远的角度来看待全球物流竞争。在国际企业中，一个全球物流网络是为全球价值链服务的物流系统，网络中各个部门应在高度组织化的情况下各司其职。当然，在物流网络中要建立若干个关键节点（通常称物流中心），不仅取决于高效的物流硬件设施，还取决于合适的信息技术和不断创新的信息系统，同时更取决于对整个物流网络各个节点的准确、战略性的定位，此外还必须对整个物流网络进行科学规划，制订详细的计划并付诸实施。这一全球物流竞争的观念无论对企业还是对政府机构均适合，而这些规划的实施可能会涉及环境保护、信息技术的应用、各国的法律法规、海关通关、合理有效的物流价格、转运及联运等问题，而前两个问题尤其重要。

2. 信息与通信技术的发展为物流全球化创造了必要条件

技术的更新实质上也是一种内在的经济活动。因此，市场的经济活动与科技开发活动不断相互作用必然会引发技术创新。全球化的物流系统需要众多的企业及各国政府、国际组织的广泛合作才能建立，而这种合作离不开信息技术的发展与应用。信息技术在国际物流全球化发展中起到十分重要的作用，为此，一个国家的信息基础设施的建设及普及程度往往就能反映出该国（或地区）的物流竞争力。智能化运输系统（一种安全、高效、对环境无污染的且集聚了许多高新技术及众多功能的运输系统）及信息高速公路的应用程度说明一个国家的国际物流竞争力。

通常人们认为，只有当物流的硬件基础设施完善后，新的信息技术才能够服务于先进的物流系统，然而事实并非如此。信息技术的威力是奥妙无穷的，它完全可以用来作为战略性调整物流运行系统的有效手段，而且，未来的物流硬件设施的规划与实施建设均离不开信息技术基础设施的结构、信息系统的特点及先进的物流网络，如同一个企业的价值链管理已全球化那样，物流网络也日趋全球化。

近年来，不仅在物流行业，在各行各业中，人工智能和大数据都得到了充分的重视和运用，一方面是因为人工智能作为工业 4.0 的驱动力，很可能在未来带来颠覆性的成果；另一方面，仅从目前的成果来看，人工智能和大数据已经为企业和消费者带来了可见的便利。

马云认为，国家智能物流骨干网由两部分组成：一是在国内做到 24 小时必达，将物流成本降低到 GDP 的 5%以下；二是在全球沿着"一带一路"，打造全球 72 小时必达。想要完成这样的目标，离不开交通网络的打造，更离不开科技赋能的运用。

然而，物流硬件设施、信息技术的基础设施及其先进的全球物流网络系统的综合发展必须考虑众多社会性因素。跨地区、跨国家的物流必须面临许多挑战，如怎样处理各国不同的法规、不同的经济利益关系以及不同的文化背景等，因此，在发展全球物流网络中还应充分重视国与国之间的差异。

物流技术中综合了许多现代信息技术，如 GIS、GPS、EDI、条形码等。现代物流信息技术的应用，使全球物流网络更加科学，并由此产生更大的经济效益。

3. 发展中的环境保护需要国际合作

在全球环保意识日益加强的前提下，交通运输系统尤其是公路运输系统不得不面临许多环境问题，如噪声、交通堵塞时排放的废气、车流带来的空气中二氧化碳含量的增加等，而承担公路货运的载重车辆则被人们认为是造成一系列问题的元凶。为了能使经济发展的全球化与有益于环境保护的全球物流发展之间达到宏观平衡，人们已经做出了很大的努力，从更先进的硬件基础设施的建设到发展信息技术的基础设施及研究开发更好的物流营运系统。很显然，要想把全球高效的物流系统对环境的损害降到最小的限度，光靠一个公司或一个国家政府是不可能的，这需要靠各个公司、各国政府及国际组织在许多领域开展更为广泛的合作。人们需要寻找一种平衡方式，即物流硬件设施、信息基础设施及信息系统不仅能为发达国家参与全球竞争打下良好的基础，而且也能够帮助发展中国家的经济与社会实现可持续发展。

通过经济政策的干预，世界市场经济体制的不稳定性或多或少得到了一定程度的控制，通过制定鼓励竞争的政策条款，垄断在各国也达到了限制。因此，一些国际组织（如国际经合组织OECD）正在呼吁各成员国共同去寻找适当的社会经济发展机制，从而使生态环境与经济发展达到宏观平衡，以保证社会经济的可持续发展。

可持续发展的要求给物流系统的设计和运行带来了许多巨大影响。许多跨国公司及国家政府纷纷在可持续发展的条件下提出了物流的新概念与新技术。

（1）物流的全球化。站在全球资源优化的角度去考虑一个国家或一个公司的物流网络系统。中国、新加坡和韩国等国家政府看到了这种全球化的趋势，以实际行动参与作为亚太地区物流中心的竞争。

（2）物流系统的重新整合。为了提高运输效率，降低成本，并在总体上降低对环境的损害，积极提倡运用配送中心及联运等物流方式。在许多国家物流业得到了迅速发展，第三方物流服务已成为一个新的经济增长点。

（3）对再生资源的重视。再生资源已引起越来越多的国家政府和企业的重视，这也是全球经济可持续发展的重要因素。

（4）物流理论工作者与国际机构推进物流全球化的努力。目前，世界各国物流理论工作者正在积极呼吁各国物流发展要走全球化道路，以推进物流现代化的进程，国际组织也组织专业人士认真地研究、探索物流国际合作之路。国际供应链协会、国际采购与物流联盟、亚太地区物流联盟等国际组织正在努力推动世界物流的发展。1997 年，国际经合组织也分别在欧共体、北美自由贸易区和亚太地区组成三个多边合作的物流研究专家小组，以这三个世界上最主要的经济贸易联合体为共同协作、调查研究物流发展的舞台。

总之，全球化是世界物流发展的必然趋势。中国加入 WTO 后，包括物流业在内的服务贸易的对外大门必将进一步敞开，我们将直接面临国际物流业市场的激烈竞争。因此，在研究和制定我国经济结构调整的规划时，必须对这一发展趋势有充分的认识，使我国物流业得到更健康的发展。

14.3　国际货物运输

国际货物运输是国际物流的重要环节，其方式主要有：国际海运、国际多式联运、国际货物航空运输、国际货物铁路运输等。

14.3.1　国际海运

按照海洋运输船舶经营方式的不同，国际海运包括班轮运输和租船运输两种方式。

1．班轮运输

班轮运输是在不定期船运输的基础上逐渐发展起来的，它是当今国际海洋运输中不可缺少的运输方式之一。班轮运输的特点：

（1）船舶按照固定的船期表沿着固定的航线和港口来运转，并按相对固定的运费率收取运费，即它具有"四固定"的基本特点；

（2）由船东负责配载装卸，装卸费包括在运费中，货主不再另付装卸费，船货双方也不再计算滞期费和速遣费；

（3）船货双方的权利、义务与责任豁免，以船东签发的提单条款为依据；

（4）班轮运输承运货物的品种、数量比较灵活，货运质量较有保证，且一般采取在码头仓库交接货物，为货主提供了便利的条件。

班轮运输通常适用于不定期、货量又不很大的件杂货运输。

2．租船运输

租船运输又称为不定期船运输。它与班轮运输的方式不同在于：没有预定的船期表，船舶经由的航线和停靠的港口也不固定，需按租船双方签订的租船合同来安排，有关船舶的航线和停靠的港口、运输货物的种类以及航行时间等，都按承租人的要求，由船东确认而定，运费或租金也由双方根据租船市场行市在租船合同中加以约定。

租船运输的方式主要有定程租船、定期租船、光船租赁和包运租船四种。

1）定程租船

定程租船又称航次租船，简称程租。它是由船东负责提供船舶，在指定的港口之间进行一个航次或数个航次的航行，承运指定货物的租船运输方式。定程租船通常适用于国际现货交易市场货物的运输。定程租船就租赁方式的不同又可分为：①单程租船，又称单航次租船；②来回航次租船；③连接航次租船。

定程租船的主要特点表现在：

（1）船东负责船舶的营运、调度、配备和管理船舶；

（2）船东负责船舶营运所支付的费用；

（3）船东出租整船或部分舱位，并按实际装船的货物数量或整船舱位包干计收运费；

（4）运费率，也称"租金"，通常由双方商定；

（5）为激励承租人加快货物装卸速度，一般在合同中商定滞期费和速遣费条款。

2）定期租船

定期租船又称期租，是船东将船舶出租给承租人，供其使用一定时期的租船运输方式。定期租船的租船人可以是石油公司、钢铁公司等具有长期稳定货运需求的货主，也可以是另一个船公司。在合同约定的租期内，承租人可以用该船运输自己的货物，也可将其加入班轮运输，也可以将其定程租船给其他货主。定期租船实质上是一种劳务和财产混合租赁的船舶租赁形式，其主要特点如下：

（1）船东负责配备船员，并负担其工资和伙食；

（2）承租人负责船舶的营运、调度，并拥有包括船长在内的船员指挥权，如果船长及船员不听从承租人指挥，则承租人有权要求船东予以撤换；

（3）承租人负担船舶营运的可变费用，船东负担船舶营运的固定费用；

（4）船舶一般以整船出租，租金按照船舶的载重吨、租期和租金率计收；

（5）定期租船期间，船舶营运的风险由承租人承担，除非因为船舶自身的缘故停航。

3）光船租赁

光船租赁又称船壳租赁，是一种单纯的财产租赁方式。船东在合同约定的期间，将合同约定的船舶交给承租人使用，不提供船员、燃料和任何其他船舶营运费用。光船租赁的承租人通常是另一家船公司。光船租赁的特点有：

（1）船东仅提供一艘适航的空船，不负责船舶的运输；

（2）承租人自行配备适任的船员，并负责船舶的营运和调度；

（3）承租人在船舶营运期间是货物的承运人，自行承担船舶修理以及船期延误等损失；

（4）一般以整船出租，租金按船舶的吨位、租期和租金率计算。

4）包运租船

包运租船是船舶出租人向承租人提供一定吨位的运力，在确定的港口之间，按照事先约定的时间、航次周期和每航次较为均等的运量，完成合同规定的全部货运量的租船方式。包运租船的主要特点是：

（1）包运租船合同并不指定船舶，而只是规定船舶应当满足的规范和船龄；

（2）租期的长短可变，取决于货运总量与船舶吨位的关系，以及单航次的时间；

（3）航行中所有的风险均由船舶出租人承担；

（4）合同中通常定有滞期费和速遣费条款；

（5）运费按航次结算，计算方法通常是按实际运送货物的数量及约定的费率计算。

14.3.2 国际多式联运

国际多式联运是在集装箱运输的基础上产生和发展起来的一种综合性的连贯运输方式，它以集装箱为媒介，把海、陆、空各种单一运输方式有机地结合起来，组成一种国际间的连贯运输。《联合国国际货物多式联运公约》对国际多式联运所下的定义是：按照多式联运合同，以至少两种不同的运输方式，由 MTO 把货物从一国境内接运货物的地点运至另一国境内指定交付货物的地点。关于国际多式联运的内容已在第 6 章详细介绍，不再重复。

14.3.3 国际货运代理业务

1. 国际货运代理业务简介

国际货物交易大都远隔重洋，交易双方必须借助一定的运输方式和不同的交通工具才能实现商品的转移。在实践过程中，货主必须选择最佳的运输方式和运输工具、最好的承运人，以最低廉的运费实现货物的安全、便捷运输并节省费用，降低成本。事实上限于货主的人力、物力、财力等资源和限制，很难做到这一点，甚至由于不熟悉托运、提货、存储、报关和保险等环节的流程而造成损失，国际货运代理行业由此应运而生。

"货运代理"一词目前国际上还没有公认的、统一的规定，但对其概念的认识还是基本一致的。联合国有关机构的解释是：货运代理代表其客户取得运输，并不起承运人的作用。国际货运代理协会联合会对"货运代理"下的定义是：货运代理是根据客户指示，并为客户的利益而揽取货物运输的人，其本人并不是承运人。货运代理也可以依这些条件，从事与运输合同有关的活动，如储货（也含寄存）、报关、验收、收款等。我国 2004 年 1 月 1 日公布的《中华人民共和国国际货运代理业管理规定实施细则（试行）》（2003 修订）中，国际货运代理业务被定义为：国际货运代理企业接受进出口货物收货人、发货人或其代理人的委托，以委托人名义或者以自己的名义办理有关业务，收取代理费或佣金的行为。由此可见，国际货运代理业属服务性行业，它的国际组织为国际货运代理协会联合会，简称"菲亚塔"（FIATA），该组织成立于 1926 年 5 月 31 日，其总部设在瑞士首都伯尔尼。

可以认为，货运代理是指接受发货人或货主的委托代表发货人或货主办理有关货物报关、交接、仓储、调拨、检验、包装、转运、订舱等业务的人，它与发货人或货主的关系是委托和被委托关系。在办理代理业务中，以发货人或货主的代理人身份对发货人或货主负责并按代理业务项目和提供的劳务向发货人或货主收取代理费。

从传统意义上讲，货运代理通常是充当代理的角色。他们替发货人或货主安排货物的运输、付运费、保险费、包装费、海关税等，然后收取费用，所有的成本开支由客户承担。但近几年来，货运代理有时已经充当了合同的当事人，并且以货运代理人的名义来安排属于发货人或货主的货物运输。尤其当货运代理履行多式联运合同时，作为货运代理的"标准交易条件"就不再适应了，它的契约义务受它所签发的多式联运提单条款的制约，此时货运代理已成为无船承运人，也将像承运人一样作为 MTO，承担运输货物的全部责任。

国际货运代理人以发货人或货主利益为出发点，在长期实践中积累了丰富的代理经验，由于他们熟悉运输业务，了解各个环节的特点、情况以及与有关的部门、机构，如海关、商检、港口、船公司、银行、仓库等，建立了密切的业务关系和广泛的联系，因而具备接受发货人或货主委托代办各种货物运输的有利条件，从而被誉为"国际贸易运输的设计师和执行人"。

据 FIATA 的资料介绍，国际货运代理具有如下作用：

（1）用专门知识，以最安全、最迅速、最经济的方式组织运输；

（2）世界各贸易中心建立客户网和自己的分支机构，以控制全部运输过程；

（3）运费、包装、单证、结关、领事要求及金融等方面向企业提供咨询；

（4）小批量的货物集中为成组货物，使客户从中受益；

（5）货运代理不仅组织和协调运输，而且影响到运输方式的创新和新运输路线的开发。

我国的国际货运代理从 20 世纪 80 年代以来发展迅速，根本原因在于改革开放以后，我国对外贸易额不断增长，货运量不断扩大，运力和运量的矛盾日益突出，原有的外贸运输体制不再适应新形势的发展需要，因此，国务院对国际海洋运输管理作了改革，对国际货运代理业实行放开经营的政策。这对国际货运代理业的蓬勃发展，提升管理水平，改进服务质量，起到了积极作用。

2. 国际货运代理的业务范围

为了规范国际货运代理行为，保障进出口货物收货人、发货人和国际货运代理企业的合法权益，促进对外贸易的发展，我国于 1995 年 6 月 29 日发布了《中华人民共和国国际货物运输代理业管理规定》。根据此管理规定，国际货运代理企业可以接受委托，代为办理下列部分或全部业务：订舱、仓储；货物的监装、监卸、集装箱拼箱、拆箱；国际多式联运；除私人信函外的国际快递；报关、报检、报验、保险；缮制有关单证、交付运费、交付杂费、结算；其他国际货运代理业务。国际货运代理企业之间也可以相互委托办理有关的业务。

国际货运代理企业应当遵循安全、快速、准确、节省和方便的经营原则，为进出口货物收货人、发货人提供服务；必须依照国家有关规定确定收费标准，在其营业地点予以公布，并且必须使用税务机关核准的发票，国际货运代理企业还应当在批准的业务经营范围内从事经营活动。国际货运代理企业在从事货物运输代理活动时，如果依照有关法律、行政法规需经有关主管机关注册的，应当向有关主管机关注册。

3. 国际货运代理的服务对象

国际货运代理可以提供的服务有如下七大类。

1）为发货人服务

货运代理人替发货人承担在不同阶段中货物运输的任何一项手续：选择最快、最省的运输方式；安排合适的货物包装；选择货物的运输路线；向客户建议仓储与分拨；选择可靠、高效的承运人，并负责缔结运输合同；安排货物的计量和计重（尺码）；办理货物的保险；办理货物的拼装；装运前或在目的地分拨货物之前，将货物存仓（如果需要的话）；安排货物到港口或目的地的运输，办理海关有关单证的手续，并把货物交给承运人；代表发货人或收货人承付运费、关税、税收等；办理与货物运输有关的任何外汇交易；从承运人那里取得签署的提单，并把它们交给发货人或收货人；通过与承运人和货运代理人在国外的代理联系，监督货物运输的进程，并使货主知道货物的去向。

2）为海关服务

当货运代理人作为海关代理办理有关进出口商品的海关手续时，他不仅代表他的客户，而且也代表海关当局。事实上，在许多国家他得到了政府的许可办理海关手续，并对海关负责，负责在法定的单证中申报货物确切的金额、数量和品名，以使政府在这些方面不受损失。

3）为承运人服务

货运代理人向承运人订好足够的舱位，议定对承运人和发货人都是公平合理的费率，安排在适当的时间内交货，并以发货人的名义解决与承运人运费账目等问题。

4）为航空公司服务

货运代理人在空运业务上，充当航空公司的代理。利用航空公司的服务手段为客户服务，并由航空公司付给佣金。同时，作为一个货运代理人，通过提供适用于空运程度的服务方式，继续为发货人或收货人的利益服务。在国际航空运输协会以空运货物为目的而制定的规则上，货运代理人被指定为国际航空协会的代理。

5）为班轮公司服务

货运代理人与班轮公司的关系随业务性质而定。在一些服务于欧洲国家的商业航线上，班轮公司已承认货运代理人的有益作用，并付给货运代理人一定的佣金。近几年来，由货运代理人提供的集运和拼箱服务，即拼箱货的集运服务已建立了他们与班轮公司及其他承运人（如铁路）之间的较为密切的联系。

6）提供集运和拼箱服务

随着国际贸易中集装箱运输的增长，引进了集运和拼箱服务。在提供这种服务中，货运代理担负一个委托人的作用。集运和拼箱的基本含义是把一个出运地若干发货人发往另一个目的地的若干收货人的小件货物集中起来，作为一个整件集运的货物发运给目的地的货运代理人的代理，并通过他把单票货物交给每个收货人。货运代理人将签发的提单，即"分提单"或其他类似的收据交给每一票货的发货人，货运代理人的代理在目的地凭出示的提单将货交给收货人。

集运和拼箱的发货人或收货人不直接与承运人联系，对承运人来说，货运代理人是发货人，而在目的地的货运代理人的代理是收货人。因此，承担集运货物的承运人给货运代理人签发的是"全程"提单或货运单。如果发货人、收货人有特殊要求，货运代理人也可在出运地和目的地从事提货和交付的服务，提供门到门的服务。

7）提供多式联运服务

在集装箱多式联运中，货运代理人充当主要承运人，并且承担组织在一个单一合同下，通过多种运输方式，进行门到门的货物运输。他可以以当事人的身份与其他承运人或其他服务的提供者分别谈判并签约。但是，这些分拨合同不会影响多式联运合同的执行，也就是说，不会影响对发货人的义务和在多式联运过程中对货损及灭失所承担的责任。在货运代理人作为 MTO 时，通常需要提供包括所有运输和分拨过程的一个全面的一揽子服务，并对他的客户承担一个更高水平的责任。

国际货运代理人根据其提供服务的性质承担相应的责任，即可能作为代理人或合同当事人承担责任和享受权利。

14.4　国际物流仓库与保税物流

14.4.1　国际物流仓库的地位和分类

国际物流中心是指国际物流活动中商品、物资等集散的场所，就大范围国际物流而言，某些小国家或地区可能成为物流中心，如中国香港、新加坡等就具有国际物流中心的地位。其次，自由贸易区、保税区等具有一般意义上的物流中心的功能。就小范围而言，港口码头、保税仓库、外贸仓库或者超级市场等都可以成为物流中心。当前人们所说的国际物流中心多指由政府部门和物流服务企业共同筹建的具有现代化仓库、先进的分拨管理系统和 EDP 的外向型物流集散地。

1. 国际物流仓库的地位和作用

国际物流仓储工作同外贸运输一样，都是对外贸易及国际物流不可缺少的环节。不论是资本主义国家，还是社会主义国家，仓库在各国的国民经济中，在国际间的生产、分配、交换、消费过程中，或者说在一国范围和世界范围的商品生产和商品流通过程中，都有着重要的地位和作用。外贸仓库不仅负担着进出口商品保管存储的任务，而且还担负着出口的加工、挑选、整理、包装、刷唛、备货、组装和发运等一系列的任务。仓库是对外贸易运输的基地，我们要发挥各种运输手段和仓库两个优势，把仓储和运输紧密地结合起来，做到储运结合，以路促运，力争外贸商品早出口、多出口、早结汇、多收汇。仓库还要根据库存商品货件变化和库存时间的长短、周转的快慢等资料，及时向有关单位提供信息，发现问题，并协助解决，从而起到促生产、促收购、促出口，促进外贸企业改善经营管理，以充分发挥仓库工作的能动作用。

2．国际物流仓库的分类

1）按照仓库在商品流通中的主要职能分类

（1）口岸仓库。口岸仓库又叫周转仓库，大都设在商品集中发运出口的沿海港口城市，主要职能是储存售出口岸和内地对外贸易业务部门收购的代运出口商品和进口待分拨的商品。

（2）中转仓库。中转仓库大都设在商品生产集中的地区和出运港口之间，主要职能是按照商品的合理流向，储存、转运本地和外地经过口岸出口的商品。

（3）加工仓库（工厂）。其特点是将商品加工业务和仓储业务结合在一起，主要职能是对某些出口商品进行必要的挑选、整理、分装、改装和适应流通需要的加工，以方便存储运输，更好地满足国际市场的需要。

（4）存储仓库。存储仓库的主要职能是用于储存代销的出口商品，援外的储备物资，进口待分拨和出口业务需要的物资等。

2）按储存商品的性能及技术设备分类

（1）通用仓库。其用于储存一般没有特殊要求的工业品或农用品的仓库。在各类对外贸易仓库中，通用仓库占比重最大。

（2）专用仓库。其是专门用于储存某一类商品的仓库。在保养技术设备方面相应地增加了密封、防虫、防霉、防火以及监测等设施，以确保特殊商品的质量安全。

（3）特种仓库。其用于储存具有特殊性质，要求使用特别保管设备的商品，一般指化学危险品、易腐蚀品、石油及部分医药商品等。这类仓库配备有专门的设备，如冷藏库、保温库、危险品仓库等。

3）按仓库管理体制分类

（1）自用仓库。这类仓库属于各外贸进出口企业，由他们自己经营管理。

（2）公用仓库。这类仓库由专业仓储企业经营管理，为各进出口专业公司的商品流通服务。

（3）保税仓库。这类仓库是根据有关法律和进出口贸易的规定，专门储存国外进口而暂未缴纳进口税的商品的仓库，由海关统一进行监督和管理。

14.4.2 保税仓库与保税区

1．保税仓库的概念

随着国际贸易的不断发展，贸易方式日益多样化，如进口原材料、配件进行加工装配后复出口，补偿贸易，转口贸易，期货贸易等灵活贸易方式。如果进口时要征收关税，复出时再申请退税，手续过于繁琐，必然会加大货物的成本，增加国际贸易的风险，不利于发展对外贸易。建立保税仓库后，可大大降低风险，有利于鼓励进口，鼓励外国企业在中国投资，是非常重要的投资环境之一。

保税仓库的设立需要专门批准，外国货物的保税期一般最长为两年，在这个时期中可存放在保税仓库中。这期间，经营者可以找到最适当的销售时机，一旦实现销售，再办理关税等通关手续。如果两年之内未能销售完毕，则可运往其他国家，保税仓库所在国不收关税。

2．保税仓库允许存放的货物范围

保税仓库允许存放的货物范围如下：

1）缓办纳税手续的进口货物

这主要包括进口国工程、生产等需要，由于种种原因而造成的预进口货物，储存在保税仓库内，随需随提，并办理通关手续，剩余的货物免税退运；还包括进口国情况变化、市场变化，而暂时无法决定去向的货物，或是无法作出最后处理的进口货物。这些都需要将货物在保税仓库存放一段时间。如果条件变化，需要实际进口，再缴纳关税和其他税费，这就使进口商将纳税时间推迟到货物实际内销的时间。

2）需做进口技术处置的货物

有些货物到库后，由于不适于在进口国销售，需换包装装潢，改包装尺寸或作其他加工处理，则可入保税仓库进行这一技术处置，待到符合进口国的要求再内销完税，不符合的则免税退返。

3）来料加工后复出口的货物

为鼓励"两头在外"的国际贸易战略的实施，对有些来料加工，又是在保税区或保税仓库完成的，加工后，该货物复出口，则可存放于保税仓库。

4）不内销而过境转口的货物

有些货物或内销无望而转口，或在该区域存放有利于转口，或无法向第三国直接进口而需转口，货物则可存放于保税仓库中。

保税仓库在国际物流中，不仅适于进口货物，也适于出口货物。

3．保税仓库的类型

（1）专业性保税仓库。由有外贸经营权的企业，经海关批准而建立的自管自用的保税仓库。

（2）公共保税仓库。由具有法人资格的经济实体，经海关批准建立的综合性保税仓库。这类保税仓库一般不经营进出口商品，只为国内外保税货物持有者服务。

（3）保税工厂。整个工厂或专用车间在海关监督管理下，专门生产进料加工、进件装配复出口产品的工厂。

（4）海关监管仓库。海关监管仓库主要存放已进境而所有人未来提取的货物或行李物品，或者无证到货、单证不齐、手续不完备以及违反海关规程、海关不予放行、需要暂存海关监管仓库等候海关处理的货物。海关监管仓库的另一种类型是出口监管仓库，专门存储已对外成交，并已结汇，但海关批准暂不出境的货物。

4．保税区

为达到吸引外商进行贸易和加工等业务活动的目的，一个国家或地区在其管辖的区域内划出一个非关境的区域范围，实施特殊的经济优惠政策，这就是广义的经济特区的含义。经济特区的主要形式有自由港及自由贸易区、保税区、出口加工区等。

保税区是指一个国家在其境内划出一个专门区域由海关实行特殊方式的监管。我国保税区从其性质、功能以及运作方式上看，基本上类同于自由贸易区、自由港等自由经济区形式，只是其地理范围一般较小。

保税区具有"进出自由"、"关税豁免"的特点，具体有以下四方面特点：

（1）设立在关境之外，设立标志或实行隔离措施；

（2）符合规定的商品可以自由进出；

（3）外国商品进入时免缴关税，但从自由贸易区转入关境时需要报关并缴纳关税；

（4）进入自由贸易区的外国商品可自由加工、混合后再出口。

5．保税物流

1）保税物流的定义

所谓保税是指货物进口后，暂不交纳相应关税的一种状态。而物流是指物品从供应地向接收地的实体流动过程。根据实际需要，将运输、储存、装卸、搬运、包装、加工、配送、信息处理等基本功能实施有机结合。因此，保税物流可以定义为货物在进出口过程中处于保税状态，在海关的监管下进行的运输、储存、加工等物流活动。

保税制度是指经海关批准的境内企业所进口的货物，在海关监督下，在境内指定的场所储存、加工、装配，并暂缓缴纳各种进口税费的一种海关监管业务制度。保税制度始创于英国，由于企业暂时免交赋税，减少企业资金占用和利息支出，降低贸易成本，有利于促进国际贸易的发展，从而在全世界推广开来。保税不等于免税，我国保税制度适用于三种情况：未办清手续（暂免纳税），复运出口和加工制造。

2）保税物流的特点

保税物流与一般的物流系统没有本质区别，都是以追求降低运营成本、提高运作效率与反应速度为目的，它主要有以下四个特点：

（1）物流要素扩大化。一般的物流要素包括储存、运输、配送、信息服务等。保税物流除了一般的物流要素外，还包括口岸、保税、加工、退税、海关、监管共七个要素。两者紧密结合，形成了完整的保税物流体系。

（2）通关流程不同。一般贸易货物通关流程是申报、查验、征税、放行。保税的通关流程是合同备案、进口货物、复运出口、核销结案。它是从进口、储存或加工到复运出口的线性管理过程。

（3）系统边界交叉。保税物流货物在地理上是在一国的境内（领土），从移动的范围来看应属于国内物流，但保税物流也具有明显的国际物流特点，如保税区、保税物流中心和区港联动都是"境内关外"的性质，所以可以认为保税物流是国际物流与国内物流的接力区。

（4）二律背反性。保税物流是在海关的监管下进行的物流运作，这是它不同于其他物流的本质所在。海关为了达到监管的效力，严格的流程、复杂的手续、较高的抽查率必不可少，但这与现代物流便捷、高效率、低成本的运作要求相悖。因而，海关监管的严格性与物流运作的效率性存在"二律背反"，使得保税物流在实际运作中难度更高。

14.4.3　自由贸易区

1. 自由贸易区的概念和特征

自由贸易区是指在两个或两个以上的国家或行政区上独立的地区经济体之间通过达成自由贸易协议，相互取消进口关税和非关税壁垒，但对非成员方仍保留独立的贸易保护措施而形成的一种经济一体化组织。

自由贸易区是一种较为松散的区域经济一体化组织。其最重要的一个特征是一体化组织内部的自由贸易。在此，商品可以自由地输出和输入，成员方之间相互取消商品贸易的障碍，真正实现商品的自由流通，成员经济体内的厂商可以像在国内一样进行自由贸易，但是它严格的将这种贸易待遇限制在成员方之间。

自由贸易区的另一个重要特征是成员经济体之间没有共同对外关税。各成员经济体均可保持独立的关税结构，并按照各自的税目和税则对非成员方商品征收进口关税。一体化组织内部的自由贸易并不妨碍各成员经济体针对非成员方（或第三国）采取其他的贸易政策，自由贸易区成员经济体也并不按照共同的关税对非成员方商品征收进口关税。

2. 自由贸易区容易产生的问题及对应措施

在执行自由贸易政策时很难分清楚某种商品是来自成员方，还是来自自由贸易区以外的非成员方（或第三国）。因此，容易出现这样一种情况：来自自由贸易区外的商品从关税较低的成员方进入自由贸易区市场后，再转而进入关税水平较高的成员国，从而造成较高关税成员经济体税收流失和对外贸易政策失效。为了解决这一问题，自由贸易区通常采取"原产地原则"。这一原则的基本内容是只有产自成员经济体内的商品才享有自由贸易及免征进口关税的待遇。一般来说，所谓原产地商品，是指商品价值的50%以上是在自由贸易区内部成员经济体生产的。有些区域经济一体化组织对某些敏感商品的原产地规定更加严格，要求商品价值的60%甚至75%以上产自成员经济体时才符合原产地规则的规定。

3．世界上典型的自由贸易区

最典型的自由贸易区的例子是：1960 年，由英国、澳大利亚、丹麦、挪威、葡萄牙、瑞典、瑞士（芬兰在 1961 年加入）等国倡导建立的欧洲自由贸易协定（EFTA）。另一个典型例子是由美国、加拿大、墨西哥在 1994 年建立的北美自由贸易协定（NTFIA）。2001 年 11 月 15 日，朱镕基倡导十年内形成的"中国-东盟自由贸易区"（CAFIA）也属于此列。

14.4.4　生产国际化

生产国际化是经济国际化的主要特征。第三次科技革命推动了国内分工向更深层次发展，各国在生产领域的合作愈加紧密。在生产国际化的进程中，跨国公司扮演着重要的角色。因为跨国公司是国际化的生产体系，它与外界的交换，母公司和子公司、子公司与子公司之间的交换都具有跨越国境的性质，因此跨国公司不仅广泛深入地进入了国际市场，而且把外部市场转变为公司的内部市场。

企业在全球范围内组织生产具有如下四方面优势：

（1）生产国际化比在一国国内组织生产，通过产品出口的方式进入国际市场更能接近消费者的需求。随着国际时尚和流行周期的缩短，以及随着市场的扩大和更多的季节性、风俗性、时令性消费进入国内市场，国际市场消费者的购买模式呈现出多样化、个性化的趋势，这不仅要求企业建立起柔性的生产体系与之相适应，更重要的是能及时对这种市场需求的变化作出反应。而国际化生产体系与国际市场的紧密结合则顺应了这一要求。

（2）生产国际化能充分利用世界上各个国家和地区的生产要素优势以降低生产成本，使企业资源达到最佳的配置。全球范围内由于自然条件和经济发展的不平衡，各个国家和地区所拥有的生产要素（包括资本技术、劳动力、土地、自然资源、信息、管理等）存在着一定的差异。只有将本国的优势生产要素和他国的优势生产要素相结合，才能弥补国内生产要素的不足而获得更大的利益。

（3）生产国际化可以避开东道国的贸易壁垒限制，更顺利地进入国际市场。一般说来，各国为了保护本国市场会采取一定的贸易保护措施，最常见的贸易壁垒主要有关税壁垒和非关税壁垒。当企业通过产品出口的方式进入东道国时，可能会遭遇贸易障碍，但是生产要素的进入往往不受贸易壁垒的限制，因为世界上绝大多数国家欢迎生产要素（尤其是资本要素）的进入。为了吸引外资，很多国家都采取了相应的优惠政策及措施，如设立自由贸易区、保税区、出口加工区等，因此生产国际化可以绕过贸易壁垒的限制、顺利地进入国际市场。

（4）生产国际化可以降低运输、储存、搬运、装卸等物流费用，降低成本，提升产品的国际竞争能力。企业通过生产国际化可以在更接近市场的地方组织生产，缩短产品从生产者到达消费者的运输里程并减少环节，从而大大节约物流费用。

14.4.5　国际贸易口岸

1．口岸概述

口岸，原指设立在海口的商埠，也称通商口岸。据《政治经济学词典》解释，商埠是一个国家指定的准许外国人前来通商的地方。由此可知，口岸原来的意思是指由国家指定对外通商的沿海港口。历史在进步，世界在发展，这种将口岸仅仅理解为对外通商的港埠的看法，已经远远不能适应现代国际交往，也不能准确反映口岸这一概念的真正含义。

口岸不仅是经济贸易往来的港口，还是政治、外交、科技、文化、旅游和移民等方面往来的港口。口岸也不仅是指沿海的港口，随着陆空交通运输的发展，对外贸易的货物、进出境人员及其行李物品、包裹等，可以通过铁路、公路和航空直达一国腹地，因此，在开展国际联运、国际航空、国际邮包邮件交换业务以及其他有外贸活动的地方，国家也设立了口岸。改革开放以来，我国外向型经济由沿海逐步向沿边、沿江和内地辐射，使得口岸也由沿海逐渐向边境、内河和内地城市发展。现在，除了对外开放的沿海港口之外，口岸还包括国际航线上的飞机场，山脉国境线上对外开放的山口，国际铁路、国际公路上对外开放的火车站、汽车站，国际河流和内河上对外开放的水运港口。

综上所述，口岸是由国家指定对外经贸、政治、外交、科技、文化、旅游和移民往来，并供往来人员、货物和交通工具出入国（边）境的港口、机场、车站和通道。简单地讲，口岸是国家指定对外往来的门户。

2．口岸分类

口岸可以从不同的角度进行分类，常用的分类方法有以下两种。

1）按批准开放的权限划分

按照批准开放的权限，可以将口岸分为一类口岸和二类口岸。

一类口岸是指由国务院批准开放的口岸（包括中央管理的口岸和由省、自治区、直辖市管理的部分口岸）。

二类口岸是指由省级人民政府批准开放并管理的口岸。

2）按出入国境的交通运输方式划分

按照出入国境的交通运输方式划分，可将口岸分为港口口岸、陆地口岸和航空口岸。

（1）港口口岸指国家在江河湖海沿岸开设的供人员和货物出入国境及船舶往来停靠的通道，包括港内水域及紧接水域的陆地。港内水域包括进港航道、港池和锚地。港口口岸可分为海港港口口岸和内河港口口岸。内河港口口岸是建造在河流（包括运河）、湖泊和水库内的港口，为内河船舶及其客货运输服务。

（2）陆地口岸指国家在陆地上开设的供人员和货物出入国境及陆上交通运输工具停站的通道。陆地口岸包括国（边）境以及国家批准内地可以直接办理对外进出口经济贸易业务往来和人员出入境的铁路口岸和公路口岸。

（3）航空口岸又称空港口岸，是指国家在开辟有国际航线的机场上开设的供人员和货物出入国境及航空器起降的通道。

此外，在实际工作中，还经常使用边境口岸、沿海口岸、特区口岸、重点口岸、新开口岸和老口岸等提法。这些分类虽然尚未规范化，但在制订口岸发展规划、制定各项口岸管理政策方面，还是有一定积极作用的。

3．口岸的地位和作用

1）口岸象征着一个国家的主权

有国家就有领土和疆界，有领土和疆界就必然有对入出境活动的管理。国家为了维护主权尊严和国家安全，同时也为了方便与邻国或地区以及异邦的经济文化交往，会有选择地在沿海、沿边、内河、内地城市的港口、车站、机场等地设置口岸，作为入出境的通道，并对这些对外开放的口岸进行管理。

口岸权是国家主权的重要体现。口岸权包括口岸开放权、口岸关闭权和口岸管理权。哪些港口、车站、机场等通道对外开放，哪些不能对外开放，对外开放的程度和方式，哪些口岸要关闭或暂时关闭，这是国家的主权。口岸管理权包括口岸行政权、关税自主权、进出境交通运输工具的检查权和监护权、入出境货物和人员的检查权和检验权等。

2）口岸是对外开放的门户

对外开放表现为政府间或民间在政治、外交、经济、军事、科技、文化、艺术、体育、教育、医疗、环境保护、资源保护、移民、制止国际犯罪、世界和平以及共同抗击自然灾害等广泛领域里的交流与合作。国际间交流与合作是通过口岸得以实现的。然而，在对外开放的同时，外面的一些反动腐朽的东西也必然会趁机而入。因此，加强口岸管理，在维护国家安全、维护国家利益、保障国内安定局面方面也具有极其重要的作用。

3）口岸是国际货物运输的枢纽

口岸作为一个系统是国际物流系统中的一个子系统，是国际货物运输的枢纽。它必须与交通运输发展规划相配套，否则交通设施的作用得不到充分发挥，口岸作为对外开放的门户，又必须与外经外贸的发展规划相协调。所以，在大力发展口岸建设时，合理布局、规模适当、设施配套、业务组织高效，会促进经济发展，特别是外向型经济的发展。这是因为口岸建设的科学合理，为外商前来洽谈生意、投资设厂提供了入出境方便，为货物直进直出提供了方便，而这些方便在某种意义上比减免税等政策对外商投资更有吸引力。

复习思考题

1．什么是国际物流？其特点是什么？
2．国际物流发展的趋势如何？为什么说国际物流会进一步发展？
3．国际货物运输的主要方式有哪些？
4．国际物流仓库的地位和作用是什么？如何分类？

案例 14

第 15 章　绿色物流

"绿色"作为当今人类经济社会的共同主题，也是现代物流管理的主题之一。21 世纪的社会经济，是以人与人、人与社会、人与自然之间协调为基调的发展模式。人类对环境的重视及对绿色的关注，已经深入到社会生活的各个领域。本章以绿色物流为基点，分析绿色物流的基本概念、物料、零部件及废弃物回收物流等相关内容。

15.1　绿色物流概述

绿色物流作为现代物流理念，在实际的物流活动中，主要表现为物流全过程中的环保问题，而其中最主要的是在传统物流中几乎不被重视的回收物流，即逆向物流，也是本章分析的主要内容。

15.1.1　绿色物流观念的形成

现代物流作为一个独立的产业，与整个社会经济的发展是互为依托的。在经济快速发展的今天，社会物质产品生产与产品输送量具有很大的相关性。这种关系表现为：一方面，经济的发展会产生对物流总量增长的要求；另一方面，物流已经成为经济发展的支柱。这样，现代物流既促进了国民经济从粗放型向集约型发展，又成为消费生活发展的支柱。

在人类经济社会的发展里程中，无论是在盲目追求总量增长的大量生产、大量流通、大量消费的时代，还是在逐步走向理性，在绿色思维下的多样化消费、有限生产量、高效率流通的时代，都需要一个与社会经济发展同步的物流系统为之服务，以实现社会再生产过程的有效循环。当今，由于环境污染问题日趋加重，如空气污染、水源污染、酸雨等，使人们开始重新审视并逐步认识到人类与环境的共生性。换句话讲，保护环境就是保护人类本身。

近年来，各国在经济上更强调"可持续发展"，也就是强调经济的发展必须建立在维护地球环境的基础上。1987 年，国际环境与开发委员会发表了《我们共同的未来》的研究报告，提出了当代对资源的开发和利用必须有利于下一代环境的维护以及资源的持续作用。各国政府已达成共识，必须采取各种措施来维护自然环境，以达到全球经济长期持续发展的目标。这种可持续发展的观念，同样也是现代物流发展与管理的基本观念，即在物流活动的每一环节和各个节点上，都应当尽可能避免造成甚至扩大对环境的危害，形成一种促进经济和消费生活健康发展的物流系统，即向绿色环保型物流、循环型物流转变。

物流与经济发展、消费生活发展以及环境利益之间，在不同时期存在着不同的关系。在高速发展的工业经济时期，经济发展最受重视，而物流与经济发展有着密切的关系；到了 20 世纪中后期，物流逐渐从产业物流向产业与消费物流的双向发展，物流的关联领域随即得到了扩大；21 世纪初期（乃至可见的未来），除了从经济发展和消费生活发展的角度推动物流的深化，还必须站在环境利益的立场来不断推进物流管理的全方位发展。

在各种经济活动中，如何与环境共存，保护环境、减少污染是首要的。在注重环境保护的视野中，也包括人们所希望的绿色物流，即在组织物流作业的全过程中，减少资源消耗和环境污染，以提高人类生存和发展的环境质量。

15.1.2　绿色物流的内涵

绿色物流是指在物流过程中抑制或消除物流对环境造成或可能扩大的危害，同时实现对物流环境净化，减少资源消耗，使物流资源得到最充分利用。绿色物流的实质就是在物流管理与作业中充分体现环保与可持续发展的理念。在研究社会物流和企业物流时，必须重视涉及的环境问题。尤其在原材料和产品的分销过程中，物流的各个环节均不可避免地对环境产生一系列的影响。而且，废旧物品如何合理回收，未销售出去的产品如何退回，如何减少对环境的污染，如何最大可能地对回收的废旧物品和退回产品进行再利用都是绿色物流管理所需要研究的内容。

作为物品实体运动过程的物流活动根据其实际需要，将运输、储存、装卸搬运、包装、流通加工、信息处理等基本功能实施有机结合。在绿色物流管理中，必须在每一个功能环节上充分体现绿色物流的理念，消除非绿色的因素，才能实现绿色物流的目的。下面是对每个物流环节中应用绿色物流理念的简要介绍。

1. 运输环节

运输是使产品发生场所、空间移动的物流活动，也是物流系统中最为重要的构成要素。运输过程的非绿色因素主要表现在三个方面：一是交通运输工具的大量能耗对大气的污染和噪声污染。现在大部分运输工具的运行都需要使用和消耗不可再生的汽油或柴油燃料，过分的石油消耗不利于社会的可持续发展。而且，交通运输工具排放出大量有害气体以及所产生的噪声污染，都损害环境和人类健康，降低环境效益。二是大量的运输活动导致道路需求量的增加，而道路修建本身就是对生态平衡的一种破坏。同时，行驶的交通工具排放的废气不仅损害了道路周边植物的健康生存，更加剧了生态失衡。三是输送的产品也可能对环境造成损害。例如，运输原油的海轮发生泄漏事故会造成海水污染，导致海生动植物的死亡，甚至物种的灭绝。

因此，必须要用绿色的观点来制定和选择运输合理化的标准。例如，公路运输的最大优点是方便，可以做到"门到门"运输，系统费用也低，但汽车运输对空气污染严重、噪声大，也增加了交通的拥挤状况。所以，从对社会环境的影响看，公路运输应受到控制。目前，一些发达国家已把公路运输看作是空气污染的"元凶"，而在物流系统设计的过程中尽可能减少公路运输。

2. 储存环节

在物流系统中，储存和运输是同等重要的构成要素。产品储存在于创造需求的时间效应，产品储存的主要设施是仓库。储存使产品处于静止状态，是时速为零的运输。

储存过程中的非绿色因素主要有两个方面：一是一些产品在储存过程中需要定期的养护，以保证使用价值，如粮食在储存时，喷洒杀虫剂，对粮食本身及周边环境会造成污染；二是一些产品，如易燃、易爆、化学危险品，由于保管不当而爆炸或泄漏也会对周边环境造成污染和破坏。因此，物流企业在对储存产品进行保管养护时，必须从绿色物流的角度来加强对储存产品的管理，以减少保管不当对环境的危害。

3. 装卸搬运环节

装卸搬运是伴随几乎物流作业全过程的产品移动工作，是跨越运输和物流设施进行的、发生在各物流节点前后的产品移动作业。产品由生产到消费的流动过程中，装卸搬运作业是不可缺少的，装卸搬运的质量影响企业物流成本和企业声誉，装卸搬运中的货损同样会造成环境污染。

装卸搬运过程中的非绿色因素有：装卸搬运不当导致产品实体的损坏，造成资源浪费，而废弃物也有可能对环境造成污染，如化学液体产品的泄漏，造成水体污染、土壤污染等。

4. 包装环节

包装是产品生产的终点，同时又是物流的起点。包装物的寿命大多与产品流通过程等长，在产品进入消费领域后，其作用基本消失。但随着物流量的增大，包装物的垃圾公害问题被提上了议事日程。随着当今社会大众对"资源有限"的认识，包装材料的回收利用和再生利用受到重视。推行包装容器的循环利用是既经济又环保的措施，应尽可能发挥废弃包装容器的作用，使其再生利用。这是非常重要的，特别是近年来随着过度包装、豪华包装的增多，包装与社会资源不协调的话题日益突出。

绿色包装是采用节约资源、保护环境的包装。绿色包装的途径主要包括：促进生产部门在保证产品包装安全的前提下，采用尽量简化且可降解材料制成的包装；在产品流通过程中尽量采用重复使用的单元式包装，以实现流通部门自身经营活动用包装简化；同时，协助生产部门进行包装材料的回收及再利用。

废弃的包装物对环境的污染已经引起了社会的普遍关注，但尚无有效的解决办法。用降解材料做包装容器成本相对偏高，而采用周转型转运箱方式，往往会出现空箱回流造成的无效作业。

5. 流通加工环节

流通加工是生产过程在流通领域的继续，属生产性劳动，也是流通部门对环境保护大有可为的领域。流通加工不仅能提高物流系统效率，而且对生产的标准化、提高销售效率、提升产品价值和促进销售有重要作用。绿色流通加工的途径主要有两个：一是变分散加工为专业集中加工，以规模作业方式提高资源利用效率，以减少环境污染，如餐饮服务业对食品的集中加工可减少家庭分散烹调所造成的能源浪费和空气污染；二是集中处理消费品加工所产生的边角废料，以减少分散加工所造成的废弃物污染，如流通部门对蔬菜的集中加工减少了居民分散的垃圾丢弃及相应的环境治理问题。

总之，绿色物流贯穿企业物流作业的全过程，是未来物流行业的重要发展方向之一。

15.1.3 绿色物流与传统物流的异同

在我国，绿色物流是近几年刚刚引起人们重视的概念，它与传统流通下的物流概念是不同的，具体表现在以下三个方面。

1. 具体功能和内容的异同

传统物流的主要功能和内容是使产品实现"空间转移"和"时间推移"，克服生产与消费在时间和空间上的差异，履行一般产品流通的功能；而绿色物流在履行一般产品流通功能的同时，还要履行诸如支持绿色生产、绿色产品经营，促进绿色消费、回收废弃物等以环境保护为目的的特殊功能。

2. 物流活动目标的异同

传统流通活动在运行中表现出多重目标，如实现流通活动主体的盈利、满足消费者对产品和服务的需求以及扩大生产和流通企业的市场占有率等，但这些目标均有一个共同点，即实现某一经济主体的经济利益，实现利润最大化；而绿色物流的目标则在上述各种经济利益目标之外，加上了节约资源、保护环境这一既具有经济属性又具有社会属性的目标。虽然从长远的和宏观的角度讲，节约资源、保护环境与经济盈利目标是一致的，但对特定的流通活动主体往往是矛盾的，表现为社会公众利益、环境利益与企业经济利益之间的矛盾。物流活动中社会利益与企业利益的这种矛盾，也是绿色物流要解决的一个中心问题。

3. 物流流程的异同

绿色物流还需解决物料回收、零部件回收、废弃物回收等问题。从系统论的角度看，降低废弃物物流成本，将报废或不使用产品回收、处理后转化为新原材料的再利用，即资源再利用。为此应当建立起生产、流通、消费的循环往复系统，即废弃物回收利用的逆向物流系统。这就需要从整个物流供应链的视野来组织物流，而且随着这种供应链管理的进一步发展还必须考虑废弃物的循环物流。在未来的物流管理中，物流控制的对象包含了生产商、批发商、零售商和消费者全体，并且物流流程不再是从上到下，信息流程也不再是从下而上，而是不断循环往复。这些内容已经成为目前国际物流研究学术界关注的新热点。

15.2 物料回收物流

在产品的生产、流通和消费过程中必然要排放各种排放物（或称废料），其中可回收再生利用的部分称为再生资源，基本上或完全失去再利用价值的废料称为废弃物。当然，这二者之间的界限在现实生活中并非泾渭分明的，它们之间由于科学技术进步和生产工艺的改进会相互转化。最初排放物、再生资源与最终废弃物的形成关系如图 15-1 所示。本节中的物料就是再生资源中以材料形式回收的部分。

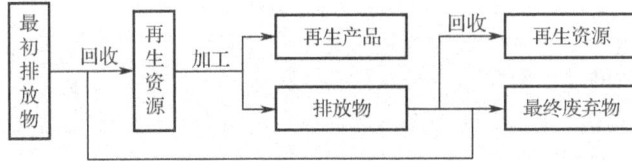

图 15-1　排放物、再生资源与最终废弃物的关系图

这里将排放物分成再生资源和废弃物两个部分，对于前者的物流活动研究统称为狭义回收物流，它包括产品及其包装、零部件和物料的回收利用，对于后者的物流活动研究称为废弃物物流。

15.2.1　物料回收物流的分类

1．根据物料的物理属性分类

1）金属材料回收物流

金属材料主要包括黑色金属、有色金属。其中黑色金属又包括板材（主要是薄钢板、镀锌板、钢板、马口铁等）、带材（钢带、铁丝、圆钉）；有色金属又包括铝材、合金铝板、铝箔、合金铝箔。金属材料有良好的延伸性，不易破碎，容易加工，易于再生使用。

2）玻璃材料回收物流

玻璃材料主要有钠硅酸盐玻璃、钙硅酸盐玻璃、中性玻璃、石英玻璃、微晶玻璃、着色玻璃等。玻璃化学性质稳定程度高、耐风化、不变形、耐热、耐酸、耐磨、无毒、无气味，易于加工、复用、回收，便于洗刷、消毒、灭菌，能保持良好的清洁状态。

3）木材材料回收物流

木材材料主要有天然木杉，包括红松、落叶松、白松、马尾松、冷杉等软质木材和杨木、桦木、榆木、柞木等硬质木材；另外还有人造木材，包括纤维板、刨花板、木丝板和二夹板、五夹板等。木材易于吸收水分，易于变形开裂，易腐败，易受白蚁蛀蚀，还常有异味。作为天然材料，因树种不同、生长环境不同、树干部位不同而在性质上产生很大差异，因此在处理时应有所区别。

4）纸材料回收物流

纸材料包括纸和纸板。其中，纸包括普通纸、特殊纸和装潢纸。普通纸又分为牛皮纸、包裹纸等；特殊纸又有邮封纸、玻璃纸、羊皮纸、上蜡纸、透明纸、沥青纸、油纸、耐碱纸、防锈纸等；装潢纸则包括书写纸、胶版纸、铜版纸、压花纸、肋纹纸、表涂层纸等。纸板又包括箱板纸、黄纸板、白板纸、卡片纸、瓦楞纸，而瓦楞纸还可分为瓦楞原纸、瓦楞纸板。

纸材料折叠性优良，容易达到卫生要求，本身重量轻，质地细腻、均匀，耐摩擦、耐冲击，容易黏合，不受温度影响，无毒、无味、易于加工，废弃物容易处理，可回收复用和再生，不造成公害，节约资源。

5）塑料材料回收物流

塑料材料包括塑料和复合塑料两种。其中塑料包括热塑性塑料和热固性塑料，热塑性塑料包括聚乙烯、聚氯乙烯、聚苯乙烯、聚丙烯和各种塑料薄膜；热固性塑料包括酚醛塑料、脲醛塑料等。而复合塑料包括塑料与塑料复合、塑料与其他系列复合，如与纸复合、与金属复合、与木材复合。

塑料材料有一定强度、弹性、耐折叠、耐摩擦、耐酸碱、耐化学试剂、耐油脂、防锈蚀、无毒，加工简单、回收利用性强，可经过吹塑、挤压、铸塑等环节再利用。

2. 根据物料的来源分类

1）工业企业产生的废旧物料

（1）生产过程产生的废旧物料，包括报废成品、半成品，加工产生的边角废料、钢渣、炉底，炉中损坏报废的机械设备，由于设计变动或产品更新换代而不再用的呆滞物料等。

（2）流通过程中产生的废弃物流，包括各种原材料和设备的包装物、流通中因长期使用而损坏的设备工具、产品更新中因标识改变而废弃的物料、保管中因储存时间太长而丧失部分或全部使用价值的物料。

（3）工业企业的技术进步会造成某些物料继续使用不经济的现象。尤其是机器产品，更新换代很快，老的产品只能作为废旧物料被淘汰。

2）来自消费者的废旧物料

在整个物料的回收物流中，来自消费者的物料主要以生活垃圾为主，主要是一些过期产品、破损的废铜烂铁及产品包装物的废纸、废旧塑料等，它们往往以城市垃圾或专门收购方式集中起来。生活垃圾的物流特点是：垃圾本身对环境卫生有很大影响，有污染、有异味、有细菌传播和蚊蝇滋生，而且数量大，是经常性排放物。其往往需用防止散漏的半密封物流器具储存和运输，而且需要专用，因而物流费用较高。

3. 按行业来分

生产企业中几乎各行业都有排放物。由于行业不同排放种类不同、排放方式亦不同，继而所形成的物料回收物流特点也不相同，归纳起来主要有以下八种。

1）钢铁冶炼工业企业

这类企业的主体回收物料是废金属和废渣。废金属主要是通过企业内部物流，更新进入生产工艺过程中。废渣主要是进行厂内处理，进入社会废弃物物流，或由其他行业实行再生加工利用。

2）煤炭工业企业

这类企业的主体回收物料是煤矸石。煤矸石的物流特点是装运量大、占地面积大、物流成本高，回收利用的关键是如何降低成本。

3）电力工业企业

这类企业的主体回收物料是粉煤灰。粉煤灰形态特殊，污染严重，一般不能利用社会回收物流来完成。并且粉煤灰的排放量大都是连续排放，电力企业内部也难以消化。这类回收物料常采用专用物流管道排放或输送到利用粉煤灰的其他企业，形成稳定、专用的物流线。

4）林产、木材加工业企业

这类企业的主体回收物料是木屑和木材下脚料。其中，林产业的主体回收物料是林木采伐、加工中产生的枝条、树皮、刨花和碎木等；木材加工业的主体回收物料是木屑（包括锯木、刨花、碎木等），这类回收物料主要是企业内部复用或企业内部设立再利用生产线，一般不进入社会物流领域。

5）机械加工业企业

这类企业的主体回收物料是金属废屑、边角头残余和机械加工废品等。这些物料回收物流的特点是装运难度大、体积不规则且容量低。因此，这些回收物料往往经过压块的流通加工后再运输，利用社会公共物流设施送至有需要的单位。有的企业内部设熔炼设备，再生成原始状态后重新使用。

6）粮食加工业企业

这类企业的主体回收物料是谷、壳和糠等。这些回收物料的利用主要是被企业再生加工成饲料和其他产品，也可以利用社会物流运输出企业，供其他企业使用。

7）化工工业企业

这类企业的主体回收物料有化工原料、材料、化肥、日用化工及这些企业生产的排放物（如电石废渣、废油脂、废碱、废酸等）。这些回收物料主要是企业内部综合利用或提供给相关企业。

8）畜牧屠宰业企业

这类企业的主体回收物料有废毛、角壳、骨等。这些回收物料主要是参与社会物流并综合加工利用。

15.2.2 物料回收物流的特点

1. 种类繁多

物料回收种类繁多是由于它的产生渠道多、方式复杂，这就决定了物料回收物流方式的多样性。企业物料回收种类繁多是由以下三个因素决定的：①几乎所有的生产企业都可能发生物料回收，企业类型不同发生的物料回收也不同；②几乎每个生产企业的每一个工序、每一个阶段的生产过程都会产生物料回收；③社会各行各业，几乎所有人类的物质成果，最终都可能转化为物料回收。

2. 数量大

企业物料回收数量较大，这不仅是总量大，而且许多种类物料回收单独处理数量较大。这就决定了物料回收物流要消耗很大的物化劳动及活劳动，需要有一个庞大的物流系统来支撑。

3. 粗放运作

企业回收物料中除少数特别有价值外，绝大多数是低价值。一般经过一次生产或消费之后，主要的使用价值已耗尽，因而在纯度、精度、质量、外观等方面都很差，这就决定了企业必须采取粗放的物流方式处理物料回收。只有这样，才可以使物料回收在重新使用中形成新的价值，并且物流成本也不至于太高。

4. 路程较短

企业物料回收物流的路程一般都较短，这是由于企业在处理物料回收时，承受的物流费用较高，企业一般都尽可能在企业内部解决或由相关企业消化。企业回收物料的主要使用价值已丧失，新的使用价值需要承受物流费用和研究费用等，决定了其就近利用的特性，因而企业物料回收的物流路程不应该太长。

15.2.3 组织物料回收物流的意义

随着工业化进程的迅速发展和世界人口的急剧增加，相对于人类的无限欲望而言，资源都是极为稀缺的，更何况工业化带来的环境污染和资源破坏使人类赖以生存的自然资源濒临枯竭。因而，为了人类生存和发展，自20世纪60年代以来，许多学者、民间环保组织、各国政府都开始关注和研究环境问题，资源的再生利用就是从保护环境和可持续发展的角度来提出的。对于企业和各类组织而言，作为"环境－经济"大系统的基础要素，也需要从物料的回收利用着手开始行动。总结起来，这是由于物料回收具有以下五个方面的重要意义。

1. 使社会资源量相对增加

利用回收物料相当于利用了社会资源的潜在资源，从而可以在一定程度上缓和资源的紧张状况。例如，用 1 吨废钢铁可炼出好钢 900 千克，可节约铁矿石 2 吨、石灰石 600 千克、优质煤 1 吨；用 1 吨废杂铜可提炼电解铜 860 千克，节约铜矿石 160 吨；利用 1 吨废玻璃可生产出好玻璃 900 千克或可生产 1 斤装瓶子 2 000 个，可节约纯碱 2 000 千克、石英砂 720 千克、长石 60 千克、煤 1 吨、电 400 千瓦时，降低成本 20%。这些数据均说明了物料回收物流潜在的经济价值。

2．回收利用物料比原始性开发具有更好的经济效益

钢材要经过采矿、炼铁、炼钢等这样一个复杂的过程方能成材。如果用废钢代替生铁炼钢，不仅可以节约找矿、采矿、炼铁等一系列环节所耗费的支出，而且冶炼出的钢材质量远比生铁做原料的好。据估计，建设中小型电炉钢厂时，用新开发的资源炼钢，每吨钢建设成本为 1 500 美元，而用废钢铁炼钢每吨建设成本仅为 250 美元，成本可降低 83.3%。因此，发展中国家十分重视废钢铁的回收利用，将之称为"还原工业"。目前，在发达国家，废钢铁用于炼钢的比例一般为 50%～70%，而我国仅为 30%左右。

3．可以节约能源

用废钢铁炼钢比用铁矿石炼钢可节约用煤 75%，节约用水 40%，节约矿石消耗 95%；用 1 吨废纸可造新纸 800 千克，可节煤 500 千克，节电 500 千瓦。总之，利用物料回收既可以节约开采资源的能源消耗，又可以节约物料生产过程中的能源消耗。

4．减少物料对环境的破坏污染

在我国，由于"三废"污染每年所造成的经济损失超过 500 亿元，通过回收利用废旧物料，可以大大减少废旧物料对环境的破坏。据美国工业部门估计，利用废旧物料进行生产，可使一些生产造成的空气污染减少 60%～80%、水污染减少 70%以上。另一方面，钢铁工业生产过程中产生大量二氧化碳，而二氧化碳的排放将加剧大气层的温室效应。由于高炉流程产生的二氧化碳数量是电炉流程的 2.5 倍，且兼有二氧化氮、二氧化硫气体的产生和排放，因此，利用废钢可以减少对大气的污染。据资料分析，用废钢代替铁矿石炼钢，可减少气体污染 86%，减少水污染 76%，减少耗水量 40%，减少采矿废弃物 97%。所以，废钢铁也被称为钢铁工业的清洁资源。

5．缩短产品的制造周期和提前期

利用回收物料还可以缩短产品的制造周期和提前期，为企业赢得竞争优势，也有利于加快工业化发展的步伐。例如，利用废钢铁炼钢，可以节约铁矿石、石灰石等材料的采集时间和运输时间，从而提高生产的效率。

15.3 零部件回收物流

近年来，随着买方市场的形成、产品生命周期的不断缩短、新型营销方式（如网上购物、电话直销等）的出现，以及许多行业的重复投资与重复建设等，产品退货率大大提高。而许多回收的产品往往只是部分零部件有缺陷，如果制造商能对其他功能完好无损的零部件加以回收再用，就能大大缩短产品生产周期、降低生产成本。所以说，零部件的回收物流是回收物流管理中十分重要的组成部分。本节主要从零部件回收物流的概念、意义、分类与特点出发，简要阐述其相关理论。

15.3.1 零部件回收物流概述

零部件回收物流是产品再制造的前提和保证，是实现产品再制造管理的重要活动之一。零部件回收能够显著提高产品的利用率，缩短再制造生产周期，满足产品个性化需求，降低生产成本，减少废物排放量，从而树立起企业清洁生产者的形象。因而，零部件回收物流也是建设以"资源-产品-再生资源"发展模式为特点的节约型社会的内在要求。

1．零部件及零部件与产品的隶属关系

1）零部件概念及其类型

零部件是零件和部件的总称，一般是针对加工装配型产品而言的，是组成产品的各种构件的统称。其中，零件是用来装配成机器、工具等产品的基本制件；部件则是机器、工具等产品的一个组成部分，由若干零件构成。

零部件按不同标准可分为不同的类型，按可拆卸性划分，零部件可分为可拆卸的零部件和不可拆卸的零部件。一般而言，零件的可拆卸性极小，部件的可拆卸性较大。按零部件的通用性划分，则有通用零部件和专用零部件之分。通用零部件指无专门用途，在与产品配套过程中起固定、装饰等作用的零部件。它们一般通用性较强，经过擦洗、整理仍能使用，因此其回收物流流程一般较短，回收后可再用程度较高。专用零部件指采用专门技术制造并对产品有重要用途的零部件，如飞机引擎等。它们对制造技术要求的专业化程度较高，需经专门人才鉴定后，才可决定其是否出售或报废，因此其回收物流流程较长、专业性较强、回收物流相对困难，但回收价值也较大。大公司为了研究产品的缺陷和零部件的质量，会鼓励消费者或零售商把这种专用零部件尽可能返回公司。

2）零部件与产品的隶属关系

任何一个加工装配型产品都是由许多零部件有机地结合在一起的，每个零部件都和其他的零部件有某种连接配合关系，零部件之间的这种连接配合关系为隶属关系。隶属关系是产品设计与装配过程中，零部件之间相互联系最重要的关系，其确定了一个零部件的归属问题，即某一个零件归哪一级的哪一个部件，也确定了一个零部件的上一级零部件。隶属关系是制定装配工艺必不可少的依据，也是开展协同设计、并行设计的前提条件。传统设计过程中零部件的隶属关系与虚拟产品设计过程中零部件的隶属关系有所不同，前者可以使用隶属编码法对零件进行编号，而后者则不能。

2．零部件回收物流的概念及其业务流程

1）零部件回收物流的概念

零部件回收物流是指对回收的零部件经过分拣、测试后，把有价值的零部件拆解、修复加工后重新用于产品的装配或者用于修理失效部件或弃之不用的回收过程，如飞机引擎、汽车引擎、家电、复印机和打印机等的零部件都开始越来越多地进入到回收物流过程中。修复零部件可以减少资源消耗、降低产品生产成本、缩短供货周期，进而增加产品利润和价值，尤其是那些价值较高的零部件对于产品的回收起到很强的刺激作用。修复品的增值程度取决于企业技术难度和升级以及物流网络的复杂结构。例如，复印机零部件的可复用性取决于原产品使用的时间和条件，由于不同产品的零部件其修复前的可利用程度不同，其要求的修复步骤存在很大差异。而新的零部件和经过修复的零部件的销售方向往往相同，极有可能被同时销售。因此，二者间会存在竞争问题，应考虑把二者的运输和处理综合起来，尽可能将现有零部件正向物流结构的延伸作为逆向物流结构的起点，形成零部件回收物流系统，如图15-2所示。

2）零部件回收物流的业务流程

零部件回收物流根据零部件的回收特点，一般包括收集、分拣、运输、测试、拆卸/装配、复原/再制造等业务流程，如图15-3所示。

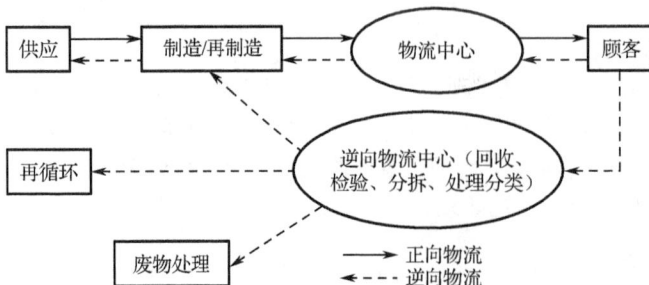

图15-2　零部件回收物流系统

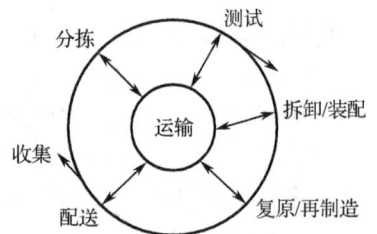

图15-3　零部件回收物流的业务流程图

（1）收集。在收集阶段，废旧产品的零部件从废物中分离出来进入回收通道。例如，废旧的家具、家电、汽车、照相机、复印机、打印机等的零部件被蹬着三轮车、平板车或开着小货车的收购者回收后送往废品回收站或其他回收商手中。

（2）分拣。零部件的分拣过程可能相当费时费力，但这一流程决定了零部件的可回收利用程度与回收物流成本的大小。因此，它可能是整个再利用、循环和再加工过程中物流网络能否成功和是否有效的制约瓶颈（如果分拣及时，改进是可能的）。一般情况下，在收集期间可参照零部件可再制造性的各种标准进行分拣。

（3）运输。回收通道中的每一步都离不开运输，运输是回收物流的重要成本，从零部件的收集到返回制造商费用尤其大。只有零部件被预先测试和处理，运输成本才可能有实质性的下降。

（4）测试。一般来说，在测试以前并不知道回收零部件的新旧程度，从而导致维修网具有高度不确定性。因此，测试活动的分散性是零部件回收中的一个主要问题，安装测试设备投资成本可能较高。但如果在拆卸前或拆卸期间对所回收零部件的质量进行测试，按测试结果来决定是否修理和再用，就可以节省不必要的零部件运输成本。例如，在施乐和柯达公司，全新的与再制造的零部件都通过同一条生产线并接受同样的测试。越来越多的学者开始关注如何采用智能化的方法快速测试零部件的可利用价值，模糊识别和神经网络技术在其中扮演了重要的角色。

（5）拆卸/装配。拆卸常在再制造阶段进行，因而要满足操作管理中即时性原则。早期拆卸可降低运输成本，拆卸和测试设备的有效性、价格以及装配和测试所需的知识，决定了拆卸的地点和方法的选择。当然，拆卸的难易程度和成本大小与产品的零部件设计有直接的关系，如果采用拆卸与装配设计，拆卸的费用及零部件的再利用程度就会大大提高。例如，施乐和柯达公司的产品十分关注拆卸与装配设计，因为它们的旧产品中的许多零部件都要刷新并装入新产品中，几乎所有新的复印机都包含有再制造零件。

（6）复原/再制造。产品回收物流中，在对废旧产品进行处理的过程中，如发现产品已有破损，不能作为无缺陷品直接出售，就需对产品进行再制造、整修。这种整修主要有包装的更新、产品表面缺陷的整修以及零部件更换或功能修复，而对于零部件功能已丧失的产品可在集中式处理中心及时对零部件进行拆卸、改造及组装后，再次出售。

产品再销售之前，可用于再制造的零部件必须经过检测、维修等复原其应有的功能。而一个零部件的复原要涉及检测、清洗、维修、包装等步骤，有时与零部件的再加工结合进行。再制造是指通过必要的拆卸、检修和零部件更换等，将废旧产品恢复得如同新的一样的过程，适用于汽车、计算机、打印机、复印机、手机、电视机、电冰箱、空调器、洗衣机、轮胎、印刷电路板等众多产品。面对有限的资源和废弃物处理能力，再制造作为一种零部件回收处理的高级形式，由于可以有效实现资源优化利用、环境保护和经济持续发展的综合目标，已经受到工业发达国家的高度重视，成为实现可持续发展最有效的途径之一。大部分的零部件由于其耐磨性和通用性，再制造的可能性极大，这使得零部件回收物流业务日益繁忙起来。再制造是一个将旧零部件恢复到"新"状态的过程。在这个过程里，旧零部件被清洗、拆卸和检测，有再利用价值的零部件被再处理，然后进入库存。将库存中经过再制造的零部件（或加入适当新的零部件）重新装配成"新"产品，使其具有和原产品一样的使用性能和寿命。可进行再制造的产品一般具有如下的特征：①耐用型产品；②某些功能受到损坏；③标准件组成，各零部件均可更换；④剩余价值较高，且再制造的成本低于剩余价值；⑤产品的各项技术指标稳定；⑥顾客认同且能够接受再制造产品。

再制造活动在产品生命周期中的位置及其内容，如图 15-4 所示。在不同阶段可以考虑由原制造公司或其他专业性相关的公司来完成回收任务。回收站如果要对零部件进行增值修复则需要完整的零部件知识和较高的技术诀窍，因而，技术难度较高的零部件常常由原生产厂家完成。

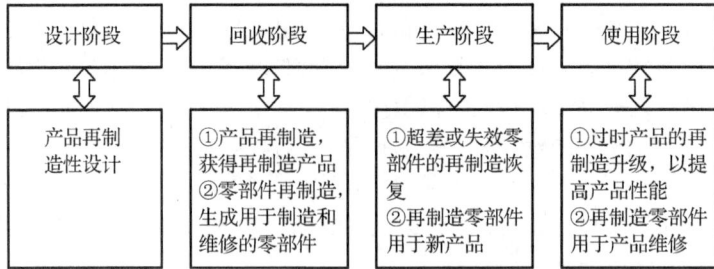

图 15-4　再制造活动在产品生命周期中的位置及其内容

我国学者姚卫新博士的最新研究表明：在生产方负责回收（MT）、零售商负责回收（RT）、第三方负责回收（TPT）三种主要回收模式中，RT 模式下的回收率最高、回收品的销售价格最低、回收的利润最大，而 TPT 模式下的回收率最低、回收品的销售价格最高、回收的利润最小，MT 模式下则均居中。因此，在再制造条件下的逆向物流回收模式中，选择零售商来完成回收工作效果最佳。

（7）配送。配送是从物流结点至顾客的一种特殊送货形式，由专门的流通企业完成。零部件的配送往往与回收后的再利用途径有很大关系，如果回收再加工后进入再销售网络，则可与新零部件的配送共同进行，否则只能设立专门的配送网络或与其他回收物品的配送网络结合来完成。

15.3.2　零部件回收物流的分类与特点

零部件回收物流根据回收零部件的再利用程度、回收渠道的不同、回收后的处理去向等可以分为不同的类型，每种类型均具有各自的特点。在实践中对于不同的类型也将采用不同的回收管理策略，才能实现良好的回收效率和效益。本节仅以回收后的处理去向对零部件回收物流进行分类。

1．零部件回收物流的分类

1）返回制造商的零部件回收物流

零售商会因为零部件有缺陷、过时或过量库存和营销回流而把零部件退回给制造商。营销中退货回流的出现是因为生产商以某种优惠激励零售商下一个比往常更大的订单，当零售商不能售完多订的零部件时会退回这些零部件。产品退货若是因个别零部件的缺陷导致，则需要进入零部件回收物流的再利用网络。这在当前的买方市场条件下已成为制造商面临的一个普遍现象，并且已成为制造商日常经营中拥有畅通销售渠道的一个重要条件。

2）选择出售的零部件回收物流

（1）作为新零部件出售。如果退回的零部件没有被用过，零售商就很可能把它送到零售商店，作为新的零部件出售，出售之前当然需要测试。在汽车零部件行业中，零部件制造企业每年在重新包装上都会花费大量的资金，这样顾客就不易察觉零部件是二次出售的。在某些产业，可能会有规章、法律及其他方面的规定明确提出：只要是顾客退回的零部件，就不能当作新品来出售。如在建筑材料市场上，某些地方规定：出售曾被安装过的线圈断路器是非法的。因此，如果顾客退回来一只看起来是安装过的线圈断路器，即使只是暂时被安装过的，零售商也不能将它作为新的零部件再出售。

（2）"批发商店"销售。如果零部件被退回，或是零售商的库存太大，零部件不能通过零售商店出售，比起其他的处理方式，"批发商店"的销售方式拥有许多的优点。采用这种销售模式的企业能维持对零部件的控制，了解零部件在哪里出售。许多制造商起初开设"批发商店"是为了销售过量库存零部件、回流零部件和二等品，但这些商店通过低价销售而被证明是盈利的部门。

他们的成功使得企业在全国各地开设"批发商店"。"批发商店"要求库存保持一定的规模，这也容易导致普通零售渠道的过量库存和其他任何二等质量零部件的库存量波动过大。因此，就有工厂专门为"批发商店"的市场生产零部件。这些"批发商店"不仅要进行零部件回收物流的运营，而且还可能成为零部件生产商重要的利润源泉。

（3）卖给二级市场。当销售公司不能售完某一零部件，又不能把它退还给制造商，也不能在"批发商店"出售时，该公司最后可能会选择经由二级市场出售。二级市场主要由专门从事低价购买清仓零部件的公司构成。经调查，这些清仓零部件的价格有时甚至只有原价的 10%，其平均的价格只有零售商价格的 17%。二级市场的公司再通过自己的商店把这些零部件出售，或直接卖给其他的折扣零部件零售商。

3）再制造或整修的零部件回收物流

在认定零部件已有破损并被送至回收再利用之前，许多公司都会尽量对其进行再制造或整修。企业根据零部件的类型及进入企业回收物流系统的原因不同而分别给予不同的处理。许多零部件不能再制造，有些使用过的也可能不便整修。然而，也有些零部件特性可能被整修，就像在电器行业，如果顾客退回了一台据说不能正常工作的传真机给零售商，零售商会把这台传真机送至生产部门或专门从事整修的第三方。此时制造商经过测试，发现是由某些零件的损坏而造成的，然后就可以经过对零部件的整修，最后连同整台机器一并出售。也就是说，有缺陷的零部件会被送到零部件的制造商服务网络，进行整理、擦洗、加工后会重新组装成产品在二级市场打折出售。

4）循环利用的零部件回收物流

由于某些原因，企业可能被禁止把回流零部件卖给市场，也不能被丢弃，那么最后只好对其处理销毁。有些零部件，如催化交流器或交流电板，包括了少量可以回收的贵重材料（如金或铂），回收这些材料有助于抵消一部分的销毁成本。其他零部件也可能包含对废品经销商来说有一定价值的材料，如钢铁。当零部件的材料对其他公司来说毫无价值的话，企业可能研制使用零部件的其他方法，从而不必将其送至废弃物掩埋场。例如，将残损的零部件进行分类并将它们熔化，重新制成新的零部件。

2．零部件回收物流的特点

零部件回收物流与其他类型的回收物流相比具有自身的特点，具体表现在以下三个方面。

1）零部件回收物流中的起始点控制需要工作人员具有较强的专业性、技术性

为了改善"起始点控制"，第一线雇员需要更准确的信息，以决定哪些零部件进入回收物流系统，这种"起始点控制"所需的技术更为专业。正如前面所述，零部件回收企业要提高回收系统的效率就必须努力克服这些矛盾，提高认识，增强薪酬管理，加强培训，使从事"起始点控制"的雇员拥有更多的经验和技术，加强操作的标准化。

2）零部件回收物流的物流成本较产品回收物流和物料回收物流低

零部件回收的物流成本是指零部件在空间位移（含静止）过程中所耗费的各种劳动和物化劳动的货币表现。具体地说，零部件在实物运动过程中，如包装、拆卸、运输、储存、流通等各个活动中所支付的人力、财力和物力的总和。

零部件回收物流成本的计算由三方面因素决定：①起止范围，即零部件回收物流系统应是企业活动的重要组成部分；②物流活动环节，即收集、分拣、运输、测试、拆卸/装配、复原/再制造等活动；③费用性质，有的费用是由企业内部支出，有的是向企业外部支出。

零部件回收物流成本在物流管理中的作用可表现在以下三方面：①通过对物流成本的设计，了解物流成本的大小，从而提高企业内部对物流重要性的认识，并且从物流成本的分布发现物流活动中存在的问题；②根据物流成本计算结果，制订物流计划，调整物流活动，并评价物流活动效果，以便通过统一管理和系统化优化降低物流费用；③根据物流成本计算结果，明确物流活动

中不合理环节的责任者。

零部件回收的物流成本较低的原因有三方面：首先，由于零部件的耐磨损性和可修复性强，经过集中处理中心的修复便可出售给二级市场，而如果零部件的通用性较强，也可用于组装其他产品，因此零部件处理周期短；其次，对于送往制造商集中处理的零部件，由于其体积小，标准化程度高，也可节省储存费用；最后，当集中待处理的零部件较多时，便可充分利用制造商正向物流的渠道，返回至制造商，没必要专门运输，可节省大量的运输费用。总而言之，相对于量大且混杂的产品回收物流和物料回收物流来说，零部件回收物流的物流成本较低。

3）零部件回收物流和产品回收物流关系密切

首先，产品回收物流的一般作业中都伴有零部件回收物流。无论是消费品还是工业品，无论它们是来自顾客还是经销商，由于大多数产品是由产品零部件装配而成的，在产品回收物流的作业中，从返回至供应商整修、重新出售、当作次品出售直至循环利用，往往伴随着零部件回收物流的拆卸、测试、组装等活动。例如，损坏的托盘，因使用损坏的打印机、复印机，特别是在汽车和飞机及大型设备上的零部件。所以说，产品回收物流的扩大，通常伴随着零部件回收物流的增大。

其次，大部分回流产品的原因和零部件有关，如缺陷品、法定回流产品、特殊处置产品、其他回收产品等。因此，应该仔细研究产品生命周期理论，了解产品处于引入期、发展期、成熟期和衰退期的哪一个阶段，因为对不同时期的产品来说，其零部件的磨损是不一样的。因此，对产品生命周期的了解是对零部件测试的一个前提。不同行业的产品生命周期是不同的，这就要求零部件回收物流的组织者要熟知各行业的产品生命周期，以及它们之间的转折点，这对于零部件回收物流来说十分重要。

最后，零部件回收物流往往与产品回收物流采用同一回收渠道。对于经再制造仍不能使之有效发挥作用而需要送回制造商的产品，回收商也可以自行组织一个零部件回收渠道，但这无疑会增加企业的运输成本。因而，在产品回收物流中充分利用正向物流渠道的反向作用时，零部件回收物流中返回制造商的零部件也可以利用这一途径，因为有的零部件本身就是返回产品的一部分。同时，零部件通常体积小、规格标准，利于储存和运输，大多数情况下都可以和产品一同运输。因此，在可能的条件下，将产品回收物流与零部件回收物流合二为一，可以节省大量的物流成本。在现实中，退回制造商的零部件也往往如此回收。

15.4　废弃物物流

人类社会所需要的各种物资都来自自然界，无论是未经加工的农产品、矿产品，还是已经加工的服装、各种精美食品，以及用于产品包装的塑料、金属物品都来自大自然。在人类社会中，物资流向的主渠道就是从生产经过流通再到消费。但我们也知道，无论是生产领域、流通领域，还是消费领域，都产生了所谓的废弃。这些废弃物虽然暂时没有再利用价值，但如果不妥善处理，就会造成环境污染，就地堆放还会占用生产用地以致妨碍生产，这类物资的处理过程被称为废弃物回收物流，简称为废弃物物流。

15.4.1　废弃物物流的分类与特点

国家标准术语中将废弃物物流定义为：将经济活动中失去原有使用价值的物品，根据实际需要进行收集、分类、加工、包装、搬运、储存等，并分送到专门处理场所时所形成的物品实体流动。可以说，废弃物物流的作用不在于创造经济价值，而在于创造社会效益，即从环境保护的视角出发，将废弃物进行焚化、化学处理或运到特定地点堆放、掩埋。

由于废弃物按不同标准可分为多种，废弃物物流亦随之也有多种，图 15-5 为废弃物物流分类图。

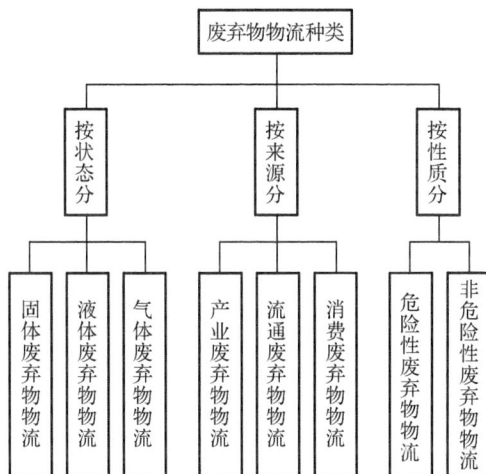

图 15-5　废弃物物流分类图

1. 按废弃物的状态分类

根据废弃物的状态，可将其分为固体废弃物、液体废弃物和气体废弃物，由此，相应的就有固体废弃物物流、液体废弃物物流和气体废弃物物流。

1）固体废弃物物流

固体废弃物是指在社会生产、流通和消费等一系列活动中产生的相对于占有者来说一般不具有原有使用价值而被丢弃的以固态或泥状存在的物质。

固体废弃物具有如下特性：①无主性。即被丢弃后，不再属于谁，因而找不到具体负责者，特别是城市固体废弃物。②分散性。废弃物被丢弃、分散在各处，要处理时需要花费很大的精力去收集。③危害性。废弃物不再有用处，但对生产和生活带来不便，甚至污染环境，危害人体健康。④错位性。一个时空领域的废弃物在另一个时空可能是宝贵的资源。

由于固体废弃物的危害性，人们不得不花费很大的人力、物力来处理它。同时，废弃物是无主的，因此，处理废弃物的责任就理所当然地落在了政府身上。这就要求政府部门需要投入大量的人力、物力来建设各种废弃物处理设施。当然，由于固体废弃物具有固定的形状和重量，处理时就有一定的方便之处。可以比较方便地将固体废弃物进行粗略的包装，并将其进行装卸、运输。这种废弃物物流一般采用垃圾处理设备处理，主要可将其运至指定地点焚烧、掩埋或堆放。与其他状态的废弃物物流相比，具有方便、容易、高效等特点。

固体废弃物的最终安全处置原则大体上可归纳为以下三点：

（1）区别对待、分类处置、严格管制有害废弃物。固体物质种类繁多，其危害环境的方式、处置要求及所要求的安全处置年限均有所不同。因此，应根据不同废弃物的危害程度与特性，区别对待，分类管理，对具有特别严重危害的有害废弃物采取更为严格的特殊控制。这样，既能有效地控制主要污染危害，又能降低处置费用。

（2）最大限度地将有害废弃物与生物圈相隔离。固体废弃物特别是有害废弃物和放射性废弃物最终处置的基本原则是合理地、最大限度地使其与自然和人类环境相隔离，减少有毒、有害物质进入环境的速率和总量，将其在长期处置过程中对环境的影响减至最小限度。

（3）集中处置。对有害废弃物实行集中处置，不仅可以节约人力、物力、财力，利于监督管理，也是有效控制乃至消除有害废弃物污染危害的重要形式和主要技术手段。在现实中，世界上通用的几种固体危险性废弃物的最终处理方法有：土地安全掩埋、焚烧、贮藏等。应根据固体危险性废弃物的性质和特点选择不同的处理方法。

2）液体废弃物物流

液体废弃物也被称为废液，其形态是各种成分液体混合物。液体废弃物主要来自生产领域和消费领域，如工业废水和生活废水。随着我国经济的不断发展，液体废弃物的排放也呈持续增加趋势。

液体废弃物中蕴含着大量对环境不利的物质，若汇入净水中，就会对水源造成污染。鉴于此，国家几次对造纸厂等大量产生废水的工业企业进行整顿，要求它们的废水排放达到指标，并对太湖等污染比较严重的水域进行清洁除污。相比而言，在排放时就进行处理比水域受污染后再处理就轻松、简便得多，所以，应该在废水排放过程中进行处理，然后将其直接排入外面水域中。在实际运作中，液体废弃物物流通常采用管道方式，这就需要在各城区大力投资兴建地下管道设备，使得液体废弃物能畅通无阻地到达指定地点。

3）气体废弃物物流

气体废弃物俗称废气，主要是工业企业，尤其是化工类企业的排放物，其次就是生活和交通中产生的废气。废气中的硫氧化物、氮氧化物、碳氧化物、碳氢化合物、臭氧等都是大气污染物。随着现代工业、农业和交通运输业的不断发展，向大气中排放污染物质的数量越来越多，种类也越来越复杂。这种人为因素有时会造成大气成分的急剧变化，如果在大气的正常组成之外出现了通常没有或含量很少的有毒有害物质，并且其数量、浓度以及在大气中的停留时间较长时，就足以影响人体健康和动植物的生存、生长。1952 年，发生在英国伦敦的烟雾事件就是大气污染的一次典型事件。

鉴于气体废弃物对环境的危害，如何在气体废弃物扩散大气之前进行净化处理就迫在眉睫。气体废弃物在常温下，以气体状态存在，它们无固定的形状，且时刻处在快速的运动之中，一旦与外部空气相接触，马上就会扩散到大气当中，由此带来空气污染。而且，被污染后的空气很难恢复原来的纯洁。正因为气体废弃物的特点，这种废弃物物流在现实中往往通过封闭式的管道系统经过处理后向空中排放。

2. 按废弃物的来源分类

根据废弃物来源不同，还可以将其分为产业废弃物、流通废弃物和消费废弃物。同样，为了处理不同来源的废弃物，也就有了产业废弃物物流、流通废弃物物流和消费废弃物物流。

1）产业废弃物物流

产业废弃物也被称为产业垃圾，它通常是指那些在生产行业中被再生利用后再无使用价值的最终废弃物。当然，不能再被利用是限定在现有技术条件下的。产业废弃物来源于不同行业：第一产业最终废弃物基本上为农田杂屑，大多不再收集，而由生产者自行处理。主要问题在于农业中喷洒的残余农药，若不进行处理，很可能会威胁人体健康和污染环境。第二产业的最终废弃物则因行业不同而各异，其物流方式也大不相同，多数采取向外界排放或堆积场堆放，或是焚烧、掩埋等。对含有放射性物质或有毒物质的工业废物，还要采取特殊的处理方法。第三产业的废弃物主要是生活垃圾和基本建设产生的垃圾，这类废弃物种类多、数量大，物流难度大，大多采取就近掩埋的办法处理。

2）流通废弃物物流

流通废弃物就是在流通过程中产生的相对于现在来说无使用价值的废弃物，多表现为废气。流通业也被称为是流动污染源，因为流通废弃物几乎都是在运动时产生的。随着现代经济的发展和人们生活水平的提高，再加上汽车制造工业的不断发展，流通废弃物已经成为污染的一大来源。世界各国都把控制流通中产生的废气作为保护环境的一大措施，尤其是汽车排放的尾气。目前，各国都在大力推行环保能源，以减少污染来源。

3）消费废弃物物流

消费废弃物即通常所说的生活垃圾，这是最常见的废弃物。在城市中，人们的生活区数量繁多且到处都有，这就导致生活垃圾排放点极为分散，需要采用专用的小型装运设备来进行储存和运输。并且由于消费废弃物中所蕴涵的物质种类繁多，还有危险性，采用的装运设备应该特制成能防止散漏的半密封的形状，以保证安全。

消费废弃物不像产业废弃物那样经过再利用，它是直接由消费者所抛弃的。消费者认为不能再使用的物品，对企业来说未必就没有用，而很可能是企业进行生产的某种原材料。因此，消费废弃物在进行物流处理过程中应该首先区分该废弃物能否回收，能否进行循环利用，然后再根据不同物质的特性决定如何处理。

在实践中，消费废弃物往往是由国家环卫部门进行统一规划、统一处理。一般由环卫工人通过垃圾运输车将所有垃圾运往就近的垃圾处理场所，然后再通过一系列技术手段进行分拣，将能够循环利用的物质和无法再利用的物质分别堆放，再分别对这两种物质进行不同的处理。将能够再利用的物质经过简单处理后送往需要的企业，而将无法再利用的物质进行最终处理，或焚烧，或掩埋，或就地堆放。

可以说，消费废弃物的物流处理相对来说是比较烦琐的，不仅因为需要区分有用与无用，而且还因为它的状态三者均有，这就导致了消费废弃物物流的繁杂性。

3. 按废弃物的性质分类

根据废弃物的性质不同，可以将其分为危险性废弃物和非危险性废弃物，由此相应的物流处理方式也不同，也就有了危险性废弃物物流和非危险性废弃物物流之分。

1）危险性废弃物物流

危险性废弃物，即它的数量或浓度达到一定程度时会对环境和人体健康产生危害的废弃物质及其混合物。它有两个最主要的特点：一是危险性，这是应该着重注意的；二是废弃性，实验室中的危险性物质是很危险的，但它不属于危险性废弃物的范畴。危险性废弃物的种类很多，我国针对危险物品还专门发布了一个《国家危险废物名录》，并于 1998 年 7 月 1 日实施。名录中包括各种医药废物、农药废物、有毒有机化合物、各种重金属化合物等。

危险性废弃物对整个环境、社会有着巨大的潜在危险性，如果管理不当，会对人体健康和生态环境造成严重的危害。危险性废弃物的危险不仅在于短期的急性危害，如急性中毒、火灾或爆炸等，还包括长期潜在性危害，如慢性中毒、致癌、致畸、污染地下水等。因此，处理好危险性废弃物就成为回收物流的一个重要环节，处理危险性废弃物的物流最重要的就是保证安全，保证该废弃物以后不会对人类及其生存环境造成危害，也就是说，不仅要将危险性废弃物的现实危险化解于无形，还要将以后可能会发生的任何潜在危险考虑在内，并积极将其消除。当然，这一切都建立在发达的科学技术水平上，只有意识到了，并且已经有技术可以解决这个问题了，这样才可能做到万无一失。

2）非危险性废弃物物流

相对于危险性废弃物来说，非危险性废弃物就很好理解了，它是单纯的废弃物，并不会对人类存在潜在的危险性。但要全面考虑清楚该类物质是否无害，也是一项复杂的工作，因为受知识水平的局限，目前往往只考虑到某几方面的危险，而可能遗漏一些，这样很可能会遗留后患。因此，应该充分利用先进的计算机技术，利用其巨大的存储额和快速的运算能力来进行废弃物质的危险性分析。只有在确定了该物质确实无危险性后，才能顺利进行必要的流程处理。

15.4.2 废弃物物流的意义

众所周知，进行废弃物处理的意义主要在于社会效益，而不是本企业的经济收益。而实际上，随着经济的发展和科技的进步，企业进行废弃物处理也蕴藏着巨大的经济效益。

1. 废弃物物流的社会效益

当今世界各国都把保护环境作为一项基本政策执行，花费巨额投资来植树造林、治理水污染和大气污染，甚至为了保护环境宁愿牺牲一定程度的经济发展。随着"只有一个地球"的呼声越来越高，环境质量在衡量一国发展的指标体系中的地位也越来越重要。因此，废弃物物流的重要意义也凸显出来。

1）有利于改善生存环境，提高生活质量

当前社会最关注的问题之一就是如何保护人类赖以生存的大自然，而引起环境污染的根本问题就是废弃物。试着想象一下，到处都是垃圾、废水，天空雾蒙蒙一片，你愿意在这样的环境下生存吗？实际上，只要依据废弃物的特性设计合理的处理流程，利用合适的处理方法，对废弃物进行彻底处理，那么，大地青绿、河流清澈、天空湛蓝就一定能够实现。

2）有利于缓解资源危机

自然界的资源不是无限的，森林的采伐、矿山和石油的开采均有一定的限度。由于经济的飞速发展，地球上的自然资源已近枯竭，因此各国都越来越重视通过回收物流将可以利用的废弃物收集、加工，重新补充到生产、消费系统中去。废弃物中有一部分物质是可再生利用的，通过回收这部分物质，不仅可减轻大自然承受的污染压力，而且还可增加社会的资源总量，从而在一定程度上缓解资源危机。

3）有利于提升一国形象

现在国际上都把环境保护作为衡量一国发展水平的重要指标，作为一个发展中国家，我国要立足于世界强国之林，经济上不仅要发展，环境保护同样不能落后。其中，深化"只有一个地球"的环保理念尤其重要。

2. 废弃物物流的经济效益

对企业来说，追求利润最大化是天经地义的，但企业仍需承担自己的责任。特别是在买方市场，不是说生产的产品多就能获取利润，而是看成本控制和市场份额。成熟的消费者会理性地选择产品，企业的产品质量、服务质量、企业形象都会成为主要考虑的对象。而废弃物物流就可以让企业树立自己的形象，赢得消费者的青睐，从而获取经济效益。

1）有利于降低生产成本，提高产品竞争力

前面已经提到过，废弃物中有一部分物资是可以回收再利用的，因此它也是一种资源。但这种资源和自然资源有很大的不同，它们曾有过若干加工过程，本身凝聚着能量和劳动力的价值，因而常被称为载能资源。废弃物中的可回收物资重新进入生产领域作为原材料会带来很高的经济效益。尤其是废钢铁、废塑料、废纸等，可以为企业节省大量的原材料成本，从而增加利润。

2）有利于树立良好的企业形象，赢得市场

消费者是否认同企业形象关系着企业的发展前途，关系着企业能否获利。现代企业大多有公关部门，这个部门实际上就是为了搞好企业形象，从而吸引消费者。而企业的废弃物物流也与企业形象有着重要关系。现代消费者都很重视环境保护，他们往往会注意企业在这方面的表现。若企业不能承担其环保的职责，消费者可能就会排斥该企业的产品。

3）有助于与政府建立良好关系，为企业发展打下基础

一个企业要想有所发展，它必须遵守各项法规。各国都有环境保护这方面的立法，企业在人民和政府面前要想树立自己的良好形象，不仅要依法纳税，还必须尽自己的环保义务，那就是处理好产品在各个阶段所产生的废弃物。只有这样，企业才不会经常被政府的相关部门检查，甚至会受到政府的某些奖励，给予企业各方面的优惠政策或扶持政策，使得企业可以按照自己的规划迅速发展。

15.5　低碳物流

随着低碳技术与低碳理念的推进，节能减排，保证可持续发展已经成为全球瞩目焦点，以低碳为标志的经济发展模式将改变人类的生活方式与生产方式的发展。物流作为重要的经济活动，在发展低碳的过程中扮演着重要的角色。一方面，物流作为能源消耗大户，又是碳排放大户，降低物流业的消耗，能够促进低碳经济的发展；另一方面，先进的物流方式可以支持低碳经济下的生产方式和生活方式，低碳经济需要现代物流的支撑。在低碳经济发展环境下，物流产业占有特殊的地位，低碳物流就成为必然选择。

15.5.1　低碳物流的内涵

现有的对于低碳物流的认识大都是从低碳经济延伸而来的。所谓低碳经济，是指在可持续发展理念指导下，以低能耗、低污染、低排放为基础的经济模式，通过能源技术与能效技术创新、制度框架创新、产业结构调整转型、市场机制变革、新能源开发利用等多种手段，尽可能地减少煤炭、石油等化石高碳能源消耗，减少以二氧化碳为主的温室气体排放，以经济社会与生态环境相互和谐为目标的新型发展模式，达到经济发展与环境保护双赢的一种经济发展形态。低碳经济的实质是能源高效、清洁利用和低碳或无碳能源开发，核心是能源技术、制度创新和人类生存发展观念的根本性转变。

目前，关于低碳物流的内涵还没有明确的界定，笔者认为，低碳物流是指在物流过程中以低能耗、低污染、低排放为目标，利用能效技术、可再生能源技术和温室气体减排技术减少物流活动中的碳排放，降低物流活动对环境的污染，提高物流资源的利用效率。低碳物流主要是指物流作业环节和物流管理全过程的低碳化。从物流作业环节低碳化来看，包括运输低碳化、仓储低碳化、流通加工低碳化、装卸搬运低碳化、包装低碳化及废弃物回收等。从物流管理过程低碳化来看，主要是从供应链全局考虑，以节能减排为目标出发，对包括正向物流与逆向物流在内的整个物流系统进行低碳优化。低碳物流的最终目标是实现低碳经济，保证社会经济的可持续性发展。

15.5.2　低碳物流的特征

1. 低碳物流具有系统性

系统是指为了实现一定目标而由相互作用和相互影响的若干要素组成的有机整体。而低碳物流是以低能耗、低污染、低排放为目标，由低碳运输、低碳仓储、低碳包装等功能要素所组成的系统。从系统观点来看，物流系统的每个功能环节都实现了低碳，整体实现了资源最充分的利用，才符合低碳物流的内涵。低碳物流系统是物流系统的一个子系统，其本身也是由多个子系统（如低碳运输子系统、低碳仓储子系统、低碳包装子系统等）所构成。这些子系统之间也存在物流系统固有的效益背反现象，相互之间影响。另外，由于低碳物流具有系统性，所以低碳物流系统也受到外部环境的影响，外部环境对低碳物流的实施将起到约束或推动作用。

2. 低碳物流具有双向性

低碳物流具有双向性是指低碳物流包括正向物流与逆向物流两个方向的低碳化。正向物流低碳化是指通过"生产-流通-消费"的路径满足消费者需求的物的流向过程中所有活动的低碳化；逆向物流低碳化是指物在正向物流过程中产生了各类衍生物，合理处置这些衍生物所产生的物流活动的低碳化，主要包括回收、分拣、净化、提纯、商业或维修退回、包装等再加工、再利用和废弃物处理等环节的低碳化。由于早期人们对于物流的认识主要局限在正向物流，而忽视了逆向物流的节能减排和资源有效利用。而低碳物流的双向性要求物流低碳化必须从正向物流和逆向物流两个方面实现低碳化。

3．低碳物流具有多目标性

低碳物流为了实现可持续发展的最终目标，其主要准则是经济利益、消费者利益、社会利益和生态环境利益四个目标的统一。低碳物流作为社会经济活动的一种，追求经济利益是其根本，但从可持续发展的观点来看，还应注重消费者利益、社会利益和生态环境利益。从系统观点看，这四个目标往往相互制约、相互冲突。低碳物流需要在多个目标之间进行平衡，其中生态环境效益是其他目标实现的保证，也是低碳物流得以实现的关键。

4．低碳物流具有标准性

在不同的功能环节，低碳物流的节能减排的具体要求是不一样的。低碳物流要求在不同的物流功能环节制定各类标准，进行统一协调，提高低碳物流系统管理水平。另外，低碳物流所使用的能效技术、可再生能源资源和节能减排技术在国家层面也制定了统一的标准。现在我国主要城市和大部分行业都在进行碳排放限值、审核、评估及验证领域的标准体系建设。标准化是低碳物流发展的基础。低碳物流标准化对降低物流成本、提高物流资源利用、节能减排具有重大的决定性作用。

5．低碳物流具有技术先进性

低碳物流是通过应用先进技术实现的，以能效技术、可再生能源技术和温室气体减排技术的开发和运用为核心。这些技术可以是硬技术，也可以是软技术。硬技术包含物流设备的使用，如叉车、托盘、货架、分拣机、绿色运输车等设备的使用；软技术的使用主要是指先进而又合适的软件、操作方法、作业标准和业务流程等。没有先进的低碳技术的使用，实现低碳物流就是一句空话。

15.5.3　低碳物流的主要功能环节

1．低碳运输

交通运输工具使用过程中能源消耗巨大，在整个运输过程中排放大量的有害气体，产生噪音污染等都会对环境造成很大的影响。低碳运输主要表现在三个方面：一是运输工具所使用的能源低碳化，主要是指尽量选择清洁燃料，进行新能源开发，用可再生能源、低碳能源，减少煤炭、石油等高碳能源使用。二是运输工具的能效技术创新，主要是提高能源利用效率技术的研发与创新，通过资源的充分利用降低能源消耗与碳排放。三是运输合理化，主要是从整体减少运输活动和缩短运输路线，这样减少了运输工具的使用时间，从而降低运输对环境的危害。

2．低碳仓储

仓储在物流系统中起着缓冲、调节和平衡的作用，是物流的一个中心环节。低碳仓储要求仓库布局要科学，选址要合理，从而节约运输成本。布局过于密集，会增加运输的次数，从而增加资源消耗；布局过于松散，则会降低运输的效率，增加空载率，从而增加碳排放量。另外，在仓储设备选择上，尽量选择电动力设备，减少仓储设备使用的能源消耗与碳排放。

3．低碳流通加工

流通加工是指为了满足消费者个性化的需求，在流通领域中对流通的商品进行生产性加工。流通加工的内容一般包括分割、计量、分拣、刷标志、拴标签、组装等。流通加工低碳化主要包括：一是加工过程低碳化，包括加工工艺流程的优化和加工设备的选择等，减少加工过程中的能源消耗和资源的浪费；二是使流通加工实现规模经济，变分散加工为专业集中加工，减少加工场所，提高资源利用效率，以减少流通加工对环境的污染；三是集中处理商品加工过程中产生的边角废料等，合理回收利用，减少废弃物污染。

4．低碳装卸搬运

装卸搬运是跨越运输和物流设备而进行的，发生在运输、仓储、包装前后的物品取放活动。实施低碳装卸搬运，首先，要求企业在装卸过程中进行正确装卸搬运，避免货物的损坏，从而避免资源浪费以及废弃物对环境造成污染；其次，要求企业提高装卸搬运效率，避免因延迟增加运输工具的等待时间，而产生资源浪费与环境污染；最后，要求企业消除无效装卸搬运，提高装卸搬运的活性，合理利用现代化机械，保持物流的均衡顺畅。

5．低碳包装

低碳包装是指采用节约资源、保护环境的包装，主要指提高包装材料回收利用率，有效控制资源消耗，避免环境污染。按照包装的基本构成，低碳包装可进一步分解为包装材料的低碳化、包装方式的低碳化和包装作业过程的低碳化三个方面。低碳包装应采用"减量化、重复使用、再循环、可降解"的原则，鼓励企业尽量采用简化的、可降解材料制成的包装。包装应该进行标准化处理，形成可重复使用单元式包装，并且包装材料要求能回收再利用。

6．废弃物回收

在整个物流活动中，尤其是仓储、流通加工以及包装环节，不可避免地出现边角余料、废渣、废水、废弃包装物等。对这些废弃物进行合理处置，回收再利用，是低碳物流中重要的组成部分。另外，在回收过程中也需要注意废弃物回收运输的低碳化。

复习思考题

1．何谓绿色物流？其内涵是什么？
2．绿色物流与传统物流有什么不一样？
3．组织物料回收物流有何重要意义？
4．零部件回收物流的分类、作用与特点是什么？
5．重视废弃物物流有何意义？

案例 15

第 16 章　冷链物流

冷链物流作为物流产业一个特殊和重要的组成部分，开始引起人们的重视，这一切源于冷链食品的大量增长、食品流通过程越来越复杂和人们对产品质量安全的认识逐步提高。本章将围绕什么是冷链物流，如何全面正确的理解冷链物流的内涵，以及冷链物流的具体特征等问题展开分析和论述。

16.1　冷链物流的基本概念

16.1.1　冷链物流的定义

目前，对于冷链或冷链物流的概念和认识表述尚不统一，常被引用的定义有：

国家标准《物流术语》（GB/T18354-2006）中，对冷链的定义是：根据物品特性，为保持其品质而采用的从生产到消费的过程中始终处于低温状态的物流网络。

日本《明镜国大词典》给出的冷链定义是：通过采用冷冻、冷藏、低温储藏等方法，使鲜活食品、原料保持新鲜的状态，由生产者流通至消费者的系统。

美国食品药物管理局针对果蔬产品给出的冷链定义是：为阻止细菌的生长，保证产品的品质，在产品从农田到餐桌的连续移动过程中，始终维持正确温度的物流过程。

全球冷链联盟给出的冷链定义是：从牲畜被宰杀或果蔬被采摘开始一直到供给最终消费者的过程中，对易腐食品的冷藏温度进行控制，以保证其品质的优良性和食用的安全性。

上述四种经典定义，尽管表述方式和侧重点不尽相同，但归纳起来有以下三个关键点：

第一，冷链物流的对象主要是指易腐食品必须在低温下保管和运输，以防止细菌的生长给产品的品质带来的负面影响，保持食品的新鲜度是低温物流的根本。

第二，冷链物流是一个连续不可逆过程，中间不能发生中断，需要稳定的温度环境，温度控制是低温物流的关键。冷链物流需要冷藏运输和保管设备以及专门的冷藏技术。

第三，冷链物流是一个系统，在这个低温流通系统动力的驱动下，易腐食品完成从生产地到消费者的空间转移。

为了对冷链物流做更加全面的研究，在此对物流概念作一点深入分析。"物流"概念本身包含多重意义，一般来说，可以从三个角度观察物流：

一是从具有专业性质的生产活动的角度观察物流。物流是一种生产活动，物流生产活动输出是"服务"，物流服务的效用体现在缩小产品实体在空间、时间、品种和规模以及使用上的适应性等方面存在的差异，相对应的物流活动是运输、储藏、集散、拣选、流通加工等。

二是从支撑对象产品物理性流动的系统的角度来观察物流。物流是一个系统，物流系统就如同一个管道运输系统一样，将对象产品送到目的地。

三是从物流生产活动进行科学管理的角度观察物流。物流是运用系统观点、科学的管理方法，对于物流生产活动和物流系统进行规划、组织、协调，使之更富有效率和效益的物流管理活动。

综合上述定义，为使冷链概念进一步清晰，本节将冷链物流细分为三个概念，即冷链物流活动、冷链物流系统、冷链物流管理，并分别对其进行阐述。

1. 冷链物流活动

在规定的低温环境下（含温度、湿度、通风、卫生环境等）完成的易腐食品（生鲜食品和冷冻食品）和医药等产品，从生产加工到分销、零售环节的包装、标签、储存、运输、流通加工等活动。冷链物流系列活动如图 16-1 所示。

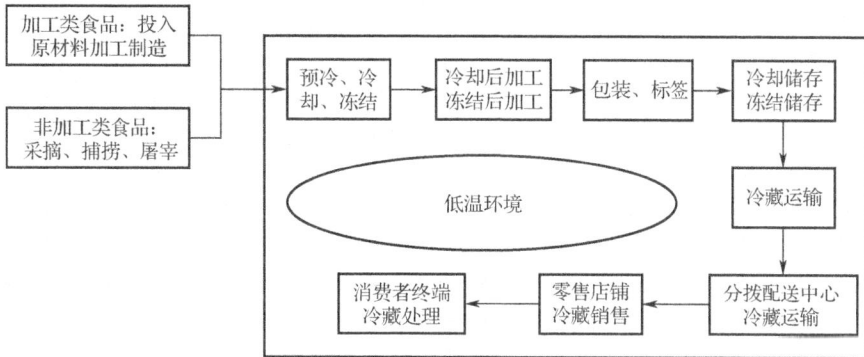

图 16-1 冷链物流系列活动图

2．冷链物流系统

为实现冷链物流的目的，由低温储藏和运输设备与低温储藏和运输技术方法以及管理手段相结合，上下游各个环节有机衔接，有效完成易腐食品、医药等冷链物流产品储存、运输等物流活动保障供应系统。

3．冷链物流管理

规划设计层面的冷链物流管理是按照物流一体化的要求，规划设计和优化冷链物流系统的一系列活动。

组织协调层面的冷链物流管理是对冷链物流过程中的低温环境、物流作业以及上下游环节的衔接等进行监控和协调的过程。

16.1.2 冷链物流的对象

冷链物流对象主要包括以下三类：

（1）初级农产品：蔬菜、水果、肉、禽、蛋、水产品、花卉产品等。

（2）加工食品：速冻食品；禽、肉、水产等包装熟食；冰激凌和奶制品；巧克力；快餐原料等。

（3）其他产品：药品、生物制品等。

不同的产品对象，依其自身的品质、投放市场的层次、流通区域等的不同，对于冷链物流的要求也各不相同。例如，在品质要求方面，国际市场和高端市场一般比国内市场和低端市场要求更为严格；远地市场由于距离长，使产品品质容易受到影响，所以对作业要求较高；延迟消费的产品要做好保鲜加工、冷藏，以便这些产品可以适时供应消费市场或加工原料市场。

不同的产品对象要求的温度各不相同，冻畜禽肉、一般水产品、速冻食品、冰激凌要求的温度在-18℃以下，有个别水产品（如多脂鱼类）要求的温度为-30℃以下；多数根茎、叶类蔬菜以及原产于温带、寒带的多数蔬菜、水果要求的温度在 0℃左右，如苹果、梨、桃、菜花、芹菜等，原产于热带和亚热带的多数蔬菜、水果要求的温度高于 0℃，如香蕉为 13℃、芒果为 10℃、黄瓜为 12～13℃、青椒为 9～12℃；即使是同一品种由于成熟度不同，要求的温度也不同，如青西红柿要求的温度是 13～21℃、红西红柿要求的温度是 7～10℃；各种花卉要求的温度不同，一般来说，起源于温带的花卉适合的温度为-5℃左右，起源于热带及亚热带的花卉适合的温度分别为 7～15℃和 4～7℃；药品要求的温度在 0～10℃。

16.1.3 冷链物流的运作流程

冷链产品从产出到消费，要经过较多环节，冷链物流的效率取决于冷链物流各个环节的有效衔接。不同产品由于生产、流通等过程存在着差异，导致其冷链物流涉及不同的环节。以果蔬类食品为例，一般经过采后预冷、冷藏运输与配送、冷藏和冷藏销售的冷链物流过程；而肉禽类食品一般经过冷冻加工、冷藏运输与配送、冷藏和冷藏销售等冷链物流过程。一般冷链物流主要包括以下五个环节。

1．采后预冷环节

果蔬采后预冷是指利用一定的设备和技术将产品的田间热迅速除去，冷却到果蔬适宜运输和储藏的温度，缓解呼吸作用和蒸腾作用，最大限度地保存其新鲜度等品质指标，延长储藏期，同时减少入储后制冷机械能耗。采后预冷是果蔬类产品冷链物流的第一个环节，其质量的高低在很大程度上决定了冷链的质量。因此，在果蔬采摘后，应根据果实采后的用途、与消费地的距离、储藏和销售时间及产品的生理特点来进行有效的预冷。

2．冷链加工环节

该环节包括肉类、禽类、鱼类、蛋类的冷却与冻结，以及在低温状态下的加工作业流程，也包括挑选分级、包装等处理作业过程。在加工过程中对温度进行有效控制是不容易的，通常在这个过程中会涉及各类冷藏库、冷藏柜和最终消费者所使用冰箱。

3．冷藏环节

冷藏指冷链产品保持在冷却和冻结温度的条件下，将冷链产品储藏一定时间。根据食品冷却或冻结加工温度的不同，冷藏又可以分为冷却冷藏和冻结冷藏。冷却冷藏是指食品储藏的温度低于环境温度但不低于食品汁液的冻结点，即食品内的水分不会结冰。冻结冷藏是指食品储藏在其温度远低于食品汁液的冻结点的环境里，一般储藏温度规定为-18℃，即食品内大部分的水分冻结成冰。冷藏环节主要涉及冷库及制冷等配套设备。

4．冷藏运输与配送环节

冷藏运输有多种形式，如公路冷藏运输、铁路冷藏运输、水路冷藏运输和航空冷藏运输等，用到的冷藏工具主要有冷藏车、冷藏集装箱以及其他的保温运输工具。在冷藏运输环节中，任何一点温度的波动都极易造成产品质量的下降。因此，一条完整高效的冷链需要专业的运输工具作为保证。以果蔬为例，国际制冷学会推荐大部分果蔬在1～3天运输期内的运输温度大致是0～2℃，相对湿度为95%～100%。

5．冷藏销售环节

产品从配送中心出来之后，就进入了批发、零售环节，一般在各个零售柜台上进行销售，由生产商、批发商、零售商共同完成。在这种冷链的销售终端，冷藏库、冷冻陈列柜以及储藏库开始成为整个冷链中越来越重要的环节。以肉类为例，在冷藏销售环节需要解冻作业，使肉中的冰晶融化成水，肉恢复到冻前的新鲜状态，以便于加工。解冻的方法有自然解冻、流动空气解冻、水解冻、微波解冻、蒸汽解冻。其中，流动空气解冻的空气温度一般在14～15℃、风速2米/秒、相对湿度95%～98%；水解冻的水温在10℃左右。

16.1.4 冷链物流的操作原则

冷链物流的核心即为保持低温环境，以确保生鲜食品的安全与品质。与常规的物流系统相比，冷链物流有其自身的特点，在操作过程中需要遵循以下五项原则：

第一，3P原则。原料品质（Product）、处理工艺（Process）和货物包装（Package），要求原料品质好、处理工艺质量高、包装符合货物特性，这是货物进入冷链时，早期质量控制的根本。

第二，3C 原则。在整个加工和流通过程中对产品的保护（Care），保持清洁卫生的条件（Clean）以及低温的环境（Cool），这是保证产品"流通质量"的基本条件。

第三，3T 原则。物流的最终质量取决于冷链的储藏温度（Temperature）、流通时间（Time）和产品本身的耐储藏性（Tolerance）。冷藏产品在流通过程中质量随着温度和时间的变化而变化，不同的产品都必须要有对应的温度控制和储藏时间。

第四，3Q 原则。即冷链中设备的数量协调（Quantity）和设备的质量标准一致性（Quality），以及快速的作业组织（Quick）。冷链设备数量和质量标准的协调能力能够保证货物总是处于适应的环境中，并能提高各项设备的利用率。快速的作业组织是指加工部门的生产过程，经营者的货物组织，运输部门的车辆准备与途中服务、换装作业的衔接等。

第五，3M 原则。保鲜工具与手段（Means），保鲜方法（Methods）与管理措施（Management），在冷链中所运用的保鲜工具与手段、保鲜方法要适合食品的特性，既能保证经济，又能取得最佳的保鲜效果。

16.2　冷链物流系统

研究冷链物流管理体系，首先对研究的对象——冷链物流系统进行研究，对冷链物流系统构成要素全面分析是研究其管理体系的基础，冷链物流系统由具有不同功能但有着共同目标的子系统构成，各子系统之间相互协调发展，并需要不断完善升级。冷链物流系统是一个体系，由技术、政策、组织、运营等构成，运营体系和支撑体系不断完善配套。依据系统论思想，本节主要以食品冷链物流为例分析冷链物流系统的构成要素和系统特性，在此基础上进一步提出冷链物流管理体系构成以及运行机理。

16.2.1　冷链物流系统的构成要素

系统是由若干个相互作用、相互依赖的元素组成的一个具有特定功能的有机整体。冷链物流系统是一个复杂的社会经济系统，它由许多要素组成。本小节将冷链物流系统的构成要素分为环境要素、主体要素、客体要素和技术要素四大类进行分析。

1. 环境要素

社会环境要素包括人口规模、消费结构和水平、年龄结构、种族结构、收入分布、人口流动性等。其中人口规模直接影响着一个国家或地区冷链物流市场的容量；消费结构和水平直接影响着食品供需结构；年龄结构则决定着冷链食品的种类及推广方式。

政策环境要素包括政府或行业协会制定的对企业经营具有约束力的法律、法规和标准等，这些相关的法律和政策能够影响到各个行业的运作和利润。

经济环境要素包括 GDP 的变化发展趋势、居民可支配收入水平、市场机制的完善程度、市场需求状况等。由于冷链物流主体企业是处于宏观大环境中的微观个体，经济环境决定和影响其自身经营环境和战略。

技术环境要素包括与冷链物流企业生产有关的新技术、新工艺、新材料的出现和发展趋势以及应用前景。

2. 主体要素

1）服务供给主体

冷链物流企业作为专业化的第三方物流公司，可以承担所有或部分冷链物流活动，运用先进的低温冷藏技术在从原材料供应商、加工制造商、批发与零售商一直到最终消费者整个物流过程中，通过提供专业的冷链物流服务，保证生鲜食品始终处于适宜的温度和湿度环境下，确保食品的质量。

2）服务需求主体

（1）原材料供应商。原材料供应商是冷链物流的源头，蔬菜、水果、肉、禽、蛋、水产品等鲜活农产品主要由农林牧渔业的种植养殖企业和个体农民等来提供，供应商构成上具有特殊性。个体农民作为食品原材料的供应商，生产规模小而且非常分散。部分以企业形式存在的果蔬、禽畜生产基地同样是食品原材料供应商的重要组成部分。企业化的组织形式易于制定标准化的生产流程和操作标准，保证食品品质的一致性，信息收集的规范化也方便实现食品的可追溯。

（2）加工制造商。加工制造商的正向物流业务包括供应物流、生产物流和销售物流。肉禽等食品需要加工制造才能食用，在相应的温度和湿度环境中进行加工制造，才能保持食品的品质，为保证食品质量，多数食品加工制造商自营生产物流业务。在冷链物流系统中，供应物流和销售物流是和其他企业相关联的，而多数大型食品加工制造商处于核心位置，为确保食品安全，供应物流和销售物流业务多数也是自营的。

（3）批发与零售商。批发商以经营少品种、大批量食品，物流简单量大为特征，连接加工制造商与零售商。零售商以经营多品种、小批量食品，物流复杂量小为特征，连接批发商与最终消费者。随着经济的发展，越来越多的连锁食品零售商与加工制造商直接交易，而一些食品批发商也直接销售给最终消费者。食品批发与零售商是食品物流过程中的重要一环，是连接食品加工制造商和消费者的桥梁和纽带，主要包括连锁超市和农贸市场等。大型连锁零售商一般情况下自营食品冷链物流，农贸市场的物流以供应商提供的物流服务为主。

（4）消费者。处于整个食品冷链物流末端的消费者是食品冷链物流系统不可或缺的组成部分。消费者的饮食结构、食品需求等方面的变化，对于食品冷链物流的运作也将产生了决定性的影响。例如，随着人们对健康饮食的逐渐重视，绿色食品、有机农业等悄然兴起；同样人们的生活节奏的加快以及对食品安全的关注，对于冷冻冷藏食品需求量的增加，带动了冷链物流的发展，这一切都来源于消费者食品需求特点的变化，消费者是食品冷链物流的重要驱动力量。

3）监管主体

现代食品冷链物流不仅是一种企业行为，也是关系到食品卫生和人民健康的大事，加强对食品冷链物流的质量监管，是全社会的共同责任，需要企业与政府相关部门共同努力。

3. 客体要素

鲜活农产品是人类生活的主要来源，如蔬菜、水果、肉类、鱼类，也是加工食品的主要工业原料。鲜活农产品具有易腐属性，随着采摘后的时间和温度的变化，品质会急剧变化，失去食用价值。这样的食品经冷却后，可适当延长它的储藏期，并能保持新鲜状态，以增加其经济价值，一般将食品的温度下降到食品冻结点以上的某一合适温度，通常其物流过程的温度上限是 7℃，下限为 0~4℃。经过预冷的蔬菜、水果、水产品、乳制品等都可以采用这种方式。但是在这种温度下，细菌等微生物还能继续生长，因此这种方式只能是适用于食品的短期储藏。

4. 技术要素

冷链物流功能的实现也需要多种硬、软件资源的支撑。但食品的特殊性决定了食品冷链物流所需的资源有不同于其他物流活动之处，实现食品冷链物流全程无缝链接除了物流设施、设备和物流信息设备等硬件外，还需要食品冷链物流企业具备一定的信息技术和管理技术等软技术。

1）硬件

所谓的硬件是指食品冷链物流中使用的各种设施、设备、工具等物资手段，主要包括运输设备、冷库等。

（1）运输设备。运输设备主要是实现冷冻冷藏食品的位置转移。由于整个冷链物流活动中要始终保持食品处于合适的温度，因此相应的运输设备需要具有制冷、保温的功能。冷链中冷藏运输是非常重要的环节，运输设备的选择和使用是冷藏运输顺利运作的关键。食品冷链物流中主要使用的运输设备有：冷藏汽车、铁路冷藏车、冷藏船、冷藏集装箱、冷藏飞机等。

食品冷链运输设备应具备一定的制冷能力以及良好的隔热、保温性能，确保运输期间到达规定的温度要求。运输设备应无毒、无害、无异味、无污染，并符合相关的食品卫生要求。运输设备箱体应具备温度自动记录装置以记录箱体内部温度，该装置应安装在箱体外部容易看得见的位置，设定的记录点时间间隔不应超过三十分钟。箱体内不宜放置具有尖角、棱角或突出物的设施或物品，以免损伤食品造成污染。如果运输设备制冷系统使用对人体健康有危害的冷媒，必须设置警告标志或安全规程。

（2）储存设施。在食品冷链物流中，储存设施是延长食品保质期、保证食品质量等工作的主要承担者。储存食品的主要基础设施是冷库。冷库内应设温度自动记录仪或温度湿度计，根据需要可设温度、湿度的自动控制装置。储存设施应该根据冷链食品的种类进行区分，以防止交叉污染。冷库应符合食品卫生场所要求，应有足够的容量和适当的制冷设备，保证冷库温度达到规定的要求，冷库温度波动控制在±2℃以内。冷库设计符合相关规定，应建有能控制温度在 15℃ 以下的封闭式站台，并配有与运输车辆对接的密封装置。冷库门应配有电动空气幕、塑料门帘或回笼间等隔热隔湿装置。

2）软技术

软技术即自然科学与社会科学方面的理论、方法应用于食品冷链物流领域形成了各种方法、支撑技术、作业技能和程序等，主要包括管理技术、信息技术等。

16.2.2　冷链物流系统特性

消费品位的提高要求加工制造商和批发与零售商不断提高和保持食品的品质。冷链物流过程不会改变食品的品质，但可以保持食品的品质。目前，消费者不仅关心食品生产出来时的品质状态，更关心到达消费者手中时的品质状态，保质期、货架期的严格区分，对新鲜度苛刻的要求成为生鲜食品实施低温运输和储存销售的推动力。

在冷链物流系统下流通的生鲜食品，保持了良好的品质，提高了食品的档次，延长了销售期，对于加工制造商和批发与零售商来说，可以获得由于采用冷链物流服务产生的"附加价值"带来的超额利润，提高流通领域满足消费者需求的程度。

在农产品流通过程中，由于没有较好的运输和储藏条件，浪费现象十分严重。减少农产品流通过程浪费的一种有效方式是采用冷链物流。从这个意义上讲，减少流通领域的损耗是冷链物流的重要作用之一。当然，运用低温运输和储藏本身也是需要资源的投入，也要发生费用，无论作为加工制造商还是批发与零售商，都要考虑投入与产出的关系。冷链物流的采用与否由收益与成本的关系决定，当冷链投入成本能通过市场价格合理得到补偿时，会考虑采用冷链物流。

冷链物流系统的本质是一个面向市场、面向消费者的低温食品及药品的供应保障系统，担负着低温（生鲜）食品及药品从生产地到消费者的空间转移和时间调整。低温食品的物流活动，在技术要求、作业组织、环节衔接等方面有别于常温食品，表现出以下六个特点。

1. 温度控制严格

冷链物流对象产品包括鲜活农产品、生鲜加工食品以及药品等，这些产品均属于在常温下容易腐蚀和变质的易腐食品，"温度"是影响其品质最重要的因素。冷链物流也称低温物流，就是要在低温条件下完成易腐产品的物流和销售全过程。

冷链物流是一个低温物流过程，必须遵循 3T 原则。冻结食品在低温流通过程中所发生的质量下降与运输时间存在很大的关系，可以说，时间就是冷链食品的生命；在整个流通过程中，由于温度变化引起的质量下降是不可避免，也是逐渐性和累积性的，当达到一定的程度就失去了产品的价值，因而冷链物流中的产品温度也需要进行控制；冷冻食品的温度越低，其质量下降相对越慢，保质期也会相对延长。

2．时效性要求高

鲜活农产品和生鲜食品即便在低温环境下保质期也较短，在物流和销售过程中由于温度变化容易发生腐蚀和变质，需要在规定的时间内进行储藏和送达销售场所，销售环节的货架期也需要严格掌控。因此，在储藏、流通加工、运输及销售等各个环节，必须考虑鲜活农产品和生鲜食品在品质保障下的时效性要求。

3．专用性强

为保持食品的品质，在整个冷链过程中，需要使用冷库和冷藏保温车进行预冷、冷却、冷冻、储藏和运输，在低温环境下完成分拣、流通加工等物流作业活动，进入到零售环节的冷链食品也需要低温冷藏设备储藏。使用低温储藏和运输物流特殊设备是冷链物流的一个重要特性，这个特性导致冷链物流技术含量较高，设备专用性强，作业难度大。

4．物流成本高

由于冷链物流使用的特殊的低温物流设备投资大，而且在冷储藏和运输过程中，要消耗较多的能源，因此运营成本较高，物流费用占产品成本和销售额的比重相对较高。

5．冷链上下游各环节协调性要求高

冷链物流需要各环节之间无缝对接，以保证冷链产品在适宜的温度、湿度、卫生的通道中顺畅的流通。冷链物流的特殊性使其过程组织具有较高的协调性，需要完善冷链信息功能系统，充分发挥有效的信息导向作用，保证冷链产品流向的顺畅。

冷链物流上的上述特点，决定了冷链物流系统除了要具备一般的物流系统的特征之外，还要在设备、组织协调、标准化运作等方面优于一般的物流系统。第一，在设备方面，需要冷藏车、冷库、低温理货场以及销售场所的冷藏柜、保鲜货架等冷链设备支撑冷链系统运营。第二，在组织协调方面，为保证冷链的完整性，上下游相关节点之间需要密切的配合，实现时间上的顺畅对接。第三，在标准化方面，需要有严格的标准规范冷链物流的运作，包括设施标准、作业标准和服务标准。

6．冷链物流空间分散性

冷链物流中食品冷链物流空间特性主要体现在供给与需求之间的空间差。食品供给与食品冷链物流系统分析需求之间的空间差是由社会分工和地理条件决定的。食品冷链物流通过运输功能要素改变食品空间位置，创造"空间价值"。

首先，作为多数食品原材料的农产品生产地的分散与消费地相对集中的空间差异。在我国，农产品大量分散的广大农村，而城市才是这些农产品的主要消费地。这些农产品或由商业机构直接收购，或由合作经济组织代为收购，或由产业化经营的龙头企业收购，然后经过加工、冷冻、冷藏储运、批发等环节到达零售商。

其次，食品由一个地区向另一个地区大规模转移。农业生产的一切活动都是在一定区域内进行的，而各地的自然条件、社会经济条件和技术条件各不相同，致使农业在生产地理上分布呈现出明显的地域差异。每年采收季节，大量南方水果通过各种运输方式向北方地区不断输入；而东部沿海地区大量鱼、虾、蟹等水产品也不断流入中西等内陆地区。正是这种空间差异为食品冷链物流创造着利润来源。

最后，从食品的集中地向分散需求场所流入创造价值。食品经集结运送至食品配送中心后，经流通加工，然后通过冷藏车等配送到城市的各个超市、便利店等零售商，最终到达千家万户消费者的厨房，整个过程具有强散发性。

16.3　冷链物流设备和技术

16.3.1　冷库设备

冷库是利用降温设施创造适宜的温度和低温条件的仓库。冷库应有合理的结构和良好的隔热条件，以保证食品储藏的条件及质量。冷库隔热结构的防潮及地坪防冻，可以保证冷库长期可靠的使用。冷库内的清洁，杀菌及通风换气，保证了食品储藏的卫生品质。

1. 冷库的分类

冷库可以根据各种特性分成不同的分类。

1）按照冷库的用途分类

冷库按照用途分为生产性冷库、分配性冷库、中转性冷库、原料冷库、综合性冷库和产品销售环节相结合的各类商业用冷库。

（1）生产性冷库主要建在食品产地附近、货源集中地区和渔业基地，通常是货物加工企业的重要组成部分。生产性冷库的特点是有较大的生产加工间、整理间、有较大的冷却、冻结能力和一定的冷藏容量。食品在此进行加工后经过短期储存再运往销售地区或运至分配型冷库进行长期储藏。

（2）分配性冷库主要集中在大中城市和水陆交通枢纽，专门储藏经过冷加工的食品，以供调节淡旺季节、保证市场供应，提供外贸出口和长期储备之用。分配性冷库的特点是冷藏容量大并考虑多品种食品的储藏，冻结能力较小，冷库进出货比较集中（整进零出和整进整出）。

2）按冷库的容量规模进行分类

目前，冷库的容量尚未统一，一般分为大、中、小型。

（1）大型冷库的冷藏容量在 1 万吨以上，生产性冷库的冻结能力每天在 120～160 吨，分配性冷库的冻结能力每天在 40～80 吨。

（2）中型冷库的冷藏容量在 1 000 吨至 1 万吨，生产性冷库的冻结能力每天在 40～120 吨，分配性冷库的冻结能力每天在 20～40 吨。

（3）小型冷库的冷藏容量在 1 000 吨以下，生产性冷库的冻结能力每天在 20～40 吨，分配性冷库的冻结能力每天在 20 吨以下。

3）按冷藏设计温度进行分类

按冷藏设计温度可以分为高温、低温、超低温和变温冷柜四大类冷库。高温冷库的冷藏设计温度在-2～8℃；低温冷库温度在-30～-23℃；超低温冷库在-80～-30℃。

4）按库体结构类别进行分类

（1）土建冷库。土建冷库是目前建造较多的一种冷库，可建成单层或多层。建筑物的主体一般为钢筋混凝土框架结构或砖混结构。土建冷库的围护结构属重体性结构，热惰性较大，室外空气温度的昼夜波动和围护结构外表面受太阳辐射引起的昼夜温度波动，在围护结构中衰减较大，故围护结构内表面温度波动就较小，库温也较易于稳定。

（2）装配式冷库。这种冷库为单层形式，库板为钢框架轻质预制隔热板装配结构，其承重构件多采用薄壁型钢材制作。库板的内、外面均用彩色钢板，库板的芯材为发泡硬质聚氨酯或聚苯乙烯泡沫板。由于除地面外，所有构件均是按统一标准在专业工厂成套预制，在工地现场组装，所以施工进度快，建设周期短。

2. 冷库的特点和要求

冷库不仅受生产工艺的制约，更主要的是受冷库内外温度差和水蒸气分压力差的制约，以及由此引发的温度应力，水蒸气渗透和热量传递的制约。它要为易腐货物在低温条件下冷却、保鲜、冻结、冷藏，为保持货物的光泽、味道和营养价值提供必要的冷环境。按照冷库使用性质的不同，库房温度一般相对稳定在-40~0℃的某一温度，冷库内部经常处于低温条件下，而冷库外部则随着室外环境温度的变化经常处于周期性波动之中，加之冷库生产作业所需经常开门导致冷库内外的热湿交换等，促使冷库建筑必须采取相应的技术措施，以适应冷库的特点。冷库的特点及要求有如下四点：

（1）为了使冷库内保持一定的低温，冷库的墙壁、地板及平顶都敷设有一定厚度的隔热材料，以减少外界传入的热量。为了减少吸收太阳的辐射能，冷库外墙表面一般涂成白色或浅颜色，因而冷库建筑与一般工业和民用建筑不同，有它独特的结构架。

（2）冷库建筑要防止水蒸气的扩散和空气的渗透。室外空气侵入时不但增加冷库的耗冷量，而且还向库房内带入水分，水分的凝结引起建筑特别是隔热结构受潮，冻结损坏，所以要设置防潮隔热层，使冷库建筑具有良好的密封性和防潮隔气性能。

（3）冷库的地基受低温的影响，土壤中的水分易被冻结。因土壤冻结后体积膨胀，会引起地面破裂或整个建筑结构变形，严重的会使冷库不能使用。因此，低温冷库地坪除了要有有效的隔热层外，隔热层下还必须处理，以防止土壤冻结。

（4）冷库的地板要堆放大量的货物，又要通行各种装卸运输机械设备，因此它的结构应该坚固并具有较大的承载力。低温环境中，特别是在周期性冻结和溶解循环过程中，建筑物结构易受损坏。因此，冷库的建筑材料和冷库的各部分构造要有足够的抗冻性能。

总的来说，冷库建筑是以其严格的隔热性、密封性、坚固性和抗冻性来保证建筑的质量。应根据存放货物的吨位、每天的货物出货量和建筑物的大小确定冷库的大小，确定库门的规格尺寸以及门的开启方向。

16.3.2　冷藏汽车

冷藏汽车广义上泛指运输易腐货物的专用汽车，是公路冷藏运输的主要工具。

1. 冷藏汽车的分类

（1）可以将冷藏汽车细分为保温车、冷藏车和保鲜汽车。保温汽车是只有隔热车体而无制冷机组；冷藏汽车是有隔热车体和制冷机组且厢内温度可调控范围的下限低于 0℃，用来运输冻结货物；保鲜汽车是有隔热车体和制冷机组（兼有加热功能），厢内温度可调范围均高于0℃，用来运输新鲜货物。

（2）按制冷装置的制冷方式可以分为：机械冷藏汽车、冷冻板冷藏汽车、液氮冷藏汽车、干冰冷藏汽车、冰冷冷藏汽车。其中，机械冷藏汽车的使用最广泛。

2. 冷藏汽车的特点

冷藏汽车具有使用灵活，建造投资少，操作管理和调度方便的特点。既可以单独进行易腐货物的短途运输，也可以配合铁路冷藏车、水路冷藏船进行短途转运。冷藏汽车具体特点有如下四点：

（1）密封性。冷藏汽车的货柜需要保证严格的密封来减少与外界的热量交换，以保证货柜内保持较低温度。

（2）制冷性。加装的制冷设备与货柜连通并提供源源不断的制冷，保证货柜的温度在允许的范围内。

（3）轻便性。冷藏汽车运输的货物通常为不能长时间保存的产品，虽然有制冷设备，但仍需较快送达目的地。

（4）隔热性。冷藏汽车的货柜类似集装箱，由隔热效果较好的材料制成，减少了热量交换。

16.3.3　铁路冷藏车

铁路冷藏车可以分为加冰冷藏车、机械冷藏车、冷板冷藏车和特殊冷藏车四种类型。

1．加冰冷藏车

加冰冷藏车具有一般铁路棚车相似的车体结构，但设有车壁、车顶和地板隔热、防潮结构，装有机密性好的车门，它以冰或冰盐作为冷源，一般在车顶装有 6～7 台马鞍形储冰箱，2～3 台为一组。加冰冷藏车的温度只能保持在-8℃以上，再加上冰盐对轨道的腐蚀等原因，加冰冷藏车逐渐被取代。

2．机械冷藏车

机械冷藏车是以机械式制冷装置为冷源的冷藏车，它是目前铁路冷藏运输中的主要工具之一。机械冷藏车有两种结构形式，一种是每一节车厢都有自己的制冷设备，用自备的柴油发电机组来驱动制冷压缩机，冷藏车可以单节与一般货物车厢编列运行；另一种机械冷藏车的车厢内只装有制冷机组没有柴油发电机，这种机械冷藏车不能单节与一般货物车厢编列运行，只能组成单一机械列运行，由专用车厢中柴油发电机统一供电，驱动压缩机。机械冷藏车具有制冷速度快、温度调节范围大、车内温度分布均匀、适应性强、制冷自动化、融霜自动化等优点，新型机械冷藏车还设有温度自动检测、记录和安全报警装置。

3．冷板冷藏车

冷板冷藏车分两种，一种是无制冷机组的冷板冷藏车，利用地面上制冷机组给车上的冷板充电；另一种是机械冷板冷藏车，利用车上的制冷剂给车上冷板充电。冷板冷藏车的优点是结构简单，制冷费用低，节约能源，无盐水腐蚀，造价和运营成本低，能保持车厢内温度均匀，波动范围小，操作简单，维修方便，克服了机械冷藏车和加冰冷藏车的缺点。

4．特殊冷藏车

特殊冷藏车主要包括牛奶带绝热容器的冷藏车、葡萄酒和啤酒带绝热容器的冷藏车、葡萄运输冷藏车、新鲜鱼类带绝热容器的冷藏车。在运输过程中，特殊冷藏车由于有良好的绝热效果的保温层可以保持低温状态。

16.3.4　冷藏船

冷藏船是指转运要求保鲜的鱼、肉、水果、蔬菜等时鲜易腐货物的货船。冷藏船主要用于渔业，尤其是远洋渔业。远洋渔业的作业时间长，有时长达半年以上，必须使用冷藏船将捕捞的水产品及时冷冻加工和冷藏。此外，水路运输易腐货物必须使用冷藏船。冷藏船分为两种类型：渔业冷藏船和运输冷藏船。

渔业冷藏船服务于渔业生产，用于接收捕获的水产品，进行冻结和运送到港口冷库。这种船分为拖网渔船和渔业运输船，其中拖网渔船适合于捕捞、加工和运输，配备冷却、冻结装置，船上可进行冷冻前的预处理加工，也可以进行冻结加工及储藏；而渔业运输船，从捕捞船上收购水产品进行冻结加工和运输，或者只是专门运输冷加工好的水产品和其他易腐货物。

运输冷藏船主要用于运输易腐货物。其隔热保温要求很严格，温度波动不超过±0.5℃。其货舱为冷藏舱，常隔成若干个舱室，每个舱室是一个独立的封闭的装货空间，舱壁、舱门均为气密，并覆盖有泡沫塑料、铝板聚合物等隔热材料，使相邻舱室互不导热，以满足不同货物对温度的不同要求。冷藏舱的上下层甲板之间或甲板和舱底之间的高度较其他货船小，以防货物堆积过高而压坏下层货物。

16.3.5　冷藏集装箱

冷藏集装箱是一种具有良好的隔热、气密，且能维持一定低温要求，适用于装载肉类、水果等各类易腐货物的运送、储藏的特殊集装箱。冷藏集装箱造价较高，运营费用较高，使用中应注意冷冻装置的技术状态及箱内货物所需的温度。冷藏集装箱制冷装置必须满足以下要求：①加热、冷却和除霜实现全自动；②既可以独立驱动也可以接外部电源；③根据装载食品的要求，可以在一定范围内调节温度，温度偏差小；④耐冲压强度高，抗震性能好；⑤换气系统可以为每平方米冷藏集装箱容积提供 50 立方米/小时的新鲜空气；⑥空气的相对湿度为 85%～95%，以防干燥。

冷藏集装箱是易腐货物的理想运输工具，也是冷链运输的最佳运动方式，在国际冷藏运输中得到广泛应用，冷藏集装箱以其特殊的结构和优点，对陆路及水路冷藏运输工具等产生了巨大的冲击，并促使传统的冷藏运输工具向冷藏集装箱的方式转变。

16.3.6　其他设备

除了上述这些工具，还有冷藏的运输工具，主要包括保温箱和冷链运输冰袋两种；冷藏销售设备，包括商业的冷藏陈列柜以及家用冰箱等。

复习思考题

1．什么是冷链物流？
2．冷链物流和传统的物流相比其特点是什么？
3．冷链物流环节有哪些？
4．冷链物流的操作原则有哪些？
5．冷链物流系统的构成要素有哪些？
6．冷链物流的常用设备有哪些？

案例 16

参考文献

[1] 蔡启明，张庆．现代物流管理．上海：立信会计出版社，2004．

[2] 宋华．中国供应链：前沿与趋势．北京：中国人民大学出版社，2015．

[3] 董千里．高级物流学（第3版）．北京：人民交通出版社，2015．

[4] 霍红．物流管理学（第3版）．北京：中国财富出版社，2015．

[5] 张磊．物流信息技术（第2版）．北京：清华大学出版社，2015．

[6] 戢守峰．低碳物流．北京：中国财富出版社，2015．

[7] 王之泰．新编现代物流学（第3版）．北京：首都经济贸易大学出版社，2012．

[8] 刘军．物流工程．北京：清华大学出版社，2014．

[9] 张庆英．物流案例分析与实践（第2版）．北京：电子工业出版社，2013．

[10] 逯宇铎．国际物流学（第2版）．北京：北京大学出版社，2012．

[11] [英]曼根·琼恩等著．刘志学等译．国际物流与供应链管理．北京：电子工业出版社，2011．

[12] 马士华，林勇．供应链管理（第5版）．北京：机械工业出版社，2016．

[13] 崔介何．物流学概论（第5版）．北京：北京大学出版社，2015．

[14] 刘华．物流采购管理（第2版）．北京：清华大学出版社，2012．

[15] 刘刚．物流系统规划与设计．北京：科学出版社，2011．

[16] 刘丽艳．国际物流与货运代理（第2版）．北京：清华大学出版社，2012．

[17] [美]尤西·谢菲著．岑雪品等译．物流集群．北京：机械工业出版社，2015．

[18] [英]马丁·克里斯托弗著．何明珂等译．物流与供应链管理．北京：电子工业出版社，2012．

[19] 王成林．物流设备选型与集成．北京：中国财富出版社，2013．

[20] [美]约翰·J·科伊尔等著．宋华等译．供应链管理：物流视角（第3版）．北京：电子工业出版社，2016．

[21] [美]欧几里德 A．科英布拉著．郑玉彬等译．物流与供应链改善．北京：机械工业出版社，2016．

[22] 翁心刚，安久意，胡会琴．冷链物流．北京：中国财富出版社，2016．

[23] 赵旭．物流战略管理．北京：中国人民大学出版社，2010．

[24] 徐贤浩．物流与供应链管理．北京：清华大学出版社，2011．

[25] [英]艾伦·哈里森等著．任建标等译．物流管理与战略：通过供应链竞争．北京：中国人民大学出版社，2010．